21世纪教育科学系列教材

教育学学程

——模块化理念的教师行动与体验

（第二版）

主　编　闫　祯
副主编　赵文刚　牛震乾

北京大学出版社
PEKING UNIVERSITY PRESS

图书在版编目(CIP)数据

教育学学程：模块化理念的教师行动与体验/闫祯主编. —2 版. —北京：北京大学出版社，2013.8

(21 世纪教育科学系列教材)

ISBN 978-7-301-22925-5

Ⅰ. ①教… Ⅱ. ①闫… Ⅲ. ①教育学—师范大学—教材 Ⅳ. ①G40

中国版本图书馆 CIP 数据核字(2013)第 174822 号

书　　　名：教育学学程——模块化理念的教师行动与体验(第二版)
著作责任者：闫　祯　主编
责 任 编 辑：于　娜
标 准 书 号：ISBN 978-7-301-22925-5/G·3677
出 版 发 行：北京大学出版社
地　　　址：北京市海淀区成府路 205 号　100871
网　　　址：http://www.pup.cn　　新浪官方微博：@北京大学出版社
电 子 信 箱：zyl@pup.pku.edu.cn
电　　　话：邮购部 62752015　发行部 62750672　编辑部 62767857　出版部 62754962
印　刷　者：北京飞达印刷有限责任公司
经　销　者：新华书店
787 毫米×1092 毫米　16 开本　17.75 印张　450 千字
2010 年 8 月第 1 版
2013 年 8 月第 2 版　2013 年 8 月第 1 次印刷
定　　　价：45.00 元

未经许可，不得以任何方式复制或抄袭本书之部分或全部内容。

版权所有，侵权必究

举报电话：010-62752024　电子信箱：fd@pup.pku.edu.cn

内容简介

本书是高等师范院校“教师教育课程模块”中公共教育学课程的教材。全书应用“模块化”理念，把教育学的基本内容整合为五大模块十六章，即教育理论模块、教育要素模块、教学论模块、教师技能模块和教育管理模块，系统论述了教育学研究的基本内容和教育实践的基本问题。在内容选择上，充分叙写了教育学科的基本理论，论述中小学教师在工作中需要掌握的教育制度和班级管理，增加了广大教师在教育教学实践中需要掌握的教学设计技能、课堂教学技能和课堂管理技能等内容。教材在撰写中充分应用模块的“生成性”，每节均以“导语”“现场直击”“理论讲述”“学习拓展”等栏目为载体进行叙写，而每章根据学习目标要求安排了“思考与实践”，给学生以思考和启迪。这样既吸纳了教育学科已有的知识体系和教育学科发展的新成果，又反映了教师教育发展的时代要求；既注重了学生对教育学理论的系统学习，又关注了学生对教师技能的掌握；既体现了教师在教学中的组织、引导和课堂讲述，又体现了学生在学习中的自主、合作、探究，体现了以教为主导和以学为主体的统一，使得本书的使用范围更加宽泛而富有生命力。

序

曾天山

当前，我国正在深入实践科学发展观，转变经济发展方式，构建和谐社会。对外开放的步伐不断加快，教育改革实践的发展不断深入，教育理论成果和先进教育经验的不断涌现，使得教育学科正面临着从传统向现代发展的巨大转变。

任何一个学科，都需要基础设施建设，当学科发展到一定阶段的时候，都存在体系的建设问题。专业学者通过知识体系的营造，把人们对某一对象的认识成果有机地组织起来，进而确立某种知识在整个人类知识总体中的地位。对教育学体系的研究是教育学对自身的关注，是教育学的自觉，也是教育学走向成熟的必由之路。我国教育学体系的讨论基本上是从教材建设出发，并在教材建设过程中得到逐步深化的，所以教材建设往往成为教育学科体系讨论的重要平台。

面对不断变化的新的教育生活，需要打破旧的范式，寻找教育学的新话语体系，为新范式的构建奋勇创新。根据新时代教育发展的需要，编写一本既能反映当前教育改革现状，又能给未来教师的专业发展打下良好基础的教育学教材，就成为当前许多教育工作者所关注的一个热点问题。

其实，编写一部为人称道的教材是很难的事情。近年来由我策划的全国十二所重点师范大学联合编写的《教育学基础》，下了很大的工夫，集中了很多人的智慧，社会反映不错，但还是觉得有不足之处。

因此，看到《教育学学程——模块化理念的教师行动与体验》觉得很不错。好在本书应用了“模块化”的理念，打破传统教育学教材的编写范式，以全新的教材建设思路，把教育学内容整编为教育理论、教育要素、教学论、教师技能和教育管理五大模块，对教育学教材建设具有一定的创新和贡献。

从编写的指导思想上看，编写者主要考虑到教育教学改革的要求。教育学教学是对在职教师、教育管理干部和未来教师进行现代教育观念、教育学知识和教育研究意识教育的基本途径。基于这种认识，本书突出反映当代教育思想、当代教育研究成果，强调不同教育流派、不同教育模式、不同教育风格的介绍。在编写体例上，本书适应时代的要求，把学、教、管、办（学生的学习、教师的教授、学校的管理、政府的办学）联成一体，方便读者对教育教学全过程的系统理解。可以这样说，这本教材编写的最大特点，就是根据教学的需要和教育教学改革的要求而编写。

本书的编写者十分在意教育学的“体系问题”。编写者在教材内容上动了一番脑筋，对教育学教材的体系也作了一定的探索。为了进一步克服原来的教材在体系、内容方面的科学性不强、逻辑不够严密、理论与实践联系不够紧密等缺陷，编写者作出了新努力，在教材体系上作了一些变动。在内容方面新增添了教师技能等知识，在教材结构方面，应用“模块”的生成性，对原教材中大部分的内容都作了重写或改写，以“导语”“现场直击”“理论讲述”“学习拓展”“思考与实践”

等栏目呈现问题，体现了以问题解决为主线，反映了我国的教育实践和教育理论方面出现的新情况、新问题和取得的新进展、新成果，具有很强的时代性和现实意义。

本书是以整理归纳教育科学研究的最新成果，着重提供教育学的基础知识，使读者打下将来深入研究的基础为宗旨而编写的。教学是全面推进素质教育、培养全面发展的人的主要途径。随着教育改革的深化，教师的教学行为、学生的学习方式也发生了很大的变化，涌现出许多新的教学理论和教学模式。除了系统介绍一般的教学理论之外，力求反映这些改革研究成果，强调了教学过程中教师与学生的积极互动，重视学生的自觉性和独立性，引导学生质疑、调查、在实践中学习，促进学生在教师指导下主动地富有个性地学习。合作、自主、探究的学习方式和基础教育新课改的理念得到有机的构建和体现，教育教学中出现和存在的新问题和案例在“现场直击”和“思考与实践”中得到恰当的呈现，把学生引入实际工作环境，强化学生实践能力的形成和掌握，为顺利走向工作岗位打下坚实的教师本体基础。

本书编写的一个基本追求是：不仅告诉学生是什么，怎样做，更希望启发学生为什么和怎样想。没有一种教育观点、教育原则或教育方法是唯一的或是最好的，对任何一种教育现象都可能有不同的理解，对教育的理想有不同的追求，并形成不同的教育风格。所以本书的编写力图通过不同教育思想、不同教育流派、不同教育模式的介绍和分析，引起学生的学习兴趣，促进学生形成发现问题、思考问题、处理问题及自我选择的能力和习惯。

总之，相比众多教育学相关著作，本书的独特之处在于立意新、体系新、内容新。注意继承和创新的关系，重视吸收世界教育发展的经验和研究成果，重视理论和实际的结合。参与执笔的同志均有丰富的教学经验，他们有较好的理论研究素养和文字功底，在教材编写中能用简明扼要、形象生动的语言，深入浅出地说明教育的原理和方法，使教师好教，学生易学。

我相信，只要教育学教师能够认真钻研教材，结合实际，创造性地进行教学；学生能够怀着对教育事业的热爱，本着加强专业思想和发展专业技能的意愿，运用正确的学习方法，自觉刻苦勤奋地学习，通过师生的合作，教育学的教学，必会步上一个新的台阶，教师专业发展水平也会更上一个层次，继而切实提高中小学教学质量，提高我国教育的整体水平，为我国的社会主义现代化建设事业培育更多的创新型人才。

（作者为中央教育科学研究所研究员、全国教育科学规划办公室常务副主任）

第二版说明

不断创新教材建设是教育学教学改革的永恒主题，公共《教育学》教材长期以来存在着理论深奥空洞，体系烦琐庞杂，课程内容远离学生生活实际、忽视学生情感体验、忽视学生已有经验和心理体验等问题，使得学生对“条条”充斥全书感到厌倦，对“满堂灌”式的教学方法感到不满。而世界范围内迅猛发展的教育教学研究的鲜活理论，却很难甚至无法及时进入教育学课堂。“教育即生长”“学习即生活”“教育即民主”“学会学习”等现代重要教育思想很少在教育学中得到反映，基础教育新课程改革的实践经验也没有得到及时的总结和吸纳。自主、合作、探究等研究性学习方式，在教育学教材中却很少得到体现，从而使高等师范院校培养的中小学教师，无法迅速顺应时代变迁和基础教育新课改对教师提出的要求，无法融入中小学火热的教育改革实践。

我们应用“模块化”的理念，整合教育学科与教学实践，打破传统教育学教材的编写范式，紧握教育学科发展的时代脉搏，倾听教师教育发展的共同呼声，坚持服务于学生走向基础教育教师岗位的实际需要，精选教育学科发展的丰富内容，吸纳教育理论和教学实践最新研究成果。于2010年组织编写出版了《教育学学程——模块化理念的教师行动与体验》，经过两年多的广泛使用，广大读者给我们提出了宝贵的建议，同时，我们的研究和认识又有了新的发展。特别是2011年10月，教育部先后颁布了《关于大力推进教师教育课程改革的意见》，出台了《教师教育课程标准(试行)》。2012年2月，教育部又颁布了中小学《教师专业标准》，对培养合格教师提出明确的专业要求，成为指导师范学院开展教师培养活动的基本规范和引领教师专业发展的基本准则，是教师培养、准入、培训、考核等工作的重要依据。鉴于此，我们在保持原书五大模块即教育理论模块、教育要素模块、教学论模块、教师技能模块和教育管理模块的基础上，将全书修订为十六章，以精练论述，突出重点。本书由我担任主编，组织策划，赵文刚和牛震乾担任副主编。各章的执笔人分别是：前言、第一章(闫祯)；第二、第三、第四章(赵文刚)；第五、第十六章(刘轶)；第六、第七、第八章(杨瑞芬)；第九、第十、第十一、第十二章(牛震乾)；第十三、第十四章(王鹏辉)；第十五章(闫文军)。赵文刚和牛震乾两位老师协助了全书的编写工作，最后由我对全部书稿做了系统的审定、修改和定稿工作。

本书依然坚持“以行业为导向、以能力为本位、以学生为中心”的编写宗旨，使教材更具实用性和前瞻性。紧密结合就业市场，以实用性为基础，突出实践教学环节及特点，把学生引入实际工作环境，强化学生实践能力的形成和掌握，为顺利走向工作岗位打下坚实的教师本体基础。

本书可以作为高等师范院校教师教育公共教育学课的教材，也可以作为高等院校教育学院(系)专业课教材，还可以作为中小学教师继续教育教材使用，亦可以作为广大教育工作者提高教育理论修养的学习读物。

在本书的修订过程中参考了许多版本的教育学著作，吸收、引用了其中许多新材料、新观点，借鉴了许多教育教学一线教师的工作经验和研究成果，在此特作说明并表示最诚挚的谢意。同时，感谢北京大学出版社教育出版中心的老师们，他们为本书的出版付出了辛勤的劳动。

本书是作为教育学教材编写的一次大胆尝试和创新，虽然我们竭尽努力，但终因水平所限，难免存在许多问题，故诚心听取同行指教，以他山之石攻取这一领域的新研究。

闫　祯

2013 年 5 月于甘肃省天水师范学院教育学院——陇上江南·秦州

目　录

模块一　教育理论

模块二　教育要素论

模块三　教　学　论

模块四　教师技能论

模块五 教育管理论

模块一　教育理论

教育学作为一门独立完整的学科，通过归纳总结人类教育活动的科学理论与实践，探索解决教育活动产生、发展过程中遇到的实际教育问题，从而揭示出一般教育规律的一门社会科学。教育学的历史也就是在对这些问题进行不断探索，并找出各种答案的发展过程。

教育是培养人的一种社会活动，是人类自身发展所必需的，也是人类社会得以发展的必要条件。不同社会，有着不同性质、不同特点的教育。教育的发展受社会的发展、人的发展和教育工作自身发展的规律制约。教育学研究的主要问题有：教育的本质、教育的社会功能、教育的个体功能、教育目的、教育制度、教学工作的任务、教学过程、教学内容、教学原则、教学方法、教学组织形式、德育工作、教师和学生、教师技能，教育管理等。

教育学是师范院校学生公共必修课程之一，教育学的教与学，目的是使师范生具备现代教育理念，懂得教育教学规律，掌握相应的教学策略和技能，增强从事教育工作和进行教育科学研究的能力。要实现这个目标，就要系统地学习教育学。本模块主要对教育学学科的基本问题和教育的产生与发展、教育功能、教育目的、学校德育等方面的问题作一探讨。

第一章　教育学概论

教育是一种广泛存在于人类社会生活之中，有目的地培养人的一种活动。教育学的研究具有客观性、必然性、稳定性、重复性、现实性、辩证性、科学性。本章主要讲述教育学的研究对象及范畴，了解教育学的学科体系及分类，明确教育学的历史发展，掌握学习和研究教育学的方法及意义。

第一节　教育学的研究对象及范畴

每一门学科都有自己的研究对象，都有自己特有的研究领域。科学就是按照研究对象的特定领域所具有的特殊矛盾而分成各种门类的。那么，教育学的研究对象是什么呢？

现场直击

教育学与教育科学的关系

周五上午的第四、第五节课，我和几位同事去听了另一位同事的新授课，都想从中获取一些有益的经验，课堂上这位老师向学生提出了一个问题，是我以前从来不曾细致思考过的问题：教育学与教育科学是什么关系？就你们的理解哪一个概念的范畴更大一些？

在我以往的授课逻辑当中，教育科学是一个大于教育学的概念，从教育学到教育科学的演变，恰恰是教育学这门学科自身发展的一个发展历程，教育学是一门基础学科，随着这门学科的发展成熟和多元化的发展，进而形成了教育科学这一个学科群。所以，在我的意识当中似乎从来没有思考过这个问题，教育科学大于教育学似乎成为一个理所当然的命题。

然而，今天课堂上听到了学生的不同回答：教育学大于教育科学，因为教育学包括教育科学和非科学的教育学两大部分。如果按照这个逻辑来讲的话，以往所学到的教育学的学科性质包括科学性、人文性、经验性等，科学与人文、经验相对应，那教育科学似乎就是小于教育学了？

在我看来，教育科学是教育学学科科学化进程中的一个必然产物，教育科学以教育学这一学科作为母学科，随后逐渐分化发展，形成了一个庞大的学科体系，比如不同学段的教育学：高等教育学、初等教育学、学前教育学等，还有借用其他学科的研究视角来分析教育现象和教育问题的教育文化学、教育社会学、教育经济学、教育伦理学，等等。

课后，我们几个听课的老师在走道里依然就这个问题争执不清，到底教育学与教育科学是一种什么样的关系呢？

或许，不同的视角下看待这个问题会给出不同的解答。我们作为这门课程的授课人员，作为一名教育学科的研究人员来讲，究竟该如何认识这一问题呢？

（摘自：青苹与柠檬.教育学与教育科学的关系[EB/OL].(2008-09-08) http://groups.tianya.cn/tribe/showArticle.jsp? groupId=24059&articleId=357687.有删改。）

理论讲述

一、教育学的研究对象

从语源上看，教育学（pedagogy）一词是从希腊语 pedagogue，即教仆派生而来的。古希腊把照料、陪送年幼奴隶主子弟来往于学校，并帮助他们携带学习用品的奴隶称为教仆。可见，教育学就是如何照管儿童的学问。现在，在英语国家中，教育学已由过去使用 pedagogy 逐渐转向了使用 education 一词，教育（education）和教育学（pedagogy）几乎成了同义词，甚至已由 education 取代了 pedagogy。不过在欧洲地区，两词仍区别使用：把“教育”理解为对儿童的培养过程，把“教育学”理解为研究如何教育儿童的学问。

在我国，无论是教育工具书还是教科书，对教育学研究对象的定义几乎是一致的，即教育学是研究人类教育现象和教育问题，揭示教育规律的一门科学。

教育现象是指人类各种教育活动的外在表现形式。它是客观存在的，不是我们主观臆想的，它是可以感知到的，可以认识的。教育现象有三个规定性：① 教育现象是一种可以感知、可以认识的古今中外已经存在或正存在于现实的存在物；② 教育现象是教育实践的表现物，或正从事着的教育实践，它包括各种形式、各种类型、各种模式的教育事实、教育活动、教育问题、教育理论研究等；③ 教育现象是以教与学为主体形式的客观存在，不以教与学为主体形式的活动便不能称之为教育活动，与之相应，也就不能称其为教育现象。

教育问题普遍地存在于社会生活之中，人们不仅可以感知它，而且还可以认识它，但它仅是社会生活中的一种客体，存在于现实中。只有它被作为一个个的问题提出来时，才能构成教育学研究的对象。教育学研究的教育问题是教育中的一般性问题，这是因为它撇开了各种特定的形式，各种特殊的形态，具体的某一领域。所以，教育学是教育学科的基础学科，它是基础理论学科，而不是应用学科。这也正是我们把师范院校开设的教育学命名为普通教育学的理由所在。

那么，什么是教育规律呢？规律是事物之间的内在的必然的联系。它是不以人们意志为转移的客观存在。教育规律是指教育与其他社会现象之间以及教育内部各要素之间本质的、内在的、必然的联系或关系，是教育发展的必然趋势。教育规律具有以下特点：第一，它是教育现象所固有的、客观存在的。只要教育现象存在，教育规律就存在。第二，它是反复起作用的。教育在任何情况下，都受自身规律的制约。第三，在阶级社会里，人们对教育规律的认识受阶级意识的制约和影响。

教育学就是要通过对上述教育事实和教育问题的研究，达到揭示和阐明教育规律的目的，并在揭示教育规律的基础上，阐明教育工作的原则、方法和组织形式等问题，为教育工作者提供理论和方法上的依据。但是教育规律不等于教育方针、政策。教育方针政策是人们根据一定的需要而制定的，它是人们主观意志的体现。正确的教育方针政策，是根据科学的教育理论制定出来的，反映了教育的客观规律。但它不等于也不能代替教育规律。人们只能认识教育规律，不能改造教育规律。如果把教育学所揭示的教育规律理解为教育方针政策的汇编，企图创造出规律去解释教育方针政策，这是本末倒置的做法。

教育学也不等于教育实践经验的汇编。教育实践经验是表面的、局部的、个别的具体经验，尚未揭示出规律。教育学的发展不能离开教育实践经验，经验中有规律。但教育学的任务是揭示教育规律，教育规律是教育实践经验的高度概括，是上升到理论层面的东西，而教育实践经验是感性、具体的东西。教育学的发展离不开教育实践经验的总结和概括，但如果把教育学变成教育经验的汇编，而否定教育学是一门科学，这是错误的。

二、教育科学及其体系

教育科学是以教育现象和教育问题为共同研究对象的各门教育学科的总称，是若干个教育类学科构成的学科总体。

教育是个人发展和社会生产延续的手段，它通过培养人为社会生产和社会生活服务。它是同生产力、生产关系、政治制度、社会意识形态以及各种社会实践有密切联系的一种综合性的社会现象。研究教育问题，需要运用哲学、政治学、经济学、社会学、心理学、生理学、卫生学等多方面的知识，才能揭示其规律，论证其原理，说明其方法，指导其实践。教育学的内容，包括教育的一般原理、德育论、教学论、体育、美育、学校管理理论等部分。随着社会和科学的进步，教育学的研究对象逐步趋向专门化，教育学自身分化为学前教育学、普通教育学、高等教育学、成人教育学、特殊儿童教育学、家庭教育学、军事教育学等。

普通教育学之所以会成为教育科学体系中最早诞生的研究人类教育现象的学科，其原因主要是由当时社会普遍存在的教育现象决定的。人类教育自其产生直到近代社会以前，社会中普遍存在的教育活动主要是教人读、写、算等基本知识技能的普通教育,与之相应诞生的教育学自然也主要是普通教育学。近现代社会以后,由于文化科学的长足进步和学科的快速发展,特别是当代社会横断学科、交叉学科和边缘学科的出现,促使教育科学构成了一个庞大的学科体系。

教育学应如何划分?恩格斯曾提出了科学分类的原则,就是按照物质运动形式的区别及其固有次序来进行分类和排列。正是根据这一原则,恩格斯成功地把科学分类的客观性原则同发展性原则有机统一起来了。恩格斯的这一分类方法直到今天仍然是我们把握科学和学科体系结构及其演化规律的指导思想。

教育学科体系是指教育学研究的范围和学科领域,是教育学的各个分支学科构成的有机整体。它包括:① 原理类:包括教育哲学、教育基本原理、教育概论等;② 历史类:包括本国教育史、外国教育史等;③ 教学研究类:包括课程论、教学论、学习论、各科教学法、教育技术学等;④ 德育研究类:包括德育原理、德育心理学等;⑤ 学校管理类:包括学校行政学、学校管理学、教育督导学、教育测量学、教育评价学等;⑥ 不同阶段或类别的学校教育研究类:包括学前教育学、小学教育学、中学教育学、高等教育学、职业技术教育学、特殊教育学等;⑦ 教育研究方法类:包括教育统计学、教育规划学、教育预测学等;⑧ 教育比较类:包括比较教育学等;⑨ 交叉学科类:包括教育心理学、教育经济学、教育政治学、教育文化学、教育社会学、教育人类学、教育信息学、教育传播学等。

学习拓展

教育学交叉学科的介绍

在教育科学的基本学科——普通教育学的形成过程中,从 19 世纪末 20 世纪初开始,教育学一方面逐步与其他学科相结合,产生了一系列新的教育学科;另一方面,它本身又逐步分化为许多相互联系的交叉与边缘的教育学科。

教育哲学:是用哲学的基本原理、观点和方法研究教育中的一些根本问题,以指导教育理论和实践的一门学科。"教育哲学"一词最早于 19 世纪出现在美国。美国布雷克特把德国教育家罗森克兰茨著的《教育学体系》一书译成英文,书名改为《教育哲学》。杜威于 1916 年出版的《民主主义与教育》一书的副标题即为"教育哲学导论",它是当时最为完整和系统的教育哲学著作。现代西方教育哲学流派众多,有实用主义、实证主义、存在主义、分析主义等。中国的教育哲学是以马克思主义哲学观点为主导来探讨、分析教育的根本问题,如教育的本质、目的、价值等,从中找出规律,为理论和实际工作服务。

教育社会学:是将教育纳入社会的总系统中,研究教育制度与整个社会结构、学校与社会、个人与社会的基本关系。美国的沃德于 1883 年在《动态社会学》中最早使用"教育社会学"一词,苏则罗在 1907 年最早开设教育社会学课程,史密斯在 1917 年出版第一本教育社会学教科书。以 1950 年左右为界,先后经历了"传统教育社会学"和"新兴教育社会学"两个阶段。

教育经济学：是研究教育与经济的相互关系及教育领域中经济运动过程及其规律的科学。苏联学者斯特鲁米林于1924年发表了《国民教育的经济意义》一文，标志着教育经济学研究的开始。1962年，英国的J.E.韦锥出版了《教育经济学》，标志着教育经济学的正式诞生。教育经济学的研究内容包括：教育与经济的相互关系、教育投入、教育产出、教师劳动及其供求调节、教育经济的运行机制和管理体制、教育经济的预测和计划等。

教育统计学：是运用统计方法来研究教育问题的一门应用学科。它是用数理统计方法来处理和研究教育问题(包括掌握教育情况、探索教育规律、制订教育方案、检查教育效率等)，可分为描述统计学和推断统计学两种。1904年桑代克出版《心理与社会的测量》一书，是有关教育统计学的最早著作。1917年，拉格出版了《应用于教育问题的统计方法》。20世纪20年代，教育统计学开始发展成一门独立的学科。

教育政治学：是一门研究教育与政治的辩证关系及其运动发展规律的学科，着重探讨教育与政治的区别和联系及二者协调发展的客观规律。它酝酿于20世纪初到“二战”期间，英国学者F.克拉克于1923年出版了《教育政治学文集》，我国的杨贤江出版了《新教育大纲》。教育政治学正式形成于20世纪50年代末60年代初，美国的伊士顿于1957年发表了《政治系统中合法教育的功能》，D.曼纳也参与了教育政治学的研究。现在国内的研究一般包括：教育与政治的基本关系、教育与政治主体及其行为的各种关系、教育民主化、教育的国际化与国际政治的关系等。

教育评价学：研究根据一定的教育目标，系统收集资料，运用现代数学和管理科学的理论和方法，判断对象的系统状态与功能属性及其转化的一门学科。19世纪末20世纪初形成于美国，泰勒的“八年研究”确立了现代教育评价学的理论和方法。现在研究的内容包括教育评价的理论依据、系列标准、原则、方法、手段等。

教育人类学：用人类学特别是文化人类学和哲学人类学的概念、理论、观点和方法，描述、解释教育现象的应用性学科，旨在提示教育与人、教育与社会文化、社会文化与人之间的相互影响和作用。教育人类学萌芽于19世纪末20世纪初，学科制度化和专业化于20世纪50—60年代，成熟于20世纪70—80年代。1867年，乌申斯基出版《人是教育的对象》，其副标题即为“教育人类学初探”，由此最早提出这门学科。20世纪60年代末，它正式成为一门新的应用性学科。

第二节　教育学的发展历程

任何一门科学都有它产生、发展和完善的过程。教育学也是随着社会的发展和人类教育经验的丰富而逐步形成和发展起来的一门科学，是人类社会生活和教育实践活动发展到一定历史阶段的产物。从教育发展史来考察，教育学的发展历程大体上经历了以下三个阶段：萌芽阶段、独立形态阶段和科学教育学阶段。

现场直击

A. 夸美纽斯与《大教学论》

教育学作为一门独立的学科萌芽于捷克教育家夸美纽斯的《大教学论》。在该书中夸美纽斯系统地阐述了自己的教育理论，对教育学科的发展作出了巨大贡献：(1) 构建了教育学的学科基本框架和教育学的基本研究内容。在《大教学论》中，夸美纽斯论述了教育目的，教育与社会、自然和人的关系，教学的内容、方法、组织形式、原则及规律，道德教育，教育和教学管理等。(2) 强调了普及义务教育，论证了普及义务教育的天然合理性。(3) 从理论上论证了教育适应自然的思想。他认为自然包括三个方面：① 人是自然的一部分，人都有相同的自然性，都应受到同样的教育；② 教育要遵循人的自然发展的原则；③ 要进行把“一切知识传授给一切人”的“泛智教育”，而不是仅强调宗教教育。夸美纽斯教育适应自然的思想为后代自然主义教育思想开辟了道路。(4) 在教育史上首次提出并论证了一系列教学原则。(5) 首次提出了“学年制”的思想，尤其是从理论上论证了“班级授课制”这一学校最基本的教学组织形式，使人类的学校教育趋于正规化。

B. 赫尔巴特与《普通教育学》

在赫尔巴特之前，17 世纪中叶夸美纽斯已经从理论上概括了欧洲文艺复兴以来的教育经验，研究了新兴资产阶级在教育上提出的新问题，建立了比较完整的教育理论体系。他的《大教学论》(1632)一般被认为是教育学形成规范学科的开始。此后，洛克的《教育漫话》(1693)、卢梭的《爱弥儿》(1762)，也都比较全面地描述了他们的教育思想。教育学作为一门课程在大学里讲授，最早始于康德，他于 1776 年在德国的柯尼斯堡大学的哲学讲座中讲授教育学，但对后世构建教育学体系影响最大、最明确的是赫尔巴特。1809—1833 年间，赫尔巴特一直在柯尼斯堡大学继续康德的哲学讲座，讲授教育学。1806 年他出版了代表作《普通教育学》，1835 年，他又出版了《教育学讲授纲要》。他第一个提出要使教育学成为科学，并认为应以伦理学和心理学为教育学的理论基础。赫尔巴特的贡献在于把教学理论建立在心理学的基础上，把道德教育理论建立在伦理学基础上，可以说是奠定了科学教育学的基础。

在教学上，他把哲学中的统觉观念移用过来，强调教学必须使学生在接收新教材的时候，唤起心中已有的观念；认为多方面的教育应该是统一而完整的，学生所学到的一切应当是一个统一体。他强调系统知识的传授，强调课堂教学的作用，强调教材的重要性，强调教师的中心地位，形成了传统教育教师中心、教材中心、课堂中心的特点。

赫尔巴特的教育思想对 19 世纪以后的教育实践和教育思想产生了很大影响，被看做是传统教育学的代表。

C. 杜威与《民主主义与教育》

作为现代教育的代言人，杜威的教育思想与赫尔巴特的教育思想有很大差异，其代表作《民主主义与教育》在体系上与《普通教育学》也大不相同。

杜威主张教育为现实社会的生活服务，主张教育即生活。他认为，由于生活是一个发展过程、生长过程，所以教育也是生长，这是从教育的纵向说的；而从生活的横向来说，则是人与环境的相互作用，并形成了个体的和集体的经验。由于生活环境是不断变化的，人要适应环境就需要不断改造或改组经验，所以教育实际上是经验的改造或改组，促进学生形成更新、更好的经验。为此，他强调教法与教材的统一，强调目的与活动的统一，主张"在做中学"，在问题中学习。

杜威强调儿童在教育中的中心地位，主张教师应以学生的发展为目的，围绕学生的需要和活动组织教学，以儿童中心主义著称。杜威试图把"民主"和"科学试验方法"、"进化论"、"工业的改组"等因素联系起来，探讨它们在教育上的意义。书中批判性地讨论了西方以往的教育思想，同时吸取现代哲学、社会学、生物学、心理学上的成就，形成了一个完整的实用主义教育思想体系。杜威的《民主主义与教育》及反映在他其他作品中的教育思想，对20世纪的教育和教育学有深远的影响。

理论讲述

一、教育学的产生

教育学是在总结教育实践经验的过程中逐渐形成并不断发展和成熟起来的。教育学与其他许多社会科学一样，其形成与发展都经历了一个漫长而又短暂的历史。说它漫长，是因为早在几千年前我们的先哲就有关于教育问题的专门论述和精辟见解；说它短暂，是因为作为一门规范学科，它只有不到两百年的历史。

因此，教育学是在社会对教育需要日益增长的前提下，是人类社会和教育实践活动发展到一定历史阶段下逐渐形成和发展起来的一门科学。在原始社会中，生产力水平很低，人类的经验很简单，没有科学，也没有教育学。随着生产力的发展，出现了脑、体劳动的分离，产生了文字，形成了学校，人们的教育经验逐渐丰富，教育工作日益复杂，越来越需要对教育工作进行研究，对教育经验加以总结，这样就逐渐产生了教育学。

二、教育学的发展

教育学作为一门学科，若以捷克教育家夸美纽斯(Johann Amos. Comenius)的《大教学论》(1632年)的发表为标志，至今不过三百多年的历史；若以德国教育家赫尔巴特(Johann Friedrich Herbart)的《普通教育学》(1806年)的发表为标志，至今也就两百多年的时间；若从心理学诞生使教育学的产生有了可靠的理论基础，教育学才算是科学的教育学算起，则以德国的教育家拉伊(Wilhelm August. Lay)著的《实验教育学》(1908年)发表为标志，至今也仅有一百多年的时间。教育学与其他学科相比，还是一门比较年轻的学科。

（一）萌芽阶段

教育学的萌芽阶段是指自从教育成为人类独立的社会活动之后，伴随教育实践的不断发展和教育经验的日益增多，一些哲学家、思想家开始对教育实践经验进行总结和概括，对教育问题进行研究，并在他们的政治、哲学等思想中有了对教育问题的论述和说明。如中国古代的孔子、孟子、荀子、朱熹等，西方古代的苏格拉底(Socrates)、柏拉图(Plato)、亚里士多德(Aristotle)、昆体良(Marcans Fabius Quintilianus)等，他们在阐述各种社会现象时同时阐述了教育现象，他们在提出其哲学、政治观点的同时,也提出了一些教育观点。

《论语》:《论语》是孔子弟子对孔子与其弟子相互问答的记录,对孔子教育思想有很具体的记载。如“不愤不启,不悱不发”的启发教学,“学而不思则罔,思而不学则殆” 的学思结合,“学而时习之”的学习结合,“君子耻其言而过其行” 的学行结合,“其身正,不令而行,其身不正,虽令不从”的以身作则以及因材施教等。这些教育思想对后世的教育都有很大的影响。

《学记》:它是中国乃至世界最早的一部教育专著。它大约出现在战国末期,是儒家思孟学派撰写的,比外国最早的教育著作、古代罗马帝国教育家昆体良写的《雄辩术原理》一书早三百多年。《学记》是我国古代教育经验和儒家教育思想的高度概括,全书虽只有 1229 个字,却对教育的作用,古代的学校教育制度和视导制度,教育和教学的原则和方法,以及师生关系等问题,作了精辟的论述。如“道而弗牵,强而弗抑,开而弗达”,“不陵节而施”,“长善而救其失”,“禁于未发”,“教学相长” 等,都在一定程度上揭示了教育的规律,成为千古传诵的教育格言,至今仍有指导意义。

在我国封建社会里,也涌现出不少优秀的教育著作,像韩愈的《师说》、朱熹关于读书法的《语录》、颜元的《存学编》等都对师生关系、如何读书与学习等问题作了精辟的论述。我国丰富的教育遗产,是值得后人自豪的。我们应该吸取其精华,剔除其糟粕,使其更好地为今日的教育服务。

在欧洲 ,古希腊和古罗马的文化遗产中,也有着丰富的教育思想和教育经验,如柏拉图(Plato)的《理想国》,昆体良的《雄辩术原理》,都是欧洲古代教育思想的代表作。柏拉图在《理想国》中,总结了当时的雅典和斯巴达的教育经验,提出了一个比较系统的教育制度,规定了不同阶级的人的不同的教育内容。亚里士多德是最早提出教育要适应儿童的年龄阶段,进行德智体多方面和谐发展教育的思想家。昆体良的《雄辩术原理》,更是比较系统地论述了有关儿童教育的问题,被称为世界上第一本研究教学法的书。

总之,这一时期教育学的发展呈现出这样的特征:人们还没有将教育现象作为独立的现象来加以研究;人们对教育现象的认识还停留在经验和习俗的水平;还没有形成专门反映教育规律的教育概念体系。

(二)独立形态阶段

根据已有的资料考察,最先提出“教育学”这个概念的是“英国唯物主义和整个现代实验科学的真正始祖” 弗兰西斯·培根(Francis Bacon)。培根在 1623 年撰写了《论科学的价值和发展》一书,对“各种科学作了百科全书那样广博的观测”。并且按照科学的内在特点,对不同科学的研究对象和知识范围进行了认真考察。其中,他把教育学作为一门独立科学开列出来,认为教育学是关于“指导阅读”的学问。从此教育学的发展进入了一个新的历史阶段。

在培根将教育学分类出来以后的第十年,也就是 1632 年,捷克著名教育家夸美纽斯撰写了《大教学论》(又译为《大教授学》、《大教育学》)。这是西方教育思想史上可以堪称为“学”的第一部教育学著作。这部名著的宗旨是为了“阐明把一切事物教给一切人类的全部艺术”。在这本著作中,他提出了普及初等教育,主张建立适应学生年龄特征的学校教育制度,论证了班级授课制度,规定了广泛的教学内容,提出了教学的便利性、彻底性与迅捷性的原则,高度评价了教师的职业,强调了教师的作用。这些主张,在反对封建教育,建立新的教育科学方面,都起了积极的作用。它开掘了对教育学这门科学进行专门研究的先河,初步勾勒了这门科学的研究范围和知识框架,一般被认为是教育学成为一门独立学科的开始。

英国约翰·洛克(John Locke)的《教育漫话》,法国让·雅克·卢梭(Jean-Jacques Rousseau)的《爱弥儿》,法国爱尔维修(Claude Adrien Helvetius)的《论人及其智力和教育》,瑞士裴斯泰洛齐(Johann Heinrich Pestalozzi)的《林哈德与葛笃德》,德国福禄培尔(Fredrich Froebel)的《人的教育》,英国斯宾塞(Herbert Spencer)的《教育论》等,都可以算做教育学形成时期的一些重要著作。

教育学作为一门学科在大学里讲授,最早始于德国哲学家康德(Immanuel Kant)。他于1776年在德国柯尼斯堡大学的哲学讲座中讲授了教育学。继康德之后,对教育学作出重大贡献的便是德国的赫尔巴特。赫尔巴特是继康德开设教育学讲座之后,最早系统讲授教育学这门学科的人。赫尔巴特"不仅是一位哲学家,而且也是一位心理学家,尤其是对教育之科学化,有着莫大的贡献"①。1806年出版的《普通教育学》被看做是具有划时代意义,标志教育学成为独立学科的代表著作。为此,在西方把赫尔巴特的《普通教育学》看做是系统的教育学专著,把赫尔巴特的教育思想视为"传统教育派"的代表。

19世纪末20世纪初,美国杜威(John Dewey)创立了实用主义教育学说,其代表作为1916年出版的《民主主义与教育》。杜威在自己的教育著作中,从各种不同的角度反复论述了教育本质的问题。他认为,"教育即生活"、"教育即生长"、"教育即经验的继续不断的改造"。他还把赫尔巴特的教育理论称为"传统教育"思想,而把自己的教育理论称为"现代教育"。传统教育与现代教育的主要抗争集中在两位教育家对教师、教科书、课堂这三要素在教育过程中的地位存在着根本分歧。赫尔巴特在教育过程中坚持"教师中心"、"课本中心"、"课堂中心",而杜威则针锋相对地提出"儿童中心"、"经验中心"、"活动中心"。

杜威认为传统教育最大的缺点就是从"上面"或"外面"对儿童实行强迫教育,让他们学习成人的经验,无视儿童"内部"的本能和倾向,教育成为一种"外来压力"。他说:旧"学校的中心是在儿童之外,在教师,在教科书以及在其他你所高兴的任何地方,唯独不在儿童自己即时的本能和活动之中"。"现在我们教育中将引起的改变是重心的转移。这是一种变革,这是一种革命,这是和哥白尼把天文学的中心从地球转到太阳一样的那种革命。这里儿童变成了太阳,而教育的一切措施则围绕着他们转动,儿童是中心,教育的措施围绕他们而组织起来。"他提出了著名的"儿童中心主义"的教育原则,以反对赫尔巴特的"教师中心"。

杜威的实用主义教育理论,不仅推进了美国的"进步教育运动",而且对世界性的教育发展有多方面的影响。近年来在美国与欧洲,专门研究杜威理论的趋势有了新的发展。当前我国正在进行教育改革,对杜威的教育理论进行认真研究和科学分析,取其精华,去其糟粕,具有十分重要的意义。

总之,这一时期教育学的发展呈现出这样的特征:教育现象成为一种独特的研究领域;形成了专门反映教育规律的概念体系;有了科学的研究方法;出现了专门的教育研究机构;产生了重要的教育学家,出现了专门的系统的教育学著作。

(三)科学教育学阶段

马克思主义的诞生是人类思想史上革命性的变革,特别是在社会科学方面,开创了人类思想发展史上的新纪元。对于教育科学来说,同样是一个新的开端——使教育学走向科学化发展的

---

① (美)罗勒·乌里其.西洋三千年教育文献精华[M].徐宗林,译.台北:幼狮文化事业公司,1973:375.

新阶段。

马克思主义创始人还亲自对教育学的基本理论,如教育和生产力、生产关系的关系,人的全面发展,教育与生产劳动相结合,劳动技术教育等问题进行了深刻的论述;对资产阶级教育观念和理论,给予了深刻的揭露和批判。为工人阶级子弟争取受教育权进行斗争,以及对社会主义、共产主义教育的设想和预见等,给无产阶级教育事业指明了方向和道路,保证了教育内容的高度科学性。

20 世纪 30 年代苏共中央作出决议批判实用主义教育思想,要求以系统文化科学知识武装青少年,充分发挥教师的主导作用。为此,苏联教育家凯洛夫主编了《教育学》(1939 年出版)。该书以马克思列宁主义为指导,总结当时苏联社会主义学校教育经验,并吸收了历史上进步教育家的思想,对教育基本原理、教学论、德育论、学校管理四方面进行了全面的论述,成为社会主义国家培养人民教师的基本教材,在教育学科学化的历史上作出了可贵的贡献。

与此同时,在中国近现代教育史上,一些著名教育家的理论建树,在推进教育学向科学化发展的进程中也作出了重要贡献。

蔡元培,近代民主革命家、教育家。毛泽东称颂他为"学界泰斗,人世楷模",对其给予了极高评价。1916 年至 1927 年蔡元培任北京大学校长,提倡"思想自由,兼容并包",使北京大学成为著名的高等学府。他写有《对于教育方针之意见》,主张以军国民教育、实利主义教育为急务,以道德教育为中心,以世界观教育为终极目的,以美育为桥梁,使学生体、智、德、美和谐发展。

陶行知,人民教育家、民主战士。1914 年到美国留学,是杜威的学生,1917 年回国后,先后任南京高等师范学校、东南大学教授、教务主任、教育系主任等职。他抱着教育救国的思想,从事平民教育、乡村教育运动。1927 年在南京创办晓庄师范,实践其生活教育理论。1939 年在重庆创办育才学校。1946 年在国民党反动政府的迫害下猝然病逝。周恩来称赞他是"一个无保留追随党的党外布尔什维克"。陶行知著有《中国教育改造》等大量著作。他主张"生活教育",基本观点是"生活即教育","社会即学校","教学做合一",对改造中国的旧教育进行了伟大的尝试。他所创造的经验是建设具有中国特色的教育理论的宝贵精神财富。

杨贤江,笔名李浩吾,中国现代教育理论家。他著有《新教育大纲》,这是中国最早以马克思主义观点拟定的教育著作,论述了教育与政治、经济的关系,批判了"教育清高说"、"教育神圣说"、"教育独立说"等观点。

第二次世界大战后,科学技术迅猛发展,世界进入新的技术革命的时代。适应经济与科技发展的要求,教育改革的浪潮不断兴起,有力地推动着科学的发展。同时,心理科学与其他相关科学的巨大进步给教育科学的发展以有力支持。在新的历史阶段,教育科学研究日益深入。

布鲁纳,美国心理学家、教育家。在 20 世纪 50 年代科技剧烈竞争的背景下,1957 年苏联发射第一颗人造地球卫星,美国朝野为之震动。1958 年美国颁布《国防教育法》,大量增加教育经费,进行教育改革。20 世纪 60 年代兴起教学改革的浪潮。与此同时,布鲁纳所著《教育过程》(1960 年出版)提出"结构教学论",强调"无论我们选教何种学科,务必使学生理解该学科的基本结构";倡导发现法,培养学生的科学探索精神、科学兴趣和创造能力。这些主张在各国的教学改革中普遍受到重视。

赞科夫,苏联心理学家、教育家。自 1957 年起进行了长期的教学改革实验。反映其研究成果的著作是《教学与发展》(1975 年出版),提出了适应时代要求的"发展教学论"。其理论核心是"以最好的教学效果来达到学生最理想的发展水平";强调学生的一般发展与特殊发展的结合,提出了五条新的教学原则[①]，推动了苏联20世纪60年代的教学改革。

瓦·根舍因，德国教育家。在第二次世界大战后，联邦德国在“跟上世界科学技术发展步伐”的口号下，进行了百科全书式的教学。过重的负担，压抑了学生的发展。在1951年召开的图宾根会议上，瓦·根舍因等人倡导“范例教学”理论，提出改革教学内容，加强教材的基本性、基础性，并通过对范例的接触，培养学生独立思考、独立判断与独立工作的能力。

保罗·朗格朗，联合国教科文组织成人教育局局长。1970年，他出版了《终身教育引论》，提出了终身教育的思想。终身教育思想的主要观点是要求把教育扩展到人的一生，将社会各部分都变成教育场所。如保罗·朗格朗所说：“我们所说的终身教育是一系列很具体的思想、实验和成就，换言之，是完全意义上的教育，它包括了教育的各个方面、各项内容，从一个人出生的那一刻起一直到生命终结时为止的不间断的发展。”朗格朗认为，几百年来社会把人的前半期作为教育期，后半期作为工作期是不科学的，教育应当是贯穿于人的一生的连续不断的学习过程。

瓦·阿·苏霍姆林斯基，苏联杰出的教育理论家与实践家，其教育思想的核心内容是提出全面发展的教育理论。他根据苏联社会的要求和多年的实践经验提出，苏联学校的主要任务是培养“全面和谐发展的人，社会进步的积极参与者”。苏霍姆林斯基的教育理论丰富全面，受到很多国家的欢迎。他的观点引入我国后，对于我国教育实践和教育理论的发展都起了积极的推动作用。

布鲁姆，美国当代著名教育家、心理学家。1956年他出版了《教育目标分类学》(第一分册认知领域)。1971年出版了《学生学习的形成性和终结性评价分册》，在美国和世界许多国家受到重视，他还在1986年应邀来我国华东师范大学讲学。布鲁姆在其教育目标分类系统中将教学目标分为认知、情感和动作技能三大领域。认知领域的教学目标分为知识、领会、应用、分析、综合、评价等六个层次，形成由低到高的阶梯；情感领域的教学目标根据价值内化的程度而分为五个等级：接受、反应、形成价值观念、组织价值观念系统、价值体系个性化；动作技能教学目标指教学后在学生动作技能方面所应达到的预期目标，有知觉、模仿、操作、准确、连贯、习惯化。

三、教育学在中国的成长

(一) 19世纪末20世纪初，译介日本教育学阶段

中国教育学的起步，首先始自对日本教育学的学习。正如著名历史学家费正清教授指出：“从1898年到1914年这段时期，人们可以看到日本在中国的历史进程中的重大影响。”[②]当时，从大量日本教育类书刊涌入中国的历史事实中可看到这种影响的清晰印痕。据实藤惠秀监修、谭汝谦主编的《中国译日本书综合目录》统计，从1896年到1911年，中国共译日本教育类书76种。其中流行面广、影响面大的是1901年刊载于《教育世界》上，由日本立花铣三郎讲述、王国维译的《教育学》。此后，日本其他著名的教育学也相继经《教育世界》、《直隶教育杂志》及译书局等介绍到中国来，如《实用新教育学》(加纳布市，上由仲之助)、《教育学教科书》(汝濑五一郎)、《新教育学》(冯世德)、《新教育学释文》(吉田熊次)、《实用教育学》(大濑甚太郎)等。[③] 其时，我国的一些

① 第一，以高难度进行教学的原则；第二，在学习时高速度前进的原则；第三，理论知识起主导作用的原则；第四，使学生理解学习过程的原则；第五，使班上所有的学生(包括最差的学生)都得到一般发展的原则。

② 费正清.剑桥中国晚清史(下卷第6章)[M].北京：中国社会科学出版社，1983.

③ 详录请参见：周谷平.近代西方教育学在中国的传播及其影响[J].华东师范大学学报(教育科学版)1991(3)：80.

学者也编写了一些教育专著，如1913年蒋维乔著的《教授法讲义》，1914年张子和编著的《大教育学》，同年张毓聪编著的《教育学》等，尽管这些著作不可避免地有对外国教育学内容的迁移，但在编著自己的教育学方面，毕竟迈出了第一步，我国开始有了自己的教育科学。

（二）1920至1949年是西方教育学说在我国广泛传播阶段

西方教育学说在中国的广泛传播是以杜威来华讲学作为契机的，从此，中国把学习的对象由日本转向美国。杜威于1919年经日本来华讲学，前后有两年多时间，足迹遍及沿海11省市。他在演讲中，着重宣传他的实用主义哲学和教育学。由于他的教育观点与赫尔巴特有明显不同，顿时在我国教育界呈现出一种活跃的气氛。“教育即生活”，“学校即社会”成了当时教育界的口头禅。杜威离华后，介绍和传播杜威教育思想的学术机构、期刊、专著、小册子如雨后春笋。杜威的代表作《民主主义与教育》，开始直接作为教育学或教育哲学教材使用。此外，与它相近的波特的《教育原理》和《现代教育学说》、克伯屈的《教育方法原理》、桑代克和盖茨的《教育基本原则》，也都成为我国大学教育系的教育学教学参考书。除了美国的译本之外，西方其他各派的教育专著也开始全书翻译过来，如夸美纽斯的《大教学论》、洛克的《教育漫话》、卢梭的《爱弥儿》、裴斯泰洛齐的《林哈德和葛笃德》、赫尔巴特的《普通教育学》等。当时我国学者自编的教育概论、教育哲学、教育原理等专著也日益增多，比较早的有王炽昌的《教育学》（1922），孟宪承的《教育概论》（1933），钱亦石的《现代教育原理》（1934），吴俊升的《教育哲学大纲》（1935）等，从体系到内容都比较完整、系统、充实，是比较好的教育专著。

（三）新中国成立后到“文化大革命”前，教育学转向全面介绍和学习苏联阶段

1949年新中国成立后，刘少奇指出，中国人民的革命，过去是“以俄为师”，今后建国同样也必须“以俄为师”，从苏联学习经济学、财政学、商业学、教育学，等等。[①] 当时的中国教育，要以马克思列宁主义为指导批判和改造旧的教育理论，建立社会主义教育学的新体系，迫切希望了解第一个社会主义国家苏联的教育经验和理论。从1949年11月开始，在《人民日报》上陆续发表凯洛夫主编的《教育学》的部分章节。《人民日报》1949年11月14日刊登了凯洛夫主编的《教育学》第21章《国民教育制度》，1950年3月29日节译登载了第12章《劳动教育》，1950年4月3日登载了第1章第5节《教育学是科学》。到1950年，新华书店、人民教育出版社等部门陆续组织翻译和出版了一些苏联的教育学教材，其中凯洛夫著的《教育学》（上、下册）影响最大，流传最广。第一个五年计划期间，一度形成了学习凯洛夫《教育学》的热潮。凯洛夫本人也曾于1956年亲自来华做过短期讲学。凯洛夫《教育学》成为许多高等师范院校学习的教材和主要教学参考书，一些教育行政干部和中学教师，也以此为业务进修读物。苏联的教育理论和实际，对于我国社会主义教育和教育科学的建立起了重要的作用。尤其是1953年以后，对于稳定我国学校的教学秩序，提高教育质量和教师业务水平发挥了积极的作用。但这些教育学又有各自的缺点和不足，我们学习时没有进行科学的分析，采取教条主义态度，生搬硬套，从而使我国教育界长期思想僵化，凯洛夫教育学体系成为我国教育学的固定模式，不良影响很大。从1958年起，在党的教育方针指引下，我国开始总结自己的教育经验，进行教改实验，试图走自己的路，但在“左”的思想影响下，在教育理论和实践中出现过不少失误。

① 刘少奇.在中苏友好协会成立大会上的报告[N].人民日报，1949-10-08(1).

（四）从 1977 年至现在，教育学中国化的探索和努力阶段

从 1979 年至 1990 年，各个类别、各个层次公开出版的教育学教材可谓风起云涌，共有 111 个版本之多。[①] 近年来，陆续出版的仅是属于教育学原理性质的专著就有：厉以贤的《现代教育原理》，孙喜亭的《教育原理》，陈桂生的《教育原理》，叶澜的《教育概论》，成有信的《现代教育引论》，东北师范大学的《教育学基础理论》和华中师大的《教育学原理》。这些著作，无论其体系还是内容都达到了较高的水平，较之以往同类教材有着明显的进步。

同时也译介了苏联、西方的教育学教材和属于教材性质的著作。如巴拉诺夫等编的《教育学》，哈尔拉莫夫著的《教育学教程》，奥恩斯坦著的《美国教育学基础》，大河内一男等著的《教育学的理论问题》，日本筑波大学教育学研究会编的《现代教育学基础》，范斯科德著的《美国教育基础——社会展望》，巴班斯基主编的《教育学》，布鲁纳著的《教育过程》，赞科夫著的《教学与发展》等。

学习拓展

培根的科学分类

- 科学
  - 历史
  - 诗歌
  - 哲学
    - 自然神学
    - 自然哲学
    - 人类哲学
      - 人类群体哲学
      - 人类个体哲学
        - 人体学
        - 灵魂学
          - 伦理学
          - 逻辑学
            - 研究和发明的艺术
            - 检验和判断的艺术
            - 保存和记忆的艺术
            - 讲述与传授的艺术

1623 年，英国哲学家培根发表了《论科学的价值和发展》一文，在对科学的分类中，首次把教学的艺术作为一个独立的研究领域提了出来，并把它理解为"讲述与传授的艺术"。但在培根那里，作为教育学雏形的讲述与传授的艺术仅是在科学分类中有了一席之地，在其涵盖内容等方面，还有待填充。

可以说，培根创立了比苏格拉底更优越的归纳法，自然科学很快地按照培根所指出的方向表现出惊人的进展，关于经济的研究和社会的研究即所谓社会科学，也接着向同一方向发展起来了，而有关教育问题的研究，在朝着这一方向的进展中显得特别迟缓。原因在于，与苏格拉底不同，培根对教育问题及教育作用并未表示出任何的理解和爱心，未能像苏格拉底那样在进行考察时去探索运用其最新的科学方法的可能性，否则，后来的教育学的历程也许会朝另一个方向发展了。

（摘自：郑金洲. 教育通论[M]. 上海：华东师范大学出版社，2000：362.）

① 详见：瞿葆奎. 建国以来教育学教材事略[J]. 华东师范大学学报（教育科学版），1991(3)：7.

第三节　学习教育学的意义和方法

学习教育学是为了更好地服务于教育实践。通过系统的学习，以增进教师的教育知识，开拓其理论视角，培养科学的教育态度和教育的信念，提高教师自我反思、自我发展的能力。教育的研究根源于教育教学的实践，每个教师都应该掌握思考教育问题的方法。学习教育学就是要掌握教育的基本规律，学会用教育的理论来判断和思考问题。

现场直击

教育专业人员与非专业人员的教育行为差异

一个母亲，因孩子把她刚买回家的一块金表当成新鲜玩具给摆弄坏了，就狠狠地揍了孩子一顿，并把这件事告诉了孩子的老师。老师幽默地说："恐怕一个中国的'爱迪生'被你枪毙了。"

这个母亲不解其意，老师给她分析说："孩子的这种行为是创造力的一种表现，你不该打孩子。"

"那我现在该怎么办？"这位母亲听了老师的话，对自己的行为后悔不迭。

"补救的办法是有的。"老师接着说，"你可以和孩子一起把金表送到钟表铺，让孩子站在一旁看修表匠如何修理。这样，钟表铺就成了课堂，修表匠成了先生，令郎就成了学生，修理费成了学费，你孩子的好奇心就可以得到满足，说不定，他还可以学会修理呢！"

这个故事发生在半个世纪前。故事中的那位老师是我国著名的教育家陶行知先生。

（摘自：傅道春. 教育学[M]. 北京：高等教育出版社，2000：1.）

理论讲述

一、学习教育学的意义

掌握教育理论是人民教师必须具备的基本素养之一。《学记》说："君子既知教之所由兴，又知教之所由废，然后可以为师也。"现代世界各国师范院校的教学计划中，都把教育理论作为必修的最重要的学科之一，教育学科的教学时数一般约占总学时数的15%。非师范院校毕业生想做教师者，必须补修教育学科，经考试合格方能得到教师资格证书。在当前师范教育向教师教育发展的转型中，在许多高师院校的教学计划中，教育学科的教学时数一般占总学时数的25%左右。学习教育学的意义主要有：

（一）学习教育学能够使新时代的教师具有科学的教育理念和正确的教育思想

学习教育学可以提高教师对教育工作的认识，进一步明确教育在现代社会发展中的地位和作用，树立科学的教育理念。普通教育关系到年轻一代的健康成长，也关系到全民族文化素质的提高，与国家的前途和命运息息相关。学习教育学有助于提高对从事教育工作的兴趣和爱好，培养对教育事业深厚的感情，增强责任感，巩固专业思想。苏联著名教育家马卡连柯曾经告诉人们:"我非常重视教育理论,离开教育理论我是不能工作下去的,我很喜欢教育理论。"随着教育实践的发展,教育理论的指导作用越来越显示出它的重要性。因此,作为未来人民教师的高师院校的大学生,应该充分认识到学习教育学的重要性,树立以人为本、全面提高学生素质的教育理念,端正学习态度,学好教育学这门课。

教育思想是指一定阶级或阶层的人们在一定历史时期,对教育所持的根本看法。包括回答培养什么人,用什么思想作指导,按什么目标和培养规格去培养人,以及如何培养人等问题。思想是行动的先导。人民教师进行教育工作要有正确的教育思想作指导。当前我国普通教育中存在的片面追求升学率的问题,有识之士称它为教育上的"顽症",它把教育引进了歧途,其危害极为严重。这是教育思想不端正的集中表现。学习教育理论的目的,就在于使人们正确认识和处理教育与社会发展、教育与人的自身发展的关系,树立科学的教育价值观,认识和把握教育的基本规律。作为一名教师,只有认真学习教育理论,树立正确的教育思想,按教育规律办事,才能做好教育工作。

(二)学习教育学有助于教师提高教育质量和水平

学习教育学有助于教师正确地进行教育实践,提高教育质量。教育工作是一项十分复杂细致的工作,要做好它并取得预期的效果,没有科学的理论为指导,不掌握科学的方法,是难以办到的。那种认为不学教育学照样能办教育、教好书和做好教育工作的想法,是一种错误观点。当然,教育学既不是灵丹妙药,也不是什么法宝。但是,通过学习教育学,既可以掌握先进的教育理论和科学的教育方法,还能学到一些最基本的教育技能,这就有利于工作的开展,可以少走弯路,少犯原则性的错误,这对于未来的教育工作是极其重要的。掌握了科学的理论之后,还可以在工作中以此为指导,不断地总结教育、教学经验,提高教育质量。总之,教育学有助于我们形成正确的教育理念,指导未来的教育实践,成为一个有智慧的教育工作者。

教育理论是对教育实践经验的高度概括和科学抽象总结,它对新的教育实践有指导意义。高等师范院校学生学习教育学,是为了在走上教师岗位后能做好教育工作,成为一名合格的教师。有一种观点认为,只要学好某一门专业课,就能教好这门课;对某一门学科造诣深,教好这门学科的本领也就大,以为"学者即良师"。这种看法是片面的。诚然,一位合格的教师必须深入掌握所教学科的专业知识,否则是难以完成教学任务的。就这一点而言,学者和教师有共同之处。但学者未必能当好教师。这是因为教育对象是活生生的人,每个人都有自己的个性特点,他们的志趣、爱好、性格、才能千差万别。教师在进行教育工作时,既要遵照把学生培养成全面发展的社会主义新人的要求,又要考虑学生的年龄特征和个别差异;既要根据教学大纲的要求进行教学,又要考虑学生的基础和接受能力;既要认识学生是教育的对象,又要深信学生是有主观能动性的,是自我教育的主体。要当好教师,除了专业知识之外,还必须掌握教育理论,具有做好教育、教学工作的技能。学习教育学,能使教师在教育实践中减少盲目性,增强自觉性,正确地理解和运用教育、教学的原则和方法,提高教育的效益,使教育工作的过程成为真正的科学的过程。不少高师毕业生在教师工作过程中,结合工作实际,反复学习教育学,加深对教育理论知识的理解,教师工作才能做得得心应手。

(三)学习教育学将使教师有条件参与教育实践,指导教育改革

《中共中央关于教育体制改革的决定》针对我国教育工作不适应社会主义现代化建设的现

状，提出“必须从教育体制入手，有系统地进行改革。改革管理体制，在加强宏观管理的同时，坚决实行简政放权，扩大学校的办学自主权；调整教育结构，相应地改革劳动人事制度，还要改革同社会主义现代化不相适应的教育思想、教育内容、教育方法。”这就要求广大教师成为勇于实践、勇于创造的革新者。进行教育改革，不仅要有改革的热情，而且必须有科学的理论作为指导。新中国成立以来，几次教育改革的实践已证明，只有遵循正确的方向，依靠教育科学理论指导，严格按照教育规律办事，改革才能顺利进行，并取得成功。否则就会造成严重的失误。教育学总结教育实践中成功的经验和失败的教训，并从理论上加以概括，因而对教育改革有很大的指导意义。

（四）学习教育学将培养教师的职业情感，树立热爱教育事业的思想

学习教育学还可以提高从事教育工作的光荣感和使命感，自觉地把聪明才智献给教育事业。做好教育工作，不仅要懂得教育理论，具有正确的教育思想，还要热爱教育事业。对教师职业缺乏认识，不愿把自己的全部精力献给教育事业，不安心从教，即使满腹经纶，才智过人，也难以做好教师工作，更谈不上成为一名优秀的人民教师。

（五）学习教育学有助于培养学生研究教育理论的兴趣

通过学习，学生了解和掌握教育学知识，开展教育科学研究，逐步学会对教育实践中遇到的教育问题作出科学的分析，把教育实践经验提高到理论高度，为发展和丰富教育理论作出贡献。

二、学习教育学的方法

（一）坚持以马克思列宁主义、毛泽东思想为指导

马克思主义是人类迄今为止最完整、最科学的思想体系。它不仅为教育学提供了一般方法论，而且对教育的一些根本问题作出了科学的说明。坚持以马克思主义为指导，最根本的就是要坚持实践是检验真理的标准的观点，对立统一的观点，发展变化的观点以及整体的观点。只有这样，才能批判地吸收中外教育的一切优秀遗产，实事求是地分析和研究国内外教育现状，总结我国社会主义教育实践的经验教训，获得对教育客观规律的正确认识和对教育理论的深刻理解。

（二）坚持理论联系实际

教育理论来源于教育实践，而又高于教育实践。学习教育学的目的在于以教育理论指导教育实践。要自觉贯彻理论联系实际的原则，深入领会本门学科的基本概念和基础理论，努力掌握教育学在发展中已经取得的成果，为学好本门学科打下较为扎实的理论基础。而且，教育理论只有在教育实践中不断受到检验，才能表明它是否符合实际，是否科学，才能不断得到丰富和发展。在学习教育理论时，要常到学校去接触教育实际，了解中小学教师怎样教书育人，怎样进行教育改革实验，教育工作中存在哪些急需解决的问题，并努力把所学的理论与实际问题联系起来，力求运用所学理论去回答、解决教育中的实际问题，这样才能学好教育学。

（三）把博览与精思、勤练相结合

教育学虽有自己的研究对象和范畴，但与其他学科有着密切的联系，因此，要学好教育学，必须与相关学科结合起来学习。如哲学、政治经济学、社会学、伦理学、心理学、生理学、教育史、各科教学法，等等。应该做到博览与精思相结合，孔子曰：“学而不思则罔，思而不学则殆。”只有既认真阅读，又肯于动脑筋，才能把书本上的东西转化为个体的知识结构。在学习中，首先是继承

前人，继承本身是包含着批判、发展和创新的，切不可一成不变地照搬。因此，学好教育学要做到读书与思考、继承与创新相结合。

学习教育学时，一方面要认真读书，聆听教师的讲解，努力吸取前人已取得的教育科学方面的成果；另一方面要努力进行独立思考，培养分析问题和解决问题的能力。学好教育学还要进行一定的练习，完成必要的作业。本书每章的思考与实践环节是帮助同学们掌握基本理论，培养分析和解决教育实际问题能力的重要材料，一定要认真练习，自觉实践。

（四）努力掌握理解教育问题所必需的有关学科知识

教育现象十分复杂，与其他社会现象、自然现象有着密切的联系。同时，教育学又是在不断地综合其他科学知识的过程中发展起来的，为了深刻理解教育理论，就必须具有其他的有关学科的知识。现代科学发展的特点是不断综合，不断分化。作为社会科学的一个成员，教育学不仅与其他社会科学相互渗透，而且还广泛运用数学统计方法以及系统论、控制论、信息论等科学认识方法进行教育研究。因此，努力掌握有关学科的知识，已成为学好教育学的客观要求。

（五）设计好自己的整体学习计划、学习策略，形成良好的学习习惯

教师要关注学生学习的过程与方式，引导学生学会学习。指导学生制订切合自己实际的学习计划，选择恰当的学习方式和学习策略，并持之以恒地执行学习计划，培养学生良好的学习习惯。

学习拓展

元教育学

教育学的研究对象是什么？教育学是否是一门独立的科学？教育理论的结构如何？教育理论与教育实践的关系怎样？如此等等的问题，多年来一直困扰着教育学的研究者甚至一些哲学研究者。研究者发现，对这些问题的思考实际上均是以教育学自身为研究对象的，在一定程度上是对教育学所做的系统反思，我们可以用这样一个词来概括——元教育学。

元教育学(meta-pedagogy)兴起来自于元理论研究。“元”在英语中表示为“meta”，意为“在什么之后、超越”，它与某学科相联所构成的名词。意味着一种更高级的逻辑形式，具体来说又可区分为两层含义：一层含义指这种逻辑形式具有超验、思辨的性质；另一层含义是这种新的高一级的逻辑性是以一种批判的态度来审视原来学科的性质、结构及其他种种表现，这就是元理论。

从国际范围来看，元教育学或者说元教育理论（meta-theory of education)，或者说元教理学(meta-educology)是从20世纪70年代开始进入教育理论研究者的视野的。其中以德国教育学家布雷岑卡的努力为主导。他认为，元教育学是一种关于各种教育理论的认识论的理论。虽然人们常识性地认为这些教育理论中的确充满了知识和谬误，但需要检验。而检验又需要标准和规范，发现这些标准和规范，精确地界定和证实它们是元教育学的重要任务。这样在元教育学中，人们可以从逻辑和方法论的角度来审视教育理论。元教育学是用于分析和检验教育理论的逻辑。

在我国，大致是在20世纪90年代初，教育学界明确提出并关注到了元教育学。它的产生，是与人们对教育学体系等的认识相关联的。20世纪80年代以后，研究者发现教育学研究上的种种生机活力，并未能体现在教育学体系上，大教育学的框架，“四大块”的模式（即将教育学分为总论、教学论、德育论、学校管理论），依然存在，依然是教育学的唯一面孔。人们对中国现行教育学体系渐生不满，认为教育学步入了困境，既无理论深度，又缺乏对实践的研究，无指导实践的能力。

对我国教育学的反思和批判，以及来自西方元研究浪潮的影响，使得一些研究者逐渐提出元教育学这一名称，并在元教育学的框架下来探讨教育学的体系等问题。

概括来讲，元教育学是教育学之学，它是以教育学自身的理论陈述和研究状况为研究对象的，涵盖了两方面的内容：教育学理论形态的研究和教育学研究的研究。

元教育学与教育学有着一定的区别，前者以教育学自身为对象，而不是以传统的教育问题（如教育的本质、教与学的关系等）为对象，后者具体讨论一些教育问题，是被当成研究对象的教育学。或者说，元教育学是解释教育学自身的，教育学是解释教育中的一般问题的。元教育学的任务是对既存的教育理论和研究状况进行分析、论证，教育学的任务是要揭示教育中的一般规律。元教育学与教育学两者使用的语言亦有所不同。“教学”“德育”“智育”等是“教育内部”或者说有关教育现象和问题的名词，是教育学名称，属于对象语言；教育理论的“性质”“对象”“命题”等是用来谈论教育学而非教育的，表示教育学的陈述或活动特征的名词，属于元语言。

元教育学与教育学也有着一定的联系。从元教育学的产生、发展来看，元教育学是从传统教育学中分化出来的，是教育学发展到一定阶段的产物。它虽然有别于教育学，在一定程度上是教育学的反动，但并未像心理学从哲学中分化出来一样，确定与母学科完全不同的研究领域，仍属教育学家族，具有教育学的家族面孔，从广义上讲，仍是研究教育问题和教育现象的，只不过是教育学的理论问题和教育学的研究现象而已。

尤其要指出的是，元教育学的研究在于促进教育学的发展，它在澄清教育学的认识论基础方面具有重要的理性价值，但它不能取代教育学自身的建设。元教育学研究与教育学自身的建设应该并驾齐驱，相互促进。惟其如此，教育学才能在21世纪有一个新的起点，才能展示出新的面貌。

（摘自：唐莹，瞿葆奎.元理论与元教育学引论[J].华东师范大学学报（教科版），1995(2)：18.）

思考与实践

1. 教育学的研究对象是什么？为什么说教育学与教育方针政策、教育经验汇编有所不同？

2. 怎样认识某些人的“没有学习教育学，工作干得也挺好”和“教育学解决不了实际问题”等说法？

3.《普法歌谣》中的一首小诗：“适龄儿童要读书，天下父母有义务。保证孩子受教育，不分性别和民族。”请联系实际谈谈你的感想。

第二章　教育概论

自从有了人类社会便产生了教育这种社会现象，在人类历史发展过程中，人们对教育的概念作了很多的探讨。长期以来，教育学界对教育的界定不尽相同，造成这种现象的原因是多方面的。本章将对教育概念及其本质、教育的产生和发展进行探讨和学习。

第一节　教育及其本质

在现代社会发展中，每一个社会成员都受过或多或少、这样或那样的教育，在每一个社会成员的思想意识中，对教育的认识也是不尽相同的。

现场直击

耶鲁大学校长在该校300年校庆上的讲演

在美国，有个举世闻名的耶鲁大学。2001年夏天，在该校举行的300年校庆上，校长理查德·雷文教授发表了一篇惊动天下的演说。他说：

“今天，我们不要只说耶鲁的历史上出了五位美国总统，包括近几十年来接踵入主白宫的老布什、克林顿和小布什；也不要只说耶鲁是造就首席执行官最多的大学摇篮。我们更应该记住，耶鲁的毕业生中有三位诺贝尔物理学奖、五位诺贝尔化学奖、八位诺贝尔文学奖和八十位普利策新闻奖、格莱美等奖项的获奖者。耶鲁，我们的耶鲁，自始至终坚持为人类文明和社会进步服务的理念！”

雷文校长的这篇译成中文共160余字的演讲，不仅因为其简短精干闻名于世，还因为它凝聚了耶鲁300年学校教育的辉煌为世人瞩目。迄今为止，有五位美国总统毕业于耶鲁；1789年以来的美国内阁中，9%的成员来自耶鲁；十余位美国最高法院大法官都曾在耶鲁学习。担任美国企业领导的耶鲁校友，数量远远超过其他大学；耶鲁毕业生成为众多著名大学的创始人或第一任校长，如普林斯顿大学、康奈尔大学、约翰·霍普金斯大学、哥伦比亚大学、芝加哥大学等，并因此将“美国学院之母”的桂冠奉献给自己的母校。此外，耶鲁还造就了灿若群星的各界知名人物：电报的发明者莫尔斯，词典编纂学家诺亚·韦伯斯特，演员梅丽尔·斯特里普、保罗·纽曼。我国近现代史上的著名人物，如容闳、詹天佑、马寅初、晏阳初、李斌宁等也曾是耶鲁的莘莘学子。

看过耶鲁，学校教育的意义还容质疑吗？当然，耶鲁是大学中的佼佼者，耶鲁的教育也是学校教育的典范。但是，每个人只要回顾一下自己在学校的如歌岁月，不论是大学，还是小学，甚至是幼儿园，都会觉得学校教育是你流水年华中最动听的音符，是你人生梦幻中最绚烂的色彩。

理论讲述

一、教育的多元化定义

什么是教育？古今众多教育家从不同角度对此作过多种解释，对教育概念的界定呈现出多元化的特点。教育的概念最早始见于《孟子·尽心上》：“君子有三乐，而王天下不与存焉，父母俱存，兄弟无故，一乐也；仰不愧于天，俯不怍于人，二乐也；得天下英才而教育之，三乐也。”《说文解字》的解释，“教，上所施，下所效也”；“育，养子使作善也”。“教育”成为常用词，则是19世纪末20世纪初的事情。19世纪后半期，中国人开始兴办新式教育，现代汉语中“教育”一词的通行，与中国教育的现代化联系在一起，反映了中国教育话语由“以学为本”向“以教为本”的现代性转变。

在西方，教育一词源于拉丁文educare。本义为“引出”或“导出”，意思就是通过一定的手段，把某种本来潜在于人身体和心灵内部的东西引发出来。从词源上说，西文“教育”一词是内发之意，强调教育是一种顺其自然的活动，旨在把自然人所固有的或潜在的素质，自内而外引发出来，以成为现实的发展状态。

在一般教育学中，教育这一概念被作了广义和狭义的区分。按照《中国大百科全书》的权威性解释：“教育是培养人的一种社会活动，它同社会的发展、人的发展有着密切的联系。从广义上说，凡是增进人们的知识和技能、影响人们思想品德的活动，都是教育。狭义的教育，主要指学校教育，是指教育者根据一定社会的要求，依据受教育者身心发展的规律，有目的、有计划、有组织地对受教育者所进行的传授知识技能、培养思想品德、发展能力和体力以及情感态度等影响，把受教育者培养成一定社会所需要的人的社会实践活动。”

学校教育是教育活动的主体部分，属于狭义教育的范畴。学校教育和其他教育相比，有三方面的特性：第一，学校是培养人的专门机构，有专职人员主持和管理，即通过教师和教育管理人员实施专门的教育活动；第二，学校教育的基本任务是培养和造就人才，发展人的素质；第三，学校教育是目的性、组织性、计划性最强的系统性教育活动。

二、教育的属性

（一）社会属性

1. 社会性

社会性是教育的基本属性，是人类所特有的现象。它是通过人类社会特有的产物——语言和文字来进行的。教育自从生产劳动中分离出来后，担负起独立的社会职能，成为专门传递社会生活经验和培养人的活动，最终目的是使人社会化。

2. 社会制约性

教育的社会制约性是教育社会性的最主要的表现形式。教育的社会制约性，指教育受一定社会的生产关系和生产力发展水平的制约，同时也受到社会文化传统和人口等其他社会因素的制约。这种制约是客观存在的，只有认识它，才能把握教育发展和改革的规律，教育本身才能得到更好的发展，教育也才能更好地为社会的政治、经济、文化建设服务，促进社会的进步。

3. 生产性

教育的生产性，具有以下三个方面的功能：第一，教育具有使劳动力增值的功能。一般来说，它借助于两方面的途径：一是社会劳动的实践；二是社会的教育与培养。马克思就指出，“教育会生产劳动能力”。第二，教育具有使科学知识增值的功能。科学(指自然科学)是人类认识自然的现象、性质和规律的知识体系。它是一种知识形态的生产力，它渗透于生产力诸种实体因素之中(劳动力、劳动资料、劳动对象)，对生产力的发展起着十分重要的作用。第三，教育具有全面促进生产力发展的功能。教育对生产力发展所起的作用不仅表现在劳动力、科学知识等个别因素上，而且还表现在对整个生产力系统的推动上。

4. 阶级性

教育的阶级性是阶级社会里的教育的属性之一，指一定的教育反映一定阶级的利益并为之服务的特性。统治阶级总是利用教育来巩固其统治地位；被统治阶级也要利用教育争取本阶级的利益。教育的阶级性是私有制产生以后才有的，社会上出现了阶级和阶级对立，一定阶级的教育的目的、制度、方针、内容乃至方法便体现了这一阶级的利益和要求。

(二) 自然属性

1. 历史继承性

教育是一种历史现象，在不同的社会或同一社会不同的历史时期，教育的性质、目的、内容等都各不相同，因此，教育具有历史性。在阶级社会，教育必须反映统治阶级的利益、愿望和要求，表现出鲜明的阶级性。阶级性是教育的历史性在阶级社会中的必然反映。在阶级社会中，学校教育的控制权属于一定的统治阶级，统治阶级为了使教育为自己的统治服务，必须把自己的利益、愿望、要求反映到教育上。当社会政治经济发生了变化或者新的统治阶级代替了旧的统治阶级，教育也要进行相应的变化。如当社会主义社会取代资本主义社会时，就要求教育也进行改革，以社会主义的教育代替资本主义的教育。这是教育历史继承性的表现。

2. 永恒性

教育是人类所特有的社会现象，它是一个永恒的范畴。只要人类社会存在，就存在着教育。教育具有永恒性的原因源于教育具有两大社会功能：一是使新生一代适应现存的生产力，作为生产的工具；二是使新生一代适应现存的生产关系，在阶级社会作为阶级斗争的工具。社会的存在和延续离不开教育。教育在任何社会都要承担传授生产知识、技能和经验的任务，使年轻一代适应现存生产力的需要；同时，也要承担传授社会的思想意识、风俗习惯和行为规范的任务，使年轻一代适应现存生产关系的需要。

3. 民族性

一个民族在历史形成的进程中，形成了许许多多优秀的文化积淀。教育必须肩负起保存、传递和创新这种民族文化的使命。同时，教育也在凝聚与融合一个民族。教育在增进民族凝聚力方面具有宣传、渗透和融合的基础作用，对于形成民族自强意识、民族复兴的责任感和民族自尊心有着重要的影响。中华民族在近现代之所以会出现高涨的民族团结和凝聚局面，一个重要原因在于通过先进思想的传播和教育，提高了中华民族成员的民族意识、民族危机感、民族自尊感以及责任感，唤醒和激发了中华民族成员的爱国热情，从而自觉地加入民族融合的大潮之中，真正实现了整个中华民族同呼吸、共命运的民族高度融合的社会精神状态。

4. 超前性和迟效性

教育的超前性是指教育的社会功能能够适度地超越社会发展的现实需要。由于人才培养周期长,教育的发展就不能完全局限于社会发展的现实需要,而是必须适当着眼于社会发展的未来需要,否则教育就会处处落后于社会发展,就不能较好地适应和促进社会发展。教育的迟效性是指教育的社会功能一般要经过较长的人才培养周期之后才能显现。办教育绝不能急功近利,追求立竿见影是不符合教育社会功能的特点的。

三、教育的构成要素

(一) 教育的基本要素

所谓"要素"指构成事物不可缺少的最基本的因素。如同每个汉字都有音、形、义三个要素。从教育学界对教育要素的不同界定中,都包含有教育者、受教育者这两个要素,这说明教育者、受教育者是教育活动中必定的要素。至于其他的要素诸如教育内容、教育资料、教育方式、教育环境、教育手段等不同的论述,只不过是从不同的方面对教育活动条件的论述,都是教育者对受教育者进行教育的影响源,可以归纳为教育影响。所以教育的基本要素包括:教育者、受教育者、教育影响三个部分。

(二) 对教育要素的分析

构成教育活动的三个基本要素中,教育者和受教育者是教育活动中"人"的因素,他们构成教育活动的复合主体,即教育者是"教"的主体,受教育者是"教"的对象、是"学"的主体;教育影响包括教育的内容(体、智、德、美、劳)和各种教育手段,是教育活动中的"对象"因素,也是教育活动中"物"的因素,它是开展教育活动的基本条件,也是教育活动中的纯客体。

(1) 教育者:教育者是指对受教育者在知识、技能、思想品德等方面起到影响作用的人。教育者是教育活动中的主导因素,是教育活动的组织者和领导者,他能够确定教育目的,选择教育内容,调控教育环境和教育过程。

(2) 受教育者:受教育者是指在各种教育活动中从事学习活动的人。受教育者在教育者的影响下,按照教育者的要求和教育影响的现实性,实现着自身的发展和完善。在广义的教育中,所有为提高自身素质而处于学习状态的人都是受教育者;在狭义的教育中,受教育者特指教师"教"的对象——学生。

(3) 教育影响:教育影响是指介于教育者和受教育者之间的一切活动的中介物,包括教育内容、教育手段以及教学活动中教和学所采用的一切中介物。其中,课程是最具有实质性的教育影响源。

四、教育的本质

(一) 教育本质的内涵分析

本质是指事物的根本性质,是组成事物基本要素的内在联系。本质是相对现象而言的,现象指一事物的外在表现。教育有着多种多样的表现形式。从原始教育到当代教育,从家庭教育到学校教育,从观察模仿到言传身教,千百年来,教育活动的内容、形式、方法在不断地更替、发展,其外部表现可谓变化多样。但如果透过这些变化多样的外部现象,从纷繁复杂的矛盾中找到潜藏在现象中同一的、普遍的、稳定的东西，便是找到了教育的本质，找到了决定着教育活动与其他社会活动根本区别的特殊规定性。

因此，在人类社会从古至今纷繁复杂的各类教育现象中，存在着同一的、普遍的、稳定的，且又是与其他社会活动根本区别的教育现象。教育的本质是：教育是有目的、有计划、有组织地培养人的社会实践活动，即根据一定社会需要而进行的培养人的活动或培养人的过程。

通过现象看本质，不论强加给教育多少个属性，多少个性质，这都无碍于教育作为一种培养人的活动的本质规定。教育过去是、今天是、将来也必定还是教育对人的培养，这便是教育的本质。

（二）教育的本质特性

本质特性即反映事物发展规律的稳定的、普遍的特性。教育的本质特性，即贯穿于一切教育之中，从古至今乃至未来，只要教育活动存在就永久起作用的特性。不管社会发展、时代变迁还是教育自身的逐渐完善，都无法使其有所改变。

1. 教育是人类社会特有的一种社会现象

尽管在动物界，尤其是高等动物界的代与代之间虽也存在着类似于人类的“教育”和“教”与“学”的现象，但这两种表面类似的现象在本质上是不同的。

（1）所谓动物的“教育”和“教学”完全是一种基于生存本能的自发行为，而不是后天的习得行为。它的产生与动物的生理需求直接相关，其内容也紧紧围绕生存本能。无论是鸟会飞、鸭游水，还是猫捉老鼠、动物表演等，都是建立在本能基础上的，而非教育的结果。人类的教育活动与动物相比，最大的差别在其社会性上。人的教育需要不是直接产生于生物本能，而是产生于社会延续与发展的需要。教育一开始就是一种为了社会存在和发展的活动。

（2）动物没有语言，不具备将个体经验积累起来向同类传递的能力。动物不能把同类的不同特征汇集起来，它们不能为同类的共同利益和方便作出任何贡献。因此，所谓动物的“教育”只能一直停留在第一信号系统的水平上，它不可能有“类”的经验，也不可能进行个体之间的经验交流和传递，因而也就不可能通过“教育”使动物一代胜过一代。但是人则不同，人的各种各样的才能和活动方式可以相互利用，因为人能够把各自不同的产品汇集成一个共同的资源。人通过语言和其他自己创造的物质形式（如工具、产品），把个体的经验保存和积累起来，成为“类”经验。人类教育传递的正是人类社会共同积累的类经验，不只是个体的直接经验。这些经验不是本能的产物，而是人类智慧的结晶。

（3）动物教育的结果无非是使小动物适应环境，维持生命，并独立生存，而人类教育的结果远远不止于此。人类教育不但使受教育者获得适应环境的经验，而且培养了人进一步改造环境、参与社会生活、创造财富、推动社会发展的能力，培养了人创造新经验的能力。这也是人类社会迅速发展的重要原因。

由此可见，教育是人类社会特有的活动。正像社会性是人与其他动物的本质区别，因此需要用“人”这个词把人与动物区别开来一样，社会性也是人的教育活动与动物所谓“教育活动”的本质区别，因此也需要用“教育”这个词把人的培育活动与动物的亲子本能的活动区别开来。

2. 教育是人类特有的一种有意识的社会活动

马克思主义哲学和科学心理学的研究证明，动物只拥有生命物质最基本的反映形式——刺激感应性和动物的心理，只有人才是有意识的。动物对客观存在的反映依靠的是特定的感觉和结构简单的大脑，如蚯蚓没有眼睛，但能感受光线的明暗，依靠的是它的躯体的感光细胞；响尾蛇的两眼已经退化，它还能在夜间捕食，具有奇妙的视觉能力，这是因为它的眼睛和鼻子间有一块皮肤能感受红外线辐射。而人却不同，人不但通过特定的感官反映外在的刺激，更为重要的是，人能通过抽象的理性思维反映事物的本质和规律。动物即使经过训练也达不到这一点，这就说明动物是不具有意识的，动物的一切行为都是在本能的支配下产生的。而人却不同，即使年龄很小的幼儿，当他把自己与他人区别开来时，他便存在了意识，随之产生的一切活动都是有意识的参与。因此，人类教育中无论是生产经验的传授，还是社会行为规范的教导，都不是产生于人的本能需要，而是人们意识到的社会需要，在明确意识的驱动下产生的有目的行为。

3. 教育是人类社会特有的传递经验的形式

动物在其种系发展和后天生活中也有信息的传递，它们的信息和经验是以一种极为有限的信息方式而不是以教育和学习的方式传递的。在高等动物中，除本能外当然也有熟练的智力活动的存在。在年长的动物中也有对付同类和人类的丰富的经验和教训。但是，这些后天获得的生存本领和经验，正因为没有意识和复杂的语言，便不能以教育这种传授方式为其他动物所掌握或进行历史性的存留，作为个体的经验只能随个体的死亡而消失。

人却不同。在人长期的种系发展过程中形成的经验和智力，也在遗传素质中有所表现。但是对于人类来说，遗传不是经验获得和智力发展的主要形式，人对经验和智力的获得主要是通过后天的教育和学习的形式进行的。人之所以能做到这一点，是因为人类有意识。人能把自己的需要报告给自己，意识到经验的不足和欠缺。人类又有语言和文字，借助语言文字的信息载体功能，不仅可使人类的经验存在于个体系统之中，也可以存在于个体意识之外，脱离每个个体而独立存在；不仅可使人类获悉感官所及范围之内的经验，而且可超越时间限制和空间地域的阻隔，从过去到现在，从宏观到微观，全社会全人类的所有财富都可以为人类所掌握，人类传递经验的这一特点也证明了教育是一种社会现象。

4. 教育是有意识的以影响人的身心发展为目标的社会活动

人类的社会活动方方面面，有从事物质产品生产的工业、农业、建筑、冶金、医药、水产、林业等，有进行精神产品生产的文学、艺术、科学、宗教等。教育活动是有意识的以人为直接对象的社会活动，它不同于其他以物质产品或精神产品的生产为直接对象的社会生产活动。同时，教育与其他有意识的，以人为直接对象的活动还有区别，教育是以对人的身心发展产生影响为直接目标的。这样就把教育活动和以保护人的身心健康、抵御疾病对人的身心危害的医疗活动，以及以满足人的各种需要为目标的社会服务活动区别开来了。

至此，可以使我们对教育的本质认识得更加明确。近年来，有人把教育的阶级性、生产性、福利性等也视为教育的本质特性。从上面的论述来看，这些特性，对培养人这一本质的规定性来说都是非本质的，因为阶级可以消亡，生产性到共产主义将降到次要地位，福利性在原始社会和奴隶社会是不存在的。这些随时代变化而变化的特性都不能成为教育的本质特性。

学习拓展

教育概念的不同界说

什么是教育？这个问题乍看起来似乎很简单。关于教育的定义，中外的教育家、思想家和一些人士都有自己的“语录”，这里集萃如下：

孔子：“大学之道，在明明德，在亲民，在止于至善。”

陶行知：教育是依据生活、为了生活的“生活教育”，培养有行动能力、思考能力和创造力的人。

钟启泉：教育是奠定“学生发展”与“人格成长”的基础。

国外对“教育”也有许多精彩、精辟的论述：

古希腊柏拉图认为，教育使个人身心得到圆满发展。

捷克教育家夸美纽斯认为，“教育是生活的预备”。

马克思、恩格斯：教育是促进“个人的独创的自由发展”。

英国学者斯宾塞：教育是生活的准备，如何经营完美的生活是教育应教导的一件大事；而在美国教育家杜威看来，教育不是生活的准备，教育本身就是生活，教育即生长，“教育即生活经验的不断改造或改组”。

康德：教育是由个体自我设计、自我选择、自我构建、自我评价的过程，是自我能力的发展，它体现着社会意志和教育者与受教育者平等自由地、审慎严肃地共同探究的机理，不是“指令”，不是“替代”，更不是让茧中的幼蝶曲意迎合或违心屈从。

蒙台梭利：“教育就是激发生命，充实生命，协助孩子们用自己的力量生存下去，并帮助他们发展这种精神。”

德国现代教育家雅斯贝尔斯却说：“所谓教育，不过是人对人的主体间灵肉交流活动（尤其是老一代对年轻一代），包括知识内容的传授、生命内涵的领悟、意志行为的规范，并通过文化传递功能，将文化遗产教给年轻一代，使他们自由地生成，并启迪其自由的天性。”

瑞士教育家裴斯泰洛齐认为，教育是“依照自然法则发展儿童道德、智慧和身体各方面的能力”。

斯大林说过，教育是一种武器，其效果是决定于谁把它掌握在手里，用这个武器去打击谁；加里宁认为，教育是对于受教育者心理上所施行的一种正确的、有目的的和系统的感化作用，以便在受教育者身上，养成教育者所希望的品质。

我国早期马克思主义教育理论家杨贤江在《新教育大纲》中写道：“教育为观念形态的劳动领域之一，是社会的上层建筑之一。”

国际21世纪教育委员会向联合国教科文组织提交的教育研究报告说：教育是“保证人人享有他们为充分发挥自己的才能和尽可能牢牢掌握自己的命运而需要的思想、判断、感情和想象方面的自由。”

第二节　教育的产生及发展

教育随着人类社会的产生而产生，随着社会的发展而发展。教育的发展，不论是在古代社会还是在现代社会，都会受到社会其他因素的影响。了解教育的发展变化有助于更好地去把握教育的本质和规律，更好地去理解教育实践活动。

现场直击

国家教育事业发展“十一五”规划纲要摘录

到 2005 年，全国普及九年义务教育人口覆盖率和初中毛入学率均达到 95%以上，进入全面普及的新阶段。西部地区“两基”攻坚取得重大进展，中西部地区农村义务教育普及程度和质量明显提高，农村教育面貌发生深刻变化。高中阶段教育规模继续增加，在校生达 4031 万人。职业教育在改革中加快发展。高等教育实现历史性跨越，毛入学率达 21%，进入大众化发展阶段，高水平大学和重点学科建设取得重大进展，高校科技创新能力增强，成为国家创新体系的重要组成部分。

素质教育进一步推进，未成年人思想道德建设和大学生思想政治教育工作得到加强。教师队伍建设取得新进展，教育投入不断增长，办学条件得到改善，教育信息化建设成效明显，教育质量稳步提升，办学效益进一步提高。

教育改革不断深化，教育开放进一步扩大，很多方面取得突破性进展。人民群众关心的教育问题得到高度重视并在逐步解决。各级各类教育稳步发展，国民受教育水平显著提升，15 岁以上人口平均受教育年限达到 8.5 年左右。

教育发展为我国国民素质提高，为科技创新、经济增长和社会进步作出了重要贡献，也为“十一五”时期的进一步发展奠定了良好基础。

理论讲述

一、教育的起源

科学地解释教育的起源，对于把握教育与其他社会现象的本质区别，对于把握教育在人类社会发展中的地位和作用具有重要的意义，目前比较有代表性的观点有四种：

（一）教育的生物起源学说

教育的生物起源学说，最早由法国哲学家、社会学家利托尔诺提出。他在其代表作《各人种的教育演化》中认为，教育这种现象不仅存在于人类社会中，甚至在人类产生以前，教育就早已存在于动物界。他认为，动物对幼崽的爱护和照顾就是一种教育，人类教育只不过是在承袭动物教育的基础上做了某些改善和发展。利托尔诺还把生物生存竞争的本能，说成是教育起源和存在的基础。动物为了自己物种的保存与发展，基于一种自然的自发的本能，也会把自己的“知识”和“技能”传授给幼小的动物。

继利托尔诺之后，英国哲学家斯宾塞、教育学家沛西·能等都持这种观点。沛西·能在一篇叫《人民的教育》的演说词中说："教育从它的起源来说，是一个生物学的过程，不仅一切人类社会有教育，不管这个社会如何原始，甚至在高等动物中也有低级形式的教育。我之所以把教育称做生物学的过程，意思就是说，教育是与种族需要相应的种族生活就是'天生的'，而不是获得的表现形式；教育既无待周密的考虑使它产生，也无需科学予以指导，它是扎根于本能的不可避免的行为。"又说，"生物的冲动是教育的主要动力"。①

生物起源学说的错误，在于把教育这种有意识的社会活动理解为无意识的本能的个体活动，否认了人与动物的区别，否认了教育的社会性。

（二）教育的心理起源学说

主张教育的心理起源学说的代表人物，是美国教育史学家孟禄。他从心理学观点出发，批判了教育的生物起源学说，认为教育是起源于原始社会中儿童对成人的无意识的模仿。儿童对成人的模仿是教育的基础，不论成人愿意与否，儿童都在模仿他们。因此，依照孟禄的观点，模仿是手段，是教育过程的实质。

这种观点的进步之处在于把教育限定在人类活动范围，不足之处在于否定了教育的意识性。因为模仿作为一种心理现象和学习方式，可视为教育的诸种途径之一，但把人类的全部教育活动归为无意识状态下产生的模仿行为，是不妥当的。生物起源学说和心理起源学说的错误都在于否认了教育的社会属性，即自觉的有意识的活动。

（三）教育的劳动起源学说

教育的劳动起源学说是马克思主义的观点，认为教育起源于劳动，起源于劳动过程中社会生产需要和人的发展需要的辩证统一。恩格斯在《劳动在从猿到人转变过程中的作用》一文中指出：劳动"是一切人类生活的第一个基本条件，而且达到这样的程度，以致我们在某种意义上不得不说，劳动创造了人本身。"按照马克思主义的观点，劳动创造了人，劳动创造了社会，人与社会统一于劳动之中，有了人就开始有了人类社会的历史。这些关于人与人类社会起源的原理，有助于正确理解教育的起源问题。

（四）教育的需要起源学说

随着我国教育理论界关于教育本质问题讨论的深入，早在 20 世纪 80 年代初就有人对劳动起源学说提出质疑。认为：教育与劳动同属人类生存所必需的实践活动的范畴，教育对劳动不是从属关系，劳动首先是人和自然之间的过程，是以人自身的活动来调整、控制人和自然之间的物质变换过程，是人通过有目的的活动来改变自然物的过程。而教育首先是人和人之间的过程，是人通过有目的的活动来促进和影响人的成长和发展。从活动的本质意义上来说，劳动生产物，教育生产人。除了劳动经验以外，原始社会形成的一些习惯、准则、仪式等也需要通过教育活动传授给年轻一代。因此，作为人类社会特有的教育活动是起源于适应和满足人类社会生活（生存方式）和自身发展的需要。毛礼锐主编的《中国教育通史》（第一卷）在谈到教育起源的问题时，明确主张"教育起源于社会生产和生活的需要"。认为："对教育这种社会活动的起源，只能从人类社会生产和生活中去寻求，尤其要从最基本、决定其他一切社会活动的生产中去寻求。""人类社

① （英）沛西·能．教育原理[M]．王承绪，等译．北京：人民教育出版社，1992：38.

会生产和生活，在其进行与发展过程中，所产生的需要是多方面的，教育就是其中的一个重要需要。”

二、教育的发展阶段

（一）原始社会的教育

原始社会是人类社会的最初形态。根据摩尔根的划分，原始社会包括蒙昧和野蛮两个时期。恩格斯把蒙昧时期概括为“是以获取现成的天然产物为主的时期；人工产品主要是用做获取天然产物的辅助工具”。原始社会晚期，人类进入野蛮时期，恩格斯把这个时代概括为“学会畜牧和农耕时期，是学会靠人的活动来增加天然产物生产的方法的时期”。

原始社会生产力的状况决定了原始社会教育的独特性：第一，没有阶级性，每个社会成员都可以受到平等教育，而整个社会也用平等精神教育年轻一代；第二，教育的主要目的是为生产劳动服务；第三，教育与生产、生活紧密结合，在社会生活中进行教育；第四，教育内容和手段简单，没有专门的教育机构、教师和教材，主要靠年长一代的言传身教。

（二）古代社会教育的发展

1. 不同国家古代学校教育的形态

(1) 古代中国的教育

根据历史记载，中国早在四千多年前的夏代，就有了学校教育的形态。《孟子》里说夏、商、周“设为庠序学校以教之。庠者，养也；校者，教也；序者，射也。夏曰校，殷曰序，周曰庠，学则三代共之，皆所以明人伦也”。这里，孟子不仅记载了我国古代学校教育起源的情况，而且记载了当时教育的内容和宗旨。西周以后，中国的学校教育制度已经发展到比较完备的形式，建立了典型的政教合一的官学体系，并有了“国学”与“乡学”之分，形成了以礼乐为中心的文武兼备的“六艺”教育。汉代武帝以后，采纳了董仲舒提出的“罢黜百家、独尊儒术”的建议，实行了思想专制主义的文化教育政策和选士制度，对后世产生了深远的影响。隋唐以后盛行的科举制度使得政治、思想、教育的联系更加制度化。宋代以后，程朱理学成为国学，儒家经典被缩减为“四书”、“五经”，特别是《论语》、《孟子》、《大学》、《中庸》四书被作为教学的基本教材和科举考试的依据，科学技术和文学艺术的内容不再是科举的内容，知识分子的毕生精力用在了经书的背诵上。明代以后，八股文被规定为考科举的固定格式，使人们的思维方式和思想观念受到了严重束缚和限制。一直到 1905 年科举制度再也不能适应社会发展的要求，清政府才下令废科举开学堂。

(2) 古代埃及的教育

古代埃及是世界上最古老的文明国家之一，大约是在公元前 3000 年左右，形成了奴隶制国家。其历史分为古王国、中王国和新王国三个时期。根据文献记载，埃及在古王国末期已有宫廷学校，它是法老教育皇子皇孙和贵族子弟的场所。中王国以后，社会进入了繁荣时期，宫廷学校已不能满足培养官吏的需要，又开设了职官学校，这些学校都是以吏为师和以法为教，招收贵族和官员子弟，也兼负文化训练和业务训练的任务。

(3) 古代印度的教育

印度的教育也有着同样悠久的历史。古代印度宗教权威至高无上，教育控制在婆罗门教和佛教手中。婆罗门教有严格的种姓制度，把人分成四个等级（种姓）：处于最高等级的是婆罗门，即僧侣祭司，应该受到最优良的教育；其次是刹帝利，为军事贵族，这两个种姓是天然的统治者；再次是吠舍，仅能从事农工商业；最低等级的是首陀罗，被剥夺了受教育的权利。婆罗门教的教条是教育的指导思想，婆罗门教的经典《吠陀》经是主要的教育内容，婆罗门教的僧侣是唯一的教师，教育的活动主要是背诵经典和钻研经义。

(4) 古代希腊、罗马的教育

古代希腊的教育是西方奴隶制国家教育的完整而典型的代表，它是西方古代教育发展的高峰。其中古希腊两个最大的城邦斯巴达和雅典形成了西方早期两种不同的教育类型。斯巴达教育的目的是培养效忠于奴隶制国家的军人和武士，强调军事体育训练和政治道德灌输，教育内容单一，教育方法也比较严厉。古代雅典教育的目的是培养有文化修养和多种才能的政治家和商人，注重身心的和谐发展，教育内容比较丰富，教育方法也比较灵活。而罗马时期的教育基本上沿袭了希腊尤其是雅典教育的传统和特点。

2. 古代学校教育的特征

古代东西方的学校教育虽然在具体内容和形式上存在着许多差异，但都反映了社会发展水平的基本特征。这些特征在教育上具体表现为：

(1) 阶级性

统治阶级享有教育的特权，奴隶被剥夺了受教育的权利。统治阶级内部的等级性也在教育制度上有所反映，贵族与平民、主人与仆人之间有着不可逾越的鸿沟。

(2) 道统性

统治阶级的政治思想和伦理道德是唯一被认可的思想，天道、神道与人道往往合二为一。通过教育活动对人们的思想加以模式化，培养出来的人成为维护统治阶级统治的追随者。

(3) 专制性

教育过程是管制与被管制、灌输与被动接受的过程，道统的威严通过教师、牧师的威严，通过招生、考试以及教学纪律的威严予以保证。

(4) 刻板性

古代学校教育在教育方法、学习方法方面刻板，强迫学生死记硬背，机械模仿，使得培养出来的学生缺乏开拓创新精神，成为古代统治阶级的附庸。

(5) 教育的象征性功能占主导地位

受教育的目的主要不是为了获得实用的知识，而是受教育本身。能不能受教育和受什么样的教育是区别社会地位的象征。经典、教义的教育处于社会较高的地位，习得实用知识的教育处于社会较低的地位。

(三) 近现代教育的发展

14 世纪以后，欧洲产生了资本主义的萌芽并很快发展起来。新兴的资产阶级为了谋取他们的经济利益和政治地位，以复兴古代希腊罗马的文化为借口，掀起了反对封建文化、创造资产阶级文化的文艺复兴运动，对当时和后世的教育产生了重大影响。

16 世纪以后，世界进入近现代社会。火药、造纸术、印刷术、指南针从中国传入西方，为世界的军事和交通带来了大发展的机遇；哥伦布发现了美洲新大陆，极大地激发了人们的想象热情，并为欧洲的新生资产阶级开辟了新的活动场所；18 世纪蒸汽机的发明，带来了人类历史上的第一次工业革命，手工劳动、作坊生产被现代大工业取代。这些发展变化引起了社会制度、思想观念和生活方式的巨大变化，也引起了教育的巨大变化。这种变化特别表现在：

（1）国家加强了对教育的重视和干预，公立教育崛起。19世纪以前，欧美国家的学校教育多为教会或行会主持，国家并不重视。19世纪以后，资产阶级政府开始认识到公共教育的重要性，逐渐建立了公立教育系统。

（2）初等义务教育的普遍实施。机械化工业革命的基本完成和电气化工业革命的兴起，提出了普及初等教育的要求，并为初等教育的普及提供了物质基础，各国的普及义务教育普遍地发展起来。

（3）教育的世俗化。与公立教育的发展相适应，教育逐渐建立了实用功利的世俗教育目标，从宗教教育中分离出来。有些国家明确规定，宗教、政党不得干预教育。

（4）重视教育立法，以法治教。西方教育发展的一个明显特点就是有强有力的法律保障，近代以来教育的每次重要进展或重大变革，都以法律的形式予以规定和提供保证。

（四）20世纪以后的教育发展

进入20世纪以后，世界出现了社会主义与资本主义两大阵营的对垒，电器化革命在主要国家已经完成，两次世界大战深刻地改变了世界的格局，民主化、工业现代化、国家主义成为世界三股最强大的潮流。在这样的背景下，教育在数量上获得更大的发展，义务教育普遍向中等教育延伸，职业教育发展受到普遍重视，政治道德教育普遍呈现出国家主义特征，平民教育运动、进步主义教育运动在世界各地都有不同程度的展开。

第二次世界大战以后，世界进入冷战时期，科学技术革命迅速地改变着世界的面貌。教育在各国受到空前的重视。教育的改革和发展呈现出一些新的特点：

（1）教育的终身化。终身教育是适应20世纪中叶以后科学知识的加速增长和人的持续发展要求而逐渐形成的一种教育思想和教育制度。它的本质在于，现代人的一生应该是终身学习、终身发展的一生，整个社会都应变成受教育的场所。它是对过去将人的一生截然分为学习阶段和学习结束后阶段观念的否定。把终身教育等同于职业教育或成人教育也是不正确的，终身教育应贯穿于整个教育过程和教育形式中。

（2）教育的全民化。所谓全民教育，就是教育对象的全民化，亦即教育必须向所有人开放，人人都有接受教育的权利，且必须接受一定程度的教育。全民教育的内涵主要包括：教育的民主化和教育的普及化。它特别强调要使所有适龄儿童都进入小学并降低辍学率，使所有中青年都脱离文盲。近几十年来，全民教育理念得到各国，特别是发展中国家的积极响应，并形成一种跨世纪的、席卷全球的教育思潮。

（3）教育的民主化。教育民主化是对教育的等级化、特权化和专制性的否定。一方面，它追求让所有人都受到同样的教育，包括教育起点的机会均等，教育过程中享受教育资源的机会均等，甚至包括教育结果的均等，这就意味着对处于社会不利地位的学生予以特别照顾。另一方面，教育民主化追求教育的自由化，包括教育自主权的扩大，如办学的自主性，根据社会要求设置课程、编写教材的灵活性，价值观念的多样性等。

（4）教育的多元化。教育的多元化是对教育的单一性和统一性的否定，它是世界物质生活和精神生活多元化在教育上的反映。具体表现为培养目标的多元化、办学形式的多元化、管理模式的多元化、教学内容的多元化、评价标准的多元化等。

（5）教育技术的现代化。教育技术的现代化是指现代科学技术（包括工艺、设备、程序、手段等）在教育上的运用，并由此引起教育思想、教育观念的变化。

三、教育的形态

教育的形态主要包括家庭教育、学校教育和社会教育三种。

1. 家庭教育

家庭教育，是大教育的组成部分之一，是学校教育与社会教育的基础。家庭教育开始于孩子出生之日，婴幼儿时期的家庭教育是“人之初”的教育，在人的一生中起着奠基的作用。孩子上了小学、中学后，家庭教育既是学校教育的基础，又是学校教育的补充和延伸。

2. 学校教育

学校教育是与社会教育相对的概念，专指受教育者在各类学校内所接受的各种教育活动，是教育制度的重要组成部分。一般来说，学校教育包括初等教育、中等教育和高等教育。

初等教育即小学教育或称基础教育，是使受教育者打下文化知识基础和作好初步生活准备的教育，是学龄教育中的第一个阶段的教育。它对提高民族素质极为重要。因此，各国在其经济文化发展的一定历史阶段都把它定为实施义务教育或普及教育的目标。

中等教育是在初等教育基础上继续实施的中等普通教育和专业教育，这种教育在整个学校教育体系中有承上启下的重要作用。实施中等教育的学校为各类中等学校，普通中学为其中主要部分，担负着为高一级学校输送各类合格新生以及为国家建设培养劳动后备力量的双重任务。

高等教育是建立在中等教育之上的各种专业教育。

3. 社会教育

社会教育的基本含义有广义和狭义之分。广义的社会教育，是指旨在有意识地培养人、有益于人的身心发展的各种社会活动；狭义的社会教育，是指学校和家庭以外的社会文化机构以及有关的社会团体或组织，对社会成员所进行的教育。广义的社会教育和我们所说的广义的教育在含义上几乎无异。事实上，教育史上最早的教育职能就是通过社会教育来实现的。

四、教育的相对独立性

教育的发展受社会诸方面发展的制约，但教育却具有自身的相对独立性。这种相对独立性具体表现在以下几方面。

1. 教育具有自身的继承性

随着社会政治经济制度的变化，教育的性质和目的等会发生相应的变化，但任何时代的教育，无论就其思想、制度、内容、方法、形式等方面来说，都与以往时代的教育有继承关系。任何一种教育都不是从天上掉下来的，都是在整个教育历史发展过程中产生、发展的，它都必然要吸收和利用以往历史阶段教育的成果，无产阶级教育也不例外。正因为教育具有这种历史继承关系，因此，在同样的社会政治经济制度和生产力发展水平的国度里，有着不同特点的教育。不同民族的教育具有其各自不同的传统和特点。

2. 教育要受其他社会意识形态的影响

从根本上说，作为意识形态的教育是由社会经济基础决定的。但它与其他社会意识形态都发生着密切的联系，存在着相互作用的关系。其他社会意识形态主要包括哲学、政治思想、法权思想、道德、科学、文艺和宗教等。教育是以传递间接经验为主要任务的，它与政治经济制度的相互影响和作用，经常是以其他社会意识形态为中介来实现的，因此教育具有相对独立性。

其他社会意识对教育的影响，一是表现在教育思想上，二是表现在教育内容上。有不同的社会历史观，教育在社会历史中的作用的观点就不同，有不同的人性论也就会有不同的教育目的理论。自进化论产生以来，对心理学和教育学都有重要的影响，人类学的发展使对教育的各种问题都有新的说明。教育的主要职能之一是传递社会意识。所以，社会意识就构成了教育内容，社会意识形态上的每一变化都会引起教育内容上的变化。

3. 教育与社会政治经济发展不平衡

教育的发展与政治经济制度的发展二者并不是同步的，或前或后的情况是经常出现的。一方面，虽然一定的教育由一定的社会政治经济制度决定并为它服务，但是，一种新的教育思想和新社会教育的某些因素可能在旧社会内部产生。另一方面，教育的发展又往往落后于社会的发展，当旧的政治经济制度消灭以后，反映它的要求的旧教育思想和某些教育因素并不随之迅速灭亡，它还会继续残留一个相当长的时期，并且会对新的政治经济制度的发展起阻碍作用。

学习拓展

生物起源学说的观点节选

“动物尤其是略为高等的动物，完全同人一样，生来就有一种由遗传而得到的潜在教育。”“在脊椎动物中，人们已经可以确认存在着有意识的教育。”“从观察到的、互相有联系的许多事实已无可争辩地向我们证实：兽类教育与人类教育在根本上有同样的基础；由人强加的人为的教育，可以动摇甚至改变动物的，被称为本能的倾向，并反复教它们一些新的倾向；为取得这一结果，通常只要让年幼动物反复练习并恰当地利用奖励也就够了。由此不难看出，人类教育的进行与动物的教育差别不大，在低等人种中进行的教育，与许多动物对其孩子进行的教育甚至相差无几。”

（摘自：(法)利托尔诺．教育的起源[M]．张人杰，译．瞿葆奎．教育学文集·教育与教育学[C]．北京：人民教育出版社，1993：177.）

“教育从它的起源来说是一个生物学的过程，不仅一切人类社会有教育，不管这个社会如何原始，甚至在高等动物中也有低级形式的教育。我们之所以把教育称之为生物学的过程，意思就是说，教育是与种族需要、种族生活相适应的、天生的，而不是获得的表现形式；教育既无需周密的考虑使它产生，也无需科学予以指导，它是扎根于本能的不可避免的行为。”

（摘自：(英)沛西·能．教育原理[M]．王承绪，等译．北京：人民教育出版社，1992：21.）

思考与实践

1. 你认为教育是什么？或者说具备哪些特征的活动和现象就称之为教育？

2. 学习了本章介绍的不同学者对教育的解释后，你倾向于哪位学者的解释，为什么（说明理由）？

3. 对于一个人来说，学校是再熟悉不过的地方了，学校可以说是人生的第二个“家”。对任何人来说，接受学校教育，是人生必不可少的经历，学校教育是人生的“奠基工程”。请谈谈你的认识。

第三章 教育功能

教育自产生以来就与人的发展和社会发展密切联系，相互影响。在促进人与社会的发展的诸多要素中，教育的作用随着历史的推进而日益突出。教育作为一种特有的社会现象与活动，具有相对的独立性，亦有其自身的规律，它能动地作用于人的发展和社会发展。本章主要对教育的功能、教育与人和社会发展的功能加以探讨。

第一节 教育功能概述

教育工作者的神圣职责是培养人才，为了做好教育工作，教育工作者要了解人与社会是怎样发展的，以及教育在人的发展和社会发展中所起的作用，并懂得如何按照教育的规律来培养人，适应并促进人的发展。

现场直击

教育功能的实现

2004年秋季新学期开始，山东广饶县第一实验小学的学生违纪后可以自选处理办法，即自己给自己开“罚单”。“罚单”的内容很有趣，可以自己选择一个“猜学习谜语”，也可以选择“唱一首校园歌曲”，学生每违纪一次，学生可以选择一次处理办法，但选择的办法不能“重样”。如果学生违纪的次数越多，可选择的“罚单”就越有限。①

从案例中可以看到，学生犯了错，学校不是板着一副铁面孔一味训斥，不是进行严厉的处罚，而是采取一种极具人性化的教育方法，这样做易于学生接受，易于家长理解。这种尊重学生人格，促进学生健康成长的方法，犹如春风拂面，令人耳目一新。在尊重学生人格，关注个体差异，培养学生健康心理素质呼声日高的新课改实践中，教育惩罚似乎成了教育工作者的禁区，教师们“谈罚色变”。虽然人们不愿谈教育惩罚，而实践中却时有发生，而且由于人们对惩罚的认识和实施存在偏颇，不少惩罚还造成了严重后果。我们的结论是：没有惩罚的教育是不完整的教育，没有惩罚的教育是一种虚伪和脆弱的教育，教育本身就包含有惩罚的因素。我们要提倡的新教育不是不使用任何惩罚的教育，而是要实施合理、有效的惩罚。

让我们来回顾一下苏霍姆林斯基在《和青年校长的谈话》中的一段话：“教育者的任务是既要激发学生的信心和自尊心，也要对学生心灵里滋长的一切错误的东西采取毫不妥协的态度，真正的教育者应当将奖励和批评两方面结合起来。”

---

① 唐汉卫，张茂聪．中外道德教育经典案例评析[M]．济南：山东人民出版社，2005：173.

理论讲述

一、教育功能的内涵

功能是个多学科研究的概念。在哲学上，功能是指由事物的结构所决定的该事物的特性和能力；在社会学上，功能是指某一活动或社会系统所发挥的作用。综合哲学和社会学关于“功能”的认识，可以看到，功能是指有特定结构的事物或系统在内部和外部的联系中所表现出来的作用。

教育是培养人的社会实践活动，这一本质决定了教育既是一个相对独立的系统，又是一个复杂开放的系统。教育的功能在系统内部表现为教育对个体发展的影响和作用，在整个社会系统中表现为对社会发展的影响和作用。所以，教育功能是教育活动和系统对个体发展和社会发展所产生的各种影响和作用。

教育在微观上表现为一种活动，在宏观上表现为社会的一个子系统，与一定社会的政治、经济、文化、人口等其他系统共同构成完整的社会结构。社会是由生产力和生产关系的矛盾运动而推进的，教育通过对生产力、生产关系的作用，而表现出影响社会发展的功能。

教育对受教育者和社会的影响和作用，不只是正向的促进，也有负向的阻碍。所以，教育功能不是主观的愿望，而是客观的结果。教育功能不同于教育价值、教育目的。教育价值和教育目的是人们对“好”教育的一种期待，它反映了人们认为的“教育应该干什么”，而教育功能是一种实效，它反映了“应该干什么”的教育价值在教育实践中“实际干了什么”，它是教育价值在教育实际中所释放出来的实际效果。由此可见，教育功能不仅具有客观性和必然性，而且具有方向性和多方面性。

二、教育功能的体现

（一）教育的整合功能

人是社会的主体，社会是由人群构成的共同生活的总体，社会的稳定和发展是通过人的活动实现的。但是，社会中的每一个人都有其不同的政治、经济、文化背景，都有不同的生活经历与工作经历，显现出各自的差异性。因此，社会的整合说到底是作为社会行为者的个体之间如何协调一致的问题。

社会的整合的过程并不是一个自然发生的过程，要通过一定的社会力量达到对社会的控制，社会整合总是离不开社会控制。所谓社会控制就是维护社会秩序，也就是意味着对社会成员的思想、感情、行为给予一定的约束。社会控制从本质上看是一种外在约束，是通过一定社会力量使人遵守社会规范，借以解决个体与社会之间矛盾和维持社会秩序，要使这些外在的约束加以内化，实际上就是人们内化制度化的社会文化价值。

发展社会性，培养社会成员的过程，也就是社会化的过程，个体的社会化有各种途径，但教育是最有效也是最基本的途径。教育本质上是根据社会要求，传递社会文化，发展受教育者参与社会生活所必要的素质和能力的过程。与其他的社会化机构或手段相比，教育，特别是学校教育，是有目的、有计划、有组织地实施教育活动，学校教育的社会化影响又是长期的、稳定的，并且是首尾一致的。通过社会化，个体习得知识、技能，内化社会规范，按社会规范约束个人的行为，从而使社会生活有序，维护社会的统一。

（二）教育的选择分配功能

社会是分层的，每个人都在一定的社会地位中生活，扮演一定的社会角色，社会是角色的复合体系。那么人是怎样被分配到一定的社会地位上去的呢？这就要经过社会选择。在不同的社会，社会选择的标准、机制不同，其结果也不同。在现代社会，由于生产力和科学技术迅速发展，各种职业对从业者的文化知识、科学技术的要求不断提高，客观上要求社会的选择要依据个体所掌握的知识和技能，然而这些知识和技能的取得主要依靠学校教育。学校教育不可避免地要参与社会选择过程，人进入学校之后，从小学、中学到大学，不断地被筛选，或升入上年级或上一级学校，或被筛选下来分配到社会中去。人们离开学校的时候通常要拿到一个学历文凭，这个文凭作为一种受教育程度的标志，不仅影响到人们最初的职业选择，甚至会影响到一生的职业地位。一般说来，学历水平越高，在职业选择上越能处于有利地位。学校教育通过不断选择对人才进行培养，然后又把培养的人才分配到一定的社会地位中去，选择分配是学校教育的重要功能。当然，学校选择分配功能的发挥存在一定的局限性。

三、教育功能的类型

（一）从教育作用的对象来看，教育功能可分为个体发展功能和社会发展功能

个体发展功能是指教育对个人的生存与发展的作用，社会发展功能是指教育对于维系社会运行、促进社会变革与发展的作用。教育的个体发展功能与社会发展功能处于对立统一的关系中。教育作用于个体必然作用于社会，教育作用于社会又必然通过作用于个体而实现。个体发展功能与社会发展功能的冲突实质上根源于社会与个体的客观矛盾中，实现这两种功能的有机结合则是当代教育应有的追求与目标。

（二）从教育作用的性质来看，教育功能可分为正向功能与负向功能

正向功能是针对教育作用产生的积极的良好的效果而言的，负向功能是针对教育作用产生的消极的不良的后果而言的。教育的正向功能主要有：保证人类延续、促进人类发展、促进社会发展、阶级斗争的功能、选择功能。教育的负向功能主要有：传递保守的文化传统、强化种族中心主义、在特定的范围和地区阻碍社会发展等。

（三）从教育功能的呈现形式来看，教育功能可分为显性功能与隐性功能

教育的显性功能是依照教育目的，教育在实际运作中所出现的与之相符合的结果。如促进人的全面和谐发展、促进社会的进步，就是显性教育功能的表现。教育的隐性功能是伴随显性功能所出现的非预期的功能，如教育复制了现有的社会关系，再现了社会的不平等，学校照管儿童的功能等，都是隐性功能的表现。显性与隐性的区分是相对的，一旦隐性的教育功能被有意识地开发利用，就转变成了显性教育功能。

学习拓展

社会名家谈教育

(一)

2005 年 7 月,温家宝总理来到解放军总医院康复楼,看望了 94 岁高龄的“人民科学家”钱学森。谈到正在组织制定新一轮科技发展规划,确定重点领域、关键技术,以及确定十几项重大专项时,钱学森建言:“我要补充一个教育问题,培养具有创新能力的人才问题。一个有科学创新能力的人不但要有科学知识,还要有文化艺术修养。没有这些是不行的。小时候,我父亲让我学理科,同时又送我去学绘画和音乐。我觉得艺术上的修养对我后来的科学工作很重要,它开拓科学创新思维。现在,我要宣传这个观点。”对钱学森的“建言”,温家宝总理表示赞同。“现在中国没有完全发展起来,一个重要原因是没有一所大学能够按照培养科学技术发明创新人才的模式去办学,没有自己独特的创新的东西,老是‘冒’不出杰出人才。这是个很大的问题。”钱学森的话可谓入木三分、一语中的。大学如此,我们的基础教育也有这个弊病。就拿数学奥林匹克竞赛来说,学校只是为了争名次,教师只是为了出成绩,学生只机械地为做题而做题,这样的题海战术,怎能激发学生的创造性?

(摘自:李斌.亲切的交谈——温家宝看望季羡林、钱学森侧记[N].人民日报,2005-07-31(1).)

(二)

“从教育年轻人的角度讲,中国大学的本科教育非常成功。”杨振宁说,2004 年他曾在清华大学为大一学生上过一学期物理课,此前他曾在美国教过两次大一物理。相比之下,中国大一学生比美国大一学生基础更扎实、学习更专注、更努力。这是因为中国大学生在中学时代训练题目做得好,而且学习注意力很集中;相反美国学生则有很大差距,他们在大一的时候对未来的设想很模糊。杨振宁举例说,当问起何为“正弦、余弦”时,美国学生与中国学生都会回答;但问及何为“三角方程式”时,中国学生会脱口而出,而美国学生则不知所云。这说明中国对学生的中学时代基础教育是成功的。

杨振宁分析,中国大学对社会的贡献非常大,大学造就出来的人才对社会的贡献人们时刻都能感觉到,这一点不容置疑。但他同时坦言,在研究领域中国大学与世界大学有很大差距,主要因为中国经济发展起步较晚,而这不是一两年可以解决的问题,还需要做很多努力。

(摘自:杨振宁称中国大学办得很成功 对社会贡献非常大[EB/OL].(2005-08-14).
http://news.sina.com.cn/e/2005-08-14/23466689271s.shtml.有删改。)

第二节　教育的个体功能

促进人的发展是教育的基本目的之一,也是教育的基本功能之一。如何看待教育对人的发展的作用,反映了不同时期人们对教育的认识,也反映了社会发展水平对教育基本目的和功能的制约。从人类的早期开始,对个体自身需要的发展,一直是教育的重要功能之一。

现场直击

马燕日记——一个感动世界的童话

《马燕日记》是宁夏西海固张家树村女孩马燕写的日记。日记讲述了一个西部乡村女学生的日常生活，她对上学的渴望，对自己可能辍学的担心，妈妈不让她上学造成的痛苦，以及通过学习改变命运的决心。从中你可以读到贫困生活的极端困苦，更能读到困苦环境中永不泯灭的人性光辉——一个花季少女对生活的憧憬和困惑，对亲友的关爱，对命运的不屈的抗争，以及对教育和社会进步的渴求。

这是一个感动世界的现代童话，它发生在中国最贫穷的地方之一——宁夏西海固，那里在1972年就被联合国粮食开发署认定为不适宜人类生存的地区。但这里就有一个15岁的女孩，用她稚嫩的肩头承受着贫困的压力，在时时都面临失学的情况下，从小学4年级开始，坚持不懈记下了4本日记。一个中国农村女孩的私人日记，偶然落在一个来自巴黎的法国记者手中，犹如装有求救信息的漂流瓶顺利到达了彼岸。2002年由他整理后在巴黎出版，很快登上法国年度畅销书排行榜。其版权被转售多个国家，包括德语、意大利语、西班牙语、日语和英语，并成为许多国家的畅销书。

"当我读完马燕的故事后，好几个同学都哭了。一个学生问道：'老师，我们应当怎么做来帮助她？'"巴黎一位中学老师说。"我觉得她很勇敢，现在很多年轻人没有认识到，他们能去上学有多么幸运。"一位14岁的法国中学生说。

《马燕日记》出版后，马燕的稿酬暂由韩石代为管理，等马燕18岁后再转交给她。现在，韩石每月给马燕寄去500元生活费，家中若有其他开支，韩石也会寄钱过来。现在马燕家里买了彩电和摩托车，马燕说"我妈妈会笑了！"

韩石利用欧洲寄来的捐款建立了一个基金会，马燕也捐出了她三分之二的稿酬，用来资助预旺乡的孩子们。资助的标准是高中每学期700元，初中每学期500元，小学每学期200元，到目前为止，这笔钱已经使63个孩子重新回到了校园，其中大部分是女生。

马燕的故事也使当地的家长重新考虑孩子的出路，学校里女生的比例大大增加。去年预旺中学只有137个女生，今年已达到400个。"学校的前五名全是女生。"马燕自豪地说。

（摘自：马燕日记——一个感动世界的童话[EB/OL]. (2007-04-19). http://www.360doc.com/content/07. 有删改。）

《马燕日记》的故事告诉我们，知识能改变命运，教育能孕育"明星"。那么，教育与人的发展有什么关系，对人的发展而言又有什么价值呢？

理论讲述

一、人的发展的含义

人的发展有多种含义，教育学中所讲的人的发展是指个体的发展，个体发展是指个体自生命诞生到生命终止，身心两方面所发生有规律变化的全部过程包括了个体从出生到死亡的全部变化过程。这个变化过程，不仅是量的增长或单纯的量变，而且包括从低级到高级，从简单到复杂，从旧质到新质的变化、完善过程。“成长”一般多用于身体、心理方面的变化过程，“发展”多用于心理、精神、性格方面的变化过程。“成长”一般意味着因细胞繁殖而导致的身体量的增加，“发展”则包括生理方面由一种形态转变为另一种形态，也包括心理方面反映活动范围的扩大、反映方式的改善和提高的过程。

人是一个自然实体又是社会实体，是自然属性和社会属性统一的本质规定，在教育学领域，个体发展便自然归于身体和心理两个方面的发展，即个体身心发展。普通教育学所要研究的个体身心发展主要指从童年期到青年初期（七岁至十八九岁）的个体身心所发生的积极变化。

身体的发展指机体的各种组织系统（骨骼、肌肉、心脏、神经、呼吸系统等）的发育及其机能的增长，是人的生理方面的发展。心理的发展指个体认知的发展和意向的发展，前者包括感觉、知觉、记忆、思维、想象等的发展，后者包括需要、兴趣、情感、意志等的发展，是人的精神方面的发展。人的身体发展同心理发展有着密切的联系。由于心理是人脑的机能，因此，身体的发展，特别是神经系统的发展，制约着心理的活动及其发展状况。同样，身体的发展，也要受到认识、情感、意志和性格等心理过程和特征的影响。所以，个体发展是身心互为条件的全面的渐进完善过程，它既有生理属性的发展，更有其社会属性、精神属性两方面的不断丰富和完善。

从社会化的角度讲，人的发展是个体社会化的过程，其内容大体包括四个方面：一是政治社会化，就是个人逐渐学会适应现有政治制度和规范，并表现出相应的态度与行为的过程。政治社会化是一个人的政治态度和政治信念形成的过程，其目的是将人培养成为能在社会中很好地发挥作用，使个人成为合格的公民。二是交往社会化，就是通过各种形式的教育与社会舆论的力量，使个体逐渐形成一定的信念、习惯和传统，并用道德规范来约束自己的行为。道德社会化就是将社会的道德规范向个体内化的过程。三是性别角色社会化，就是确立自己的性别角色标准。个人的行为方式与性别角色标准有密切的联系，社会对不同性别的人有着不同的角色期待，男女的差别不仅表现为不同的生理特征，更表现为不同的社会特征，从而有着不同的角色标准。在某种意义上说，性别角色标准内化的过程就是性别角色社会化过程。四是智力及能力的社会化。人的发展有无限的需求，人的智力、能力的发展更是离不开社会的需要。首先，社会的需要规范着人的智力、能力的发展方向。离开了社会需要，人的发展就没有任何社会价值。教育就是按照社会的需求，指导与规范着人的智力、能力的发展方向，将人的智力、能力的发展引导到能符合社会需求，适应社会环境并为社会发展服务的轨道上。其次，社会的需求影响着人的发展程度。人的发展程度受社会条件制约，同时受社会要求影响。当社会发展程度较高，为人的发展提供了良好条件，并对人的素质提出了较高要求时，人的发展程度就比较高；相反，当社会发展程度较低，为人所提供的发展条件相对较差，对人的发展要求相对不高时，人的发展程度就比较低。

二、个体身心发展的规律

个体身心发展的规律是指个体在身心发展过程中所表现出来的共同特点。个体的身心发展的规律主要有四个方面：

（一）发展的顺序性

个体的发展，随着年龄的增长，呈现出一定的顺序，这种顺序性遵循了从低级到高级、由量变到质变的过程特性。在生理方面，身体的发展是先头部后四肢，先中心后边缘，如躯体的发展是自上而下，即头部→颈部→躯干→下肢；大脑皮层是先枕叶，尔后是颞叶→顶叶→额叶；肌肉是先大肌肉群发育，后小肌肉群发育。个体的身体发展大致遵循从头部到下肢，从中心部位向全身边缘方向，从骨骼到肌肉的发展顺序，体现了"首尾法则和近远法则"。心理机能的发展顺序是：由具体形象思维到抽象逻辑思维，由机械记忆到意义记忆，由无意注意到有意注意，由喜、惧等一般情感到理智感、道德感。神经系统的发展是先快后慢，以后的发展便逐渐缓慢下来。

（二）发展的阶段性

在个体身心发展的过程中，不同的年龄阶段表现出一些不同的特征，这就要求教育在不同的阶段面临着不同的发展任务。例如，童年期（6、7—11、12 岁）学生的思维特点具有较大的具体性和形象性，抽象思维能力还比较弱，对抽象的道理不易理解。少年期（11、12—14、15 岁）学生的抽象思维已有很大的发展，但经常需要具体的感性经验作支持。青年初期（14、15—17、18 岁）学生的抽象思维占据主要地位，能进行理论推断，富有远大理想，关怀未来的职业。教师在了解不同年龄阶段儿童的不同特征后，要对不同年龄阶段学生的身心发展特点有一个整体的认识，以便更好地开始教育工作。人生各个年龄阶段既有区别又相互联系。

（三）发展的差异性

正常儿童的发展须经历共同的发展阶段，但由于人的遗传、社会生活条件和教育、主观能动性的不同，使其发展的速度、水平以及发展的优势领域千差万别，彼此间表现出发展的个别差异。个体差异性有多种层次。首先，从群体的角度看，表现为男女性别的差异。这不仅是自然性上的差异，还包括由性别带来的生理机能和社会地位、角色、交往群体的区别，这些区别在一定程度上造成发展的方面与水平上的差别。其次，从个体的角度看，表现在：不同儿童的同一方面发展的速度和水平各不相同，如两个同龄儿童，有的某一方面才能表现较早，有的则很晚；不同方面发展的相互关系存在差异，如有的学生第二信号系统的发展占优势，数学能力强，但绘画能力差，另一些学生则相反；不同青少年儿童具有不同的个性心理倾向，如同年龄的儿童具有不同的兴趣、爱好和性格等。

（四）发展的不平衡性

个体发展具有非等速、非直线的特性。表现在：

1. 在生理发展方面，在不同年龄阶段生长不均衡

例如，青少年身高、体重有两个增长高峰，第一个出现在出生后的第一年，第二个出现在青春发育期。在高峰期，身高、体重发展较其他年龄阶段更为迅速。脑重的增加亦有不同。新生儿的脑重是 390 克左右，是成人脑重的 25%。出生后的脑重随年龄而增加，增长的速度是先快后慢。第一年最快，以每天 1 克的速度递增，九个月时达 660 克，第一年末达到出生后需要发展的 50%。两岁半至三岁脑重发展到 900～1011 克，相当于成人脑重的 75%。以后逐渐缓慢，六至七岁时达 1280 克。九岁时约 1350 克，已接近成人水平。十二岁时达 1400 克，到二十岁左右就停止生长。

2. 在心理发展方面，儿童的发展存在关键期和最佳期，发展亦有不平衡的方面

例如，两至三岁是儿童学习口头语的关键年龄，四至五岁是开始学习书面语言的关键年龄。错过了学习的最佳期，学习的效果就会差些。同时，人的心理发展还有关键期，例如少年期就是儿童心理发展上的一个关键期。从严格的意义上说，少年期（即 11 至 12 岁）以前的儿童是真正的幼稚期，这一时期的儿童更多地依赖成人的照顾、保护，他们的独立性和自觉性都比较低。青年初期是个体发展上的成熟期，他们开始逐渐走向稳定、独立、自觉。而少年期则介于二者之间，此时的儿童处于半幼稚半成熟的状态，是独立性和依赖性、自觉性和幼稚性错综矛盾的时期，他们既不屈从权威，又缺乏正确的决断，既精力旺盛又缺乏自觉性。因而有人将这个时期称为分化期、危险期、迷惘期、关键期、可塑性最大的时期。

三、个体身心发展规律对教育的制约

（一）发展的顺序性对教育的制约

个体身心发展的顺序性对教育的制约，主要体现在教育活动的进程表必须适应个体身心发展的顺序性，不能"颠三倒四"，更不能逆个体身心发展的顺序而行。教育必须遵循由具体到抽象，由低级到高级，由简单到复杂的总体顺序，循序渐进地进行，不能"凌节而施"、"揠苗助长"，否则就不可能收到应有的教育效果，甚至会损害受教育者的身心发展。

（二）发展的阶段性对教育的制约

个体身心发展的阶段性要求教育必须从教育对象的实际出发，充分考虑到受教育者在不同年龄阶段的不同发展特征，有区别、有重点地提出不同的发展任务，采取不同的教育内容和教育方法。如果不顾年轻一代发展的阶段性特征，一味地按照成人的心态和教育者理想的目标去要求学生，必定造成不良的教育效果。

（三）发展的差异性对教育的制约

个体身心发展的差异性要求教育必须坚持因材施教的原则，即根据一定的教育目标，根据受教育者的个别差异和具体特点，采取不同的教育措施。贯彻这一原则，要求全面深入地了解每个学生，系统掌握其成长发展的资料，注意对个别学生进行特殊培养，采取弹性教学制度等教学组织形式，如允许加速学习或减速学习，采取能力分组及组织兴趣小组等；在思想品德教育中，针对由不同遗传素质、家庭环境、社会关系、个人经历等所形成的不同个性特点，有的放矢地进行教育。

（四）发展的不平衡性对教育的制约

根据个体身心发展的不平衡性，心理学家提出了个体身心发展的关键期或最佳期的概念，即个体的身体或心理的某一方面技能和能力最适宜形成的时期。教育工作者必须善于捕捉和抓住个体身心发展的关键期，不失时机地对受教育者实施最佳的教育，以获得事半功倍的教育效果。一旦错过发展的关键期，就会延误受教育者的身心发展，甚至造成无法弥补的损失。

四、影响个体身心发展的因素

在个体发展中有多种因素在起作用，有客观因素，如环境、遗传因素；有主观因素，如教育、个体的主观能动性等。教育学把影响个体身心发展的因素一般划分为遗传、环境、教育及个体的主观能动性四个方面。

（一）遗传因素

遗传是指人从先辈那里继承下来的生理解剖上的特点，如机体的结构、形态以及感官和神经系统的特征，特别是脑机能的特点等。在遗传的生理解剖特点中，生理特点也称为遗传素质，是指功能特点，如出生后感觉的灵敏度、知觉的广度、注意的持久性、记忆的强度、思维的灵活性等；而解剖特点主要是指结构特点。

1. 遗传素质是人发展的物质前提，为人的发展提供了可能性

遗传素质特别是人的大脑神经系统，为人的心理发展提供了生物前提。人一生下来，如果没有正常的遗传素质，后天的发展是不可能的。比如生来就色盲的人，对色彩的分辨能力是不可能发展起来的；眼睛看不见的人，那么视觉能力的发展也是不可能的。如先天性无脑畸形儿，其不具备正常脑髓，不可能产生思维，生命也非常短暂，也就不可能像正常人一样发展。因此任何种类和程度的遗传缺陷都会影响人的身心发展。人和动物相比，尽管人生下来远远不及动物，但人因遗传素质的不同蕴藏着巨大的发展潜能，是任何动物都不具备的。

2. 遗传素质的成熟程度制约着身心发展的过程及年龄特征

遗传素质的成熟程度为一定年龄阶段的身心特点提供了可能，也为教育提供了可能。如婴幼儿期是儿童语言和动作迅速发展的时期，抽象思维能力是在小学高年级才开始形成的。

3. 遗传的差异性对人的发展起一定的影响作用

人的遗传素质是有差异的，它具体表现在体态、感觉器官、神经活动类型上。高级神经活动过程中强度、灵活度、平衡性等特征各不相同，使得人在接受外界信息并进行反馈的速度上有所不同，外在表现为有的人安静沉稳、少言寡语，有的人反应速度快。巴甫洛夫认为先天素质的差异性对人的身心发展的个别特点有一定影响，也就是使人具有不同的发展方向，但它并不决定人的发展。

4. 关于遗传决定论

遗传决定论者认为，人的心理发展是由先天的遗传素质决定的，甚至儿童的智能和个性品质在生殖细胞的基因中就已被决定了。但是遗传素质并非一成不变。人的先天素质在后天的其他因素影响下，可以发生改变。如营养、日照、运动使矮个子的人的孩子身高突破遗传限制，听力障碍儿童在教育训练下学会发声、说话等。

在正确分析遗传在人的发展中的作用的同时，要反对形形色色的遗传决定论。在遗传决定论者看来，人的知识、能力和个性等如同他的眼睛、牙齿和手指一样，是自然赋予的，是先天得来的，教育和环境对其是无能为力的，也就是说，人们的遗传素质决定着一切。美国心理学家桑代克说："人的智慧 80%决定于基因，17%决定于训练，3%决定于偶然因素。"斯坦莱·霍尔也说："一两的遗传胜过一吨的教育。"这些说法都夸大了遗传的作用，并为"血统论"、"宿命论"提供了理论基础。遗传决定论者完全用生物学的观点分析人的发展，否定社会环境对人的发展产生的巨大影响，贬低教育的巨大作用，是极其片面和错误的。

（二）环境因素

环境是指围绕在个体周围的，并对其产生影响的外部世界的总和，包括母体环境、自然环境和社会环境。母体环境是人发展的最初基础环境。现代医学、儿童发展心理学研究证实，从生命开始形成起，个体就已受到环境的影响。如怀孕后母亲的营养、用药、疾病、从事的工作、文化等对胎儿的发展起到重要作用。自然环境影响人的发展主要表现在对人的形态构造

和机体发展的影响。比如，生活在北欧的人有着高大的鼻子，主要是气候影响的结果。非洲黑人的身体形态、弯曲的头发等也是长期高温、干旱影响的结果。人类学研究结果表明，人种的形成与变异与地域有关。人的身高、体重与年平均气温变化有关，寒冷的地方身高、体重大一些，相反则低一些。另外，自然环境对人的气质性格也有一定影响。但总体来看，影响人发展的主要是社会环境。

首先，社会环境是人发展的首要的必需的条件。人是社会的产物，人如果生下来就离开了社会环境，那他就不可能发展成为社会化的人，甚至人的语言行为等都不会形成，只能形成形体似人的生物。社会环境的改变往往影响人的发展。良好的社会环境为人的发展营造了条件，一般来说使人向好的方向发展。这一点古代人都有明确的认识，如孟母三迁的故事。现代研究都证实环境对青少年的影响是非常巨大的。

其次，人具有主观能动性，这就使得人对环境的作用和影响不是被动地接受，人在环境面前并不是无能为力的，人不但能正确认识外部世界，还能主动地改造世界，不仅是环境改造人，人也可以反过来改造环境，通过改造环境来更好地适应外部环境，从而使自己得到最大限度的发展。一个人对环境的依赖性越大，其取得成功的可能性和突破性就越小。因此，讨论所谓的"顺境成才还是逆境成才"就显得没有必要，顺境与逆境是人对环境的一种认识，并不能决定一个人成就的大小。换句话说，环境对人的发展不能起决定作用。

那种把人看成是环境的消极适应者、片面夸大环境作用的"环境决定论"是错误的。荀子说："蓬生麻中，不扶而直。"墨子也说："染于苍则苍，染于黄则黄，所入者变，其色亦变。"美国心理学家、行为主义的创始人华生说："给我一打健全的儿童，我可以用特殊的方法任意加以改变，或者使他们成为医生、律师，或者使他们成为乞丐、盗贼……"这些说法，都夸大了环境的作用，最终导致机械唯物论。当然同样也不能否认，人从事于这样或那样的实际活动，存在着这样或那样的主观状态，最终还是和客观环境的影响分不开。

（三）教育因素

从广义上说，教育是社会环境的一部分，但它是社会环境中的特殊部分，是青少年学生生活中的一种特殊环境；同时也是把环境的影响有效地转化为人的心理的一种特殊的活动，教育特别是学校教育，与遗传因素和自发的环境影响相比，在人的身心发展中起着主导作用。这是因为：

1. 教育，特别是学校教育，是有目的、有计划、有组织的培养人的活动

教育能根据一定社会的需要，按照一定的目的，选择适当的内容，采取有效的方法，利用集中的时间，对人进行系统的教育和训练，使人获得比较系统的科学文化知识和技能，形成一定的世界观和道德品质。这是环境中自发影响所不能比拟的。再就学校教育与环境中其他方面的教育，如家庭教育、娱乐场所的教育、劳动场所的教育等相比来说，学校教育的组织性、计划性和系统性是较强的，所以学校教育对人的发展作用又是较强的。

2. 教育是教师根据一定的社会要求，对青少年施加影响，促进他们获得全面发展的活动

教育必须遵循人的身心发展规律，有意识地对各种环境因素加以控制和利用。它能有意识地按照预定的目的选择和提炼有利于年轻一代身心发展的因素，克服和排除那些不符合年轻一代身心发展的因素。

3. 在人的一生中，青少年时期是最需要受教育也是最适宜受教育的时期

青少年时期是长知识、长身体和世界观逐步形成的重要时期，由于其知识比较贫乏，经验不足，独立思考问题的能力和判断是非的能力还不强，他们的成长有赖于正确的教育引导。心理学也以不争的事实证明：人的先天的遗传素质是不一样的，但是教育可以根据儿童的遗传素质，有意识地发挥他的长处，弥补他的短处，使先天的遗传素质向有利于儿童成长的方向发展。

4. 教育的主导作用是有范围和条件的

首先，教育作为一种社会现象，虽然具有自身的相对独立性，但是既不能超越它所依存的社会条件，凌驾于社会之上去发挥它的作用，又不能违背儿童身心发展的客观规律任意决定人的发展。其次，还应该看到，教育作用的发挥，往往需要经过一个长期的过程，知识是一点点积累的，能力是在千锤百炼中获得的，思想品德是在长期熏陶中培养的，对不良行为和思想的克服，则更需要经过一系列艰苦的工作，绝不是轻而易举就能解决的，因此不能要求有立竿见影的效果，而应当通过长期的工作使之实现。再次，教育只是人的发展的外部条件（外因），根据哲学的观点，外因要通过内因才能起作用。因此，所谓的“教育万能论”是错误的，过分地夸大了教育的影响而忽视了其他因素的作用，从某种程度上也加重了教育的负担。

（四）个体的主观能动性

环境和教育对人的身心发展的作用，只是为人的发展提供了可能性或条件性的因素，要使这种可能性的因素变成现实性的因素，只能通过学生的身心活动才能实现。因为人不是消极地、被动地接受外部环境的影响，而是通过自身的活动去积极地、能动地反映外部环境的。个体的主观能动性是其身心发展的动力。只有外部环境的客观要求转化为个体自身的需要，才能发挥环境和教育的影响。个体身心发展的特点、广度和深度，主要取决于其自身的主观能动性的发挥。在个体的发展过程中，人不仅能反映客观环境，而且也能改造客观环境以促进自身的发展。

人的主观能动性是通过人的活动表现出来的。离开人的活动，遗传素质、环境和教育赋予的一切发展条件，都不可能成为人的发展的现实。所以，从个人发展的各种可能变为现实这一意义上说，人的身心发展是通过活动来实现的，个体的活动是个体发展的决定性因素。个体与环境之间真实的相互作用，人与外界存在的摄取、吸收（无论是精神的，还是物质的）都要通过个体的不同性质、不同水平的生命活动来实现。这些活动都是个体的实践活动，是个体发展得以实现、从潜在的可能状态向现实状态转变的决定性因素。

以上这些因素中的每一项对于人的发展来说都是必不可少的，然而又都是不充分的，只有它们之间发生真实的联系并构成整体之后，才是人的发展的充足条件。它们之间的相互关系不是并列的，也非同类，不能相加，只能相互渗透、转化，互为因果。在个体身心发展的过程中，每一个因素所起的作用、所处的地位，随着个体的变化而变化，其自身的内容与结构也呈变化状态，相互间的关系不断变化，从而使个体发展过程成为一个充满希望、内容不断丰富、结构不断变化的动态过程，具有多种可能性的过程。这也可以看做人在任何情况下都应当对自己的发展充满信心的依据。

学习拓展

人的本质

关于人的本质，马克思有一句很经典的话：“人的本质并不是单个人所固有的抽象物。在其现实性上，它是一切社会关系的总和。”社会关系对人的本质的层层制约反映了人的本质的受动性。然而，人的本质除具有受动性以外，也具有能动性；除具有抽象性以外，也具有具体性。具体地理解人的本质，可从下述三个方面加以认识。

第一，人是自然性与社会性的统一。与动物相比，动物只有自然性，没有社会性。而人不同，人是自然性与社会性的高度统一体。在人这里，即使是与动物类似的自然性，也仅仅是类似而已。人的自然性其实与动物的自然性有着很大的不同。同属类似的生理结构，动物仅限于维持自身生存的物质基础，而人的生理结构则蕴藏着巨大的发展潜能。人借助这个有限的生物组织可以创造比自身大出十倍、百倍的能量。人的社会性不仅为人所独有，而且可以调解人的自然性，如人与动物共有食欲、性欲和自我保存(吃、喝、拉、撒、睡、防卫等)的机能，在动物那里归于依靠本能完成，而在人这里则依靠人的理智完成。由于人具有高级理性思维，因而人可以在理智的调解之下去完成各种生理行为。这是人与动物的根本区别之一。

第二，人是能动与受动的统一。人的能动性是指人是一个“能动的自然存在物”，具有自觉的能动性。人的能动性表现在人是社会和社会关系的主体和承担者，同时也是社会和社会关系的创造者。人通过主体的活动，不仅创造了自我，也创造了社会和社会关系。人不是消极被动地适应社会现实，而是通过人的主体活动来伸张自己，推动社会的发展、进步和不断完善。同时，人又是一个受动的个体，人是社会存在的产物。人向什么方向发展，如何发展，发展的程度和范围，都要受到现存生产力、生产关系的制约。正是在这个意义上，我们可以更好地理解马克思所说的(人的本质是一切社会关系的总和)思想。

第三，人是共性与个性的统一。人的共性表现为人作为人类群体的一员，具有作为人的一系列共有品质，如语言、思维、意识、理智、情感、意志、劳动能力等，这是人类的一般本性。但是，由于遗传、环境和教育影响等条件的不同，每个人又都带有着个人独有的一些特征，如智力、体力、兴趣、爱好、性格、气质、才能、志向等。人富于共性的一方面为教育实现人的普遍发展提供了基础，使教育有可能根据大多数人的程度为人的发展确立一个基本共同的目标。同时，又因为每个人的身心发展特点与个性特征不同，又需要我们的教育实行因材施教，才能更好地满足个体发展的需要。

第三节　教育的社会功能

社会是以人和人群共同体为活动主体，以生产方式为物质基础的各种要素按一定方式组合而成的有机整体。教育的社会功能表现在教育与经济、教育与政治、教育与文化、教育与人口等方面相互制约的关系。

现场直击

关于教育的经济效益

经济对教育起着制约作用,教育会推动经济发展。那么,教育投资能否取得经济效益,其经济效益能否被度量,自然会成为人们关心的一个问题。

1924 年,苏联经济学家斯特鲁米林发表了《国民教育的经济意义》一文,根据苏联国家计划经济制订的大量分析表和综合表,用统计方法,得出了"一年的学校教育比起同样时间在工厂工作平均能提高工人劳动生产率约 1.6 倍"的结论。

为了证实教育投资确实能在经济发展中收到效益,许多国家的学者进行了宏观的研究。美国经过多方计算,他们认为教育投资的总收益率为 17.3%。教育投资的收益占国民收入增长部分中的 33%。这是一个惊人的数字。

1960 年 12 月,舒尔茨(Schultz)在美国经济学第 73 届年会上所做的"人力资本投资"的讲演,被称为人力资本理论创立的"宪章"。人力资本理论是指人所拥有的诸如知识、技能及其他类似的可以影响从事生产性工作的能力,它是资本的形态,因为它是未来薪水和报酬的源泉;它是人的资本形态,因为它体现在人身上,属于人的一部分。

舒尔茨根据人力资本理论,通过教育资本储藏量的分析方法,推算教育对国民收入增长的贡献。他认为,美国自 1929 年到 1957 年之间,通过教育提高职工素质和培养人才所起的作用占经济增长率的 33%,然后算出受教育程度与社会劳动生产率提高的百分比是:小学为 43%,中学为 108%,大学为 300%。

理论讲述

一、教育的经济功能

人类社会的发展受生产力、生产关系和上层建筑的发展规律所支配。因此了解教育的经济功能,就必须从教育与生产力的关系来说明。

(一) 社会生产力对教育的制约作用

历史唯物主义告诉我们,物质资料的生产是人类社会存在和发展的基础。在物质资料的生产中,生产力是最活跃、最革命的因素。生产力的发展迟早会引起生产关系的变化和一切社会关系的变化,推动和制约着整个社会的发展,因而也推动和制约着教育的发展。正如马克思所说:"物质资料的生产方式制约着整个社会生活、政治生活和精神生活的过程。"[①]具体地说,生产力对教育的制约作用主要有以下几个方面。

1. 生产力的发展水平制约着教育发展的规模和速度

教育活动需要一定的人力、物力、财力等方面的物质条件,这些物质条件的提供取决于社会

① 马克思恩格斯选集(第 3 卷)[M].北京:人民出版社,1972:574.

生产力的发展水平，也取决于生产力所能够提供的剩余劳动量。首先，一个社会办多少所学校，有多少人受教育和从事教育，决定于剩余劳动量。当一个社会的生产力发展的水平还很低，实际的劳动人口还要为自己的生活必需用去很多的劳动时间，除了本身所需要的生活资料只能提供微小的剩余时，这个社会中的可能受教育的人和从事教育工作的人必然是很少的。其次，社会生产力发展水平及其所能提供的剩余劳动量又直接制约着一个国家在教育经费方面的支付能力。这种支付能力不仅表现在教育经费的绝对值上，同样也表现在国民总收入中教育经费所占的比值上。一般来说，生产力发展水平较高的国家，公共教育经费在整个国民收入中所占的比例就比较高。反之，生产力发展水平较低的国家，其公共教育经费在整个国民收入中所占的比例相应地比较低，教育经费的支付量直接影响到校舍设备、师资条件等方面的教育能力，而教育能力是决定教育事业发展规模和速度的主要因素。

2. 生产力的发展水平制约着人才培养的规格和教育结构

教育是一种培养人的活动，社会通过教育所培养的人，一方面是一定社会政治、经济制度和思想关系的体现者，是具有一定的阶级意识和世界观的人。这时，教育所培养的人的规格是由社会的政治经济制度所决定的，而不是由生产力所决定的。另一方面，当教育所培养的人进入直接的生产过程时，又构成社会生产力的要素。生产力的发展必然对教育所要培养的人的规格提出要求，并且生产力越发展，对学校教育培养的人才的知识、智力水平的要求就越高。例如，在使用手工工具进行生产的时期，不需要或很少需要科学文化知识。只是到了近代，随着大工业机器生产的产生和发展，才要求工人既具有科学文化知识，又掌握机器生产技术。社会生产力和科学技术发展经历了三次革命。第一次技术革命是以蒸汽机的发明和应用为主要标志，要求普及小学教育，才能适应生产力发展的需要；第二次技术革命是以电力的发明和应用为主要标志，要求工人具有初中文化程度，需普及初级中等教育；第三次技术革命是电子计算机的广泛应用，从 20 世纪 60 年代后期开始，要求普及高中教育，并大力发展高等教育。例如，资本主义前期的古典大学和古典文科中学，这些学校既培养与直接生产劳动分离的官吏、律师和知识分子，又培养直接服务于生产劳动的科学家、工程技术人员、管理人员等。

3. 生产力的发展促进教学内容、教学技术设备、教学方法和教学组织形式的发展和改革

学校中的教学内容（主要是自然科学方面的内容）和生产力的发展密切相关。在古代，由于落后的手工劳动和自然科学没有直接联系，决定了学校教学内容中人文科学占统治地位，自然科学知识微乎其微。如，当时开设的课程主要是哲学、政治、道德和宗教。随着生产力的发展和科学技术的进步，教学内容中自然科学的比重越来越大，而且各科越分越细，学科越来越多。欧洲学校教学内容发展的情况是这样的：14 世纪只有算术、几何、天文；文艺复兴以后增加了地理和力学；18 世纪产业革命后，增加了代数、三角、植物、动物、物理和化学等。到了现代，原子物理、电子计算机、遗传工程、激光、海洋工程、控制论、信息论、系统论等新兴的科学技术，逐渐纳入了学校的教学内容。在教学技术设备上，幻灯、电影、电视、电子计算机及人造地球卫星相继出现；教学组织形式也由个别教学为主转变为班级授课为主；教学方法则由耳传口授转向各种直观教具、仪器和电化设备的运用。

当然，生产力对教育的作用，总是受生产关系的影响，生产力的发展虽为教育的发展提供了物质条件，但它不能单独地决定教育的发展。生产力是与生产关系同时作用于教育的。

(二) 教育对社会生产力的促进作用

教育不仅为生产力所制约,反过来教育对生产力的发展也起巨大的促进作用。这主要表现在以下几个方面。

1. 教育能把可能的生产力转化为现实的生产力,是劳动力再生产的重要手段

马克思主义认为,人是生产力中最基本的因素。这里所说的人,是指具有一定的生产经验、生产知识和劳动技能的人,当人还没有任何生产经验、生产知识和劳动技能时,他只是一种可能的生产力,要把这种可能的生产力转化为现实的生产力,就需要依靠教育。通过教育,可以使人掌握一定的科学知识、科学经验和劳动技术,即把可能而尚未掌握科学技术的人变为掌握科学技能的现实的劳动力,从而形成新生产能力,提高劳动生产率,促进社会生产的发展。在当代社会中,教育的这种转化作用,随着生产力的高度发展而显得更加重要。因为在现代化的生产中科学知识日渐成为生产发展的决定因素,科学渗透到生产的各个部门中,劳动逐渐成为科学的劳动。在这种情况下如果离开了教育对人的培养和训练,不通过教育来实现科学与人的结合,也就不可能有现代化的生产。

2. 教育能够促进科技的发展

科技革命深刻影响着现代社会,同时也将继续深刻地影响着未来社会。从"科技是第一生产力"的观点来看,现代科学技术的迅猛发展首先促进现代经济的迅猛发展,同时也有力地促进现代社会各领域和各层面的变化。科技革命为何能如此持续推进社会的发展?显然,这依赖于教育的贡献。

(1) 教育是科学知识再生产的手段

教育再生产劳动力与再生产科学知识相一致。科学知识在未用于生产之前,只是一种潜在的生产力,要把潜在的生产力转变为人能掌握它并应用于生产中去,即转化为现实的生产力,必须依靠教育。教育以极为简约的方式同时也以极为广泛的形式传递人类已有的科学知识,高效能地扩大科学知识的再生产,从而提高劳动生产效率、促进生产力的发展。

(2) 教育是发展科技的一个重要手段

教育的主要职能是传授人类社会已经积累起来的知识,但它也担负着发展科学知识、生产新的科学知识的任务。在现代学校,尤其是高等学校,由于科研力量比较集中,学科领域比较齐全,有利于开展综合性课题和边缘科学的研究,再加上可以不断地从学生中吸收科研的后备力量等,因而它必然成为进行科学研究、发展科学技术的一个重要阵地。现在许多国家都非常重视高等学校在科学研究方面的重要作用,把高等学校作为科学研究的重要阵地。

3. 教育能够促进经济增长

教育担负着培养劳动力的任务,是社会再生产的必要条件,也是经济增长的必要条件。社会再生产主要依靠劳动力再生产而实现。劳动力再生产的最基本要素是教育和训练。教育与社会再生产的关系主要体现在通过教育培养、训练生产所需要的熟练劳动者和各级专业人才上。教育正是通过向各种生产部门输送经过培训的更加熟练的劳动力和专门人才以促进经济发展,实现经济的增长。

二、教育的政治功能

（一）政治制度决定教育的性质

所谓政治制度决定教育的性质，是说政治制度决定着教育的思想方向和为谁服务的问题，并非决定教育的一切，这种决定作用主要表现在以下几个方面。

1. 政治制度决定着教育的领导权

教育的领导权由谁来掌握，这是由一定社会的政治制度决定的。在阶级社会里，统治阶级为了在教育上体现自己的意志，就一定要控制和掌握教育的领导权。首先，他们利用国家政权的力量来掌握教育的领导权。通过颁布教育的方针、政策，制定教育目的和制度，派遣和任免教育行政人员和教师，举办学校等来控制教育的领导权。其次，统治阶级还利用经济力量来掌握教育的领导权。国家和统治阶级中的个别人可以用拨款、捐献教育经费等办法，有效地控制教育权。最后，统治阶级还以思想上的优势力量来影响和控制教育。在教育领域内，通过教科书的编定和各种读物的发行以及教师思想上的影响，在实际上左右教育工作的发展方向。如奴隶社会、封建社会学校教育的目的都是适应当时社会政治经济的要求，培养大小奴隶主、封建主，以维护奴隶社会、封建社会的政治制度。

2. 政治制度决定着受教育的权利

受教育的权利，是判断和确定教育性质的重要标志。一个人有无受教育的权利，受什么样的教育，都是由一定的社会的政治、经济制度决定的。如在原始社会，所有的人差不多受同样的教育；在生产资料私有制的社会中，只有剥削阶级的子弟才享有受教育的权利，尽管在资本主义社会，表面上受教育权好像是平等的，但实际上由于经济或其他方面的原因，受教育权还是不平等的。只有在社会主义社会，人人才有享受同样教育的权利。这些都是由社会的政治制度决定的。

3. 政治制度决定着教育目的的性质和思想品德教育的内容

教育的根本任务是培养人，在一定的社会中，培养具有什么样的政治方向和思想意识的人，以及为实现教育目的而进行什么样的政治、哲学、道德的教育内容是由社会的政治、经济制度决定的。在几千年的阶级社会中，教育目的都是为剥削阶级培养人才，提供可被他们驱使的劳动者，用以巩固其剥削制度。学校中的思想品德教育内容也与此相适应，为其服务。只有到社会主义社会，才发生了质的变化，社会主义的教育目的是培养德、智、体全面发展的社会主义劳动者，是为社会主义建设服务的。因此，在思想品德教育上要注重进行马克思主义思想、共产主义思想和社会主义公共道德的教育。

（二）教育对政治制度的影响作用

一定性质的教育被一定的政治制度所决定。但是，教育对政治制度又有积极的反作用。这种积极的反作用主要表现在以下几个方面。

1. 教育能为一定社会的政治培养所需要的人才

通过培养人才，作用于政治制度，这是教育对政治制度积极作用的一个主要方面。自古以来，任何一种政治制度的建设、巩固和发展，都离不开一定的人才作为支柱。而这些人才的培养，主要依靠学校教育来实现。我国古代所谓的“学而优则仕”，就表明了学校与国家机器之间的关系，即学校是培养政府官吏的机构。在资本主义社会，社会内部存在着深刻的社会矛盾。但目前几个发达的资本主义国家，其政治制度还能暂时稳定和继续发展，与其教育发达，造就大批高质量的管理人才和统治人才不无关系。他们提出的所谓“专家政治”更好地说明教育对政治制度的积极作用。我国当前把发展教育事业放在突出的战略地位，这说明教育不仅是促进现代生产力发展的必要条件，更是巩固和发展社会主义政治制度的必要条件。

2. 教育通过传播思想、形成舆论作用于一定的政治制度

教育是传播思想、形成舆论的重要阵地。学校教育不仅向在校学生传播一定的思想观点，培养一定的阶级意识；而且它的影响和作用，远远超出学校以外。学校是知识分子集中的地方，他们思想活跃，通过发表见解，宣传思想来影响社会。同时，学校年复一年向社会输送按照社会政治制度需要培养出来的学生，他们走向社会后，对于社会舆论、风气、道德风尚和政治思想潮流产生巨大的影响。正因为如此，历代统治者都十分重视教育这个阵地。如我国汉代的董仲舒就认为，倡导美风，防止“乱民”莫重于教化，而施行教化的场所，莫重于学校。从我国封建社会的实践看，通过学校扩大“三纲五常”等封建礼教的影响，对于维护封建制度确是起了十分重要的作用。

3. 教育可以促进政治民主

一个国家的政治是否民主，这由该国的政体所决定，但与人们的文化素质和教育事业发展的程度也有很大的关系。一个国家普及教育的程度越高，人的知识越丰富，就越能增强公民的民主意识。认识民主的价值，推崇民主的措施，在社会生活和政治生活中履行民主的权利，推动政治的改革与进步。在一个文盲充斥的国家，是推行不了政治民主的，而只能实行专制统治、宗教迷信和官僚主义。列宁曾说：“文盲是站在政治之外的，必须先教他们识字，不识字就不能有政治，不识字只能有流言飞语、传闻偏见，而没有政治。”我国现在还处于社会主义初级阶段，公民的文化素质和教育事业的发展程度还不高。这就要求我们必须大力发展教育事业，充分提高人民群众的文化水平，把我国建设成为富强、民主、文明的社会主义现代化强国。

三、教育的文化功能

（一）教育对社会文化的传承功能

文化传承是文化在时间上的延续、空间上的扩展和代际的传递。文化是人类创造的社会性信息，因而也是人类的独有信息。它与动物生存信息的最大不同之处是：文化独立于人体之外，不能靠生物遗传方式去为他人获得，而只能通过“社会遗传”，特别是教育的方式使其得到延续和发展。由此，教育成为文化传承的主要手段。

教育通过教育者和受教育者的共同活动实现文化的传承。传递文化、培养人才是教育的基本职能，也是教育的本质所在。自教育从人类的其他活动中分化出来成为一种独立的社会活动以来，它就承担了传递文化的任务。在教育活动中，教育者将人类积累起来的文化，经过选择、加工成教育语言和文字的形式，在与受教育者的共同活动中传递给受教育者。于是，上一代的文化被传递到下一代，为他们所继承、接受、理解、掌握，成为他们知识经验的新成分。文化的传承在教育过程中得以实现。由于学校教育过程是有目的、有计划、有组织的活动，教育过程中的文化传递具有系统化、集中化、高效化等特点，因此，教育成为社会中传递文化的最重要的手段。

教育通过使人类掌握文化传递的手段和工具实现文化的传承。人类通过教育不仅可以获得文化、继承文化，而且教育亦可使受教育者掌握获得文化的工具和手段。通过教育，受教育者首先掌握了语言和文字，这是获得文化的基本工具，也是创造和发展文化的重要手段。伴随着社会

的前进和科学技术的进步，各种新的文化传媒不断涌现，教育一边利用这些传媒高质高效地进行文化传播，同时，也把使用这些传媒的方法教给了学生。于是，学生便可利用这些新的工具和手段，如电视、录音、录像、电子计算机等去获得课堂以外的文化。

（二）教育对社会文化的选择功能

根据培养人的客观教育规律进行文化选择。这个客观教育规律是：人的培养既要符合社会发展需要，也要符合人的发展需要。符合社会发展需要主要体现在教育目的，即被选择的文化必须符合社会政治经济制度的要求，有利于培养符合一定社会需要的人才。符合人的发展需要主要体现在适应人的身心发展特点上，即被选择的文化还必须符合人的身心发展的客观规律。这个规律要求教育不能简单地用现成的文化对青少年进行文化传递，而必须把教育内容加工成青少年易于接受的形式。

按照严格的标准进行文化选择。教育依据的基本标准是，科学的选择：传播科学与文明，有利于推进社会的发展和进步；时代的选择：传播时代精华、体现时代精神；民族的选择：以本土文化为依据，保持民族的优秀传统和特色；辩证的选择：体现扬弃与继承、创造与发展的统一。

（三）教育对社会文化的交流功能

教育的文化交流是将文化从一个区域向另一个区域扩散，是文化在空间上的流动。文化间的传播和交流是文化发展的主要动力。这是因为不同文化的交融和碰撞不仅可以开阔人的视野，增进对不同文化的接触和了解，同时，在文化的交流中会诞生新的观点、智慧、理论，从而推动文化的创新和发展。所以，文化的交流与传播是吸收异域文化精华，借助异域文化发展自己的一条捷径。历史上，文化交流与传播的途径有迁徙、贸易、教育、战争等，教育是其中一个十分重要的途径。校际的文化交流与传播，主要方式有专家讲学、学术互访、参观考察、资料交流、毕业生工作等。

（四）教育具有创造文化的功能

教育不仅具有传递、选择和交流文化的功能，还具有创造文化的功能。

首先，教育在数量上和质量上培养了一支文化建设的生力军，为文化的创造提供了可能性。人是文化的主体，人不仅是文化的承担者，同时又是文化的创造者。文化一旦为人所掌握，就会成为人们解释自然、社会现象，进行各种社会实践活动的方法与手段，成为创造新文化的动力。教育作为形成人、发展人的手段，就是利用人类已有的文化成果去影响人，塑造人的个性，把社会文化转化为个体文化，外在文化转化为内在文化，使人由愚昧的野蛮人成为开明的文化人。从这个意义上说，教育无限地发掘了人创造文化的潜能，增强了人创造文化的力量。

其次，以科学研究为主要形式的文化创造活动正成为现代教育，特别是现代高等教育不可缺少的组成部分。之所以如此，是因为高等教育具有充分的条件进行科学研究。高等教育的目标是培养符合社会需要的高级专门人才，创造性是这种人才应当具备的素质；高等教育的内容是高级专门知识，其中包含了许多有争议和尚待进一步探讨的问题和领域；高等学校的学生是具有一定创造潜力的优秀人才，他们思想活跃，富于创造精神；高等学校的教师是某一专业或领域的专家，兼有教学和科研的双重任务；科学研究是高等学校的主要职能，高等学校是国内、国际文化和学术交流的中心。

四、教育的人口功能

(一) 教育可减少人口数量,是控制人口增长的手段之一

控制人口增长的手段很多,发展教育是其中之一,而且被认为是长远起作用的手段。一些人口学家研究后得出的结论是:全体国民受教育程度的高低与人口出生率的高低成反比。有人在拉丁美洲做过的有关调查表明:有工作的妇女生育率低于家庭妇女;有专业知识的妇女生育率低于一般农村妇女;受过中等程度教育的妇女的婴儿死亡率低于文盲妇女。在我国的有些调查资料中也反映出同样的倾向,即人口的平均文化程度越高,人口出生率就越低,反之亦然。

一系列资料表明,受教育程度不同的人有着不同的生育观:受教育水平较低的群体或个人倾向于不加节制特别是高数量的生育;受教育水平较高的群体或个人倾向于有所节制的比较合理的生育。据统计,20 世纪 70 年代中期,苏美和欧洲发达国家成年人口的文盲率不足 1%,其人口平均增长率约为 0.72%,而非洲大多数国家的成人文盲率在 70%以上(例如埃塞俄比亚为 85%,尼日尔高达 92%,)其人口平均增长率为 2.6%,1980—1984 年又进一步升高到 2.9%。另据统计,在美国,每百名受过中学以下教育的母亲,一生生育的子女数为 124.1 个,受过中等教育的约为 118 个,受过高等教育的为 96.9 个。我国的情况也大致如此。

教育程度的提高可使人们更倾向于用现代的、科学的眼光看待传统的价值观和社会风俗,他们对生育子女的注意力主要集中在:孩子能否健康成长,能否受到良好教育以及孩子的未来发展和事业成就。也就是说,他们主要关心的不是希望孩子给家庭增加多少收入和作为防老养老的经济保证,而是在孩子的未来发展上,因此也就不再被“多子多福”、“重男轻女”等观念所束缚。

由此可见,教育具有控制人口增长的社会功能。为了更有效地发挥这一功能,不仅要普遍提高社会民族的文化水平,而且应对成人和青少年进行专门的人口教育。对成人的教育可通过大众传播媒介进行,使他们懂得控制人口增长与国家发展、家庭幸福的关系,懂得怎样实现计划生育和优生优育。对青少年的教育主要通过学校来实现。在学校中增设人口教育课程,其主要内容是揭示人口变化、人口状况、人口发展以及与基本生活质量方面的相互关系。在我国,这门课程还包括我国的人口政策及青春期生理卫生等内容。

(二) 教育可提高人口素质,是改变人口质量的手段之一

人口素质是由人口的身体素质、科学文化素质和思想品德素质三个方面的内容构成的,它们都与教育息息相关。教育对人口文化素质的影响更为明显和直接,人口科学文化素质的高低主要取决于教育的好坏。世界上通常用下列具体指标来衡量人口的文化素质:文盲率或识字率,义务教育普及和提高程度,就业人口的平均受教育年限,每万人口中科技人员数,每万人口中的大学生数。显然,这些指标直接受制于教育。近年来,联合国已经把人口的科学文化素质的高低作为判断国家发达程度的重要标准之一。例如:如果一国的成年人口的识字率低于 10%,就可把该国看成最不发达的国家。从全球范围看,发达国家人口的科学文化素质远远超过发展中国家。

人口思想品德的形成也依赖于教育,可以说,有什么样的教育环境就会培养出什么品质的人。马卡连柯说过:“没有健全的教育环境而能养成真正可贵的品质的例子,我连一个也没有见过,或者反过来说,有了正确的教育工作而会产生堕落的性质,也是不会有的。”因此,一个文化素

质较高、文化氛围较浓的家庭以及良好健全的学校教育和社会教育的环境,对提高人口思想品德素质的作用是不容忽视和低估的。

(三)教育可使人口结构趋向合理化

人口结构包括人口的自然结构与社会结构。自然结构指人口的年龄、性别等方面的比例。社会结构指人口的阶级、文化、职业、地域、民族等方面的比例。所谓人口结构的合理化就是指人口结构有利于社会生产和人口的自然平衡。

教育与性别年龄结构。如前所述,由于受过一定教育的妇女生育观的改变,使她们摆脱了"重男轻女"的传统意识,进而调整着新生儿的性别结构。教育对人口年龄结构的影响主要体现在教育对生育率和死亡率的影响上。由于教育对人口数量的控制使得生育率大大降低,人口增长缓慢。另外,一系列调查数据表明,教育与死亡率成反比例关系。

(四)教育有利于人口的迁移

人口迁移是指人口从一个地点向另一个地点的迁居活动,人口有计划地合理迁移,对适应生产力发展和资源开发,促进地区间文化技术的交流、合作与发展,都具有积极意义。影响人口迁移的因素诸多,其中教育对人口迁移的影响主要表现为:

受过教育的人口更容易远距离迁移。这是因为受过较好教育的人不易受本土观念的束缚,他们更想到最适合发挥自己才能的地方去工作。另外也由于迁入城市大多是以资本密集型和知识密集型产业,或是第二、第三、第四产业为经济主体的城市,这就决定了迁入这些城市的人员必然是些具有一定专业技术水平的人。

教育本身就实现着人口的迁移。现代教育,特别是现代高等教育如同一个人才集散地,它把各地区的人才收拢上去,加以培养,然后根据社会发展的需要、学习者的志愿和特长,再把他们输送出去,从而实现跨区域的人才流动。

五、教育在我国社会主义建设中的作用

早在社会主义现代化建设的初期,邓小平同志就指出:实现现代化,关键是科技要上去;科技人才的培养,基础在教育。在邓小平建设有中国特色社会主义理论指导下,党的"十四大"进一步强调,我们必须把教育摆在优先发展的战略地位,努力提高全民族的思想道德和科学文化水平,这是实现我国现代化的根本大计。党和国家把教育摆在优先发展的战略地位,这是在总结新中国成立以来我国社会主义建设历史经验和借鉴世界各国发展经验的基础上提出来的,反映了经济发展和社会进步的客观规律,符合广大人民的最根本的利益。具体地说,教育在我国社会主义建设中的重要作用有以下几方面。

(一)提高劳动者素质

科学技术是第一生产力,经济建设必须依靠科技进步和劳动者素质的提高。发展教育事业,提高劳动者素质,走教育兴国这条必由之路,是世界发达国家振兴经济的历史经验,也是我国社会主义建设的历史经验。发达国家中以日本最为典型。19世纪50年代前,日本还是一个闭关锁国的封建国家。1868年,日本开始明治维新,取消以儒学为中心的封建教育制度,建立资本主义教育制度,提出"求知识于世界,大振皇威"的口号,努力在全民范围内普及初等教育,从而使日本经济跻身于资本主义列强行列。第二次世界大战后,日本创造了资本主义国家经济发展的奇

迹，连续20年以每年增长10%左右的速度高速发展。究其原因，日本前首相福田赳夫说："资源少的我国，经历诸多考验，得以在短期内建成今日之日本，其原因在于国家教育水平和教育普及的提高。"[①]美国也有人把20世纪80年代的经济发展归因于60年代的教育改革。为了迎接21世纪的挑战，世界各国都在紧锣密鼓地筹划教育事业发展的大计。

劳动者的素质高低，直接关系到新科学技术能否推广应用，影响着生产效率、产品质量的提高，还影响到人口的有效控制和社会风气的改善。要提高劳动者的素质，就必须依靠教育。中共中央《关于教育体制改革的决定》指出："教育改革和发展的根本目的是提高民族素质，多出人才，出好人才。"普通教育是基础教育，在提高劳动者的素质方面起着十分重大的作用：① 为提高民族素质奠定基础。民族素质是指我国境内各民族全体成员个体和群体的素质，亦称国民素质。普通教育中的义务教育阶段，是每个公民必须接受的教育。② 为培养社会主义建设人才奠定基础。社会主义建设人才本身也是劳动者。③ 普通教育适当增加职业技术教育的内容，如培养学生就业意识，加强就业指导，适当进行职业技术的教育等，使学生在毕业时，不仅掌握普通科学知识和技能，也能掌握一定的职业技术知识和技能，这样就能直接发挥提高劳动者素质的作用。④ 普通教育对小学生进行全面发展教育，使他们在德、智、体、美、劳诸方面生动活泼地发展，也就提高了民族素质，包括劳动者的素质。这种素质的社会文化层面，是全面发展的教育在学生身上的体现；而心理层面，是学生在接受全面发展教育的过程中发展起来的。

（二）培养科技人才

当代国际社会正在进行一场新技术革命。一个国家生产力的发展，国民经济的增长，越来越依靠科学技术的进步；一个国家的科学技术水平和运用科学技术的能力，越来越成为衡量综合国力的重要指标。邓小平同志以马克思主义者的真知灼见，敏锐地认清了这场新技术革命的实质，明确指出："现代科学技术正在经历着一场伟大的革命。""当代自然科学正以空前的规模和速度，应用于生产，使社会物质生产的各个领域面貌一新……社会生产力有这样巨大的发展，劳动生产率有这样大幅度的提高，靠的是什么？最主要的是靠科学的力量、技术的力量。"[②]四个现代化，关键是科学技术现代化。

为了迎接新技术革命，世界各国都十分重视人才的培养。当1957年苏联人造卫星上天时，美国朝野被震惊。于是在1958年，美国通过了《国防教育法》，认为人才是国宝，并大力加强自然科学教育，注重培养高级科技人才。1981年秋，里根授权教育部长贝尔，遴选18位著名专家组成一个专门调查中小学教育质量的委员会，该委员会经18个月的调查，于1983年4月发表了一份名为《国家在危急中：教育改革势在必行》的报告。报告说："危险的不只是日本的汽车生产已超过美国，也不在德国的机床正在代替曾经享誉世界的美国产品。危险的是它们所表明的训练有素的专业人才的国际再分配。""如果要保持和改进我们在世界市场上的一点竞争力，我们就必须尽全力改革我们的教育制度。"这一报告把国力危机同人才危机、教育危机直接联系起来。前美国总统布什上台伊始，就以"教育总统"自居。他说："教育是提高我们民族竞争力的关键，是提高我国人民精神的关键。"1988年4月7日，法国总统密特朗发表的《告全国人民书》说："将来，国力更多的是依赖智力而不是体力。因此，教育必须置于头等优先的地位。"

① 梁忠义.战后日本教育与经济发展[M].北京：人民教育出版社，1981：31.

② 邓小平文选(1975—1982)[M].北京：人民出版社，1983：84.

我国生产力水平还不够高，总结国内外科技发展的经验，邓小平同志指出："发展科学技术，不抓教育不行。靠空讲不能实现现代化，必须有知识、有人才。没有知识，没有人才，怎么上得去？""我们向科学技术现代化进军，要有一支浩浩荡荡的工人阶级的又红又专的科学技术大军，要有一大批世界第一流的科学家、工程技术专家。造就这样的队伍，是摆在我们面前的一个严重任务。""科学技术人才的培养，基础在教育。""科研是靠教育输送人才的，一定要把教育办好。"①

（三）促进社会主义精神文明建设

社会主义精神文明建设，包括文化建设和思想建设两个方面。共产主义思想是社会主义精神文明建设的核心。社会主义精神文明是社会主义的重要特征。在社会主义时期，物质文明为精神文明的发展提供物质条件和实践经验，精神文明又为物质文明的发展提供精神动力和智力支持，为它的正确发展方向提供有力的思想保证。社会主义精神文明建设，是关系到社会主义事业兴衰成败的关键。

我国的社会主义学校，是建设社会主义精神文明的重要基地。这首先是因为我国教育的目的，是使受教育者在德、智、体诸方面全面发展，成为社会主义事业的建设者和接班人。教育目的的实现，也是社会主义精神文明建设根本任务的完成。此外，学校教育作为社会主义精神文明建设的基地，也是其他社会组织不能代替的。

总之，教育在我国社会主义建设中，居优先发展的战略地位。教育必须为社会主义建设服务，社会主义建设必须依靠教育。

学习拓展

关于教育与社会关系的主要理论

一、教育独立论

这种观点认为教育应该独立于社会的任何团体，由教育家去办教育，不受社会其他权力的制约。其代表人物为蔡元培。1922年，蔡元培发表《教育独立议》，提出教育一是要独立于政党，二是要独立于宗教，应当完全交给教育家去办，保有独立的地位。他认为教育以人为本，而政党以事业为本；教育求远效，而政党急功近利，二者在方向上就有矛盾。再加上执政党的更换以及党内政策的变换，教育不得不跟着变来变去，是无法办出成效的，所以教育应摆脱政党的控制。教育讲究尊重个性，而宗教总是要人盲从；教育追求前进，而宗教趋于保守，尤其是教会学校借办学诱使青年信奉基督教，更是害人不浅，所以教育要摆脱宗教的影响。

蔡元培认为，教育独立应该包括：第一，经费独立。要求政府划出某项固定收入，专作教育经费，不得用于他处。第二，行政独立。专管教育的机构不能附属于政府部门之下，要由懂得教育的人充任，不能因政局而变动。第三，思想独立。不必依从某种信仰或观念。第四，内容独立。能自由编辑、自由出版、自由采用教科书。第五，以传教为主的人，不得参与教育事业。

① 邓小平文选(1975—1982)[M].北京：人民出版社，1983：37，88，47.

二、教育万能论

这种观点认为，教育的作用是万能的，教育对人的成长起着决定作用。其代表人物有：古希腊哲学家柏拉图、近代英国教育家洛克、法国教育家爱尔维修、英国空想社会主义者欧文。

柏拉图在《理想国》中指出，理想的国家是由三个不同阶层构成的：哲学家、军人和劳动者。教育对个体发展的作用就在于将这三种人甄别出来进行分别的教育，并最终通过教育培养理想的统治者——哲学王。洛克最具代表性的观点即“白板说”，他认为人生下来心灵如同白板，所有的发展都是后天教育的结果，并指出：“我们日常所见的人中，他们之所以或好或坏，十分之九都是他们的教育所决定的。”爱尔维修继承了洛克的经验主义唯物论，在《论人的理智能力和教育》一书中认为教育对人的成长起决定作用。欧文在前人的基础上，进一步提出“性格形成学说”，认为人们一切恶习都是恶劣环境和制度导致的结果，而社会制度的改变要依靠教育。只有对所有人进行正确的教育，美好社会的理想才能实现。

三、人力资本论

人力资本论的代表人物为美国经济学家舒尔茨。1960年，在美国经济学会第73届年会上，舒尔茨提出了人力资本理论。

人力资本理论的核心概念是人力资本，人力资本是相对于物质资本而言的，它指人所拥有的诸如知识、技能及其他类似的可以影响从事生产性工作的能力。人力资本理论认为，人力资本也是一种生产要素资本，对于生产起促进作用，是经济增长的重要源泉，因此，应当重视对人力资本的投资。人力资本投资包括学校教育、职业训练、卫生保健及为适应就业机会而进行的迁移和信息搜寻等形式。尤其在教育投资方面，人力资本理论认为教育不但是一种消费，也是一种投资活动。对个人而言，个人接受教育可以增加知识和技能，提高个人收入回报；对社会而言，教育为社会培养人才，提高其生产力，促进社会经济发展。

四、筛选理论

筛选理论是基于对人力资本理论的质疑而提出的，代表人物为伯格(I. Berg)等人。他们对人力资本理论关于教育提高生产率的主张提出质疑，认为教育只是用来区别个人能力的一种手段，具有的是筛选的功能，因而提出了筛选理论。

筛选理论认为，教育是标识个人能力的工具，表明了一个人固有的能力，从而为雇主识别、选拔不同能力的求职者提供依据，起到筛选作用。因此，筛选理论把教育过程看成是根据个人先天能力进行排序的过程，把教育水平看成是反映个人能力或未来生产率高低的有效信号。筛选理论从分析劳动力市场上雇主选聘求职者的过程去说明教育的经济价值，它承认教育与工资的正相关，指出这种正相关是通过筛选作用实现的。但是筛选理论认为教育只反映了个人能力，并没有增加个人能力，强调了教育文凭的重要性，所以又被称为“文凭理论”。

思考与实践

1. 结合自己的成长经历，谈谈在影响人的发展的各种因素中，你认为哪一种或哪几种是重要的，为什么？说明你的理由。

2.《学会生存》一书中指出：“多少世纪以来，特别是在发生产业革命的欧洲国家，教育的发展一般是在经济增长之后发生的。现在，教育在全世界的发展正倾向先于经济的发展，这在人类历史上大概还是第一次。”请根据这句话，结合所学内容，谈谈关于教育先行的重大意义。

第四章 教育目的

所谓“目的”，乃是人对于他所希望达成或获得的活动结果的一种主观设定。人类实践活动与动物本能活动的根本区别之一就在于有无目的性。人类的活动都是有预定目的的活动，人根据预先设计的活动目的，在活动中进行选择和创造，使活动结果最终符合自己的需要。教育目的是一定社会对把受教育者培养成为什么样人才的总的要求。各级各类学校无论具体培养什么领域和什么层次的人才，都必须努力使所有学生都符合国家提出的总要求。因此，本章将对教育目的作一概述，对我国的教育目的及其精神实质进行探讨。

第一节 教育目的概述

教育要达到什么样的目的？它能够取得什么样的效果？制约教育活动和效果的要素是什么？学者们对此又是如何探讨的？……这些问题都是教育工作者关注的基本问题。

现场直击

让时间淡忘

某周日晚，某高中二年级三名女生在不与任何人打招呼的情况下，外出与“话友”酗酒，彻夜未归。根据学校有关规定，三名女生每人计旷课五课时（晚自习计两课时，旷寝计三课时），酗酒给予警告处分，两项合计，且参考犯错情节，三名女生最轻应给予记过处分。

问题出现在调查阶段。其中一名女生说：“如果处分，我没有意见；但公布处分结果的那一天，我就自杀！”这是向学校纪律的挑战？是威胁？是心声？各种不同的猜测与说法，使处理者第一次意识到了问题的复杂程度。

最后，校方对问题处理的方式也出人意料：讲清规定，让时间淡忘一切！

一年时间过去了，有心的人发现，其中的一个女孩儿第一次拿到了学校的奖学金，另一个女孩儿对语文产生了浓厚的兴趣，第三个女孩儿在感激学校的“无为而治”的同时，发愤图强，成为班里“唯一能够背诵长篇英语课文的人”。随着时间的流逝，她们没有忘记事情的经过，没有忘记学校的纪律，更没有忘记学校领导和老师对她们的教诲和期望！她们成为学校纪律的自觉执行者！

（摘自：全国十二所重点师范大学联合编写.教育学基础[M].北京：教育科学出版社，2002：53.）

理论讲述

一、教育目的的含义

教育是一种培养人的社会实践活动。任何一种实践活动从一开始就必定包含着某种改造客观现实的“主观”要求。这种“要求”是作为实践所要取得的结果预先存在于人们头脑之中的，这就是目的性。目的性是人类实践的一个根本特征。教育活动同样是有目的的活动，每个教育者与受教育者都有自己所追求的教育所要取得的结果。

广义的教育目的是指人们对受教育者的期望，即人们希望受教育者通过教育在身心诸方面发生什么样的变化，或者产生怎样的结果。国家和社会的教育机构、学生的家长和亲友、学校的教师等，都对新一代寄予这样那样的期望，这些期望都可以理解为广义的教育目的。狭义的教育目的是指社会对教育所要造就的社会个体的质量规格的总的设想或规定。因此，教育目的对所有的学校具有指导意义。不管学生有多大差异，学校都必须努力使他们的发展符合国家提出的总要求。

二、教育目的的作用

教育目的是一切教育工作的出发点，教育目的的实现则是教育活动的归宿，它贯穿于教育活动的全过程，对整个教育工作的指导意义是通过发挥以下作用实现的。

（一）教育目的的导向作用

教育目的一经确立就成为人们行动的方向，它不仅为受教育者指明了发展方向，预定了发展结果，也为教育工作者指明了工作的方向和奋斗目标。因此，教育目的无论对受教育者还是教育者都具有目标导向作用。

（二）教育目的的激励作用

目的反映人的需要和动机，是人们在一起共同活动的基础。因此，共同的目的一旦被人们认识和接受，它不仅能指导整个实践活动过程，而且能够激励人们为实现共同的目标而努力。

（三）教育目的的评价作用

教育目的是衡量和评价教育实施效果的根本依据和标准。评价学校的办学方向、办学水平和办学效益，检查教育教学工作的质量，评价教师的教学质量和工作效果，检查学生的学习质量和发展程度等工作，都必须以教育目的为根本标准和依据进行。

（四）教育目的的支配作用

教育目的支配整个教育过程，任何教育活动都围绕教育目的的实现而展开，从教育制度的建立、课程的设置、课程计划的实施、教学方法的选择到教育管理、教育评价的进行等，都是按教育目的进行的，教育目的为此提供了依据。

三、教育目的与教育方针、培养目标、教学目标的关系

（一）教育目的与教育方针

所谓教育方针主要是指教育工作的宏观指导思想，是国家或政党根据一定社会政治、经济的

要求，为实现一定时期教育目的而规定的教育工作的总方向。它主要包括教育的性质和指导思想，教育工作的方向。教育目的，是对培养人的质量和规格所做的要求，包括实现教育目的的根本途径和原则。

教育目的与教育方针是有联系的。教育目的是教育方针的重要组成部分，教育目的的确立及其内容必须符合教育方针的规定。同时二者又是有区别的。在层次上，教育方针是一个国家教育发展和人才培养的最高行动指针，是目的体系中的最高层次，唯一层次，即一定时期，一个国家只能有一个教育方针；教育目的则是各级各类教育关于人才培养规格与标准的具体规定，是目的体系中的下位层次，是可分不同层次的。如高等教育目的、中等教育目的、基础教育目的等。在具体内涵上，方针是最宏观、最根本的方面，规定了一个国家教育的性质与方向、人才发展的内容及实现方针要求的途径；教育目的则是方针规定下对各级各类教育所要培养的人才规格所做出的具体规定。

（二）教育目的与培养目标

培养目标是指不同级别、不同类型、不同层次、不同专业教育培养人才的质量规格。教育目的与培养目标是有联系、有区别的。不同类型、不同层次和不同专业的培养目标是教育目的的具体化。教育的总目的决定具体的培养目标。换言之，教育目的是培养各级各类合格人才的总要求或共同标准；培养目标则是不同类型层次的学校或专业培养人才的具体质量规格。教育目的直接反映的是教育方针的有关思想和规定，间接反映的是一定时代社会生产和政治经济对人才的共同要求；培养目标则在宏观上体现教育目的对人才质量的共同要求，微观上体现各类别、各专业的不同培养任务以及社会用人市场的专业需要。二者是一般与具体的关系。

（三）教育目的与教学目标

教学目标指在教育教学过程中，教育者在完成某一阶段工作时希望受教育者达到的要求或产生的变化。学校实现教育目的和培养目标不是一蹴而就的，对学生的培养和改变要靠日积月累。这就要求教师在工作中确定一段时间内、某一门课程、某一项活动要使受教育者在认知、情感、行为方面发生怎样的变化，达到怎样的成长结果。因此，教学目标与教育目的之间是具体与抽象的关系。教育目的、培养目标可以理解为教育意志，它们都要落实在一系列教学目标上。只有当无数的教学目标都维系着教育目的与培养目标时，才能确保每一项教育行动都指向教育目的，教学目标的有次序的循序渐进积累是向教育目的和培养目标的接近。

四、确定教育目的的客观依据

教育目的从其提出的主体看具有主观性。但是，就其确定的最终依据看，人提出的教育目的是有其现实根源的，它的内容是客观的。历史上不同国家、不同社会所以具有不同的教育目的，就是由于其社会历史根源不同。因此，从总体上看，教育目的是受一定社会历史条件制约，由一定社会生产方式所决定的。

（一）教育目的被一定社会的政治、经济决定

一个社会要培养什么样的人，具有什么样的政治倾向和思想意识，需要哪些类型与规格的劳动力，都是由一个国家的政府或代表人物提出的。它必然反映一定社会政治、经济的性质。在阶级社会里，教育目的具有阶级性。以我国为例，我国封建社会提出培养“格物”、“致知”、“正心”、“诚意”、“修身”、“齐家”、“治国”、“平天下”的“士”、“君子”；清末随着“新教育”的出现，教育目的

是“忠君、尊孔、尚公、尚武、尚实”。这些目的都反映了一定时期的政治经济在人才上的需要。

（二）教育目的受一定社会生产力发展水平的制约

生产力的发展水平体现了人类已有的发展程度，它会对人的进一步发展提供可能和要求。不同社会、不同时代，生产力的发展水平不同，对人才规格、类型、标准的需要不同，教育目的的具体内容便有所不同。比如，在我国古代社会，生产力和科技发展水平很低，教育目的主要是为国家机构培养各种官吏，注重政治的、伦理的陶冶。进入现代社会以后，随着科学技术在生产中的广泛应用，要求学校教育不仅要培养从事国家事务的管理者，也要求培养生产技术人员和一定职业技能的熟练工人，这是生产力发展对人才规格、类型的要求。第二次世界大战以后，世界各国科技发展，出现了科学技术的竞争，世界各国竞相提出培养有“探索精神”、“创造性的新人”的口号。特别是日本提出了面向21世纪教育的三大目标：“培养心胸宽广、体魄强健和富有创造力的人；具有自由、自律和为公共利益服务的精神；使他们成为面向世界的日本人。”美国在1983年《国家在危急中：教育改革势在必行》的报告中指出要想在21世纪取得成功的中小学生需要掌握的最重要的知识、技能和行为规范是：学业技能、个人技能、公民技能。具体内容中蕴含了对21世纪人才所需要素质的说明。

（三）青少年身心发展的需要会制约教育目的的实施

教育目的的直接指向是发展中的人，因而在考虑教育目的时，还要考虑受教育者身心发展的需要。具体地说，确定教育目的时，要考虑以下方面：第一，青少年身心发展的程度。第二，青少年身心发展的需要。不同的受教育者由于个性差异不同，身心发展的需要就不相同。受教育者在个性、兴趣、才能、气质、智力等方面存在着差异，教育者只有考虑这些差异才能尽快实现教育目的。第三，要考虑受教育者身心发展的潜能。

五、人的全面发展学说

马克思主义关于人的全面发展学说是以历史唯物主义和辩证唯物主义为指导，以政治经济学和科学社会主义为依据建立的理论。它从社会物质生活资料的生产出发，对各种社会需要做出说明，对人的发展要受到社会生产方式制约的问题作了较为全面的论证。它为我国教育目的的制定提供了重要的理论依据和方法论的指导。

（一）马克思关于人的全面发展的含义

纵观马克思主义对人的全面发展含义的各种表述，可见人的全面发展具有丰富的内涵：① 指人的生产物质生活本身的劳动能力的全面发展。这种劳动能力的发展，既表现为人的体力和智力的全面发展，又表现为人的才能和志趣的全面发展。② 指人的才能的全面发展。③ 指人自身的全面发展，它意味着作为一个完整的人，均匀地发展全部的特性。④ 指人的自由发展。

（二）人的全面发展学说的基本内容

1. 人的发展是与生产的发展相一致的

人的发展既和他们生产什么相一致，又和他们怎样生产相一致。从根本上说，人的发展决定于人们生活在其中的社会物质生活条件。“人的本质并不是单个人所固有的抽象物。在其现实性上，它是一切社会关系的总和。”这就是说，人们在社会生产、生活中，在社会关系中所处的地位不同，得到的发展机会就不同，发展的结果也会随着不同，没有抽象的离开任何社会关系、任何社会实践的“人的发展”。

2. 旧式的社会分工造成人的片面发展

分工的历史十分悠久，人类进入奴隶社会后，出现了脑力劳动和体力劳动的分工。这种分工破坏了城乡居民体力和精神发展的基础，到了封建社会末期，出现了工场手工业，它使工人片面地发展。工场手工业产生以后，使过去各种不同的独立的手工业者成为手工工场工人，他们逐渐失去了全面从事原有手工业劳动的能力，终生束缚在一种工具上，从事一种技艺的操作，每一种操作都成为一个工人的专门的职能，全部操作由这些从事局部操作的工人的联合体来完成。所以，恩格斯说：“工场手工业把一种工艺分成各种精细工序，把每种工序分给个别工人，作为终生职业，从而使他一生束缚在一定的操作和一定的工具上。”

在工场手工业中，工人经常重复做同一种有限的单调动作，它使工人的精力或肢体的某一部分极度地疲乏，造成工人肉体和精神的畸形发展，破坏了人的肢体的完整和统一，使人片面发展。工场手工业的性质，也使体脑进一步分离和对立。在工场手工业中，随着生产的发展，生产对知识的需要、智力的要求是扩大了范围。但这种知识和能力只是集中于少数人身上，对于一个终生从事局部操作的局部工人来说，是没有机会用自己的智力，也是不需要多少知识的。这就加剧了体脑对立和分离。

3. 资本主义机器大生产为人的全面发展奠定了物质基础

一方面，在大工业之前所有的生产分工的技术基础本质上是保守的，而现代工业的基础则是革命的。某项现代科学技术的发明及其在生产中的运用，都会使工人的职能和劳动过程的社会结合不断地发生变革。这样，它也同样不断地使社会内部的分工发生革命，不断地使大量资本和大批工人从一个生产部门投到另一生产部门。因此大工业把人的全面发展问题当做现代生产的普遍规律的生死攸关的问题提了出来。

另一方面，由于自然科学和工艺学在生产中的运用，使人的全面发展具有可能。也就是说虽然大工业生产把整个生产过程分解为各个构成要素，使之五光十色、光怪陆离，但自然科学和工艺学的基本知识一旦被掌握，人就能适应这种更普遍的要求。此外，以科学技术为基础的大工业生产，客观上必然要求打破脑力劳动和体力劳动的分工，趋向体脑的结合。生产的全盘机械化使生产部门越来越需要具有科学文化知识，了解机器性能，并能操作机器的劳动者。因此，机器大生产是人的全面发展的客观基础。但是，在资本主义社会里，自然是少数人剥削大多数人，这种剥削制度的存在，人的全面发展就不可能真正实现。

4. 到了共产主义社会人的全面发展才能完全实现

只有到了共产主义社会，迫使人们奴役般地服从分工的情形才能完全取消，脑力劳动与体力劳动的差别也随之消失，劳动不再是谋生的手段，而成为生活的第一需要，这就为个人提供了全面发展其全部体力和脑力的机会。同样，只有到共产主义社会，由于社会财富的充分涌现，人们得以充分拥有发展所需的闲暇时间和教育等条件，而这些条件正是人的全面发展所必需的。至此，人的全面发展的理想才得以完全实现。

（三）实现人的全面发展的条件

1. 社会生产力的高度发展，为人的全面发展提供必要的物质条件和基础

因为生产力发展水平最终决定着对人的智力和体力要求的水平，决定着社会可以提供多少物质生产资料为人的发展服务，也决定着社会可为人的发展提供除生产时间之外的闲暇时间。

2. 废除私有制，建立公有制，直至建立共产主义的社会制度

因为只有公有制的建立才能使生产力的发展水平为促进人的全面发展在制度上作出保证。所以，社会主义制度促进人的全面发展，共产主义制度将使人的全面发展最终实现。

3. 教育是实现人的全面发展不可缺少的条件，教育与生产劳动相结合是造就全面发展人的唯一方法

因为只有教育，才能改变一般人的本性，使他获得一定劳动部门的技能技巧，成为发达的和专门的劳动力。只有教育与生产劳动相结合，才使人的体力、智力、精神力量和谐统一地发展。所以说，教育是实现人全面发展不可缺少的条件。

学习拓展

历史上几种不同的教育目的价值取向

教育目的确立的依据是什么，历史上先后出现过不同的争论。在其依据问题上形成了三大理论观点：个人本位论、社会本位论、马克思主义辩证统一论。

一、个人本位论

这种教育目的观一般认为教育目的就是使受教育者的本性、本能得到自然发展；教育目的的确定应当从人的本性出发，而不是从社会出发；个人价值高于社会价值，社会只有在有助于个人的发展时才有价值，评价教育的价值应以其对个人发展所起的作用来衡量。

这一派的代表人物有捷克教育家夸美纽斯、法国启蒙思想家卢梭、瑞士民主主义教育家裴斯泰洛齐、德国教育家福禄培尔及中国古代的孟轲等人。一般认为，19 世纪末 20 世纪初，有“进步教育之父”之称的美国教育家帕克也属“个人本位论”者。当代人本主义者如马斯洛、罗杰斯等人也被看做是“个人本位论”者。主张确定教育目的应从人的本性、本能需要出发，使人的本性和本能得到高度发展。其具体观点是：教育目的不是根据社会需要制定的，而是根据个人发展需要制定的；一个人应为他自己受教育，而不是为社会需要受教育；教育的个人价值高于社会价值，个人决定社会，而不是社会决定个人；人生来就有健全的本性和本能，教育目的就是使这种本性和本能顺利地得到发展。这种教育目的观，在一定历史条件下，有过积极作用，但从根本上来说则是不全面的。

二、社会本位论

这派观点与个人本位论者正好相反，他们主张：教育目的应当根据社会需要来制定，教育目的就是要把受教育者培养成符合社会准则的公民，使受教育者社会化，保证社会生活的稳定与延续；社会价值高于个人价值，评价教育的价值应当以其对社会发展所起的作用来衡量。

其代表人物有中国古代的孔子和国外的斯宾塞、涂尔干、孔德、凯兴斯泰纳等。主张确定教育目的不应该从人的本性需要出发，而应该从社会需要出发，社会需要是确定教育目的的唯一依据。其具体观点是：个人的发展有赖于社会，没有社会需要就谈不上个人的教育和发展；教育除社会目的之外，没有其他目的；教育成果只能以社会功能来衡量。这种教育目的观十分重视教育目的的社会制约性，是值得肯定的。但完全否认教育目的对个体的依存，否认教育对象对教育目的的影响，则是不可取的。

三、教育目的辩证统一论

这是一种马克思主义的教育目的论，主张教育目的的确定应该把社会发展需要与个人发展需要辩证地统一起来，既要依据社会需要又要依据个人身心发展需要，使教育目的既体现社会目的，也体现个人目的。主张教育是培养人的活动，教育目的要考虑人的身心发展的各个要素。给予个体自由的充分发展，并予以高度重视；但不是抽象地脱离社会和历史来谈人的发展，而是把个体的发展放在一定的历史范围之内，放在各种社会关系中考察，因而把两者辩证地统一起来。此观点准确地揭示了社会需要与个人发展的辩证关系及其对教育目的的意义，克服了个人本位论与社会本位论的片面性。作为教育实践活动，首先要服务的是社会，适应社会的需要，为一定社会培养人才。而社会对人的需要必然要涉及人才的发展问题。二者共同作为教育目的的客观依据，并根据两者之间的辩证关系认识各自在教育目的确定中的具体作用，为解决教育目的的依据问题确定了正确的途径。

在教育目的的主张上各执一端是不正确的。只有将社会发展需要与个人发展需要正确结合起来，才是科学的。社会的发展制约个人的发展，离开了个人自身的发展就无法促进社会的发展，一个社会只有提供了广阔的发展空间、社会生活条件，个体人才能获得良好的发展。

四、教育无目的论

其代表人物是美国的实用主义教育家杜威。他主张“教育即生活”的无目的教育理论。这种理论从根本上否定了教育是一种有目的的培养人的活动。认为教育就是社会生活本身，是个人经验的不断扩大积累，教育过程就是教育目的，教育之外再没有什么教育目的。这种把教育与社会生活、教育过程与教育目的混在一起的主张，是实用主义教育理论的一种表现，是不科学、不可取的。

第二节　我国的教育目的

教育目的实质上是在教育活动之前预测和确定的，对教育活动过程具有导向作用，对教育活动结果具有评价作用。它集中或最终体现在对学生素质的要求上。

现场直击

追问教育目的

2008 年 4 月 24 日《北京青年报》A5 版刊登了编辑李星文先生的今日社评《大话小升初，谁解其中味》，读来颇为感慨！相信现在每一个正值中年的家长和大中小学生都有着深深的切肤之痛。

文章提出的疑问是：虽然大家都知道目前教育的弊端是违背教育的根本宗旨，政府也知道并试图解决教育资源不公平造成的学生课业负担不断加重的恶性循环，但是，问题仍然年复一年地存在，而且公众几乎难以看到黎明的曙光。

教育的目的真的应该是培养全面发展的人才吗？我们知道，教育的自然目的是增长人们的知识和能力，以使人类更好地适应自然和社会。因此，在人们看来，教育必然是有限的、针对性的知识和能力的学习。首先，人们对知识和能力的需求是多种多样的。人们之间存在生理和心理的天然差别，对各种知识、能力具有不同的兴趣。这一判断早已为无数的历史和现实的事例所证实。因此，我国古代教育家孔子就提出“因材施教”的理论。其次，人生短暂，不可能掌握全部的人类知识和能力。人类社会经历了如此漫长的发展，积累了无数的知识和能力。而一个人的生命最多不过几十年，即使全部用来学习这些知识、能力也远远不够，何况人类还需要增加新的知识和能力呢？因此，根据实际需求选择要学习的知识和能力是非常必要的。这就是教材的作用。第三，对人类而言，学习是手段，而生存和发展才是最终目的。所以，对特定领域知识和能力的学习，是为了满足个人在社会上生存和发展的需要。不是为学习而学习。以此观之，笔者不能不对我国教育法规定的教育目的持有很大的怀疑：全面发展的人才是否应该成为人才的一般标准？

正是由于教育目的的错位和教育标准的单一化，导致学校教育基本变成选拔式的精英教育。这又继续导致国家和社会把教育资源几乎全部投入给少数被选拔的精英。因此，教育资源的有限性和分配的不公平性就是必然结果。

解决目前学校教育弊端的首要措施，是重新审视我国《义务教育法》等法律规定的教育目的。笔者认为，从小学至高中阶段的教育，应当树立素质教育、通才和专才相结合的教育目的。从实际来看，文艺、体育、自然科学、技艺技术方面，中小学生已经具有兴趣和特长的基础，值得专门重点培养。而且，很多科学发明和创造的事例表明，创新并非必然来自全面的知识和能力，而是以兴趣和深入钻研为特征的……

（摘自：阚敬侠. 中国人的升学苦旅——追问教育目的[EB/OL]. [2010-05-30]. http://vip.chinalawinfo.com/newlaw2002/SLC/slc.asp?db=art&gid=335586977.）

理论讲述

一、我国教育目的的历史沿革

（一）新中国成立前的教育目的

教育目的是随着社会的发展而发展的。1902年以前，我国尚未确定全国统一的教育目的。只是梁启超在1902年发表的《论教育当定宗旨》一文中曾指出制定和贯彻全国一体的教育宗旨的必要性。

中国近代史上由国家制定教育目的的开端，是1904年的《奏定学堂章程》，其中关于教育目的有这样的一段规定：“至于立学宗旨，无论何等学堂，均以忠孝为本，以中国经史之学为基，俾学生心术壹归于纯正，而后以西学瀹其智识，练其艺能，务期他日成材，各适实用，以仰副国家造就通才、慎防流弊之意。”这一教育目的反映了当时半殖民地半封建教育“中学为体，西学为用”的方针。

1906年，当时学部规定教育宗旨为“忠君、尊孔、尚公、尚武、尚实”。

1912年，当时任教育总长的蔡元培在《新教育意见》一文中，主张教育应以军国民教育、实利主义教育、公民道德教育、世界观教育、美感教育为教育目的。同年9月教育部根据教育会议的决定公布了民国教育的宗旨，即"注重道德教育，以实利主义教育、军国民教育辅之，更以美感教育完成其道德"。以此，否定了清末"尊孔"、"忠君"等内容，是历史的一大进步。

（二）新中国成立以来关于教育目的的表述

教育目的不是固定不变的。在不同社会形态、不同时代，有不同的教育目的。每个时期的教育目的都具有时代特征，反映着当时的社会经济政治面貌。

1949年12月，教育部在北京召开第一次全国教育工作会议，确定了全国教育工作的总方针："中华人民共和国的教育是新民主主义的教育，它的主要任务是提高人民文化水平，培养国家建设人才，肃清封建的、买办的、法西斯的思想，发展为人民服务的思想。这种新教育是民族的、科学的、大众的教育，其方法是理论与实际一致，其目的是为人民服务，首先为工农兵服务，为当前的革命斗争服务。"这个方针后来被称为新民主主义文化教育方针。

1957年，毛泽东同志在《关于正确处理人民内部矛盾的问题》中指出："我们的教育方针，应该使受教育者在德育、智育、体育几方面都得到发展，成为有社会主义觉悟的有文化的劳动者。"毛泽东同志提出的这个教育方针，反映了社会主义发展对人才规格的要求，对我国教育工作产生了重大影响，一直是发展我国教育的重要方针。

1981年，《中国共产党中央委员会关于建国以来党的若干历史问题的决议》提出："加强和改善思想政治工作，用马克思主义世界观和共产主义道德教育人民和青年，坚持德智体全面发展、又红又专、知识分子与工人农民相结合、脑力劳动与体力劳动相结合的教育方针。"

1982年，《中华人民共和国宪法》第四十六条规定我国现阶段的教育目的是："国家培养青年、少年、儿童在品德、智力、体质等方面全面发展。"这是中国当代历史上第一个以法律形式出现的教育目的。

1985年，《中共中央关于教育体制改革的决定》再次对教育方针进行了明确规定，指出："教育体制改革的根本目的是提高民族素质，多出人才，出好人才。""所有这些人才都应该有理想、有道德、有文化、有纪律，热爱社会主义祖国和社会主义事业，具有为国家富强和人民富裕而艰苦奋斗的献身精神，都应该不断追求新知，具有实事求是、独立思考、勇于创造的科学精神。"这个教育方针，既体现了德、智、体全面发展的一贯思想，又融入了时代发展对人才规格的新要求。

1986年，第六次全国人民代表大会通过的《中华人民共和国义务教育法》提出："义务教育必须贯彻国家的教育方针，努力提高教育质量，使儿童、少年在品德、智力、体质等方面全面发展，为提高全民族的素质，培养有理想、有道德、有文化、有纪律的社会主义建设人才奠定基础。"

1990年，党的十三届七中全会通过的《中共中央关于制定国民经济和社会发展十年规划和"八五"计划的建议》指出，国家"继续贯彻教育必须为社会主义现代化服务，必须同生产劳动相结合，培养德、智、体全面发展的建设者和接班人的方针，进一步端正办学指导思想，把坚定正确的政治方向放在首位，全面提高教育者和受教育者的思想政治水平和业务素质。"

1993年，中共中央和国务院印发的《中国教育改革和发展纲要》指出："教育改革和发展的根本目的是提高民族素质，多出人才，快出人才。各级各类学校要认真贯彻'教育必须为社会主义现代化服务，必须与生产劳动相结合，培养德、智、体全面发展的建设者和接班人'的方针，努力使教育质量在90年代上一个新台阶。"

1995年3月在《中华人民共和国教育法》中表述为："教育必须为社会主义现代化建设服务，

必须与生产劳动相结合，培养德、智、体等方面全面发展的社会主义事业的建设者和接班人。"在新提法中，对人才素质的培养规格仍然是德、智、体等方面的全面发展；对人才培养的方向强调的是"社会主义事业的建设者和接班人"。这个教育目的已经成为全国必须遵行的法律要求。

1999年6月中共中央国务院颁发的《关于深化教育改革全面推进素质教育的决定》赋予教育目的以新的内容："以提高国民素质为根本宗旨，以培养学生的创新精神和实践能力为重点，造就'有理想、有道德、有文化、有纪律'的德智体美等全面发展的社会主义事业的建设者和接班人。"在新中国教育史上，除了1951年明确提出德、智、体、美各方面全面发展的教育宗旨外，以后历次的教育宗旨和目标的提法中"美"和"美育"若隐若现，似有似无。时隔48年后，"美育"再一次跻身于教育宗旨和目的，名正言顺地与德智体并举。

2001年5月《国务院关于基础教育改革与发展的决定》和随后教育部颁布的《基础教育课程改革纲要(试行)》均强化素质教育的宗旨，尤其前者又进一步强调"培养德智体美等全面发展的社会主义事业建设者和接班人"这一教育目的。

2004年2月中共中央国务院颁发的《关于进一步加强和改进未成年人思想道德建设的若干意见》对教育目的的表述又有新的提法："培育有理想、有道德、有文化、有纪律的，德、智、体、美全面发展的中国特色社会主义事业建设者和接班人。"在"社会主义事业"前加上"中国特色"限制词，更有现实意义和历史意义。

二、我国教育目的的基本精神

(一) 教育必须为社会主义现代化建设服务是对教育目的社会主义方向的规定

教育目的具有社会制约性，它必然反映一个国家生产力发展特别是经济发展的要求，以及一个国家特定的生产关系为基础的政治观点、政治设施的要求，在阶级社会表现出阶级性。我国的教育目的不同于一切剥削阶级，它是为广大无产阶级服务的，是为维护社会主义的利益服务的。我国的社会主义教育目的在不同时期始终坚持这一点。如：教育目的中"能够坚持社会主义方向的各级各类合格人才"、"有社会主义觉悟的有文化的劳动者"、"有理想、有道德、有文化、有纪律的社会主义建设人才"等，就具体表现了我国社会主义的教育方向，也指出了我国学校所培养出来的人应具有的社会地位与社会价值。

(二) "培养德智体全面发展的建设者和接班人"是对教育目的培养人才的素质要求

一般认为，教育目的致力于培养完整的社会人。它要求发展一个人的全面素质，这些素质包括生理素质、心理素质。在我国教育目的中，具体表述为："应该使受教育者在德育、智育、体育等几方面都得到发展"，"使受教育者在德育、智育、体育几方面都得到发展。"将德智体作为人应有的基本素质。其中，德，是指个人对待生活和工作，对待与社会、与集体、与他人、与自然的关系时应该具有的价值观念、行为品质、道德追求、人格修养、人生信念等，是对人生观、世界观、道德观、政治观及其行为品质的总称。智，是指人在生活、事业中，在认识自然、社会并作用于自然、社会中所具有的学识、才能、智慧等。体，是指人在各种活动中应具有的身体活动的机能、能量、体质和体力。

德智体是人的素质构成的主体，因而教育目的强调三者的统一发展。但是，现代社会人的素质除德智体之外，还应有美的能力的发展。美，即指审美和创造美的能力。从哲学层面看，完美的人格是一种审美人格,一种自由人格,它涉及真善美三个方面。教育的功能就在于要在创造真善美中发展知情意行,把培养真善美完满人格的教育作为自己的目的。因此,从人的素质的全面要求来看,人的发展包括身体的教育(体育),真的教育(智育),善的教育(德育),美的教育(美育)。

(三) 培养"建设者"、"接班人"是社会主义教育目的的总要求

培养什么人的问题是教育目的中的最根本的问题。古代的教育目的在于培养统治者和为统治者服务的人才;现代社会主义社会要求把每个人都培养成为劳动者,这是社会主义教育目的的根本标志和要求。

社会主义的教育目的是要培养劳动者,这里的劳动者既包括以体力劳动为主的劳动者,也包括以脑力劳动为主的劳动者。仅仅把劳动者理解为体力劳动者是片面的。

在我国教育目的的表述中,具体表述为"培养德智体全面发展的建设者和接班人",这是对培养劳动者的具体化。换句话说,社会主义事业的接班人都是劳动者。因此,不应把培养"建设者"、"接班人"理解为培养两种不同的人。在社会主义建设时期,所培养的人是社会主义物质文明和精神文明的建设者,同时,也是社会主义革命事业的接班人。不应当把二者分裂开来,对立起来。

三、我国社会主义教育目的的组成部分

关于我国社会主义教育目的的组成,历来有不同的观点。概括而言,大致有"五育说"、"四育说"、"三育说"等。"五育说"认为教育目的由德育、智育、体育、美育、劳动技术教育组成;"四育说"认为教育目的由德育、智育、体育、美育组成;"三育说"认为教育目的由德育、智育、体育组成。教育目的具体包含哪些方面,至今尚无一致意见。不过,从实际来看,多数人通常把德育、智育、体育、美育、劳动技术教育作为我国全面发展的教育目的的组成部分。

(一) 德育

德育是教育者按照社会的要求,对受教育者施加影响以形成所期望的政治立场、世界观和道德品质的教育。德育的任务是引导学生树立无产阶级的思想政治观点和世界观,组织和指导学生的道德实践,培养学生的社会主义道德品质。德育体现了整个教育的社会主义性质,对受教育者的全面发展起着定向的作用,因而是全面发展教育的重要组成部分。主要向学生传授一定社会思想准则、行为规范,并使其养成相应思想品德的基本活动。德育是思想教育、政治教育、道德教育、法制教育、健康心理品质教育等方面教育的总称。

德育的基本任务是:培养学生良好的道德品质,使其具有良好的社会公德、文明行为习惯;培养学生正确的政治方向,使其坚持四项基本原则,热爱祖国,热爱人民,全心全意为现代化建设事业而奋斗;培养学生正确的世界观、人生观,使其形成科学的辩证的思想观点;培养学生良好健康的心理品质,使学生正确认识自己,提高心理素质。

(二) 智育

智育是传授系统科学文化知识,形成科学的世界观,培养基本的技能技巧和发展智力的教育。智育的任务是以系统的科学文化知识武装学生,训练学生的基本技能、技巧的训练,使他们具有运用知识于实际的本领,发展他们的智力。智育在帮助学生认识自然规律和社会规律,提高

分析和解决问题的能力，掌握从事社会主义现代化建设的实际本领和个性全面发展中起着重要作用，所以智育同样是全面发展教育的重要组成部分。

智育的基本任务是：帮助学生认识自然规律、社会规律，提高分析问题和解决问题的能力，为学生各方面的发展奠定基础；培养训练学生，进一步拓宽文化视野，发展思维能力、想象能力和创造能力；培养学生良好的学习兴趣、习惯与热爱科学的精神。

（三）体育

体育是全面发展体力，增强体质，传授和学习健身知识和体育运动技能的教育。体力和体质的发展是个性全面发展的生理基础，人们进行生产活动、社会活动、军事活动或幸福地生活都离不开强健的体魄，所以体育也是全面发展教育的重要组成部分。

体育的基本任务是：指导学生锻炼身体，促进身体的正常发育和机能的发展，增强体质，提高健康水平；使学生掌握体育的科学知识和正确的体育锻炼的技能技巧，学会科学的锻炼身体的方法；使学生掌握卫生保健知识，养成良好的卫生保健习惯。

（四）美育

美育是培养正确的审美观，发展鉴赏美和创造美的能力，培养高尚情操和文明素质的教育。美育的任务是培养学生对自然、社会和艺术的正确的审美观点和感知、鉴赏美的能力，培养他们创造和追求美的能力，发展学生艺术创作的兴趣和爱好。美育能培养学生美好的心灵，陶冶他们的情操，提高他们的精神境界，同时能培养学生的观察力、想象力和创造力，促进智力的发展，因此它构成全面发展教育的一个重要组成部分。

美育的基本任务是：培养学生审美观点，使他们具有感受美、理解美以及鉴赏美的能力；培养学生艺术活动的技能，使他们具有审美情趣和高尚情操，使他们形成朝气蓬勃、乐观向上的精神风貌。

（五）劳动技术教育

劳动技术教育是传授基本的生产技术知识和生产技能，培养劳动观点和劳动习惯的教育。劳动技术教育的任务是通过科学技术知识的教学和劳动实践，使学生了解物质生产的基本技术知识，掌握一定的职业技术知识和技能，提高动脑和动手能力，养成良好的劳动态度和劳动习惯。在普通学校里加强劳动技术教育，这已经成为当前世界教育的潮流，人们已普遍意识到，劳动技术教育是全面发展教育的一个有机组成部分。

劳动技术教育的基本任务是：培养学生良好的劳动品质，使学生掌握现代生产基本原理与基本生产技术知识和某种职业技术知识，提高动脑和动手能力，养成良好的劳动态度和劳动习惯。

德育、智育、体育、美育和劳动技术教育是我国教育目的规定的全面发展教育的有机组成部分，是对人类长期教育实践中积累的培养人的经验的抽象和概括。五育各有自己的特殊任务、内容和方法，对个人发展起着不同的作用，同时又相互依存、相互渗透、相互促进。只有把五育作为一个统一的整体，才能使受教育者形成合理的素质结构，培养出符合社会要求的全面发展的人才。对于普通中小学学生的全面发展来说，五育是缺一不可的，不能相互取代。因此，考虑到人的素质发展的全面性和整体性，必须坚持五育并重。

四、全面推进素质教育

当今世界，科学技术突飞猛进，知识经济已见端倪，国力竞争日趋激烈。我国改革开放以来，现代化建设对高素质专门人才和普通劳动者均产生了迫切的需要，对企业员工的素质提出了更高的要求。知识经济时代具有信息化、网络化、终身学习以及呼唤创新意识和文化理想的特点，对人才提出了新的更高的要求。在我国，培养人才的任务主要是通过正规的学校教育来实现。可多年来，在学校教育的实施过程中，教育观念、教育内容和教育形式等诸多方面都不能适应社会对现代化人才的高素质的要求。教育发展的整体水平不高，劳动者的整体素质不高，终身学习的观念尚未深入人心，等等，这些都是存在于我国教育中并长期没有根治的问题。这些问题直接影响了我国教育目的的实现，而解决这些问题的关键是要加大素质教育的广度和力度，将素质教育作为实现教育目的的途径。

（一）素质教育是面向全体学生的教育

1999年，《中共中央国务院关于深化教育改革 全面推进素质教育的决定》（下文简称《决定》）中指出："全面推进素质教育，要坚持面向全体学生。"素质教育倡导人人有受教育的权利，强调在教育中每个人都得到发展，而不是只注重一部分人，更不是只注重少数人的发展。每个人、每一位学生都能得到发展，不仅是民主的基本理念，而且是每一个人、每一个学生的基本权利，应该尊重这种权利，保护这种权利，创造条件实现这种权利。因此，素质教育区别于应试教育，因为应试教育搞选拔性、淘汰性，是精英教育，只能照顾到一部分人，甚至是很少一部分人的发展。

（二）素质教育是全面发展的教育

素质教育强调培养学生在德智体美劳等方面全面发展，为此，《决定》指出："实施素质教育，必须把德育、智育、体育、美育等有机地统一在教育活动的各个环节中。学校教育不仅要抓好智育，更要重视德育，还要加强体育、美育、劳动技术教育和社会实践，使诸方面教育相互渗透、协调发展，促进学生的全面发展和健康成长。"

（三）素质教育是促进学生个性发展的教育

素质教育是全面发展的教育，是从教育对所有学生的共同要求的角度来看的。但每一个学生都有其个别性，不同的认知特征、不同的欲望需求、不同的兴趣爱好、不同的价值指向、不同的创造潜能铸造了一个个千差万别、个性独特的学生。因此，教育还要考虑学生的个性差异，充分发展学生的个性。以往的教育，一般只着重于对学生的共同要求，过分强调统一性而忽视差别性，以统一性代替个别性，对所有学生按统一模式进行教育，结果抹杀甚至是扼杀了学生的个性发展。

针对教育的这种弊端，素质教育强调要把学生的全面发展与个性发展结合起来，既充分重视学生共性的发展，对学生的基本方面的发展有统一的要求；在此基础上，又要重视学生个性的多样性，对不同的学生有不同的发展要求、不同的教育模式、不同的评价方案，从而把学生的差别性显示出来并加以发展，使每一个学生成为具有高度自主性、独立性与创造性的人。

（四）素质教育是以培养创新精神为重点的教育

创新是一个民族进步的灵魂，是国家兴旺发达的不竭动力。一个没有创新能力的民族，难以屹立于世界前列。作为国力竞争的基础工程的教育，必须培养具有创新精神和能力的新一代人才，这是素质教育的时代特征。

1. 创新能力不仅是一种智力特征，更是一种人格特征，是一种精神状态

创新能力离不开智力活动，离不开大量具体的知识，但创新能力绝不仅仅是智力活动，它不仅表现为对知识的摄取、改组和运用，不仅表现为对新思想、新技术的发明，而且是一种追求创新的意识，是一种发现问题、积极探求的心理倾向，是一种善于把握机会的敏锐性，是一种积极改变自己并改变环境的应变能力。

2. 创新精神与创新能力相辅相成

面对多样的、多变的世界，任何一个人、一种职业、一个社会都缺少不了创新精神和创新能力。对教育来说，培养创新精神和创新能力不是一般性的要求，更不是可有可无的事，而应成为教育活动的根本追求，成为素质教育的核心。应试教育不仅会加重学生的学习负担，牺牲多数学生的发展，更重要的是忽视甚至是扼杀学生的创新精神和创新能力。因此，能不能培养学生的创新精神和创新能力是应试教育和素质教育的本质区别。

3. 重视创新能力的培养，也是现代教育与传统教育的根本区别所在

传统教育是以教学内容的稳定性和单一性为基本出发点，以知识记忆和再现为基本学习目标，它强调的是掌握知识的数量和准确性，强调的是对过去知识的记忆。因此，传统教育把掌握知识本身作为教学目的，把教学过程理解为知识积累的过程。在这样的教学过程中，创新能力的培养没有也不可能得到重视。现代社会，知识创造、更新的速度急剧加快，改变着以知识的学习、积累为目的的教育活动。知识的学习成为手段，成为认识科学本质、训练思维能力、掌握学习方法的手段。在教学过程中，强调的是“发现”知识的过程，而不是简单地获得结果，强调的是创造性解决问题的方法和形成探究的精神。在这样的教学过程中，学生的应变能力、创新能力也就在解决问题的过程中得到了培养和发展。

学习拓展

教育目的的结构

第一种观点认为，教育目的由主导性教育目的与辅助性教育目的组成。主导性教育目的是官方即国家政府对培养什么样的人的总体要求。辅助性教育目的是指人们对受教育者的期望，即希望受教育者通过教育在身心诸方面发生什么样的变化，或产生怎样的结果。如家长、亲友、教师等都对新一代寄予他们特定的期望。这些期望与主导性教育目的相比，比较具体和现实，是对主导性教育目的的补充。

第二种观点认为，教育目的由理论性目的与行动性目的组成。教育目的是理论层面和行动层面的教育目的统一体。理论性教育目的主要解决目的的构件和关系问题。行动性教育目的主要解决的是实践中各环节的操作标准问题。其中，实施标准、评价标准、奖惩标准三者构成了行动性目的的主体内容。理论性目的立足于全面、深刻、长远地揭示社会发展与受教育者身心发展对教育的要求及其内在辩证关系，具有科学性；而行动性目的则立足于现实的教育条件，确定可实施、可操作的质量标准，具有可行性。理论性目的揭示了教育与社会、受教育者发展相互制约的内在关系和长远要求，故在较长时期内变化不大，具有相对的稳定性；而行动性目的所立足的现实条件

是不断变化的，它随着现实条件的变化而调整，具有可变性和灵活性，表现为不同时期、地区、学校具有不同的工作侧重点和质量标准。理论性目的是确定行动目的的科学依据和指导思想；而行动性目的是理论性目的的导向教育实践的中介和桥梁。对教育者而言，理论性目的解决的是科学的教育思想、观念和意识等，即"应该如何"的问题；而行动性目的解决的是在现有条件下的行动方向和标准，即"必须如何"和"能够如何"的问题。

第三种观点认为，教育目的由理想目的与现实目的组成。理想目的是指教育活动中各种资源、条件和因素处于最佳状态，使教育活动取得最佳效果的目的。但事实上，这个目的只是一个理想的境界。在实际工作中，由于各种因素的影响，如教育条件、教育者和受教育者的素质并不一定都能发挥最佳功效，致使教育活动的最终结果很少能够达到理想境界。这就要求根据教育活动的内外部条件，确定经过努力真正能够达到的现实目的。理想的教育目的和现实的教育目的对教育活动都是必要的，但作用不同。理想目的是教育活动努力的方向，现实目的是教育活动必须达到的标准。

第四种观点认为，学校教育目的由三个层面组成：一是各级各类学校必须遵循的总体要求，即主导性教育目的；二是各级各类学校的具体要求，即培养目标；三是教育活动的主要形式——各种课程和教学活动的目标。在三个层面中，培养目标最重要。

思考与实践

1. 马克思所说的："蜘蛛的活动与织工的活动相似，蜜蜂建筑蜂房的本领使人间许多建筑师感到惭愧。但是，最蹩脚的建筑师从一开始就比最灵巧的蜜蜂高明的地方，是他在用蜂蜡建筑蜂房以前，已经在自己的头脑中把它建成了。劳动过程结束时得到的结果，在这个过程开始时就已经在劳动者的表象中存在着，即已经观念地存在着。他不仅使自然物发生形式变化，同时他还在自然物中实现自己的目的，这个目的是他所知道的，是作为规律决定着他的活动的方式和方法的，他必须使他的意志服从这个目的。"（马克思恩格斯全集（第 23 卷）[M]. 北京：人民出版社，1972：202.）请谈谈你对这句话的理解。

2. 教育理论普遍认为，教育目标对教育实践活动具有导向作用，而正确的教育目标能指导教育实践活动沿着正确的轨道运行。但在我国教育实践中却出现了一种令人费解的现象：一方面，在表述教育目标的国家政策法规文件中确立的是德智体全面发展的素质教育目标，另一方面在教育和教学工作中存在应试教育倾向却难于纠正。请在认真思考后对这一现象予以合理解释。

第五章　学校德育

学校是培养人的教育机构，培养学生的德育意识和德育行为是学校的重要任务之一。因此，作为一名教育工作者应当了解德育原理的基本知识。什么是德育？德育在学校教育中有什么作用？我国学校德育内容的组成有哪些？如何进行德育？本章主要对以上内容加以探讨。

第一节　学校德育概述

探讨任何与德育有关的问题，都应当从德育的概念界定入手，而长期以来在德育的概念这一问题上争议不休，没有形成一个固定的认识。这就造成了对德育理论的探讨不能深入，也在德育实践上造成了不必要的混乱。本节就德育的概念进行辨析，梳理德育在学校教育中的地位和意义，分析德育在社会发展和个体发展中的功能。

现场直击

四块糖果的教育故事

陶行知先生在担任一所小学的校长时，看到男生王友用泥块砸班上的同学，当即制止了他，并要求他放学后到校长室去。

放学后，王友已经等在校长室准备挨训了，陶行知却掏出一块糖果送给他，并说："这是奖给你的，因为你按时来到这里，而我却迟到了。"王友惊异地接过糖果。随后，陶行知又掏出一块糖果放到他的手里，说："这块糖也是奖给你的，因为当我不让你再打人时，你立即就住手了，这说明你很尊重我。"王友更惊异了，眼睛睁得大大的。

陶行知又掏出第三块糖果塞到王友手里，说："我调查过了，你用泥块砸那些男生，是因为他们不守游戏规则，欺负女生。你砸他们，说明你很正直善良，有跟坏人作斗争的勇气！"王友感动极了，他流着泪后悔地说道："陶……陶校长，你……你打我两下吧！我错了，我砸的不是坏人，而是自己的同学呀！"陶行知满意地笑了，说："你能正确地认识错误，我再奖给你一块糖果，可惜我只有这一块糖果了，我的糖完了，我看我们的谈话也该完了吧！"怀揣着糖果离开校长室的王友，此刻的心情不难想象。

陶行知先生没有对犯错的同学进行批评和道德说教，而是通过潜移默化的方式，让孩子自己认识到自己的对错，达到了很好的道德教育效果，从中可以认识到学校德育的本质：价值引导与自主建构相结合。

理论讲述

一、德育的概念及特点

（一）“德育”一词的由来

从教育史上看，西方社会于18世纪后半叶已形成德育这一概念。使之风靡全球的是英国学者斯宾塞，他在1860年出版的《教育论》中，把教育明确划分为智育（intellectual education）、德育（moral education）和体育（physical education），从此“德育”成为教育世界中的一个基本概念和常用术语。20世纪初传入我国，1904年，王国维以“德育”、“智育”、“美育”三词，向国人介绍叔本华的教育思想；1906年，又将“德育”、“智育”、“美育”合称为“心育”，与体育相提并论，论述教育的宗旨。1912年蔡元培撰文阐述新教育思想，主张“军国民教育”、“实利主义教育”、“公民道德教育”、“世界观教育”、“美感教育”五育并举，并于当年由国民政府确定了“注重道德教育，以实利主义教育、军国民教育辅之，更以美感教育完成其道德”的新的教育宗旨，标志着“德育”一词已成为我国教育界通用的术语。

（二）学校德育概念的界定

广义的德育泛指所有有目的地对社会成员在政治、思想与道德等方面施加影响的活动。包括社会德育、学校德育和家庭德育等方面。

狭义的德育则专指学校德育。由于人们对学校德育的外延存在着不同的理解，学校德育也有广义与狭义之分。广义的学校德育是指教育者根据一定社会和受教育者的需要，遵循品德形成的规律，采用言教、身教等有效手段，通过内化与外化，提高受教育者的思想、政治、法制和道德等方面素质的系统活动过程。狭义的理解认为学校德育就是道德教育，不包括对学生进行的思想、政治和法制教育。

一般认为应该对学校德育的外延有一个广义的理解，即学校德育不仅仅是道德教育，还应包括思想、政治、法制及心理教育的内容，本书的德育主要指的是广义的学校德育。

（三）德育的特点

(1) 德育的社会性。德育是各个社会共有的社会、教育现象，具有社会性，与人类社会共始终。

(2) 德育的历史性。德育随社会发展变化而发展变化，不同的历史时期，有不同的德育，德育具有历史性。

(3) 德育的阶级性与民族性。在阶级和民族存在的社会，不同的阶级有不同的利益需要，不同的民族有不同的道德文化传统，德育也具有阶级性和民族性。

(4) 德育的继承性与世界性。在德育历史发展过程中，其原理、原则和内容、方法等方面都存在一定的稳定性、连续性和一定的共同性，这是德育的继承性。同时，现代德育越来越具有开放性，面向世界是德育发展的大趋势，人类道德本来就具有共同性，而现在世界各国都面临着共同的道德问题，因而也会形成共同的德育要求与内容。从这一意义上讲，德育又具有世界性，是继承性与世界性的统一。

二、学校德育的任务

学校德育的任务是根据教育目的确定的，是为实现教育目的服务的，它服从于人们的社会使命。因此，我国学校德育的任务是以社会主义思想和道德规范教育青少年，引导他们主动积极地进行社会实践，逐步养成高尚的社会主义品德，成为全面发展的社会主义国家的公民。我国德育的具体任务如下：

（1）逐步提高学生的道德修养能力和形成社会主义的道德观。有目的有计划地引导学生掌握社会主义的理论和道德规范，自觉地身体力行，在社会生活的实践中不断积累经验，逐步提高分辨是非、善恶、美丑、荣辱和按道德规范调节行为的能力，逐步形成基本的社会主义的道德观点、信念，为培养正确的人生观和科学的世界观打下基础。

（2）培养学生坚定的政治立场和高尚的道德情操。引导学生在道德认识和实践活动中，激发出道德需要，形成正确的道德价值观，培养爱憎分明的政治态度，坚定的政治立场和高尚的道德情操，使他们对履行和捍卫社会主义道德富有责任感、义务感、使命感。

（3）养成学生良好的道德行为习惯。注意引导学生进行实际的道德锻炼和规范行为的训练，不仅要使他们能自觉地运用社会主义道德规范调节自己的行为，而且要使他们的道德行为在反复的实践活动中，达到自动化的程度，即形成道德的行为习惯，成为个人的品德。

德育任务的三个方面是密切联系、相辅相成的。应注意发挥三方面的整体功能，不可忽视任何一个方面。只有如此，才能培养和发展学生的高尚品德。

三、德育的意义

（一）德育是社会主义现代化建设的重要条件和保证

我国现阶段的根本任务是进行社会主义现代化建设，精神文明建设是现代化建设的重要组成部分，社会主义学校是培养建设人才的必要场所，是进行社会主义精神文明建设的重要阵地。而德育是精神文明建设的重要基础和保证，也是精神文明建设的主要渠道之一，同时，德育又贯穿于物质文明和民主政治的建设之中。

从长远看，学校德育具有战略意义，因为现在的中学生是未来中国的主人，把他们培养成有社会主义思想道德的一代新人，将对我国未来的社会风气、民族精神和社会主义现代化建设产生决定性影响。

（二）德育是青少年健康成长的条件和保证

青少年正处在长身体、长知识时期，也处在思想道德品质形成发展时期，他们思想单纯，爱学习，追求上进，充满幻想，富于理想，可塑性强，但知识经验少，辨别是非能力差，容易接受各种思想道德影响。因此，必须运用正确的思想和方法对他们进行教育，以使他们形成良好的品德，增强抵制错误思想的能力，引导他们沿着社会主义要求的方向发展，促使他们健康成长。

（三）德育是实现教育目的的条件和保证

社会主义的教育目的是培养德智体美劳全面发展的社会主义建设者和接班人。我国《宪法》规定：“国家培养青年、少年、儿童在品德、智力、体质等方面全面发展。”人的德育、智育、体育、美育是相互联系、相互影响和相互制约的。通过德育促进青少年儿童的品德发展，可为他们智育、体育、美育的发展提供保证和动力。

四、学校德育的功能

德育作为教育的一个重要组成部分，对社会个体、社会整体乃至自然界诸多方面都有着独特的作用和影响。这种作用和影响即是德育的功能。大致来说，德育的功能可分为个体性功能、社会性功能。

（一）德育的个体性功能

德育的个体性功能可分为德育的个体发展功能和德育的个体享受功能。

1. 德育的个体发展功能

首先，德育有利于形成和发展学生的个性。学生的个性受多方面的影响。德育作为一种教育活动，因其目的性、计划性和科学性，无疑在学生的个性形成和发展中起着更为重要的作用。例如，个性结构的核心部分即是由一个人的动机、需要、理想、信念、价值观、世界观等组成。学校德育正是有计划、有目的地对学生施加影响，引导他们进行道德实践，逐步形成正确的世界观、人生观，树立远大的理想，坚定人生的方向的过程。德育正是通过对个性核心部分的影响，对青少年个性形成和发展起定向作用、塑造作用和矫正作用。其次，德育在学生全面发展中发挥着特殊的作用。德育虽然是相对于智育、美育等活动来划分的，它们有各自的目标、任务、教育内容和侧重点，并遵循不同的发展规律，但这并不意味着它们之间彼此独立，毫不相干。恰恰相反，作为教育活动的一个有机组成部分，德育与其他活动彼此相联、相互影响，共同作用于人的素质的全面发展。德育在人的全面发展中，所要解决的首要问题是人的发展方向问题，因此，对人的发展起引导作用。另外，因它侧重于培养人的思想品德，因此，能将社会的要求，转化为学生个体的需要，转化为学生的学习和行为动机，形成发展的内部驱动力，为智育、体育、美育、劳动技术教育提供强大的推动力。

2. 德育的个体享受功能

德育的个体享受功能即是使个体在道德追求过程中体验到精神上的愉悦或满足感。道德起源于人类的共同需要。在人类社会的初期，道德作为社会规范往往关注人类的生存价值和物质利益，但随着社会的发展、物质的丰富、人类精神境界的提升，道德关注的对象逐渐转移到精神层面，人们因此把道德完善作为人生追求的目标，从而把道德作为获得自我肯定、自我发展、自我完善的对象物，从各种道德追求或活动中获得精神上的满足和享受。由此，德育的本质功能也就是对人的生活意义的求索和生存质量的提升。[①] 值得注意的是，德育的个体发展功能与个体享受功能是一致的。只有使个体在德育过程中不断得到发展，它的享受功能才能得以产生和发展；同样，也只有在实现其发展当中不断发挥德育的享受功能，个体的道德发展、人格完善等才能得到最内在的、最根本的动力，并产生积极的效果。两种功能的密切结合，道德教育才能成为真正的“愉快教育”或“幸福教育”。

---

① 檀传宝. 德育原理[M]. 北京：北京师范大学出版社，2006：69.

（二）德育的社会性功能

1．促进社会稳定

学校德育是统治阶级进行思想政治控制的一条重要途径。统治阶级总是利用德育维护、调整、完善一定的社会关系、生活方式、政治与经济制度，向年轻一代灌输其阶级意志，约束人们的思想行为，以保证其统治地位，通过制定一定的思想道德标准来规范人的行为，协调各种关系，并使之得到某种平衡以稳定大局。当然，随着社会的全球化、信息化及可持续发展的要求，人们日益认识到世界是一个命运相连的共同体，人类面临的重大问题的整体性和全球性。当前世界各国的德育在强调其本国利益的同时，也极力强调人类的整体利益和长远利益。所以，现代德育的政治功能主要在于促进社会公正、和谐，维护国际和平、合作、团结，以利于人类的生存和发展。①

2．促进社会经济的发展

在现代社会中，经济与道德之间的相互影响尤为强烈，尤为直接。道德正是通过人们的道德素质、心理素质而体现为“生产要素”。通过对人们的教育，这一要素对经济效益的提高、生产力的发展的作用日益显著。这主要是因为道德教育能帮助人们形成各种适应经济发展需要的观点、态度和行为习惯。也正因为如此，世界不少国家对此给予充分重视。他们的具体做法是：第一，加大德育投资，把足够的人力、物力、财力花在道德教育上；第二，把德育纳入各种教育改革方案当中，提高德育在学校和工厂中的地位；第三，开设德育课程，如美国有公民课，日本有社会课，加拿大有道德价值教育课等。在发展社会生产力已成为现阶段社会主要任务的今天，加强学校德育，培养学生良好的思想道德素质，对提高未来劳动者的素质，推动社会经济发展有着重要的作用。

学习拓展

中西“德育”的外延比较

西方德育仅指道德教育（moral education）。近现代西方学校一直对学生兼施道德教育、政治和法制教育、宗教或世俗化的人生观教育。在西方教育理论中，道德教育与政治教育、思想教育有严格的界限，它们分属于不同的概念，并未被笼统地称做“德育”。在近现代西方语言和观念里，所谓“德育”指的是“道德教育”。

在我国则不同，意识形态和科学研究、意识形态的各种形式并没有明显的分化过程，我们有着道德与政治不分的传统，德育的概念一般就包括思想教育、政治教育和道德教育。但有人认为德育除包括思想、政治、道德教育之外，还应当包括法制教育、心理教育、性教育、青春期教育、环境教育、预防艾滋病教育，等等，将德育视为一个大箩筐，什么都可以装，使得德育无所不包，没有了自己独特的研究对象。

认识上的差别在于“一”与“多”。中西文化历史背景的差异必然带来认识、行为上的不同。在

① 班华．近十年来德育思想现代化的进展[J]．教育研究，1999(2)：18．

这一点上我们可以借鉴“守一”而“望多”的提法。[①]“守一”即指严格意义上的道德教育,尤其作为我们中小学德育的主要任务还在于形成学生良好的道德素质(包括个人私德、社会公德及未来的职业道德)。“望多”则是指,我们强调道德教育并无菲薄思想、政治教育之意,思想观点、政治方向(信仰)本身是非常重要的,而且它们又与道德品质有着千丝万缕的联系,所以我们需要“守一”而“望多”。需要注意的是我们不能将思想教育、政治教育、道德教育混为一谈,也不能将它们彼此孤立,在理论上可以分门别类地研究,实践中我们则强调思想教育、政治教育、道德教育等的有机联系和不可分割。事实上道德教育是思想教育、政治教育的基础,一个在基本的道德品质上不合格的人,思想、政治上也很难有健康的追求,很难经得起人生的考验,更难担当政治的大任。人类个体的一生不可能没有正确的世界观和思想方法,不可能没有正确的政治观念。所以道德教育只是作为个体社会化的重要组成部分而不是唯一的一个纬度。道德教育如果不与思想、政治、法制等方面的教育结合起来,在逻辑和实施上都是不可思议的。

第二节　德育的目标和内容

人类活动的最大特点是其目的性和意识性,这也正是人和动物的分水岭。作为人类自身的再生产的教育,德育活动当然也有自己的目的。德育目标所要解决的是德育所要培养的人应当具备什么样的品质的问题。

现场直击

某校初三年级学生德育目标

1. 思想政治方面:(1) 热爱祖国,具有民族自尊心、自信心、自豪感;(2) 具有明确的学习目的,立志成才,进行爱校、爱国的教育;(3) 初步树立起公民的国家观念;(4) 初步树立起诚实守信、重质量、讲效益的思想观念。

2. 道德品质方面:(1) 具有基本的道德观念,自觉遵守社会公德,初步形成良好的个人道德品质;(2) 遵守《中学生守则》和学校、班级的常规要求,形成良好的行为规范;(3) 具有良好的劳动习惯和文明行为习惯;(4) 初步能够运用正确观点分析社会现象。

3. 个性心理品质方面:(1) 形成自尊、自爱、自信、自强的心理品质;(2) 树立顽强的意志品质和较强的家庭和社会责任感;(3) 形成自我认识、评价、控制、调节能力;(4) 具有辨别是非和抵制不良影响的能力;(5) 具有正确择友、交友能力。

4. 学习态度、方法指导方面:(1) 具有端正的学习态度和明确的学习目标;(2) 制订合理的学习计划,养成良好的学习习惯,形成良好的思维品质,找到适合自己的学习方法;(3) 培养学生勤学、好问、独立思考、肯于钻研的品质。

① 檀传宝. 德育原理[M]. 北京:北京师范大学出版社,2006:83.

理论讲述

一、德育目标

（一）德育目标的含义

德育目标是德育活动预先设定的结果，是德育活动所要生成或培养的品德规格。也就是说，在进行德育之前，人们对于要把受教育者培养成具有何种品德的人，在观念中就已经有了某种预期的结果或理想的形象。德育目的是以德育工作的最终结果体现于受教育者身上的品德来衡量的。德育目标制约与影响德育的全过程，决定着德育的内容、方法、途径等的选择与确定。

和其他教育目标一样，德育目标具有方向性、预见性、超前性等特点，在德育活动中发挥导向、选择、协调、激励、评价的功能。所不同的是，与智育、体育等其他教育活动的目标相比，它具有鲜明的社会性。其表现在：① 具有历史性。德育目标是人类历史发展的产物，并随着社会历史的发展变化而变化。② 具有民族性、国家性。任何一个国家、民族，由于长期生活在同一的社会环境中，必然形成大致相同的文化、习俗、传统，这些都不同程度地反映在德育目标上。③ 具有阶级性。在阶级社会中，任何一个占统治地位的阶级，制订德育目标总是从维护其本身利益出发。政治家、思想家、教育家提出的德育目标也难免打上阶级的烙印。④ 具有人类共同要求和反映一定时代的特性。

（二）德育目标的层次化和序列化

德育目标的层次，是指同一目标在不同层级学校、不同班级的德育过程中具有高低不同的要求，形成符合学校、班级实际的教育标准。德育目标的序列，是指把同一目标中的不同层次按其高低不同的要求、顺次形成一个承前启后的体系。德育目标的层次和序列二者密不可分，层次是形成序列的要素，序列是层次的系统化。

就我国当前的德育目标实际而言，其层次和序列大致如下：

从层次而言，德育的总目标是第一层次。思想教育目标、政治教育目标、法制教育目标、道德教育目标、心理品质教育目标等是第二层次。思想教育目标中的人生观教育目标等、政治教育目标中的爱国主义教育目标等、法制教育目标中的纪律教育目标等、道德教育目标中的社会公德教育目标等属于第三层次。第三层次的德育目标，具有可操作性的特点。此外，各种可操作性的具体目标在各级学校中的具体要求即德育课程标准，是德育目标的第四层次。其层次还可以细分下去。一般认为，各级各类学校德育活动往往是在第三层次、第四层次的德育目标指导和要求下进行的。

从序列的角度看，以《中学德育大纲》（试行稿）中的爱国主义教育目标为例，初中阶段的要求是“建设祖国、热爱家乡，关心家乡建设……”；高中阶段的要求是“……具有与祖国休戚与共的感情。有振兴中华、建设家乡的事业心和责任感，能够把个人前途与社会主义建设的需要结合起来”。这就大体上反映出两个教育阶段德育目标的层次性、连续性、一惯性，表现出序列的特点。

（三）确定德育目标的依据

1. 时代与社会发展需要

教育是通过培养一定社会所需要的人来为社会服务的，作为教育的重要组成部分的德育，其目标也要体现一定社会对所培养的人的要求，而社会是不断发展的，不同的发展时期有不同的社会思想道德行为准则,同时也有反映不同时代特点的新的要求,德育目标的确立要考虑社会发展的新的要求。

2. 国家的教育方针和教育目的

德育目标是教育目标的组成部分,而教育目标与国家的教育方针、教育目的是一致的,它是教育目的在各级各类学校的具体化,因此,德育目标的确立必须依据教育方针、教育目的中对学校德育要达到的结果的总的规定。

3. 社会生产力发展水平和科学技术发展状况

社会生产力发展水平和科学技术发展状况,是确定德育目标的物质基础和经济条件。一定的德育目标反映着生产力发展和科学技术进步的时代特点,体现着生产力和科学技术水平的时代特征。也就是说,社会生产力和科学技术的发展水平不同,对受教育者的质量标准和规格要求也就不同。

4. 经济制度和政治制度

马克思指出:“统治阶级是社会上占统治地位的物质力量,同时也是社会上占统治地位的精神力量,支配着物质生产资料的阶级,同时也支配着精神生产的资料,因此,那些没有精神生产资料的人的思想,一般是受统治阶级支配的。占统治地位的思想不过是占统治地位的物质关系在观念上的表现,不过是以思想的形式表现出来的占统治地位的物质关系。”教育作为一种社会现象,德育目标作为一种社会意识形态,也同样受着占有物质生产资料的统治阶级的支配。因为经济、政治上占统治地位的阶级,总要利用它的经济和政治实力和权力,制订符合本阶级利益的德育目标,反映统治阶级培养人才的需求。所以德育目标是受一定社会的经济、政治制度制约的,不同社会性质的教育必然有不同的德育目标。在阶级社会里,德育目标是具有鲜明的阶级性的。

5. 受教育者身心发展的特点与规律

任何社会的德育目标都是把一定社会的思想道德要求传授给年轻一代,并以此指导他们的行为。教育的价值在于促进社会发展的同时,也要促进人的多方面协调发展。要达到这个目的,就必须注意调动学生个体的主观能动性,使受教育者自觉接受,逐步实现自我内化。而只有依据受教育者身心发展特点与规律确立的德育目标才是与他们主体发展需要相适应的目标,在这样的目标指导下的德育工作才能被受教育者自觉接受。

6. 民族文化及道德传统

德育目标具有国家性和民族性等特点,不同的国家、不同的民族,有不同的文化、不同的道德传统,对所培养的人的思想、道德行为规范也有不同的要求。制订德育目标时,要植根于民族传统,发展民族文化,体现民族特色。

二、德育内容

(一) 德育内容的含义

德育内容是德育活动所要传授的具体道德价值与道德规范及其体系,是经过选择和处理的、符合社会需要的、用以形成人的品德的社会思想政治准则、宗教戒律以及个体道德品质发展的综合要求及其体系,是进行德育的依据。

(二) 我国中小学的德育内容

根据我国的教育目的和德育目标,我国中小学的德育内容大致可以归纳为以下几个方面。

1. 爱国主义教育

爱国主义是中华民族的光荣传统，是推动中国社会前进的巨大力量，是各族人民共同的精神支柱，是社会主义精神文明建设主旋律的重要组成部分，同时也是培养“四有”新人的基本要求。爱国主义教育是提高全民族整体素质的基础性工程，是引导人们特别是广大青少年树立正确理想、信念、人生观、价值观，促进中华民族振兴的一项重要工作。爱国主义依靠各种形式的行为来表达，比如升国旗，唱国歌，参加群众集会，或者其他方式。其基本要求是爱祖国的大好河山，爱自己的骨肉同胞，爱祖国的灿烂文化等。

2. 集体主义教育

集体主义教育是社会主义社会成员之间，以及个人与集体、个人与国家关系的一个基本特征，是社会主义道德教育对世界德育的一大贡献。集体主义教育就是用集体主义观点对学生进行关心集体、助人为乐和善于在集体中生活的教育，是学校道德教育内容的核心。集体主义教育意味着这样两个基本要求：第一，集体主义意味着适当的个人权益的承认；第二，集体主义意味着在上述基础上个人利益对集体利益的服从。

3. 马克思主义常识和社会主义教育

马克思主义常识和社会主义教育是要培养学生正确认识事物的思维方法的教育。主要内容包括：初步的辩证唯物主义和历史唯物主义教育；政治经济常识教育；正确的人生观和科学的世界观教育。

4. 理想教育

理想，就是人生的奋斗目标，是人们对未来的向往和追求。理想问题是人生价值的一个重要侧面。理想教育主要包括：共同理想教育、个人理想教育，并引导学生将对理想的追求落实到行动中。在学校德育中，理想教育的主要内涵是生活理想、事业（职业）理想、社会理想三方面的教育。

5. 道德教育

道德教育是德育的基础，主要内容包括：个人品德教育、社会公德教育和职业道德教育。旨在对学生进行基本伦理道德教育和基本文明行为训练，使他们养成良好的行为习惯。主要可以从以下几个方面进行：第一，进行中华民族优良道德传统教育，继承和发扬本民族道德的精华；第二，进行基本文明习惯和行为规范的教育；第三，进行基本道德品质的教育。基本道德是个体生活的基础性道德要求，往往是历史上传承下来的为人类社会所广泛接受的道德规范。

6. 劳动和社会实践教育

劳动教育是让青少年树立起劳动观点和劳动态度、热爱劳动人民、养成劳动习惯的教育。主要内容包括：热爱劳动和劳动人民的教育，社会主义劳动态度和珍惜劳动成果的教育，艰苦奋斗、勤俭建国的教育，勤奋学习、为参加现代化建设做好准备的教育。

7. 社会主义民主观念和遵纪守法的教育

社会主义民主观念和遵纪守法的教育是指用社会主义民主、法制和纪律的基础知识来教育学生，使他们受到民主的训练和遵纪守法的教育，懂得和履行社会主义公民的权利和义务，增强法制观念，养成自觉遵纪守法的行为习惯。主要包括：民主思想和参与意识的教育、法律知识及法制观念的教育。

8. 心理健康教育

心理健康教育是指通过对学生进行心理健康知识的教育和训练，培养学生良好的心理素质，预防心理障碍和心理疾病的发生，促进学生身心全面和谐发展。《中共中央关于进一步加强和改进学校德育工作的若干意见》(1994 年 8 月 31 日)已将学生心理健康教育正式列入其中，其中第九条指出：“……要积极开展青春期卫生教育，通过多种方式对不同年龄层次的学生进行心理健康教育和指导，帮助学生提高心理素质，健全人格，增强承受挫折、适应环境的能力。”

心理健康教育的基本任务是：

第一，针对大多数心理健康的学生而言，心理健康教育的目标是培养学生良好的心理素质，预防心理障碍的发生，促进学生心理机能、人格的发展与完善。

第二，就有心理障碍的学生而言，心理健康教育的目标是排除学生的心理障碍，预防心理疾病的发生，提高学生的心理健康水平。

第三，针对少数有严重心理障碍的学生，进行心理咨询与治疗。

心理健康教育的内容主要分三个方面：学习辅导、生活辅导和择业指导。随着社会的发展，心理问题的增多，人们对心理健康教育越来越重视。现在有一种趋势，即把心理健康教育独立于德育之外，成为青少年儿童教育的一个重要内容。

学习拓展

柯尔伯格的道德发展理论

柯尔伯格是美国发展心理学家，用道德两难故事法研究人的道德发展。“海因兹偷药”最为有名：欧洲有个妇人患了特殊的癌症，生命垂危。医生认为只有一种药能救她，就是本城药剂师最近研制的一种新药。配制这种药成本为 200 元，但药剂师却索价 2000 元。病人的丈夫海因兹到处借钱，最终才凑得 1000 元。海因兹迫不得已，只好请求药剂师便宜一点卖给他，或者允许他赊账，但药剂师说：“我研制这种药，正是为了赚钱。”海因兹走投无路，撬开了药店的门，为妻子偷了药。

针对海因兹偷药的行为，柯尔伯格向被试提出了一系列问题。如海因兹该不该偷药？为什么？假如海因兹不爱他的妻子，他是否应该去偷药？为什么？等等，借以分析被试在回答问题时是如何进行推理的。柯尔伯格对十多个不同国家的被试进行研究，发现尽管种族、文化和社会规范等各方面都不相同，但人的道德判断随年龄发展而发展的趋势却是一致的，大致可分为三种水平，六个阶段。

一、前习俗水平

第一阶段：服从和惩罚的道德定向阶段。处于这一阶段的儿童，对成人或规则采取服从的态度，以免受到惩罚。

第二阶段：相对论者的快乐主义定向阶段。处于这一阶段的个体，在进行道德判断时开始比较行为和个人的关系，认为每个人都有自己的意图和需要。海因兹为妻子偷药符合他的自身利益，药剂师赚钱也符合自己的自身利益。这个阶段中个体的道德判断具有较强的自我中心的特点，即认为符合自己需要的行为就是正确的。

二、习俗水平

第三阶段：好孩子定向阶段。处于这一阶段的儿童认识到必须尊重他人的看法和想法，考虑到他人和社会对一个“好孩子”的期望和要求，并尽量按这种要求去做。在这个阶段，儿童已经开始从关心自己的需求发展到较全面地关心别人的要求，从而为自己塑造一个社会赞同的形象。

第四阶段：维护权威和社会秩序的定向阶段。处于这一阶段的个体开始从维护社会秩序的角度来思考什么行为是正确的，认识到每个社会成员都应当遵守全社会共同约定的某些行为准则，即强调对法律和权威的服从。因此，海因兹偷药值得同情，但不能宽恕，否则，社会就会发生混乱。

三、后习俗水平

第五阶段：社会契约定向阶段。处于这一阶段的个体认识到法律不再是死板的、一成不变的条文，可以通过共同协商和民主的程序来改变。如果一个人感到法律有失公平，就有权利通过正当途径说服别人改变法律。

第六阶段：普遍道德原则的定向阶段。处于这一阶段的个体，其认识超越了法律，认为除了法律以外，还有诸如生命的价值、全人类的正义、个人的尊严等更高的道德原则。因此，海因兹有责任挽救任何人的生活，不管这个人是他的妻子、朋友还是路人。

柯尔伯格认为，儿童道德发展的先后次序是固定不变的，这与儿童的思维发展有关。环境和文化的影响只能决定发展的速度或改变其道德的内容，但不能改变它的发展顺序。在生活中，要让儿童不断接触道德环境和道德两难问题，以促进儿童道德的发展。

第三节 学校德育过程与原则

德育过程是德育活动的客观程序与工作流程。德育过程理论是对德育活动程序及其规律性的认识，也是一个关于德育全局的领域的认识。加强德育的针对性和实效性，探求德育过程的规律性，并在此基础上总结出行之有效的德育原则是非常必要的。

现场直击

永不凋谢的玫瑰

在苏联的一所学校，校园的花房里开出了美丽的玫瑰花，每天都有很多同学前来观看，但都没有人去采摘。

一天清晨，一个四岁的小朋友(就读于该校幼儿园)进入花房，摘下了一朵最大、最漂亮的玫瑰花。当她拿着花走出花房时，迎面走来了该校的校长。校长十分想知道小女孩为什么要摘花，便弯下腰亲切地问：

“孩子，你可以告诉我你摘下的花是送给谁的吗?”

“送给奶奶的。奶奶生了重病，我告诉她学校里有一朵很大的玫瑰，奶奶不信，我就摘下来送给她看，希望她早点好起来，等奶奶看完了之后我会把花送回来。”

听完孩子的回答，校长的心颤动了。他牵着小女孩的手，从花房里又摘下了两朵大玫瑰花，说道：

“这一朵是奖给你的，你是一个懂事的孩子；这一朵是送给你奶奶的，感谢她养育了你这样的好孩子。”

这位校长是谁呢？他就是伟大的教育实践家和理论家——苏霍姆林斯基。

理论讲述

一、德育过程

（一）德育过程的含义

德育过程是以形成受教育者一定的思想品德为目标，教育者与受教育者共同参与的教育活动的过程，教育者根据社会对年轻一代的德育要求以及学生思想品德形成的规律，对受教育者施加教育影响，通过受教育者能动的认识、体验、践行，从而形成受教育者的思想品德，发展其品德心理、培养品德能力的教育过程。

德育过程与思想品德形成过程既有联系也有区别。二者的联系表现在：德育过程与思想品德形成过程是教育与发展的关系。德育过程的最终目标是使受教育者形成一定的思想品德，但在受教育者思想品德形成过程中，德育过程并不是唯一的影响因素，除此以外还有环境等的影响；但德育过程能最大可能地按预定的目的、计划形成受教育者的思想品德并尽可能地协调家庭、社会的影响，促进受教育者品德的发展。二者的区别表现在以下两点：一是它们活动的范畴不同。德育是教育的组成部分，它的实施属于教育活动的范畴；思想品德是人的精神素质的组成部分，它的形成属于人的素质发展的范畴。二是活动的形式不同。德育过程只是受教育者思想品德发展的外部条件；思想品德形成则是在外部影响下，受教育者内部自身运动的过程。

（二）德育过程的规律

1. 学生的知、情、意、行诸因素统一发展的规律

知，即道德认识，是人们对道德规范及其意义的理解和掌握；对是非、善恶、美丑的认识、判断和评价，以及在此基础上形成的道德识辨能力；也是人们确定对客观事物的主观态度和行为准则的内在依据。

情，即道德情感，是人们对社会思想道德和人们行为的爱憎、好恶等情绪态度，是进行道德判断时引发的一种内心体验。它伴随品德认识而产生、发展，并对品德认识和品德行为起着激励和调节作用。判断积极或消极情绪体验好坏的标准，是看它跟何种品德认识相联系以及它在“长善救失”中的地位和作用。

意，即道德意志，是为实现道德行为所做的自觉努力，是人们通过理智权衡，解决思想道德生活中的内心矛盾与支配行为的力量，它常常表现为用正确动机战胜错误动机、用理智战胜欲望、用果断战胜犹豫、用坚持战胜动摇，排除来自主客观的各种干扰和障碍，按照既定的目标把品德行为坚持到底。

行，即道德行为，是人们在行动上对他人、社会和自然所做出的行为反应，是人的内在的道德认识和情感的外部行为表现，是衡量人们品德的重要标志。道德行为包括一般的行为和经多次练习所形成的道德行为习惯。道德行为受道德认识、情感和意志的支配、调节，同时又影响道德认识、情感和意志。

2. 学生在活动和交往中形成思想品德的规律

学生的思想品德是在社会交往活动中形成的，没有社会交往，就没有社会道德。学生的思想品德是在积极的活动和交往过程中逐步形成发展起来和表现出来并接受其检验的。形成一定品德的目的，也是为了更好地适应和参与社会新生活。因此，教育者应把组织活动和交往看做德育

过程的基础。活动和交往的性质、内容、方式不同，对人的品德影响的性质和作用也不同。

德育过程中的活动和交往主要有以下特点：① 具有引导性、目的性和组织性。② 不脱离学生学习这一主导活动和主要交往对象的教师和同学。③ 具有科学性和有效性，是按照学生品德形成发展规律和教育学、心理学原理组织的，因而能更加有效地影响学生品德的形成。

3. 学生思想内部矛盾转化的规律

德育过程既是社会道德内化为个体的思想品德的过程，又是个体品德外化为社会道德行为的过程。无论是“内化”还是“外化”，都必然伴随着一系列的思想矛盾和斗争。

要实现矛盾向教育者期望的方向转化，外因是条件，内因是根据，外因是通过内因而起作用的。教育者要给受教育者创造良好的外因，又要了解受教育者的心理矛盾，促使其积极接受外界的教育影响，有效地形成新的道德品质。

德育过程也是教育和自我教育的统一过程。教育者要注意提高受教育者自我教育的能力。自我教育能力是学生品德发展程度的一个重要标志，它主要由自我评价能力、自我激励能力和自我调控能力组成。自我评价能力是进行自我教育的认识基础。自我激励能力是人自我调节系统中重要的组成部分，主要表现在应对压力及处于困境中时，个体自我安慰、自我积极暗示、自我调节的能力。自我调控能力是在自我评价基础上建立起来的自觉调节控制自己思想与行为的能力。

4. 学生思想品德形成的长期性和反复性的规律

一个人的良好思想品德的提高和不良品德的克服，都要经历一个反复的培养教育或矫正训练的过程，是一个无止境地认识世界、认识自我的过程。特别是道德行为习惯的培养，是一个需要长期反复培养、实践的过程，是逐步提高的渐进过程。

在德育过程中，教育者既要对受教育者的思想品德的形成与变化，坚持长期抓反复抓；又要注意受教育者思想品德形成过程中的反复性，注意抓反复。

二、德育原则

德育原则是思想品德教育必须遵循的基本要求。它是德育规律的反映，也是德育经验的概括，更是制订德育计划、选择德育内容和方法、组织德育过程的依据。

我国学校的德育原则，是以马克思主义为指导，依据我国教育目的，批判地吸取了宝贵的历史遗产，反映德育过程的规律，总结了社会主义学校的德育经验而提出的，既反映德育的一般原理，又体现当前我国学校德育的一些特殊规律。

（一）方向性与现实性相结合的原则

方向性与现实性相结合的原则是指在德育过程中，既要坚持社会主义的政治方向，又要从社会主义初级阶段的现实出发，按现行的方针政策要求学生，把德育的方向性和现实的可能性结合起来。贯彻这一原则的基本要求是：

（1）明确中学德育的基本任务。在德育目标上解决好普遍性要求和先进性要求的关系；在德育内容上解决好基础性内容和超前性内容的关系；在理想教育上解决好共同理想和远大理想的关系。要克服要求过高，不分层次，过于理想化而和现实社会脱节的弊端。

（2）把学校德育置于社会大背景之中。面对改革开放大潮的冲击，不是“回避”、单纯“净化”，而是努力让学生了解一个真实的世界。要拆掉学校和社会之间的无形的“隔离墙”，将学校这一传统的所谓“理想环境”、“真空世界”变为“现实环境”与“真实世界”，将“理想化”的学校思想品德教育变成社会化的思想品德教育，帮助学生从小学会全方位、多侧面、科学地观察社会，既能面向21世纪、具有世界意识、适应时代潮流，又能脚踏实地，正确认识和处理发生在自己身边的事，做到对自己的个性发展承担个人责任，进而做到对家庭、对他人、对集体、对国家以至对人类社会、对生态环境承担个人的责任。

（3）认真研究在市场经济环境中，学生主体意识发展的特点和发展过程中的内在需要，坚持社会主义、集体主义的价值导向。有调查表明：学生的主体意识随着市场经济的发展日益增强，学生对个人利益的关注也日益突出。

（二）理论与实践相结合的原则

理论与实践相结合的原则又称知行统一原则，指在德育过程中，要做到系统理论教育与实际锻炼并重，提高思想认识与培养行为习惯相结合。贯彻这一原则的基本要求是：

（1）系统的理论教育必须紧密联系我国社会主义两个文明建设的实际，切中学生思想上的"热点"。在我国，学校普遍开设思想政治课，对学生进行较系统的社会主义思想品德和政治教育。这类课程可称为理论性的德育课程。作为德育课程，它应该区别于以传授知识、培养能力、发展智力为中心任务的其他课程。德育和智育的最大不同就在于它必须完成从知到信和从信到行的两个"转化"。思想政治课的教学不能满足于政治概念与道德观念的简单灌输，而必须致力于政治信仰和道德信念的形成，以培养正确的社会态度和道德品质为主要目标。要做到这一点，德育理论课程必须密切联系实际，面对社会政治生活和经济生活中的各种现实问题，把握学生的思想脉搏，触及学生思想的"热点"，帮助其提高认识和觉悟，积极引导他们以科学的理论为武器，去分析研究在生活中遇到的各种问题，并直接参与现实的社会生活。

（2）注重实践，引导学生积极参与集体生活、公益劳动、社会服务、政治活动与社会主义建设等活动，在活动中锻炼成长。一般把学校里有目的、有计划地形成系列的各项活动，称为活动（或实践性）德育课程。道德情操的陶冶、道德意志的磨炼、道德行为的培养、道德信念的熔铸、世界观的形成、人生观的升华，更离不开实践。

活动性德育课程不仅指专为德育组织的各项活动（如主题班会、团队活动等），还包括学生主体自觉参与的校内外一切活动，如班级和学校的民主管理，生活事务的自我管理，家政的决策料理，等等。问题的关键是能否充分发挥学生的主动性和自觉性，增强学生的参与意识和民主意识。学生在参与式的道德教育活动中，扮演或承担各种合适的社会角色，通过亲身的、直接的、民主的实践活动，不仅很好地认识与学习了社会活动，发展了自我意识，而且能为以后更好地参与社会生活准备良好的态度、意识、经验、品德、方法与能力。

（3）对学生思想品德的要求和评价要坚持心口如一和言行一致。毫无疑义，对教师来说，绝不可言不由衷或言过其行，而必须以身作则、严于律己、率先垂范，真正做到"身教重于言教"。

（三）正面疏导与纪律约束相结合的原则

正面疏导与纪律约束相结合的原则是指进行德育要循循善诱，以理服人，从提高学生认识入手，调动学生的主动性，使他们积极向上。我国古代教育家孔子很善于诱导，他的学生颜回曾评价孔子说："夫子循循然善诱人，博我以文，约我以礼，欲罢不能。"为学生进行思想品德教育，不仅要循循善诱以理服人，而且要"约之以规"，把正确的思想疏导与必要的纪律约束结合起来。贯彻这一原则的基本要求是：

（1）讲明道理，疏通思想。对青少年进行德育，要注重摆事实、讲道理，做深入细致的思想工作，启发他们自觉认识问题，自觉履行道德规范。在传统观念发生嬗变、价值观念多元化、信息渠道畅通化的今天，更要注意运用正反面典型进行正反对比，引导学生在比较中进行独立思考，增强学生与错误思潮、不良风气作斗争的免疫力。对学生思想品德方面的不良倾向，要“防患于未然”，用积极的“预防”代替消极的“堵漏”。

(2) 贯彻《中学生守则》与《中学生日常行为规范》，不仅要讲清应该如何做，还要使学生明确为什么要这样做，把道德行为习惯的培养与提高道德认识和道德评价能力结合起来。要吸引学生积极参与学校、班级各项规章制度的讨论与制定，使学生充分意识到自己民主参与的权利与自觉履行的义务，使以培养文明行为为宗旨的养成教育，真正落实到使学生思想纯洁、情操高尚、内心文明、言行符合社会主义道德要求。

(3) 坚持表扬为主、批评为辅、奖励为主、惩罚为辅。通过表扬、奖励，树立正面典型，能够给学生以积极向上的力量。特别是树立学生身边的典型，能为学生提供可以直接仿效的参照系。对学生的批评则应本着与人为善、治病救人的态度，对犯有错误的学生更应苦口婆心、坦诚相待。对学生的批评最好采用讨论、咨询的方式，而不是训斥、指责的方式。

(四) 发扬积极因素与克服消极因素相结合的原则

发扬积极因素与克服消极因素相结合的原则是指进行德育要调动学生自我教育的积极性，依靠和发扬他们自身的积极因素去克服他们品德上的消极因素，实现品德发展过程中内部矛盾的积极转化。《学记》说：“教也者，长善而救其失者也。”贯彻这一原则的基本要求是：

(1) 以“一分为二”和发展的观点看待学生。《学记》说：“知其心，然后能救其失也。”只有正确地理解学生，才能更好地“长善救失”。既要看到他们的优点，也要看到他们的缺点；既要了解他们过去的情况，更要注重后来的变化和现时的表现。对学生不能抱有偏见或成见。特别是对缺点较多、犯有错误的学生，更要仔细地寻找其闪光点，以激发他们的自尊心和自信心，唤醒他们的自我意识，帮助他们正确评价自己。

(2) 创造情境，启发思考，及时诱导，给正方向的品德素质的发展以扶持和助力。第一，教师应为学生创设一种能够适应学生素质发展需求的教育情境。这种教育情境是由学校的各项设置、学校和班级的各种活动、学校和班级的环境气氛、学校和班级的人际关系(特别是师生关系)等构成的。第二，当学生所处的社会情境发生变化时，也正是学生的思想和个性发生变化的时候，在这种关键时刻尤其需要教师的及时诱导和帮助。

(五) 热爱尊重与严格要求相结合的原则

热爱尊重与严格要求相结合的原则是指在德育过程中，把对学生的严格要求与爱护、尊重、理解、信任结合起来，使教育者对学生的影响与要求易于转化为学生的品德的过程。正如马卡连柯所说：“要尽量多地要求一个人，也要尽可能地尊重一个人。”贯彻这一原则的基本要求是：

(1) 爱护、尊重和信赖学生。这是一个优秀教师的基本品德。“没有爱就没有教育，只有爱孩子的教师，才可以教育好学生。”这是许多优秀教师的切身体会。教师对学生的爱是师生关系的“润滑剂”，是学生思想品德积极转化的“催化剂”，是学生克服困难、奋发向上的动力源。只有爱护、尊重和信任学生，才能充分调动学生的主动性和积极性，激发他们进行自我教育的自觉性。

(2) 严格要求学生。教育是从提出要求开始的，在这个意义上，我们可以说“没有要求也就没有教育”。严格要求学生出之于对学生的殷切期望，出之于对学生的充分理解和高度信任。一位美国的青年学生是这样向教师吐露自己的心里话的，他说：“你们严格要求我们，批判我们，我们都能接受。而你们对我们的失望，则会使我们对你们也失去信赖。”教师对学生的要求应明确、具体、适度、可行，一经提出，便不能朝令夕改或姑息迁就。

（3）对学生存在的缺点错误，既要严肃批评，又要热忱帮助，严禁体罚或变相体罚，杜绝热讽冷嘲、揶揄挖苦等伤害学生感情的做法。如果经常对学生大声训斥和进行惩罚（现在有一种时髦的做法就是动辄罚款），学生会认为反正我已经受到了责备和惩罚，对自己的错误也就没有必要反省了。

（六）集体教育与个别教育相结合的原则

集体教育与个别教育相结合的原则是指对受教育者的集体进行教育，同时针对其中每个成员的特点加强个别教育。其依据为：集体在培养学生思想品德方面所具的特殊作用以及集体与个人的辩证统一关系。贯彻这一原则的基本要求是：

（1）培养和形成良好的集体，使其成为教育的力量。实践证明，一个良好的集体可以培养学生各种优良的个性品质，改变不良的行为习惯，甚至可以教育好沾染上严重不良习气、在思想品德上有严重缺陷的学生。一个不好的群体，则会使其成员"交叉感染"，造成严重的负面影响。因此要发挥学生集体的教育作用，就要耐心组织、精心培养一个具有共同奋斗目标、正确的舆论、良好的风气和传统、严格的组织纪律、朝气蓬勃、团结友爱的学生集体。

（2）通过集体教育学生个人，通过学生个人转变影响集体。良好的集体一旦形成，就会成为巨大的教育力量。首先，教师要把集体当做教育的主体，先向集体提出要求，然后让集体再去要求、教育和帮助它的成员。教育集体与教育个人，实质上是并行不悖的。马卡连柯称这种方式为"平行教育影响"。这种方式把学生集体和个人都摆在教育主体的地位，能调动他们参与教育活动的积极性，激发每个学生对集体的责任感，培养主人翁的精神。其次，教师也要注意通过学生个人的转变来影响和培育集体。这样不仅通过教育一个学生教育了全班或全校每一个学生，而且培养了正确的集体舆论和良好班风，从而使集体与学生个人互相促进。

（3）针对集体中每个成员的特点和问题，加强个别教育。苏霍姆林斯基认为，"在教育集体的同时，必须看到集体中每一个儿童及其独特的精神世界，关怀备至地教育每一个儿童。个性的教育是一个与集体的教育紧密相关的过程。"重视个别教育才能克服一般化、"一刀切"等简单化的教育方式，做到"一把钥匙开一把锁"，使教育更有针对性。

（七）整合一致与衔接连贯相结合的原则

整合一致与衔接连贯相结合的原则是指在德育过程中，教育者应按照德育的目标和任务，主动协调学校、家庭和社会各方面的教育力量，步调一致、前后连贯地教育影响学生。学生的思想品德是在学校、家庭、社会多方面综合影响下逐步形成和发展的，这就要求校内外各方面对学生的教育要做到：认识统一，目标一致，步调合拍，以形成教育的合力，发挥整体的功能。贯彻这一原则的基本要求是：

（1）学校内部的各种教育力量对学生的要求要一致。如学校领导、班主任、任课教师和共青团、少先队组织，对学生的思想品德教育要"齐抓共管"，并做到目标一致，配合默契。

（2）学校要和家庭、校外教育机构及社会团体加强联系，共同研究和协调对青少年的教育，逐步形成以学校为中心的学校、家庭、社会相结合的教育网络。

（3）互相接替的教育者要做好衔接工作，保持对学生的教育影响的连续性与系统性。对学生的教育影响前后不连贯、不一致，时紧时松、时宽时严、时断时续，不仅直接影响学生良好品德和行为习惯的形成，而且会导致负面的效应。为此，必须做好衔接工作，不但要做好小学与初中、初中与高中、学期与学期之间学生思想品德教育的衔接工作，还要做好班主任或教师因工作调换而产生的衔接工作。

上述各条原则是相互联系、相互制约、相互渗透、相互补充的，我们必须从整体上去把握它们，综合地加以运用。而且，对任何一条原则，都要从具体的对象、时间、地点、条件出发，富有创造性地灵活运用。

学习拓展

价值澄清理论

价值澄清理论的代表人物有美国的拉斯思、哈明等人。

一、理论假设

价值澄清理论认为，当代社会根本不存在一套公认的道德原则或价值观可传递给儿童，当代儿童生活在价值观日益多元化且相互冲突的世界，在每一个转折关头或处理每件事务时，都面临选择。选择时人们都依据自己的价值观，但人们常常不清楚所持的价值观到底是什么就已做出了选择。

因此，要创造条件，利用一切有效途径和方法帮助青少年澄清他们选择时所依据的内心价值观，并把其公之于众，这对他们进行正确选择，并付诸行动是有意义的。

二、价值澄清的完整过程

价值澄清的完整过程可划分为选择、赞赏和行动三个阶段，具体又分为七个步骤：1. 完全自由地选择；2. 在尽可能广泛的范围内进行自由选择；3. 对每一种可能选择的后果进行审慎思考后作出选择；4. 做出喜欢的选择并对选择感到满意；5. 乐于向别人公布自己的选择；6. 根据做出的选择行事；7. 作为一种生活方式不断重复。

三、采用价值澄清法的基本原则

1. 避免说教、批评、灌输，不要把焦点集中于对或错上面；2. 促进学生反思自己的行为，要让学生独立负责地做出决定；3. 不要强求学生有问必答；4. 澄清法主要用来造成气氛，目标是有限的；5. 主要帮助学生澄清自己的思想和生活；6. 避免空泛的讨论，要及时结束讨论；7. 不要针对个人；8. 教师不必对学生的话和行为都做出反应；9. 不要使学生迎合教师；10. 避免千篇一律。

四、价值澄清法的优点

1. 尊重儿童的地位，引发儿童的主动性；2. 注重发展儿童的道德意识、道德判断和价值观的选择能力；3. 注重现实生活；4. 具有很强的可操作性。

第四节　学校德育的途径与方法

德育是培养人的德性的活动，要想取得预期的效果，就必须选择适当的德育途径，采用有效的德育方法，科学地组织德育过程，以实现预定的德育目标。

现场直击

取笑他人

帮助有学习缺陷的儿童融入普通班之中，在美国是一项得到优先考虑的教育措施。

某校某班,有个名叫布莱恩的9岁小男孩,他患有轻度小儿麻痹症,是全班捉弄的对象。他松不开夹克衫拉链,课间休息在操场上动作不协调,诸如此类的事情常使他遭人取笑。每当布莱恩遭到嘲笑时,常见他整堂课哭哭啼啼。

有一天,布莱恩没来上学。华伦太太抓住这个机会,要求全班学生讨论一下她认为班上存在的这个严重问题。学生们听到老师说存在一个"问题"时,似乎都感到十分惊讶,但他们还是围在一起展开了讨论:

华伦太太解释说:"有的人天生就有病,不能像正常人那样运用自己的肌肉,要他们像正常人那样行动是很困难的。我不知道,各位如果你们自己不能做一些事情,还被其他小朋友取笑,你们会是什么样子?"

教室里一片安静。华伦太太说话的语气不愠不火,但充满了关怀和情感。

有个女孩开始说话了:"蒂姆和杰克取笑布莱恩的时候,我感到非常难过。"

杰克马上应道:"我不是想伤害他呀。"

讨论继续进行着,几乎每个学生都发了言。有些学生站在布莱恩的立场上看问题。杰夫说:"如果有人那样取笑我,我会很生气,很难过。"珍尼提出了"公平"问题:"那不公平——就像我们做游戏时那样,故意跑得那么快,而布莱恩没有办法跑快,我们是在作弊。"

这是一场没有答案的情感性讨论。第二天,布莱恩回到学校,有好几个学生主动上前帮他拉夹克衫拉链。课间休息时,布莱恩和大家一起打球,三次安全上垒。日子一天天过去,取笑人的现象再也没有发生。

理论讲述

一、德育途径

德育途径是指德育的实施渠道或形式。我国学校德育主要有以下几条实施途径。

(一) 教学

教学不仅是学校实施全面发展教育的基本组织形式,也是学校德育最基本、最经常、最实用的形式。通过教学实施德育主要是通过传授和学习科学文化知识实现的。各科教材中包含着大量的德育内容,只要充分发掘教材本身所具有的德育因素,把教学的科学性和思想性联系起来,就能在传授和学习科学文化知识的同时,使学生受到科学精神、社会人文精神的熏陶,形成良好的品德。教学方法、教学组织形式和教师的榜样作用等都具有教育意义。教师在教学中要对学生的学习目的、学习态度进行教育,培养学生的责任感、义务心,养成他们勤奋刻苦学习的习惯。

(二) 共青团、少先队组织的活动

这是通过青少年自己的组织所开展的活动来向他们进行德育的重要途径。共青团是中国先进青年的群众组织,是青年学习共产主义的学校。少先队是中国共产党委托共青团领导的少年儿童的群众组织,是少年儿童学习共产主义的学校。共青团和少先队都以马克思主义的基本思想、社会主义的道德规范和共产主义的理想教育自己的成员,并团结广大青少年一道前进。青少年也非常关心、热爱自己的组织，积极参加团、队的活动，并努力提高自己，创造条件争取早日光荣参加团、队组织。故通过团队活动，能激发青少年学生的上进心、荣誉感，使他们能够严格要求自己，自觉提高思想，培养良好的品德。

（三）校内、校外活动

校内和校外活动是学校教育体系中的一个组成部分，是进行全面发展教育的一个重要途径，也是学校实施德育的要求。组织学生参加各种形式的社会实践活动，是学校德育的重要途径。这些途径主要包括校内活动，例如校会、周会和晨会是学校对学生，特别是对小学生进行品德教育的经常性活动。校会是学校召开的全校性学生集会，是对全校学生集体进行教育的一种途径。周会每周举行一次，对学生进行社会主义道德教育和时事政策教育。晨会时间短，可以每天进行，可结合具体情况及时进行教育。校外活动，例如组织学生参加劳动，包括工农业生产劳动、社会公益劳动、自我服务性劳动、勤工俭学活动，组织学生参加社会政治活动、宣传党的方针政策活动、拥军优属活动等。

（四）班主任工作

班主任是全面负责一个班学生工作的教师。班主任的基本任务是带好班级，教好学生。对学生进行品德教育是班主任的一项重要职责和任务。班主任工作是学校实施德育的重要途径。班主任要做好学生德育工作必须全面深入地了解研究学生，尊重信任学生，并争取其他任课教师、团队组织、社会有关方面和学生家长的配合，共同对学生进行教育。班主任特别要精心组织、培养健全的班集体，并通过集体对学生进行教育。班主任要把集体教育和个别教育结合起来。

（五）劳动

劳动是学校进行德育，尤其是劳动教育的重要途径。通过劳动，学生容易产生对劳动、科学与技术的兴趣爱好，激发出巨大的热情与力量，经受思想与行为上的双重磨炼，看到自己的才能和成果，培养勤俭、朴实、艰苦、顽强等好品德。所以，劳动在德育上有特殊的功效，往往是使后进生发生根本转折的一个重要途径。

上述德育的途径各有自己的特点和功能，互相联系、互相补充，构成了德育途径的整体。对完成德育任务来说，其中每一种途径都是不可缺少的，不应有所偏废。学校应全面利用各种德育途径的作用，使其科学地配合起来，以便发挥德育途径的最大的整体功能。

二、德育方法

（一）德育方法的含义

德育方法是为达到既定德育目标，教育者、受教育者共同参与德育活动所采取的各种方法的总称，包括教师影响学生，促进其思想品德形成的方法和学生在教师指导下自我教育的方法。德育方法是德育活动目标达成的中介，德育方法的选择受教师和学生因素的影响；受教育过程其他要素的影响，主要指德育目标、德育内容和德育手段的影响。德育方法要以德育目标为最根本的选择依据，还必须考虑具体的教学内容去选择教育方法。

在德育方法的使用上要考虑怎样才“最为经济”，取得最大最佳的效果，这是我们德育实践、德育艺术、德育科学的共同追求。

（二）中小学常用的德育方法

1. 说服教育法

说服教育法是通过摆事实、讲道理，使学生提高认识，形成正确观点的方法。说服包括运用语言进行说服的方式（主要有讲解、谈话、报告、讨论、阅读报刊书籍等形式）和运用事实进行说服的方式（主要包括参观、访问、调查等形式）。

运用说服教育法要注意以下几点要求：① 明确目的性。说服要从学生实际出发，注意个性特点，针对要解决的问题，有的放矢，符合需要，切中要害，启发和触动他们的心灵，切忌一般化，空洞说教。② 富有知识性、趣味性。说服要注意给学生以知识、理论和观点，使他们受到启发，获得提高，所选的内容、表述的方式要力求生动有趣、喜闻乐见。③ 注意时机。说服的成效，往往不取决于花了多少时间，讲了多少道理，而取决于是否善于捕捉教育时机，拨动学生心弦，引起他们的情感共鸣。④ 以诚待人。教师的态度要诚恳，深情，语重心长，与人为善。只有待人以诚，才能打开学生的心灵之窗，使教师讲的道理易被学生所接受。

2. 榜样示范法

榜样示范法是以他人的高尚思想、模范行为和卓越成就来影响学生品德的方法。榜样包括伟人的典范、教育者的示范、学生中的好榜样等。

运用榜样示范法要注意以下几点要求：① 选好学习的榜样。选好榜样是学习榜样的前提，应根据时代需要和学生实际出发，指导他们选择好学习的榜样，获得明确前进的方向与巨大动力。② 激起学生对榜样的敬慕之情。要使榜样能对学生产生力量，推动他们前进，就需要引导学生了解榜样；了解所学习榜样的身世，艰苦奋斗的经历，伟大卓越的成就，崇高光辉的品德，特别是了解那些感人至深、令人敬佩之处，使他们在心灵上对所学榜样产生羡慕、敬佩之情。③ 引导学生用榜样来调节行为，提高修养。要及时地把学生的情感、冲动引导到行动上来，把敬慕之情转化为道德行动和习惯，逐步巩固、加深这种情感。

3. 实际锻炼法

实际锻炼法是有目的地组织学生进行一定的实际活动，以培养他们的良好品德的方法。锻炼包括：练习、制度、委托任务和组织活动等。

运用实际锻炼法要注意以下几点要求：① 坚持严格要求。进行任何一种锻炼，如果不严格遵守一定的规范和要求，而是马马虎虎，那就会搞形式主义，不可能使学生得到锻炼和提高。② 调动学生的主动性。只有激发学生的主动性、积极性，使他们内心感到锻炼是必要的、有益的、有价值的，他们才能自强不息，自觉严格要求自己，获得最大的锻炼效果。③ 注意检查和坚持。良好的习惯与品德的形成必须经历一个长期的反复的锻炼过程。前紧后松，一曝十寒，时冷时热，都无益于品德的培养。所以对学生的锻炼，要强调自觉但又不能放松对他们的督促、检查，还要引导他们长期坚持下去。

4. 陶冶法

陶冶法是通过创设良好的情境，潜移默化地培养学生品德的方法。陶冶包括：人格感化、环境陶冶和艺术陶冶等。

运用陶冶法要注意以下几点要求：① 创设良好的情境。这种环境包括：美观、朴实、整洁的学习与生活环境；团结、紧张、严肃、活泼、尊师爱生、民主而有纪律的班风、校风。② 与启发说服相结合。通过创设情境陶冶学生，不仅与教师对学生的说服教育不矛盾，而且能够更有效地发挥情境的陶冶作用，不仅要让创设的情境自发地影响学生，还需要教师配合以启发、说服。③ 引导学生参与情境的创设。良好的情境不是固有的自然存在的，需要人为地创设。但这绝不能只靠教师去做，应当组织学生为自己创设良好的学习与生活情境。

5. 品德评价法

品德评价法是根据一定的要求和标准，对学生的思想言行做出判断，是对品德发展的强化手段。品德评价法通常包括表扬奖励、批评处分、操行评定等方式。

表扬奖励是对学生的良好思想、行为做出的肯定评价，以引导和促进其品德积极发展的方法。批评与处分是对学生不良思想、行为做出的否定评价，帮助他们改正缺点与错误的方法。表扬一般可分为赞许和奖励两种方式。赞许是教师对学生一般的好思想、好行为表示的称赞或欣赏，多以口头表示或点头、鼓掌等动作表示。奖励一般包括下述几种：颁发奖状、发给奖品、授予称号。批评是对学生不良品德的指责，包括采用口头或书面形式进行的个别批评、当众批评和集体谴责。处分分为警告、记过、留校察看、开除学籍等几种处分。

运用奖励与处分要注意以下几点要求：① 公平、正确、合情合理。做到当奖则奖，当罚则罚，奖励与处分一定要符合实际，实事求是，不主观片面，不讲情面。② 发扬民主，获得群众支持。奖惩由少数人决定，难免主观武断，出现差错，得不到群众支持。只有发扬民主，听取群众意见，才能使奖惩公平合理，富有教育意义。③ 注重宣传与教育。进行奖励与处分，都是为了教育和提高学生，不只是教育被奖惩者，也是为了使全体学生受到教育。所以要有一定形式与声势，在一定范围内宣布，并通过墙报、广播、橱窗等加以宣传，以收到更好的教育效果。

操行评定是在一定时期内对学生品德作出全面评价，以使学生发扬优点，克服缺点，不断上进的方法。操行评定一般是在学期末对每一个学生一个学期以来的思想、情感及其行为表现等作出全面的评价，并写出评语，填入手册，发给学生，通知家长。

操行评定应以德育要求为指导，以“学生守则”为基本内容，采取学生自评、互评和教师评相结合的方式，对学生平时在思想、学习、社会活动、劳动、文体活动、师生同学关系等方面的实际表现进行全面考查，作出概括性的总结；评定学生操行应实事求是，一分为二，并看其发展变化；要注意平时对学生作多方面的观察、了解并作记录，要注意听取学生、教师和家长的意见，以便在了解的情况的基础上，经过综合分析，作出客观公正的评价。

（三）德育方法的选择与运用

1. 影响德育方法选择的因素

（1）德育目标

德育目标是德育的预期结果。方法是为实现目标服务的。因此，德育方法的选择不能不考虑德育目标的特点和功能并从中寻求德育方法的要求。

（2）德育内容

德育内容规定着德育方法的特定要求，不同的德育内容要求有不同的方法与之配合。因此，德育方法的选择要分析德育内容的结构、性质、特点并确定它们对德育方法的要求。

（3）受教育者

一方面，受教育者的心理年龄特点、思想品质发展状况、知识结构等对德育方法的选择与运用有很强的制约作用。另一方面，教育者的个性对德育方法运用的效果有较大的影响，因此，德育方法的选择，应充分考虑教育者个人的知识、经验、兴趣爱好、能力、气质、性格等因素，以发挥教育者自身之所长。

(4) 德育活动条件

德育活动总是在一定的时空条件下进行的，宏观层次的社会文化背景及微观层次的团体氛围、人际关系等均对德育方法的选择产生影响，因此，也要根据这些客观条件的特点来选择德育方法。

(5) 各种德育方法的职能、适用范围和使用条件

正如马卡连柯所认为的“没有任何十全十美的方法，也没有一定有害的方法”，“任何教育的方法，甚至暗示、解释、谈话和公众影响等我们通常认为最通行的方法，也不能说是绝对有益的。最好的方法，在若干情况下，必然成为最坏的方法”①。不同的德育方法，其适用范围和要求条件都不一样，使用者要根据德育主体情况的不同选择合适的德育方法。每一种德育方法都是进行德育所不可缺少的，但又不是万能的。它们之间相互补充、配合，构成了德育方法的完整系统。

2. 德育方法的运用

(1) 运用德育方法要树立系统观点，注意方法的组合

所谓系统，是指相关要素组成的统一体。每一个系统的相关构成因素之间相互联系相互影响。德育方法作为德育过程一个重要的构成部分，它只有与其他构成要素融为一体，协调一致时才能发挥其应有的作用。另外，各种方法虽然各有其职能范围、使用条件，但各种德育方法均是为德育服务的。品德结构中的知、情、意、行互有区别，但又密不可分，运用德育方法时，最忌方法单一或片面。因此要树立联系、整合、系统的观点，注意德育方法的组合。

(2) 德育方法的运用以反灌输为特征

灌输不仅是方法问题，也是德育形式，包括德育意图、方法、内容、效果等方面。德育实践已向人们展示：人的德性的生成、发展、成熟，不是靠“灌输”，也不是靠外界“授予”的，而是在主客体相互作用中主体自身建构的。因此，重在主体自己的积极活动，包括外部的物质性实践活动和内部的观念性活动；着重依赖于主体的践行、体验、体悟。因此，要求德育方法的运用必须从学生的实际出发，教师引导学生自己积极思考，去发展其道德思维，提高其道德判断力，充分尊重学生的主体地位。

(3) 认识规律，遵循德育方法选择、运用的基本准则

思想品德的形成存在着“无律—他律—自律”的客观规律，因此，德育方法的运用有其基本准则。具体来说，在儿童思想品德形成的初级阶段，道德知识、行为规范的传授是必要的。随着年龄的增长、知识及阅历的丰富，儿童的道德判断力日益增强，教育者要适时地进行思想品德形成的疏导，以引导儿童走向自我修养之路。另外，儿童的道德发展，不论其处于哪一个发展阶段，都是思想品德结构中知、情、意、行四大因素构成、组合的结果。因此遵循儿童思想品德各个方面的发展规律，并有意识地根据这些规律进行德育方法的选择和应用是必须的。

① 马卡连柯．论共产主义教育[M]．刘长松，译．北京：人民教育出版社，1962．

学习拓展

“偷”与“拿”的区别

有一位刚入学不久的小侯同学，一天放学后经过弄堂口的水果店，看到摊头上放着一批新上市的鲜红李子，顺手拿了一个美美地吃起来。同学将这情况向班主任老师反映。老师很吃惊，小侯家里经济宽裕，怎么会“偷”吃店里的东西呢？第二天班主任与小侯进行了一次谈话：

“听说昨天放学的时候你拿了水果店里的东西？”

“我吃了一个红李子，可好吃了！”

“你为什么要拿水果店里的李子呢？”

“我想吃。”小侯很干脆地回答。

“你想吃也不能自己拿呀！”

“我们家吃东西，从来都是自己拿的。想吃多少，就拿多少。”小侯天真地回答。

班主任一听，明白了：原来他不懂得什么叫“拿”，什么叫“偷”，搞不清这两个概念的区别。这种情况在小学生身上往往是可以见到的，于是班主任进一步与他谈话：

“你知道你们家吃的东西是从哪儿来的吗？”

“妈妈买的。”

“妈妈为什么能买呢？”

“妈妈有钱。”

“妈妈的钱从哪里来的呢？”

“公家发的。”

“公家为什么要发钱给你妈妈呢？”

“妈妈每天上班，公家就发钱给她了。”

“对呀！你妈妈每天去上班，为大家工作，公家就发工资给她，她才能用钱买东西。不劳动能随便拿别人东西吗？”老师由浅入深，由具体到抽象，引导他认识问题的本质。

“不能。”小侯若有所悟地摇摇头。

“对了！不劳动是不能拿人家的东西的。要是拿了，别人会说你，这是‘难为情’的事了。”老师巧妙地避开了“偷”字，循循善诱，阐明私自拿人家财物是不道德的行为。

“营业员叔叔说我是小偷，还说要送我到派出所去关起来。”孩子气愤地说。

“你不是小偷。你是不懂得道理，分不清拿人家的东西与拿自己家里的东西的不同。现在懂了吗？”老师一边抚摸着他的头，一边亲切地说。

“懂了。人家的东西是不能随便拿的。今后，我再也不拿人家的东西了。”孩子诚恳地接受了批评。

“你真是一个好孩子。”师生俩会心地笑了。

【评析】这是一次成功的谈话。其中有两点经验和方法值得学习。一是抓住学生的认识特点循循善诱，整个谈话犹如和学生在叙“家常”，自然和谐；谈话没有讲“大道理”，而是将教育性融入交谈中，通过亲切地发问去引导学生深刻地思考，最终让学生自己得出是或非。二是高超的谈话艺术和教育机智。谈话过程有一个关键点，即帮助学生弄清“拿”和“偷”的区别，谈话从具体到抽象，既有理有据，又深入浅出。谈话最后又很巧妙地用“难为情”回避“偷”字，既保护了学生的自尊心，有效防止不必要的对立情绪产生，同时又教育了学生，使他诚恳地接受了批评，明白了道理。

思考与实践

1. 德育有哪些功能？请结合当前实际情况说明为何要加强中学生的德育？

2. 德育的各项内容之间有何联系？对学生进行德育应当怎样来选择和编排德育的内容？

3. 对青少年参与上网聊天的情况进行调查，针对这种生活方式对青少年品德将有可能产生的影响，写一个调查报告。

模块二　教育要素论

教育的构成要素，是指构成教育活动必不可少的最基本的因素。构成教育活动的因素很多，不同教育活动的构成因素还有一定的差异。教育的构成要素并不包括教育活动的所有因素，只有那些必要的离开教育活动就无法进行的因素才被称为要素。因此，一般认为构成教育活动的基本要素是教育者、受教育者、教育影响。这三个要素从狭义上来理解也就是：教师、学生及课程。本模块将重点对教师、学生和课程的有关问题作些探讨。

第六章　教　　师

“教师是人类灵魂的工程师”，“教师是园丁”，“教师是太阳底下最光辉的职业”……人们对教师职业的种种认识是否合理，只有结合时代背景来认识教师职业的发展历程，了解教师的专业发展，才能给予教师更准确的定位。本章将对教师职业、教师劳动的价值和教师的专业发展等问题进行探讨。

第一节　教师职业概述

教师承担着传承人类文明的重要作用，对人类社会的发展作出了重要的贡献。教师劳动具有自身的特点，时代赋予教师职业丰富的角色形象。

现场直击

学生老师换角色

——中国科技大学举办班主任学校培训班见闻

目前，在中国科技大学学术报告厅上出现了这样一个场景：学生们纷纷走上主席台“指点江山”，而听众则是2000多位中国科技大学的老师，他们仅站在台下认真“听讲”，仔细做着笔记，还不时就有关问题向台上的“老师”提问。看来这是中国科技大学班主任学校培训的课堂现场。

学生、老师互换角色，这确实是件新鲜事？学生宿舍是否应该拉网线？成绩越好的学生成就感就越高吗？研究生的心理一定比本科生的心理健康吗？学生为什么不愿和老师交往……随着一个接一个问题的提出，课堂的气氛也达到了高潮。

中国科技大学有一个惯例，每年都要举行班主任学校培训班，培训对象为全校各院、系直属教学单位学生工作负责人及全体班主任。以前的班主任学校是听校领导或有关专家讲课,班主任之间互相交流,而这次,中国科技大学却请来了自己的学生给老师讲课。给老师当"老师"的李湛等同学拿出针对校园热点问题形成的调研报告,为老师作了精彩的讲解。

据悉,这些调研报告都是此前这些学生为了更详细了解现代大学生的一些思想、行为方式,并为学校提供更好的参考,在中国科技大学及其他周边高校进行3000多份问卷调查后得出的。该校外语系2000级班主任吕炯认为,学生从自己的角度,用独特的眼光从不同的层面解读学生的真实状况,其中一些具体的数据有一定的说服力,对他们从事学生管理工作有很大的帮助。

据该校学生管理部门负责人介绍,这次请学生给班主任讲课,是针对当前高校扩招后班主任工作量加大,使得班主任与学生的思想沟通无形中减少的情况而进行的。

(摘自:谢希. 学生老师换角色[N]. 中国教育报,2003-05-13(14).)

理论讲述

一、教师职业及其发展历程

(一) 教师及教师职业的概念

教师是人们日常生活中频繁涉及的一个概念,但由于认识角度的不同,人们对于这一概念的界定差异甚大。《中华人民共和国教师法》第一章第三条对教师概念进行了全面的、科学的界定:教师是履行教育教学职责的专业人员,承担教书育人、培养社会主义事业建设者和接班人、提高民族素质的使命。这一界定表明教师在现代社会已成为一种职业,随着社会的发展和科技的进步,这一职业的专业性也在不断增强。

1. 教师职业是一种专门职业,教师是专业人员

职业是依据人们参加社会劳动的性质与形式而划分的社会劳动集团,社会学者通常把职业划分为专门职业与普通职业,而教师职业属于专门职业,教师是从事教育教学工作的专业人员。1966年,联合国教科文组织在《关于教师地位的建议》中提出,应该把教师工作视为专门职业,认为它是一种要求教师具备经过严格训练并进行持续不断的研究才能获得并维持专业知识及专门技能的公共业务。1986年6月21日,我国国家统计局和国家标准局发布的《中华人民共和国国家标准职业分类与代码》中,各级各类教师被列入了"专业、技术人员"这一类别。教师是从事教学工作的专业人员,需经过专门的教师教育训练,掌握专门的知识和技能,通过培养人才为社会服务。

2. 教师是教育者,教师职业是促进个体社会化的职业

个体从自然人发展成社会人,是在学习、接受人类经验,消化、吸收人类文化的社会化过程中逐步实现的。在现代社会,学校已经成为第一位的社会化机构,具有其他社会化机构所无法替代的作用。教师正是在学校教育机构中承担着对年轻一代进行直接教化任务的人,他们根据一定的社会要求向年轻一代传授人类长期积累的知识经验,规范他们的行为品格,塑造他们的价值观念,引导他们把外在的社会要求内化为个体的素质,实现个体的社会化。

（二）教师职业的发展历程

国内外教师职业的发展大致经历了以下阶段：

1. 非职业化阶段

在人类社会的初期，教育活动与其他活动融合在一起，教师不是独立的职业。据我国古籍记载，原始社会的燧人氏“教民熟食”，伏羲氏“教民畋猎”，神农氏“教民农作”等传说，说明当时的氏族首领承担了教师的职责。较为明确的教师职业是在学校出现之后。原始社会末期出现了学校教育的萌芽——“庠”，则是长者为师、能者为师。奴隶制社会，教育的一个重要特点是“学在官府”、“以吏为师”，所以夏商时期的庠、序、校等都是官办的“国学”，教师都由官吏兼任，官师一体。西方社会的教师也大多由僧侣兼任。由此可以知道，在人类社会早期，教师由其他行业的人员兼任，也就是说，教师职业的早期是融合在其他行业中的，并没有分离出来，还不是一种独立的职业。

2. 职业化阶段

随着社会的进一步发展和社会阶层的演变，出现了私学，同时也就出现了独立的教师行业。如我国春秋时期的诸子百家，竞相提出自己的政治理想主张，并且设学授徒，宣传自己的学说和思想。其中影响最大的是儒、墨两家，学生成百上千。古希腊的智者派也以专门教授人们知识为主，这时私学教师逐渐成为一种行业，但这时的教师职业基本上还不具备专门化水平。私学教师没有形成从教的专业技能，更没有产生专门训练教师的教育机构。所以在漫长的历史阶段内，教师职业专业化程度很低，从业人数也十分有限。

3. 专门化阶段

教师职业专门化发展与社会发展密切相关，同时也以专门培养教师的教育机构的出现为标志。世界上最早的师范教育机构诞生于法国。1681 年，法国“基督教兄弟会”神甫拉萨儿在兰斯创立了第一所师资训练学校，这是世界上独立师范教育的开始。我国最早的师范教育产生于清末。1897 年，盛宣怀在上海开办“南洋公学”，分设上院、中院、师范院和外院。其中，师范院即是中国最早的师范教育。师范教育的产生，使教师的培养走向专门化的道路。

4. 专业化阶段

专业化是指一个职业经过一段时间后不断成熟，逐渐获得鲜明的专业标准，并获得相应的专业地位的过程。随着世界主要发达国家基本完成基础教育的普及，教师需求总量开始萎缩。同时教师职业逐渐成为令人羡慕的社会职业。在多方面原因的影响下，学校对教师的需求，开始以“量”的急需向“质”的提高方面转化。于是独立设置的师范院校逐渐并入文理学院，教师的培养改由综合大学的教育学院或师范学院承担。这样，教师职业开始走上专业化的发展道路。

二、教师职业的劳动特点

1. 教师劳动的复杂性

教师劳动的复杂性是由教育任务的多方面性、影响学生成长因素的多样性和教育过程内部矛盾运动的复杂性决定的。学校是造就人的工场。教师的工作，是培养社会所需要的人才。这种塑造人才的工作，是一种十分艰巨而复杂的劳动。教育任务是多方面的。教师既要教书，又要育人；既要传授知识，又要发展学生的智能；既要关心学生的学习、思想，又要关心他们的身体健康；既要使学生德、智、体、美、劳动技术等各方面得到全面发展，又要使他们每个人的个性、才能也得以充分发挥。这是非常复杂的任务,这就要求教师除了必须具有丰富的知识储备之外,还必须掌握如何传授知识、技能,如何培养人的手段、方法和艺术,还必须具有高度的事业心和责任感,只有这样,才能真正完成教书育人的任务。

教育过程是一种复杂的矛盾运动的过程,学生身心的各个方面始终处于不断地运动变化之中,教师在学生这种错综复杂的矛盾运动中必须善于抓住主要矛盾,并采取有效的措施去解决这些矛盾。对于学生表现出来的思想和行动,需要经过周密的分析才能得出结论。如学生的某种错误行为,有的反映了他们的认识问题,分辨不清真理和谬误;有的反映了他们的无知;有的则反映了他们的思想品质问题。这就需要教师具体问题具体分析,采取具体的解决办法,才能收到良好的效果。

2. 教师劳动的创造性

教师劳动还是一种创造性劳动。首先,教师必须充分发挥自己的主观能动性,通过自己对教育方针、教育原则和教材的理解,针对教育对象的实际情况,选择最有效的方法与途径来实现教育目的。这种理解、选择、实施的过程,也就是教师创造性劳动的过程。其次,教师劳动的对象千差万别,要求教师必须具有教育机智——一种对突发性教育情境做出迅速、恰当处理的随机应变的能力。由于教师工作的对象是正在成长中的、各具个性的、生动活泼的儿童和青少年,而不是固定的不变的物体,因此,在教育、教学过程中,事先预料不到的情况经常发生。教师必须因人、因地、因时制宜,经常寻找新的更有效的教育教学方法和形式,要善于敏锐地察觉细微的变化,机敏地改变措施,而不能拘泥于原计划。“教育有法而无定法”,其“运用之妙,存乎一心”。这是一种探索,也是一种创造。再次,新时期要求教育应该培养创造性人才,这就要求教师必须具有开拓创新精神,否则就难以完成历史所赋予的光荣使命。

3. 教师劳动的示范性

教师劳动的示范性,几乎表现在教育活动的各个方面。在教学工作中,教师对学生提出要求时,如有必要,都要先做示范,以增强学生学习的直观性和规范性。特别是在课文朗读、例题分析、实验操作,以及音、体、美和劳动技术的教学中,教师的示范显得更加重要。此外,教师的思维方式、思维品质、知识结构、学习习惯等,无形当中都对学生起着示范作用。

另外,教师的个性品质对学生也具有重要的示范作用。如在情感上,学生对待事物的一些态度,往往同教师的思想情感直接联系着。教师能否培养起学生对学习、生活的热爱,在很大程度上取决于教师本人的情感。学生感到教师对祖国、对人民、对事业、对学生满怀热情,生活朝气蓬勃,学生也就容易形成热爱生活、好学上进的思想品质。在意志上,教师的意志品质也会给学生以很大的影响。教师在工作中面对种种困难和障碍,是坚韧不拔、坚决果断,还是软弱动摇、优柔寡断;是始终如一、勤奋努力,还是半途而废、草率了事;面对学生中出现的意想不到的问题,是冷静自制、循循善诱,还是冲动失控、举止失当,这些都会在学生个性的形成中留下深刻烙印,并潜移默化地影响着他们。

4. 教师劳动的长期性

教师劳动的长期性是由人才成长周期长的规律决定的。“十年树木,百年树人”,即说明培养人才是长久之计,也反映出人的培养要经过较长的时期。一个物质产品,在较短的时间内,就能够检验产品的质量,而人才的数量、质量,则要经过相当长的时期,才能看到结果,得到验证。今天所做的工作,往往要经过许多年后,才能对它作出评价。这是教育工作非常重要的一个规律。

种庄稼一年内可以收效；种果树，三五年也可望结果；而培养人，则是一辈子的事情。

三、教师的职业角色的特点

职业角色是个人在一定的社会规范中履行一定社会职责的行为模式。人们所从事的职业不同，所扮演的角色、承担的职责也会表现出不同的特点。教师职业的最大特点在于职业角色的多样化，即教师往往要同时扮演多种角色。一般来说，教师的职业角色主要包括以下几个方面。

1. 传道者角色

教师负有传递社会传统道德、价值观念的使命。在现代社会，虽然道德观、价值观呈现出多元化特点，但教师的道德观、价值观总是代表着居社会主导地位的道德观、价值观，并用这种观念引导学生。除了社会一般道德观、价值观之外，教师对学生的“做人之道”、“为业之道”、“治学之道”等也有引导和示范的责任。

2. 授业、解惑者角色

教师是社会各行各业建设人才的培养者，他们在掌握了人类经过长期的社会实践活动所获得的知识、经验、技能的基础上，对其精心加工整理，然后以特定的方式传授给年轻一代，并帮助他们解决学习中的困惑，启发他们的智慧，形成一定的知识结构和技能技巧，成为对社会有用的建设者。

3. 示范者角色

教师是学生最直接的榜样。夸美纽斯曾说过，教师的职责是以自己为榜样教育学生。学生具有向师性的特点，教师的言论行为、为人处世的态度会对学生具有耳濡目染、潜移默化的影响作用。

4. 管理者角色

在现代社会，学校普遍采用班级授课制，教师的工作对象是学生群体，为保证教育教学工作的顺利开展，教师需要肩负起教育教学活动的组织者和管理者的职责，包括确定目标、建立班集体、制定和贯彻规章制度、维持班级纪律、组织班级活动、协调人际关系，等等，并对教育教学活动进行控制、检查和评价。在信息化社会，学生的思想发生了极大的转变，这对教师的管理构成了极大的挑战。

5. 朋友角色

中学阶段是学生身心发生急剧变化的时期，他们的主体意识越来越强烈，渴望与他人平等交往，他们往往愿意把教师当成朋友，也期望教师能把他们当成朋友看待，希望得到教师在学习、生活、人生等多方面的指导，希望教师能与他们一起分担痛苦与忧伤、分享欢乐与幸福。教师把学生作为朋友，将有助于学生身心的健康发展。

6. 研究者角色

教师工作的对象是充满生命力的、千差万别的活生生的人，传授的内容是不断发展变化着的人文、科学知识，这就决定了教师要以一种变化发展的态度来对待自己的工作对象、工作内容，要不断学习、不断反思、不断创新。

随着新课程学生学习方式的转变，教师的角色逐渐由传授者转化为学生学习的促进者，重在帮助学生积极主动地成长；教师的课程意识逐渐增强，由课程的执行者转化为课程资源的开发者，即从生活中挖掘有效的课程资源并加以整理分析而纳入教学内容；教师的研究意识增强，由教学的单一实践者转化为研究者,即教师具备综合的知识素养和能力,且能够在生活实践中独立思考和探索教育教学规律;教师由单一的管理者转化为学生个性完善的培养者和引导者,即关注学生身心健康发展,为学生的和谐发展创造良好的情境,最终促进他们良好性格的形成。

四、正确认识教师职业

在人类历史的发展进程中,教师发挥着特殊的作用。没有教师,人类的一切文明成果便不能延续;没有教师的辛勤劳动,便没有一代更比一代强的人才大军。邓小平同志指出:"一个学校能不能为社会主义建设培养合格人才,培养德、智、体全面发展,有社会主义觉悟的有文化的劳动者,关键在教师。""不但学生应该尊重教师,整个社会都应尊重教师。"①要提高教师的社会地位和物质待遇。

(一) 中小学教师的基本任务

教师的基本任务就是教好学生。在我国,教师要遵循党和政府的教育方针,按照德、智、体诸方面全面发展的教育目的,把学生培养成为社会主义事业的建设者和接班人。其具体任务是:

1. 教好功课

学校对学生的培养,主要是通过各学科的教学工作来实现的,因此教师要把学生培养好,首要任务是教好功课,努力提高教学质量。

2. 做好学生的思想品德教育工作

学生的道德品质、思想意识、政治立场都需要教师指导,才能培养起来。学生的思想品德教育直接关系到学生的健康成长,作为教师应积极引导学生参加活动。

3. 组织学生开展课外活动

组织学生开展课外活动的目的主要是培养学生多方面兴趣,发展其特长,增强学生体质。

4. 参与学校管理,关心学校工作

教师对学校的各项措施和活动要有主人翁精神,从整体利益出发做好教育教学的各项工作。

5. 积极参加教育科研和各种进修活动

这是教师的任务之一,是努力提高自身的素质,使自己的工作适应现代社会要求的重要途径。

6. 协调学校、家庭和社会的关系

宣传党的教育方针和教育思想,把学校、家庭和社会三方力量汇合成流,齐心协力为塑造新人献计献策。

(二) 教师在教育过程中的地位和作用

1. 两种不同的观点

教师在教育过程中的地位和作用问题,历来存在着"教师中心说"和"学生中心说"两种截然不同的观点,这一争论也是"传统教育"和"现代教育"的根本分歧之一。

"教师中心说"强调教师在教学中的权威作用,其代表人物是德国教育家赫尔巴特。他认为,学生的心智成长全仰仗于教师的定式指导。为此,他十分强调教师的权威,宣称:"学生对教师必

---

① 邓小平文选(1975—1982)[M].北京:人民出版社,1983:105,106.

须保持一种被动的状态。”①并指出：“按照方法培养心智的任务，从总体上讲应留给教师。”当代的要素主义等学派基本上也属于“教师中心说”。他们认为，“教育过程中，主动权应在于教师，而不在于学生。”提出要“把教师置于教育宇宙的中心”。

“学生中心说”主张从学生的需要和学生的兴趣出发来设计教学，教师对学生不应多加干涉。其代表人物是卢梭和杜威，他们把学生的发展看成是一种自然的过程，教师不能主宰它，而只能顺应它。卢梭认为：“凡是出于造物主之手的东西都是好的，人一插手就变坏了。”杜威宣称：“现在，我们教育中将引起的改变是重心的转移。这是一种变革，这是一种革命，这是和哥白尼把天文学中心从地球移到太阳一样的那种革命，在这里儿童变成了太阳，而教育的一切措施则围绕他而组织起来。”

2. 教师在教育过程中起主导作用

上述两种观点都是片面的，我们认为教师在教育过程中起主导作用。从教育是一种社会实践活动来看，教师在这一社会实践活动过程中的主体地位，决定了他对教育实践对象——学生起主导作用。教师受社会的委托，对学生的身心施加一定的影响，使学生的身心朝着与社会要求相统一的方向发展，体现了教师在教育过程中的主导作用。从学校教育是一种有计划、有目的、有组织的活动来看，教师是这一活动的组织者和领导者，教学的方向、内容、方法和组织形式，都是由教师来设计和决定的。再从学生的发展过程来看，学生存在知与不知、知之较多与知之较少的矛盾，教师闻道在先、术业有专攻，通过“传道、授业、解惑”使学生把前人积累起来的知识经验转化为学生自己的精神财富，从而使学生获得科学的认识方法。

我们肯定教师的主导作用，决不是否定学生在教育过程中的主动性。学生是具有主观能动性的人，他们只有在自身有目的、有意识的活动中才能获得发展。教师主导作用的任务、内容，主要是调动学生在教学过程中的主动性。学生学习的主动性是衡量教师主导作用的重要标志。

当然，教师主导作用的实现是有条件的。首先，教师只有具备了作为一名教师所必备的条件，遵循学生身心发展的规律，才能起主导作用。那些虽然从事教师职业，却不具备教师条件的人，或者不根据学生身心发展的规律，以一种纯粹自我规定的活动来施教，就很难发挥主导作用。其次，教师主导作用的发挥，还必须具备各种客观条件。如由于社会或其他原因，在“十年动乱”时期，学校教育的正常秩序遭到破坏，教师就很难起主导作用。因此，对教师的主导作用，一方面要看到它的必然性，是教育过程中的客观规律；另一方面还要看到它的条件性、辩证性。客观规律只有在一定条件下才能发生作用，教师要努力创造主客观条件，使主导作用得到充分发挥。此外，还要看到教师的主导作用和学生的主动性，是相辅相成、辩证统一的，不能以一个方面去否定另一方面。

（三）教师在社会发展中的作用

1. 传递人类社会文化成果的作用

教师是人类文化的传播者。人类长期积累下来的社会精神财富，包括科学文化技术知识、文学艺术以及社会思想、哲学观点、生活习俗等，主要依靠教师传播。正是教师不断地担负着承前启后的传递任务，才使得人类文化得以延续和不断发展。社会越文明，生产力越发达，科学技术

---

① 张焕庭. 西方资产阶级教育论著选[M]. 北京：人民教育出版社，1979：294.

越进步，教师的作用越显得重要。所以，人们赞誉教师是“用知识在凡是有人的地方都盖起房屋的建筑师”，把教师看做是“克服人类无知和恶习大机构中最活跃最积极的成员，是传承历史上所有高尚伟大人物跟新一代之间的中介人，是过去和未来之间的一个活环节”。

2．巩固和发展社会政治、经济制度，促进社会经济发展的作用

教师在为社会传递生产经验、技能和科学知识的同时，也为社会传递政治思想和道德意识，培养社会所需要的人，从而积极地促进了政治、经济制度的巩固和发展。教师虽不直接参加物质生产，但教师通过培养人，提高劳动者素质，对社会的经济发展起着重要作用。现代劳动力的形成，主要靠教师的教育和训练。教师不仅能提高劳动者的文化素质，使劳动者具有现代生产条件下的熟练劳动的能力，而且能使他们具有对科学成果物化的能力和科学管理能力以及职业变换的能力。教育能生成劳动能力，教师的劳动是现代物质资料生产和再生产的必要条件，也是劳动能力生产和再生产必不可少的重要条件。

3．塑造年轻一代心灵的作用

教师是学生心灵的塑造者。乌申斯基曾说过：“教师个人对学生心灵的影响所产生的力量，无论什么样的教科书，无论什么样的思潮，无论什么样的奖惩制度都是代替不了的。”儿童步入学校后，他的智力开发和知识的获得，道德观、人生观、个性的形成都与教师的启蒙和塑造密切相关。学生都有“向师性”，他们崇拜教师、尊敬教师，把教师看成自己学习的榜样，所以教师的影响是有特殊作用的。教师正是利用自己的这种特殊作用，对不同的教育对象，像雕塑家一样，采取不同的方法精雕细刻，塑造学生的心灵。

4．实施九年义务教育的主要力量

一支具有良好政治业务素质、结构合理、相对稳定的教师队伍，是实施九年义务教育的主要力量。必须看到，目前教师队伍的现状还存在一些令人忧虑的问题。如教师数量不足、学历偏低、质量不高、知识结构老化、教师队伍流失现象严重等。党中央提出，要下决心抓好教师队伍建设，提高教师的社会地位和经济待遇，努力使教师成为最受人尊重的职业。

学习拓展

教师角色的不同定位

我国古代学者韩愈在其著名的《师说》中将教师的角色定位于“传道、授业和解惑”。美国学者雷道（F. Redl）和华顿保（W. Watenbery）认为教师扮演着十种不同的角色：① 社会的代表；② 知识的源泉；③ 裁判员或法官；④ 辅导者；⑤ 学生行为优劣的观察者；⑥ 认同的对象；⑦ 父母的替身；⑧ 团体的领导者；⑨ 朋友；⑩ 情感发泄的对象。J. W. 索里和 C. W. 特尔福特则根据教师的情感因素，将教师的角色分为三大类：① 消极的角色：包括替罪羊的角色，侦探和纪律执行者的角色；② 权威者的角色：包括家长代理者的角色，模范公民的角色和知识传授者的角色；③ 支持者的角色：包括治疗学家的角色和朋友与知己的角色等。

我国学者朱永新描绘了他心目中理想的教师角色。“我心中的理想教师，应该是一个胸怀理想，充满激情和诗意的教师；我心中的理想教师，应该是一个自信、自强、不断挑战自我的教师；我

心中的理想教师，应该是一个善于合作，具有人格魅力的教师；我心中的理想教师，应该是一个非常尊重他的同事，非常尊重他的领导，非常善于调动帮助他人成长的各个方面因素的教师；我心中的理想教师，应该是一个充满爱心，受学生尊敬的教师；我心中的理想教师，应该是一个追求卓越，富有创新精神的教师；我心中的理想教师，应该是一个勤于学习，不断充实自我的教师；我心中的理想教师，应该是一个关注人类命运，具有社会责任感的教师；我心中的理想教师，应该是一个坚韧、刚强，不向挫折弯腰的教师。”

（摘自：朱永新．我的教育理想[M]．南京：南京师范大学出版社，2000：16-33.）

第二节　教师专业发展

学校不仅是培养学生的场所，也是教师专业成长的基地。如何进一步理解和促进教师专业发展，努力实现教师专业发展的目标，既是教师自身成长的需要，更是学校提高教师队伍整体素质，实现可持续发展的需要。

现场直击

寻找长虎牙的倪老师

中国人民解放军海军某驱逐舰政委王永富最近参加了江苏电视台“情感之旅”栏目，节目中他请求工作人员协助寻找他念小学时遇到的一位“长着虎牙”的倪老师。

事情的原委是这样的：现在英俊高大的王政委小时候长得又瘦又小，他不但比同龄的男孩个子矮很多，就是一般的女孩子都比他高。身材矮小使得他常常受大孩子的欺负，自惭形秽成为他心灵上抹之不去的阴影，做什么事都不愿意抻头，站排站在前面，他都觉得特别不舒服。一天，在孩子们的游戏打闹中，一个比他高的女孩竟然打了他。他把状告到班主任老师那里。老师把他和女孩叫到办公室，老师对女孩说：“你不要欺负小弟弟，别看他现在长得不如你高，等以后他要比你高得多！”老师的这句话，像一剂良药撒在王永富的痛处，他的心灵受到极大的震动。“老师说我以后能长高”，这句话使他的信心大增。从此，他时时走在前面，事事想要争先。有一次，老师把主持班级活动的任务交给他，他完成得很好。

就这样，王永富从小学升到大学，大学毕业后分到海军，他总是保持力争上游的心态。多次立功又当上政委的王永富心中总忘不了那位小学班主任老师的一句话。班主任是一位女老师，王政委回忆道，“只记得她姓倪，长两颗小虎牙”。于是就有了“寻找长虎牙的倪老师”的情感故事。

（编者据江苏电视台“情感之旅”2005年8月26日节目改编）

理论讲述

一、教师专业发展的内涵

教师职业是一种专门职业，从事这一职业的人需要经过严格的训练以掌握相应的专业知识和专门技能。我国颁布的《教师法》第十条规定："国家实行教师资格制度。中国公民凡遵守宪法和法律，热爱教育事业，具有良好的思想品德，具备本法所规定的学历或者经国家教师资格考试合格，有教育教学能力，经认定合格的，可以取得教师资格。"但是，教师取得教师资格证书并不意味着他是一个成熟的教育教学专业人员，还要随着工作经验的积累、知识的重组及不断地反思来达到专业的成熟。

所以，教师专业发展的内涵是指教师作为专业人员，从专业思想到专业知识、专业能力、专业心理品质等方面由不成熟到比较成熟的发展过程，即由一个新手发展成为专家型教师或教育家型教师的过程。它具体包括：

（一）专业理想的建立

教师是专业的教学人员，需要随着教学工作的发展而不断走向成熟。在教师专业发展的过程中，存在着不同的发展阶段，面临着不同的发展问题。这些问题的不断解决就推动着教师专业的不断发展。专业理想就是教师在各阶段的发展过程中通过不断反思、感悟所形成的关于教育本质、教育目的、教育价值和教育生活等的理想和信念。

教师是人类灵魂的工程师，提高教师的思想政治素质和师德修养，对于青少年德、智、体、美全面发展，培养现代化建设的合格人才，具有决定性意义。当前，要进一步加强教师的马列主义、毛泽东思想和邓小平理论的教育，使他们牢固树立正确的世界观、人生观和价值观，增强建设有中国特色社会主义的责任感和使命感，使教师能做到教书育人、堪为师表、敬业爱生、甘于奉献。无数的教育实践已证明，高尚的师德就是一部好的教科书，可以使学生受到"不求而至，不为而成"的潜移默化的影响，学生们一旦从教师身上得到终身受益的东西，就会没齿不忘。对教师职业道德水平的高要求，是教师职业性质所决定的。

（二）专业知识的拓展及专业能力的提升

一名教师是否真正具备从事教师职业的条件，能否较好地履行教师角色，根本上在于教师的专业知识及能力素养。知识的积累是能力提高的前提，而能力的提升又可加速知识的积淀。所以，教师的知识和能力是相辅相成的。一个拥有合理知识结构的教师才有可能成长为一名综合能力较突出的优秀教师。我们结合教师需具备的不同知识类型来阐述其相应的专业能力。具体包括以下四个方面。

1. 学科知识（本体性知识）及学科教学能力

教师的学科知识指教师所具有的特定的学科知识，它是教师胜任教学工作的基础性要求。

（1）精通所教学科的基础性知识和技能：教师应该广泛而准确地掌握所教学科的基本知识，对基本的技能能熟练运用，对学科的基本结构能深入的理解。

（2）了解与该学科相关的知识：包括学科间的相关点、相关性质、逻辑关系等，这不但有助于教师所教学科的教学工作，而且使教师有可能与相关学科的教师在教学上取得协调，在组织学生开展综合性活动中相互配合。

（3）了解学科的发展脉络：包括了解学科发展的历史、学科发展的趋势和动向、学科研究的最新成果；了解推动学科发展的因素，该学科对人类社会发展的价值及在社会生活、生产实践中的表现形态等。

（4）了解该学科领域的思维方式和方法论：包括领悟独特的认识世界的视角、域界、层次及思维的工具和方法，熟悉学科内科学家创造发明的过程及成功的原因，学习科学家身上展现出来的科学精神和人格力量。

2. 教育学与心理学知识(条件性知识)及全面的教学能力

教师的职责是教书育人，因此，教师不仅要具备所教学科的专业知识及能力，还要有丰富的教育知识及良好的教育教学能力，具体包括以下几个方面。

(1) 具有先进的教育理念

教育理念是教师在深入学习教育学、心理学知识，结合教育实践工作中的感悟形成的理性认识和思想信念。一名合格的教师要具有热爱学生，忠诚党的教育事业，愿意终生从事教育工作的教育信念；要具有符合时代特征的教育观、学生观。所谓符合时代特征的教育观就是要求教师对教育功能要有全面的认识，要全面理解素质教育；所谓符合时代特征的学生观则要求教师要全面理解学生的发展，理解学生全面发展与个性发展、全体发展与个体发展、现实发展与未来发展的关系。

(2) 具有良好的教育教学能力

教师的教育教学能力，是教师在教育教学活动中所形成的顺利完成某项任务的能力和本领，具体表现为完成一定的教育教学活动的方式、方法和效率。教师建立在丰富知识基础上的教育教学能力主要包括以下五种能力。

① 课程开发能力：能够根据学生生活及思想情况相应地对教材做出更有效地处理。

② 教学组织与管理能力：通过对学生有效地组织与思想引导而有效驾驭课堂的能力。

③ 语言表达能力：包括书面表达与口语表达能力，语言表达能力是教师职业的特殊要求。语言是教育工作者的重要工具，是传播知识和影响学生的重要手段。语言表达能力差的教师，很难成为一名优秀教师。教师的语言首先要求准确、明了、有逻辑性；其次是要求富有感情，有感染力；再次是要求富有个性，能够体现出一名教师的独特风采。教师不仅要善于独白，还需要掌握对话艺术。教师在对话过程中，要善于对学生的谈话做出迅速而有针对性的反应，要鼓励学生发表意见，完整、准确地表达思想，形成活泼开朗的性格。

④ 各种教学媒体、教学道具的运用能力：指教师把多媒体技术与传统的板书能力相结合，根据授课内容精选相应道具，改善学生的学习环境，提高课堂教学效果的能力。

⑤ 反思、研究的能力：这里的研究不同于严格的、系统的科学研究，而是一种探究与反思，特指教师能够在日常的教学行动中通过日常观察学生的成长和学习行为，并对此进行不断思考与分析，科学合理地设计教学内容与方法，启发引导学生在“探索与思考”中获得知识与成长，从而实现教育者的教育目标与人生价值。研究能力是综合地、灵活地运用已有的知识进行创造性活动的能力，是对未知事物探索性的、发现性的心智、情感主动投入的过程。在这个过程中，教师不仅要在所教学科领域进行深入钻研，不断更新自己的专业知识；同时还要注意研究教学过程本身的规律，研究学生身心发展的规律，不断反思和改进自己的教学，以促进学生的更大发展。同时，教师也可通过学习“教育科研方法”这门课程来促进自我的反思与成长。

3. 个体知识(实践性知识)及教育机智

教师的实践性知识指教师在面临实现有目的的行为中所具有的课堂情境知识及与之相关的知识。教师实践知识主要来源于教师自身的教学经验，故又称个体知识，它对教师的专业发展起着举足轻重的作用。

4. 基础文化知识

教师的育人工作要求教师具备广博的文化知识。知识的样式是多样的，但学校往往受限于某一种知识类型。所以，教师需要从生活中汲取各种知识营养，不断完善自己的知识结构。教师只有具有开阔的知识视野，才能培养学生的求知欲并帮助他们不断丰富知识。

（三）专业自我的形成

教师在长期的职业生活中会努力创造出符合自己志趣、彰显自我能力的个性化生活方式，教师在其中所表现出的知识、观念、价值体系与教学风格的总和即教师专业自我。具体包括以下几个方面的内容。

（1）教师的自我形象。这是个体对“我是一个怎样的教师”等类似问题的回答，属于教师身份的一般性自我描述。

（2）教师的自尊。这是教师的评价性自我体验，是教师对自身专业行为或素质进行的个体评价。有学者把教师自尊看成是教师的现实自我形象与理想自我形象的比率。

（3）教师的职业动机。这是促使教师个体选择教育教学职业、留任或离任的动力。

（4）教师的工作满意度。这取决于教师对其职业情况的满意程度。师生关系、家长的评价、同事关系以及领导的支持态度等都可能影响到教师的工作满意度。

（5）教师对工作任务的觉知。这与“教师必须做什么”、“优秀教师必须做什么”等问题有关。专业发展的要求往往会使教师从“严厉”转化为灵活适应特别的学生群体，也即从关注和强调认知和纪律转化为关注和强调价值、家庭情感和快乐学习。

（6）教师对未来前景的觉知。这是教师对其职业生涯和工作情境未来发展的一种展望。

（7）教师拥有的教育理论。教师对具体教育情境所做出的不同反应，表现出其专业知识场景中具备的独特专业自我，它显著地影响着教师的教育行为和工作效果。

二、教师个体专业发展的阶段

20 世纪 80 年代以来，教师专业发展日益成为人们关注的焦点。从历史发展的总趋势看，教师的专业发展及其研究经历了由被忽视到逐渐关注；由关注教师专业群体的专业化到关注教师个体的专业发展；由关注专业发展的“外部”环境和社会专业的认可到关注“内部”专业素质提高的过程。由此可见，教师专业发展最终体现于个体的专业发展，依赖于教师个体对专业发展的追求，是教师在专业生活过程中其内在专业结构不断丰富和完善的过程。

教师个体专业发展是一个持续社会化和个性化的过程，具有多阶段性特征。有关教师专业发展过程的研究表明，虽然师范教育对专业化发展不可忽视，但许多教师的优秀品质主要是在实践中逐步积累和发展起来的，其成长是多阶段的连续过程。取得教师资格证书并不意味着就是一个成熟的专业人员，当了一辈子教师也并不意味着专业性都得到了发展。教师专业化过程虽然与时间有关，但不仅仅是时间的延续，更是教师自身素质的提高和专业自我的形成，最终真正成为教育世界的创造者。

在教师的专业发展过程中，存在着不同的发展阶段。一般要经历角色适应、主动发展和最佳创造三个发展阶段。角色适应阶段是指完成由学生角色向教师角色过渡的阶段；主动发展阶段是教师不满足于自我状况，通过理论学习等完善知识结构、加强经验反思等提升专业水平，成为一名成熟教师的阶段；最佳创造阶段是指教师通过努力钻研教育实际问题，逐步形成独特教学风格和创造优秀教学成果的阶段。

三、教师专业发展的途径

教师专业发展的途径特指教师个体专业发展的途径。从纵向角度来说，主要包括：师范教育、新教师的入职辅导、教师的在职培训和教师自我教育；从横向角度来说，主要包括：自我反思、同伴互助和专业引领。这里重点讲述教师个人的自我反思、教师集体的同伴互助、专业研究人员的专业引领。

（一）自我反思

反思是教师以自己的职业活动为思考对象，对自己在职业中所做出的行为以及由此产生的结果进行审视和分析的过程。反思的本质是一种理解与实践之间的对话，是这两者之间相互沟通的桥梁，又是理想自我与现实自我在心灵上的沟通。显然，反思不是一般意义上的"回顾"，而是反省、思考、探索和解决教育教学过程中各个方面存在的问题，它具有研究性质，所以被认为是"教师专业发展和自我成长的核心因素"。新课程非常强调教师的自我反思，按教学的进程，教学反思分为教学前、教学中、教学后三个阶段：在教学前进行反思，这种反思具有前瞻性，能使教学成为一种自觉的实践，并有效地提高教师的教学预测和分析能力；在教学中进行反思，即及时、自动地在行动过程中反思，这种反思具有监控性，能使教学高质、高效地进行，并有助于提高教师的教学调控和应变能力；在教学后进行反思，这种反思具有批判性，能使教学经验理论化，并有助于提高教师的教学总结能力和评价能力。

反思总是指向自我的，它要求教师把自己看做既是反思的对象，又是反思的承担者。教师反思过程实际上是使教师在整个教育教学活动中充分地体现双重角色：既是引导者又是评论者，既是教育者又是受教育者。

自我反思有助于改造和提升教师的教学经验，经验＋反思＝成长，没有经过反思的经验是狭隘的经验，意识性不够，系统性不强，理解不深透，它只能形成肤浅的认识，并容易导致教师产生封闭的心态，从而不仅无助于而且可能阻碍教师的专业成长。只有经过反思，使原始的经验不断地处于被审视、被修正、被强化的状态，这样经验才会得到提炼、得到升华，从而成为一种开放性的系统和理性的力量，唯其如此，经验才能成为促进教师专业成长的有力杠杆。

（二）同伴互助

同伴互助指教师在自我反思的同时，开放自己，加强教师之间以及在课程实施等教学活动上的专业切磋、协调和合作，共同分享经验、互相学习、彼此支持、共同成长。同伴互助的实质是教师作为专业人员之间的交往、互动与合作，其基本形式有：对话、协作、帮助。其中，对话包括以下几个方面的具体含义。

（1）信息交换：教师通过彼此间信息的交换最大范围地促进教育信息的流动，从而扩大和丰富教师的信息量和各种认识。

（2）经验共享：教师通过经验分享，反思和提升自己的经验，借鉴和吸收他人的经验。而经验只有被激活、被分享，才会不断升值。

（3）深度会谈：深度会谈可以是有主题的，也可以是无主题的。关键在于教师间要有非常真诚的人际关系，大家彼此信任，互相视为伙伴（心灵伙伴），只有这样才能无拘无束地发表意见，产生思维互动。深度会谈是一个自由的、开放的发散过程，它会诱使教师把深藏于心的甚至连自己都意识不到的看法、思想、智慧展示出来、表达出来，这个过程同时也是最具有生成性和建议性的，它会形成很多有价值的新见解。

（4）专题讨论（辩论）：专题讨论是大家在一起围绕某个问题畅所欲言，提出各自的意见和看法。在这个过程中，每个人都为自己的意见辩护，同时也不断思考和质疑他人的意见。大家互相丰富着彼此的思想，不断地提高自己和同事对问题的认识。知识也因此不断地变更和扩张。在有效的讨论中每个教师都能获得单独学习所得不到的东西。

协作专指教师共同承担教研课题，合作完成任务，强调团队精神，群策群力。第一，要发挥每个教师的兴趣爱好和个性特长，使教师在互补共生中成长；第二，要发挥每个教师的作用，每个教师都要贡献力量，彼此在互动、合作中成长。

帮助指教学经验丰富、教学成绩突出的优秀教师，指导新任教师，发挥传、帮、带的作用，使其尽快适应角色和环境的要求。骨干教师、学科带头人是教师中德才兼备的优秀人才，是教师队伍的核心和中坚力量。骨干教师、学科带头人要在同伴互助中发挥积极作用。通过同伴互助，防止和克服教师各自为战和孤立无助的现象。

可以说，教师集体的同伴互助和合作文化可以改造学校教育的情境，使学校真正成为一个民主的、开放的讨论领域，其中尤其要加以强调的是教师集体内部的专业争论。袁振国先生指出，在一个教师群体当中，能够有不同的思想、观念、教学模式、教学方法的交流与冲突，是非常宝贵的，是非常重要的。

（三）专业引领

专业研究人员的引领是教师专业化发展不可或缺的途径。专业研究人员主要包括教研人员、科研人员和大学教师。相对于一线的教师而言，他们的长处在于具有系统的教育理论素养。专业引领就其实质而言，是理论对实践的指导，是理论与实践之间的对话，是理论与实践关系的重建。从教师角度讲，加强理论学习，并自觉接受理论的指导，努力提高教学理论素养，增强理论思维能力，这是从教书匠通往教育家的必经之路。

专业引领就其形式而言，主要有学术专题报告、理论学习辅导讲座、教学现场指导以及教学专业咨询（座谈）等，每一种形式都有其特定的功用，有助于达到某种目的，但就其促进教师专业化成长而言，教学现场指导是最有效的形式，也是最受教师欢迎的形式。实践证明，专业研究人员与教师共同备课（设计）、听课（观察）、评课（总结）等，对教师帮助最大。专业研究人员在开展教学现场指导活动中，要努力做到：到位但不越位。所谓到位，就是给教师提供所需要的帮助；所谓不越位，就是不越俎代庖，不包办代替。越位的指导（包括提供过细的教参）也许会急教师一时之所需，却会导致教师产生惰性和依赖心理，从而不仅无助于而且还会阻碍教师的专业成长。指导教师，单纯凭理论太抽象，指导往往不到位；单纯凭经验，手把手地教，容易越位。旧的理论和老的经验都失去了指导的资格。教师才是教学的真正主体，专业研究人员无论怎么指导，都不能也不应该代替教师的独立思考。“导为了不导”，专业研究人员要立足于提高教师独立教学能力、独立研究能力来进行指导。当前，还有一点值得特别强调，那就是专业研究人员在组织和参与评课的时候，一定要冲破传统和世俗的观念，千万不要搞形式主义，要注重实效，实事求是，既要把优点说够，给人以鼓舞，又要把问题说透，给人以启迪。同时还要避免话语霸权，提倡学术对话，尤其要注意对不同思想观点的宽容、鼓励与支持。

自我反思、同伴互助、专业引领三者具有相对独立性，同时又是相辅相成、相互补充、相互渗透、相互促进的关系。只有充分地发挥自我反思、同伴互助、专业引领各自的作用并注意相互间的整合，教师才能获得更好的专业化发展。

学习拓展

小学教师的专业特质及发展背景

国内学者认为小学教师的特质应体现在五个方面：人格特征中更富有爱心、耐心和热情；学科知识是整合的，更具有语言的表达能力；课堂组织能力和诊断学生学习困难的能力；思维的条理性、系统性、合理性和流畅性；研究儿童身心发展规律的能力。

随着新课程改革，我国教师专业发展呈现新景象。教师专业发展取向从注重知识基础的理智取向（关注什么样的知识对教学是必要的）转变为实践—反思取向（重点是教师教学行为的改变，教师生活“个人的”方面与“专业的”方面间的界线淡化，成为通融的一体）以及生态取向（注重教师专业发展的背景，强调教师专业发展的合作性、文化氛围及群体特征）。同时，教师自主发展成为教师发展的主要路径，教师通过自我反思、同伴互助、专业引领获得自身的发展。其中，教师自我反思是专业成长的关键环节。通过反思使自身的成长经验转变为可借鉴的积极力量，这为小学教师走上研究之路做了良好的铺垫。我国诸多小学特级教师，如斯霞老师、李吉林老师、霍懋征老师等正是源于反思性的研究而逐步获得幸福的教学体验。

思考与实践

1. 世界杂交水稻之父袁隆平院士讲述自己的经历时说：“读书时的特点是太随意，感兴趣的就读，不感兴趣的就不读。我喜欢外语、地理、化学，最不喜欢的就是数学。因为在小学学正负数的时候，我搞不懂为什么负负相乘就得正，就去问老师，老师说：‘你记着就是。’学几何时对一个定理有异议，去问，还是一样回答。我因此得出结论，数学不讲道理。于是不再理会，学数学兴趣一直不大，成绩不好。”请你分析一下这段话反映了教师哪些方面的问题。

2.《学会生存》中指出，“我们再也不能一劳永逸地获取知识了，而需要终身学习如何去建立一个不断演进的知识体系——学会生存”。请结合新时代教师角色的转变来谈谈你对这句话的理解。

3. 千百年来，人们习惯用“春蚕”、“蜡烛”来歌颂、要求教师，并进而形成了一种思维定式：教师就是应该讲奉献。是否吐尽了最后一缕丝、燃干了最后一滴泪，是衡量一个教师好与坏的尺度。你如何看待这些隐喻？

4. “教师应获得自身的职业幸福感。要成为一个优秀的教师，首先要使自己成为一个生活丰富的人，而不是除了工作还是工作的人。教师作为自然人的生活与其教育者的生活是贯通互益的，职业生涯与个人生活是相辅相成的。”请从职业幸福的角度阐述你对这段话的理解。

第七章　学　　生

学生是教育教学过程中最基本的要素之一，是教师工作的对象和教育的主体，了解学生的本质属性和社会地位是做好教育工作的出发点和归宿。学生作为受教育者，在教育者的影响下，按照教育者的要求和教育影响的现实性，实现着自身的发展和完善。在现实的教育工作中，学生的需要、学生的独立人格是怎样体现的？学生的发展具有哪些规律？学生与教师应有的关系是怎样的？这些都是本章所要学习的主要内容。

第一节　学生的本质与学生的地位

学生首先是人，具有人的本质属性，是生活在一定社会关系中，具有特定的社会属性的人。学生具有发展潜能和发展需要，是具有能动性的教育对象，是学习的主体，有着独立的社会地位，依法享受各项社会权利。

现场直击

教育实例一则

笔者到一所中学去联系工作，看到了这样一件事情：两个教师正在共同教育一个初一的女同学。

教师甲："你本学期经常迟到、旷课，啥道理？这次竟然连续三天不来读书，干脆退学算了，何必死硬撑，班里也好甩掉一个包袱！"

学生低着头默默无语。

教师乙："功课一塌糊涂，上课没精打采的，这样下去不留级才怪呢，拖班级后腿，干脆别上了。"

两位教师就在这里轮着训她，后来给了她一支笔，让她坐在那里写检查。

后来又来了一个老教师，这个教师就问她吃饭没有，随即给她买来了面包，倒了开水，最后又问："你好几天没有来了，方便告诉老师原因吗？"这时孩子一下子哭了起来，说她家里父母要离婚，没有人愿意养她，她只好去外婆家里住，可是那里有好多人打麻将，搅得她学习不成。

面对同一个孩子，不同的教育方法产生了不同的结果。

理论讲述

一、学生的本质属性

(一) 学生是独特的人

学生是独特的人的含义包括：第一，学生不是单纯的求知者，而是具有丰富个性的完整的人；第二，学生不是千孔一面，每个学生都有自身的独特性；第三，学生与其他社会成员相比，存在着显著差异。

(二) 学生是发展中的人

学生是发展中的人的含义包括：第一，学生的身心发展是有规律的；第二，学生与成年人相比，具有更大的发展潜能；第三，学生是未成年的人，正处在一个不成熟、正在成长的时期；第四，学生具有可教性。

联合国教科文组织国际教育发展委员会编著的《学会生存》中说："人是一个未完成的动物，并且只有通过经常地学习，才能完善他自己"，"人类生下来就是早熟的"，"从本质上讲，他是能够受教育的"。夸美纽斯也曾说过："有人说，人是一个可教的动物，这是一个不坏的定义。实际上，只有受过恰当的教育之后，才能成为一个人。"这些话语充分说明人在学习和受教育的过程中才能获得更好的发展。

(三) 学生是具有独立意义的人

学生是具有独立意义的人的含义包括：第一，从政治角度看，学生是独立的社会公民，具有独立的公民权利、义务、人格，不能代替，也不能抹杀；第二，学生是课堂的主体、学习(认知)的主体，在课堂上具有与教师一样的主体地位；第三，学生是独立的责任主体，是一个法律上(不完全)的责任主体、权利主体。

(四) 学生是以学习为主要任务的人

学生是以学习为主要任务的人。首先，从学习内容看包括：第一，学习知识技能，即学会学习(认知)、掌握实践技能；第二，学习做人、学习做事；第三，学习方法及策略——掌握终生学习的技能；第四，学习情感认知及表达——对自身情感的认知、对他人情感的认知及协调自己与他人的情感；第五，学习生活态度；第六，学习价值判断。其次，从学习方式看包括：第一，学生的学习是在教师指导下的学习；第二，学生的学习是一种有严密组织的规范化的学习。

(五) 学生是完整的人

学生是完整的人的含义包括：第一，学生既有自然的属性也有社会的属性；第二，学生的身体和精神、生理和心理及每一方面所包含的各个因素都要求得到全面发展；第三，学生应该是协调发展的人。

二、学生的权利和义务

(一) 学生的身份和法律地位

相对于具有社会正式成员地位的成年人来说，学生是不成熟的青少年儿童，是未进入正式成人社会的“边际人”。长期以来，学生没有被看做是有主体意识的独立存在的人，他们在社会上处于从属和依附的地位。如在人类社会的早期，社会把未成年的子女当做社会或父母的隶属物，社会或双亲甚至对婴儿握有生杀之权。随着人类的进步和社会的发展，儿童的生存条件不断得到改善，尤其是文艺复兴时期产生的新的儿童观，承认儿童的自由与兴趣，其后的许多教育家也致力于提倡自然主义的儿童观。但一些传统的观念并未彻底根除，儿童对于双亲或学生对于教师的绝对服从的关系并未彻底改变，于是便出现了许多成人出于“为了孩子、关心孩子”的主观目的，而把自己的价值观强加给儿童，完全不考虑儿童的需要，或鞭挞、体罚儿童的现象。要改变这种状况，关键是承认和确立青少年、儿童在社会中的主体地位并切实保障青少年、儿童的合法权益。

从道义上讲，青少年、儿童是社会的未来，人类的希望。从法制角度讲，学生是独立的社会个体，有着独立的法律地位，他们不仅享有一般公民的绝大多数权利，并且受到社会特别的保护。这一点正是 1989 年 11 月 20 日联合国大会通过的《儿童权利公约》的核心精神。体现这一精神的基本原则是：儿童利益最佳原则、尊重儿童尊严原则、尊重儿童观点与意见原则、无歧视原则。我国自 20 世纪 80 年代以来，颁布了一系列的法律法规，初步明确了教育领域中中小学生的身份和法律地位。从有关涉及学生的法律法规看，对中小学生身份的定位是从三个层面进行的：第一个层面，中小学生是国家公民；第二个层面，中小学生是国家和社会未成年的公民；第三个层面，中小学生是接受教育的未成年公民。因此，中小学生是在国家法律认可的各级各类中等或初等学校或教育机构中接受教育的未成年公民。

中小学生身份的确定为其法律地位的定位提供了前提。法律地位是由双方主体在法律关系中所享有的权利和履行的义务决定的。在教育领域中，作为未成年公民，学生在与教师、校长或行政机关双方形成的关系中，享有未成年公民所享有的一切权利，如身心健康权、隐私权、受教育权等都应受到学校的特殊保护；作为学生，在教育过程中，学生享有的受教育的平等权、公正评价权、物质帮助权等也必须受到特别保护。教师不能因为教育职责的履行而侵害学生的权利。

（二）学生享有的合法权利

学生是权利的主体，享有法律所规定的各项社会权利。国际社会及许多国家都对未成年学生所享有的权利作了具体的规定。我国作为《儿童权利公约》的缔约国之一，在履行其相关规定的同时，在一系列有关法律、法规和政策中也对青少年享有的权利作出了规定，如《宪法》、《婚姻法》、《教育法》、《义务教育法》、《未成年人保护法》，等等。在这些规定中，未成年学生享有的主要权利有以下几方面。

1. *人身权*

人身权是公民权利中最基本、最重要、内涵最为丰富的一项权利。由于未成年学生正处于身心发育的关键时期，因此人身权受到特别的保护。国家除了对未成年学生的人身权进行一般保护外，还对未成年学生的身心健康权、人身自由权、人格尊严权、隐私权、名誉权、荣誉权等进行特殊保护。

身心健康权包括保护未成年学生的生命健康、人身安全、心理健康等内容，如：合理安排学习时间和作业量，合理安排学生的体育锻炼，定期组织身体检查，不得使未成年学生在危及人身安全、健康的校舍和其他教育教学设施中活动，合理安排有利于学生身心健康的社会活动等。

人身自由权指未成年学生有支配自己人身和行动的自由，非经法定程序，不得非法拘禁、搜查和逮捕，如教师不得因为各种理由随意对学生进行搜查，不得对学生关禁闭等。

人格尊严权指学生享有受他人尊重、保持良好形象及尊严的权利，如教师不得对学生进行谩骂、体罚、变相体罚或采取其他有辱学生人格尊严的行为。

隐私权指学生在与公共利益无关的信息或生活领域所享有的私人的、不愿或不便让他人获知或干涉的权利。如教师不得随意宣扬学生的生理缺陷或隐私，不得随意私拆、毁弃学生的信件、日记等。

名誉权和荣誉权指学生有权享有大家根据自己日常生活行为、作风、观点和学习表现而形成的关于其道德品质、才干及其他方面的正常的社会评价，有权享有根据自己的优良行为而由特定社会组织授予的积极评价或称号，他人不得歪曲、诽谤、诋毁和非法剥夺。

2. 受教育权

受教育权是学生最主要的权利，我国的一系列法律都对此进行了规定，如《中华人民共和国宪法》规定："中华人民共和国公民有受教育的权利和义务"，"国家培养青年、少年、儿童在品德、智力、体质等方面全面发展"。《中华人民共和国义务教育法》第四条规定："凡具有中华人民共和国国籍的适龄儿童、少年，不分性别、民族、种族、家庭财产状况、宗教信仰等，依法享有平等接受义务教育的权利，并履行接受义务教育的义务。"《未成年人保护法》规定："学校应当尊重未成年学生的受教育权，不得随意开除未成年学生。"从我国的有关法律法规来看，学校和国家在保证学生的受教育权方面负有重要责任。国家除了为所有学生提供正常的教育机会外，在义务教育阶段还要尤其关注贫困和残疾学生，使他们享受物质帮助权，如对贫困学生和残疾学生减免学杂费，设立帮困、帮残基金，实施奖学金、助学金、贷学金制度。国家对残疾学生还根据残疾人的特点为其设立特殊的教育机构，给予特别的对待。学校无权因学生交不起学杂费或其他摊派费用如建校费、校服费等而让学生停学、退学或变相开除等。

(三) 学生的义务

未成年学生作为法律的主体，在享有法律规定的各项权利的同时，也要履行法律规定的各项义务。教师有责任教育学生了解自己的义务，履行自己的义务，如果学生在日常生活和教育活动中未尽义务或违反规定，由此造成的后果则应由学生自负。《中华人民共和国教育法》中规定学生应尽的义务有：① 遵守法律、法规；② 遵守学生行为规范，尊敬师长，养成良好的思想品德和行为习惯；③ 努力学习，完成规定的学习任务；④ 遵守所在学校或者其他教育机构的管理制度。

三、学生的年龄特征

人的身心发展具有阶段性，各阶段具有一定的特征。这里主要介绍小学和初中阶段学生身心发展的主要特征。

(一) 小学生身心发展特征

在我国，小学儿童的年龄范围一般为6、7岁到11、12岁。这个年龄段的孩子正是长身体的时候。伴随着身体上的发育，他们的心理社会能力也在迅速发展。尤其是当孩子上小学高年级时，开始进入了青春期。其主要特征是：

1. 小学生身体发育特征

(1) 骨骼与肌肉：小学生的骨骼弹性大、硬度小，随着年龄的增长，骨中的钙质不断沉积，骨骼的坚硬度也逐渐加大。小学生的肌肉纤维比成人细软,肌肉中的水分比成人多,因此,能量储存较差,体力远不及成人。

(2) 消化功能:儿童的食管比成人明显短而窄,黏膜细嫩,管壁发育不成熟,容易遭受损伤。胃与肠黏膜富含血管,胃壁薄,弹性差,胃蠕动能力弱。因此,消化食物的能力较弱,而且胃容量小。

(3) 免疫功能:人体的免疫功能主要由胸腺腺体内的T细胞的数量和活动能力决定,小学生的免疫功能与营养状况关系密切。当膳食中缺乏蛋白质时,胸腺体积变小,重量减轻,T细胞数目减少且吞噬细胞杀灭细菌的能力降低,导致免疫功能低下,孩子容易患急性传染性疾病。儿童的心肌纤维细弱,心脏肌层薄,但机体代谢相对比成人旺盛,因此,心跳比成人快。儿童的肺与气管娇嫩,容易遭受病原微生物侵袭,所以,常患感冒与呼吸道感染。

2. 小学生心理发展的基本特点

(1) 观察力:小学生的观察从缺乏系统性的知觉发展到有目的、有顺序的知觉。小学生尤其是低年级的学生,观察事物时常是杂乱无章的,缺乏系统性和目的性,观察时受兴趣和情绪的影响很大,不能持续很长时间,时常偏离观察的主要目标。

(2) 注意力:无意注意仍起主要作用,有意注意正在发展。注意的集中性和稳定性差。他们的注意力不易集中,很容易被感兴趣的事物所吸引而转移注意力,对于比较抽象的教学活动,注意力集中就比较困难。小学生注意的稳定性是指7~10岁儿童可以连续集中注意20分钟,10~12岁儿童约25分钟,12岁以上约30分钟。小学生注意的分配和转移力不强,注意范围较小。

(3) 记忆力:小学生的机械记忆仍然占主要地位,意义识记开始发展,随着年龄增长,形象记忆发展变慢,抽象记忆发展变快。年级越低,形象记忆越高于抽象记忆;年级越高,形象记忆和抽象记忆两者效果越接近。

(4) 想象力:小学生有意想象增强,小学低年级学生的想象具有学前儿童想象的特点,仍以无意想象为主。到了小学中、高年级,儿童再造想象的内容趋于完整,有意想象的成分大大增加,其精确度亦明显提高,想象更富于现实性。小学生想象的创造成分增多。随着他们的活动不断增多,经验逐渐丰富以及认识能力的提高,大脑中的表象越来越多,因而想象的创造成分逐渐增加。

(二) 初中学生身心发展特征

初中学生随着年龄的增长,在内在的思想和外在的行为上从生理、心理、情感、认知、价值判断、个性品德等各个方面表现出与个体发展阶段相对应的特征。

1. 初中学生的生理特征

在生理上,初中学生主要表现为:发育迅速,体形剧变,个头长高,体重增加,肌肉发达,性开始成熟。男生喉结突起,声音变粗,开始出现胡须;女生胸部隆起,声音变高,臀部变大等。同时身体机能迅速发展,心脏发育接近成人,肺活量增大,脑容量接近成人,神经系统基本完备,肌肉力量显著增加。

2. 初中学生心理发展特点

(1) 青春期带来的心理变化主要表现在四个方面:① 渴望孤独;② 反抗权威(第二反抗期);③ 自我意识和独立意识增强,追求独立自主(心理上断乳或自我觉醒时期);④ 渴望友谊。

(2) 中学阶段是心理冲突、心理困惑最多的时期,心理矛盾主要表现在:① 性发育迅速成熟与性心理相对幼稚的矛盾;② 情感要求释放与外部表露内隐的矛盾;③ 认同危机,渴望家长、老师对他(她)以成人相待。

(3) 情感特征变化主要表现为情感丰富,但缺乏稳定性,主要表现在:① 中学生容易动感情,也重感情,他们的情绪高亢激烈,充满着热烈和激情。② 处在青春期的中学生,他们的情感带有明显的两极性。当取得好成绩时,表现为唯我独尊;一旦失败,又陷入极端苦恼之中,甚至一蹶不振。③ 对情感的控制和调节能力逐步提高,情感逐步带有掩饰、内隐的性质。

(4) 认识能力发展迅速,主要表现为初中学生感知能力和观察能力明显提高,有意注意进一步发展,远比小学生能够自觉地、独立而专一地完成观察或其他学习活动。有人研究证明,初中学生区别各种色度的感受性比小学一年级学生提高60%,初三学生甚至超过成人水平。15岁前后,听觉感受也可以超过成人。思维方式正从具体形象思维向抽象逻辑思维过渡。前者仍起重要作用,后者逐步占主要地位。

(5) 价值判断能力逐步增强。初中学生对事物的认知、判断能力明显增强,对是非、善恶、美丑等现象表现出相对独立的辨别能力,遇事能够形成自己的意见和想法,有一定的主见,独立思维判断能力开始逐步形成。同时初中阶段是行为习惯、世界观、人生观形成的重要时期。

(6) 初中阶段的学生在品德发展方面处于一个不稳定时期。林崇德教授研究认为,初中二年级是个性发展,尤其是品德发展的又一个关键期。这个时期的学生易受外界环境的影响,发展的伸缩性较大,到了初三后半学期,学生的个性特点和品德结构才趋于形成,保持相对的稳定状态。

学习拓展

把握学生个性特点,做好思想教育

对小学生的教育,必须坚持"因材施教"的原则,针对不同学生的气质、能力、性格差异,去观察、分析、综合,待"洞悉全貌"后采取不同的措施、途径和方法进行思想教育。

一、对"个性倔强的学生"要注意培养沉着、稳重、坚持到底的精神

"个性倔强的学生"的心理特点是喜欢与人交往,情绪往往表露于外。他们热情、果敢、爽朗、为人耿直、精力充沛、有进取心、不怕困难,但往往又脾气暴躁、任性、粗心、性急。对这类学生的教育,要求教师注重培养学生沉着、稳重、坚持到底的精神和克制忍耐的品质。

二、对"个性活泼好动的淘气学生",要注重培养刻苦精神,养成做事认真、善始善终的习惯

在对学生的思想教育中发现,"个性活泼好动的淘气学生"的心理特点是机敏、灵活、亲切、热情,有兴趣爱好,但同时也伴有情绪易于波动、轻浮散漫、不踏实等特点。这类学生如果教育不当,学习成绩就会逐渐下降成为双差生,有的甚至会引发伤害事故。

三、"对慢性子学生"要注意培养敏锐的反应和办事果断的作风

"慢性子"学生,平时能克制自己,遵章守纪,但不喜欢活动,反应迟缓、欠灵活,惰性很大,甚至常常委靡不振。我的体会是:对这类学生,教师要有诚心和耐心,给予他们考虑与做出反应的足够时间,鼓励他们通过参加各类活动来克服冷漠感,注意培养他们敏锐的反应能力和办事果断的作风,这样便能收到较好的效果。

四、对“敏感而心眼多的学生”要多加鼓励，培养其树立自信心和适应紧张学习的能力

根据多年经验来看，“敏感而心眼多的学生”虽然为数不多，但教育不当，也会引起不良后果。这类学生细心、谨慎、守纪律、自尊心强，但孤僻、狭隘、多疑、胆小。在实践中，我体会到对这类学生不要在公开场合轻易批评他们，以免损伤其自尊心。针对这类学生的个性特点，应采取耐心启发的方法，促使他们认识和改正缺点、错误。培养他们的自信心和适应紧张学习的能力，还应通过多种教育方式，使他们合群，遇事不畏难。

（摘自：海林市教师进修学校. 新时代的教育要把握学生个性特点，全面进行思想教育[EB/OL]. [2010-03-10]. http://www.hailinjinxiu.com/html/wencui6.htm. 有删改。）

第二节　师生关系

雅斯贝尔斯说：“我们的教育，应当始终坚持着它的本真，它应当将一代代人带入人类优秀文化精神之中，让他们在完整的精神中生活、工作和交往，并始终保持对真理的虔诚与热情……”这句话强调了师生的生活、交往。师生交往是学生以及教师生活中的重要组成部分，师生交往对彼此有怎样的意义，理想的师生关系应是怎样的，这是本节的主要内容。

现场直击

罗森塔尔效应

1968年，美国心理学家罗森塔尔(Jane Rosenthal)及其助手进行了一次所谓“预测未来与发展”的著名实验。在一番虚张声势的测量之后，实验者随意地勾画出一些人的名字，神秘地告诉老师，他们是“天才”。11个月后，他们发现这些“天才”的智力发展水平超过平均值，且个个精神活泼，积极上进，与教师的关系也比其他学生更密切了——这就是著名的“罗森塔尔效应”的来源。

而我国的一位年轻教师曾遇到这样一件令他终生愧疚的事情：一个学生一次作业不理想，他一生气，在作业本上画了一个通页的大“×”。没想到他的这个行动竟然使得这位同学的自尊心受到了极大的伤害，最后辍学去做小买卖了。

理论讲述

师生关系是指教师和学生在教育、教学活动中结成的相互关系，包括彼此所处的地位、作用和相互对待的态度等。它是一种特殊的社会关系和人际关系，是教师和学生为实现教育目标，以各自独特的身份和地位通过教与学的直接交流活动而形成的多性质、多层次的关系体系。

一、师生关系的作用

（一）良好的师生关系是教育活动顺利进行的重要条件

教育是以学生的发展为最终目的的，要达到这一目的，必须充分调动学生的积极性、主动性，促进其生动活泼的发展。然而，学生愿不愿意接受教师的教育影响，能不能主动配合教师，直接影响着教育教学质量。研究表明：师生关系与学生成绩显著相关。教师与学生建立一种友谊关系，对于促进学生兴趣和完整人格的形成有着重要意义。良好的师生关系使学生产生安全感和心理相容，同时，也唤醒教师的教学热情和责任感，激励教师专心致志地从事教育工作。相反，师生关系紧张，甚至互不信任、彼此戒备，将会干扰教育活动的顺利进行，降低学生的学习兴趣和教师的教学热情，影响教育教学质量。

（二）良好的师生关系是教育教学活动取得成功的必要保证

良好的师生关系是搞好教育工作的前提条件之一。良好的师生关系一旦形成就会发挥显著、独特的提高教育、教学效果的作用。大量的教育教学实践证明，只具有渊博的知识和高水平的教育、教学能力但不善于同学生建立友好、真诚的合作关系的教师，其教育、教学不能取得事半功倍的效果。师生间真诚的合作关系的建立需要两个基本条件：一是教师对学生的爱心和理解之心，它们是师生情感疏通的桥梁和纽带；二是教师爱意的恰当的表达，教师对学生积极的肯定与真诚的期待可以使学生增强学习动机，更主动地学习，同时也会激发自己的教学热情。由此可见，师生间浓浓的爱意及有效的表达方式可以增进彼此成长的主动性，从而提高教育教学质量。美国学者安德林在师生交互行为的研究中指出：教师行为倾向于命令、威胁、提醒与惩罚的"控制型"时，学生对于学校作业显出较多困扰，而对教师，一般而言较为顺从，但有时亦反抗较激烈；当教师行为倾向于"统合型"即同意、赞赏、接受与有效协助时，学生表现出较能主动地解决问题，而且也乐于为集体贡献力量。

（三）师生关系是衡量教师和学生学校生活质量的重要指标

教育教学活动是教师和学生的生命活动特别是精神活动的方式，教育教学中结成的师生关系是教师和学生生存方式的具体表现。不同类型的师生关系，体现了师生不同的生命活动形态，对构建师生自身的价值形成不同的意义。专制的师生关系会培养学生依从、专制的品质，民主的师生关系会培养学生的民主素质。因此，师生关系除了对教育教学目标的实现具有手段价值以外，还对教师和学生的发展具有本体价值、目的价值。

（四）师生关系是校园文化的重要内容

师生关系是学校中最基本、最重要的人际关系，是一所学校的精神风貌、校风、教风、学风的整体反映和最直观的反映。良好的师生关系能使学校、班级营造温馨、和谐的气氛，奋发向上的生机，使师生的心情欢畅，心理相容，携手并进，使错误思想和不良行为得以抑制、淡化。师生关系作为校园文化的组成部分，对学校精神文化的建设、对学生在校的发展和今后的成长都起着重要的作用。

二、良好师生关系的基本特征

理想的师生关系是教育活动顺利进行和教育目标完成的基本保证，建立理想的师生关系是教育工作者的共同追求，又是教育规律的必然要求。理想的师生关系是师生主体间关系的优化，从其发生发展的过程及其结果来看，具有三个基本特征：

（一）尊师爱生，相互配合

尊师就是尊重教师，尊重教师的劳动和教师的人格和尊严，对教师要有礼貌，了解和认识教师工作的意义，理解教师的意愿和心情，主动支持和协助教师工作，虚心接受教师的指导。尊师是学生对教师正确的认识、情感和行为的综合体现，是人类的美德。得到学生尊重是教师最大的需要和满足。爱生就是爱护学生，是教师热爱教育事业的重要体现，是教师对学生进行教育的感情基础，是教师的基本道德要求，也是培养学生热爱他人、热爱集体的道德情感基础。爱生包括“视徒如己，反己以教”，尊重和信任学生，严格要求学生并公正地对待学生。

现代“尊师爱生”不是封建等级关系、政治连带关系、伦理依附关系，而是体现了新型师生关系，是师生交往与沟通的情感基础、道德基础，其目的主要是相互配合与合作，顺利开展教育活动。

（二）民主平等，和谐亲密

师生关系的民主平等体现了师生在教育过程中的相互尊重、相互开放、平等对话、相互理解、相互接纳等关系。民主平等不仅是现代社会民主化趋势的需要，而且是教学生活的人文性的直接要求和现代人格的具体体现。它要求教师能向学生学习、理解学生，发挥非权力性影响力，并一视同仁地与所有学生交往，善于倾听不同意见；也要求学生正确地表达自己的思想和行为，学会合作和共同学习。

民主平等是师生在共同参与的过程中形成的。共同参与，意味着教师和学生以不同的主体地位和作用进入实际的教育生活，形成需要、智能、个性等方面的互补，发挥各自的积极性、主动性、创造性。民主平等、共同参与的结果是师生的融洽、协调。和谐亲密体现了师生的人际亲和力、心理融洽度。

（三）共享共创，教学相长

共享就是教师和学生共同体验和分享教育中的欢乐、成功、失望与不安，它是师生情感交流深化的表现。共创就是教师和学生在相互适应的基础上，相互启发，使师生的认识不断深化，共同生活的质量不断提高。共享共创体现了师生关系的动态性和创造性，是师生关系的最高层次。共享共创的结果是教师和学生相互促进、共同发展，使学生的道德、思想、智慧、兴趣、人格等全面生成，是教师专业自我的成熟过程。

三、良好师生关系构建的基本策略

师生关系总是在一定社会背景之中的，与师生双方密切相关，受多种因素制约。但就教育内部而言，建立良好的师生关系要靠双方共同努力。教师在师生关系的建立与发展中占有重要地位，起着主导作用。建立民主、和谐亲密、充满活力的师生关系，对教师来说，有以下几种策略：

（一）了解和研究学生

教师要与学生取得共同语言，使教育影响深入学生的内心世界，就必须了解和研究学生。了解和研究学生包括了解学生个体的思想意识、道德品质、兴趣、需要、知识水平、学习态度和方法、个性特点、身体状况、班级的特点及其形成原因。了解和研究学生存在于教师教育生活的每一时空。

（二）树立正确的学生观

学生观就是教师对学生的基本看法，它影响教师对学生的认识及其态度与行为，进而影响学生的发展。我国传统的学生观将学生看做是被动的受体、教师塑造与控制的对象，学生在教育中处于边缘位置，对学生的教育是规范的、预设的。而正确的学生观包括：学生具有巨大的发展潜力；学生的不成熟性具有成长价值；学生具有主体性，特别是创造性；学生是责权主体，有正当的权利和利益；学生是一个整体的人，是知、情、意、行的统一体。正确的学生观来自教师对学生的观察和了解，来自教师向学生学习和对自我的反思。

（三）热爱、尊重学生，公平对待学生

热爱学生包括热爱所有学生，对学生充满爱心。尊重学生特别是要尊重学生的人格，保护学生的自尊心，维护学生的合法权益，避免师生对立。教师处理问题必须公正无私，使学生心悦诚服。

（四）主动与学生沟通，善于与学生交往

师生关系一般要经历生疏、接触、亲近、依赖、协调、默契等阶段。在师生交往的初期，往往出现不和谐因素，如因为不了解而不敢交往或因误解而造成冲突等，这就要求教师掌握沟通与交往的主动性，经常与学生保持接触、交流；同时，教师还要掌握与学生交往的策略和技巧，如寻找共同的兴趣或话题、一起参加活动、邀请学生到家里做客、通信联系等。

（五）努力提高自我修养，健全人格

教师的素质是影响师生关系的核心因素。教师的师德修养、知识能力、教育态度、个性心理品质无不对学生产生深刻的影响。教师要使师生关系和谐，就必须通过自己崇高的理想、科学的世界观和人生观、渊博的知识、严谨的治学态度、活泼开朗的性格、多方面的爱好与兴趣等来吸引学生。为此，教师必须做到以下几点：① 加强学习与研究，使自己更加智慧；② 经常进行自我反思，正确评价自己，克服个人的偏见和定式；③ 培养自己多方面的兴趣和积极向上的人生观；④ 学会自我控制，培养耐心、豁达、宽容、理解等个性品质。

学习拓展

师生关系的建立和发展

师生关系的建立要经过三个互相联系的基本阶段，按照顺序逐步进行，切不可急于求成。

一、初步建立阶段

这一阶段是打基础的阶段，教师要特别注重给学生留下良好的第一印象。心理学研究表明，第一印象在人们的相互关系中具有重要意义。教师留给学生的第一印象好，就能受到学生的喜爱，产生吸引力，有利于良好师生关系的建立；反之亦然。怎样才能留给学生良好的第一印象？第一印象的形成受衣着、姿态、动作、说话等外在直接信息的影响，是第一信号系统作用的结果。因此，教师要特别注重第一次和学生见面时的外在形象，注意衣着打扮、教态、语言。衣着打扮要整洁、大方，具有时代特色；表情亲切、自然，姿势文雅、得体；语言要清晰、准确、生动，富有启发性、教育性、情感性，声调悦耳、快慢有致、内容充实。同时，还要尽量多和学生接触、交谈，以消除陌生感，缩短心理距离。如能做到这几点，就能给学生留下良好的第一印象。师生交往与一般人的交往不同，一般人的交往是自由式的，而师生交往具有一定的强制性。第一印象好，就能淡化强制色彩，使其成为自愿的交往，有助于师生关系的深化。

二、深化阶段

这个阶段是把第一阶段推到更有意义、更深入的阶段。在这个阶段影响师生关系建立的主要因素是教师的知识、能力、态度、品质、性格、特长。学生对教师的外在形象已不太注重，他们希望教师喜欢、关心他们，有真才实学。正如凯洛夫所说的："对于新生来说，教师具有不可怀疑的威信。然而决定良好师生关系的建立还是教师工作作风和他的人格品质。"因此，在这些方面，教师应做出更大的努力，使自己成为一个知识渊博、品德高尚、技艺润熟、性格活泼、开朗、多才多艺的人。

交往是师生关系现实化的方式和手段。教师必须掌握交往的技巧，具有交往的能力。教师应着重注意以下几个方面：① 加强同学生的交往。既要有正式的交往，又要有非正式的交往，两者结合，互相补充，能达到加速、深化良好师生关系建立的作用。② 教师要了解、把握学生的年龄特征，重视他们的兴趣、爱好，不把自己的价值观和态度武断地强加给学生。教师要善于进行心理移位，经常把自己放在学生的位置去思考、去体验，克服自我中心的倾向。青少年喜欢活泼、开朗、进取和富有青春气息的教师，教师要永远保持一颗童心，使自己的心理年龄永远年轻。③ 教师要学习、掌握语言技艺。口语直接影响交往的效率。教师的口语要具有逻辑性、正确性、明确性、教育性、目的性、生动性、情感性。另外，还要做到因时而异、因地而异、因人而异。④ 教师要注重民主和权威的合理结合。

三、师生关系的巩固、发展阶段

良好的师生关系建立起来后，绝不是大功告成，一劳永逸。事物无时无刻不在发展变化，良好的师生关系可以继续保持下去，也可能会中断和走向反面，教师应不断为这种良好师生关系注入新的营养。要做到：① 继续加强和学生的交往，不可逐渐疏远学生；② 恰如其分地、客观地评价每个学生的优缺点，不可一开始为了赢得学生的好感，给予较高评价，后来逐渐降低评价，甚至只看学生的缺点；③ 继续爱护、关心学生，努力发现学生身上的优点，并及时给予表扬、鼓励；④ 教师要不断更新自己，使自己具有新的技艺、新的知识、新的设想、新的成果、新的仪表，从而产生新的吸引力，使师生关系得以巩固和发展。

思考与实践

1. 一些学校中，教师为了惩罚学生会罚其停课，为了让学生对成绩引起重视会公布班级个人名次，甚至有的教师会怒斥、体罚学生，请根据本章内容谈谈你的想法。

2. 请结合以下两个事例，谈谈现阶段我国教师应该具备什么样的教育观念，特别是应该具备什么样的学生观。

（1）英国科学家麦克劳德，上小学的时候曾偷偷地杀死了校长家的狗，这在西方国家显然是难以原谅的错误。幸运的是麦克劳德遇到了一位高明的校长，校长的惩罚是要麦克劳德画两张解剖图：狗的血液循环图和骨骼结构图。正是这个包含理解、宽容和善待学生的"惩罚"，使小麦克劳德爱上了生物学，并最终因他发现胰岛素在治疗糖尿病中的作用而走上了诺贝尔奖的领奖台。

(2) 据报载：一位学生在课堂上无精打采，直打瞌睡，教师发现后并未板着面孔去训斥，而是从故事说开去。他说，英国著名前首相丘吉尔，每天都工作到凌晨两三点钟才就寝，并说："我的觉有一半是在汽车上睡的。"教师说："我看，有的同学的觉有一半是在课堂上睡的。"又说："丘吉尔被人称为一只勇猛的狮子。我看现在在课堂上睡觉的同学，今后也可能成为一只勇猛的狮子。"这位教师幽默的语言使得大家包括那位打瞌睡的学生都笑了起来，教学在轻松的气氛下继续进行下去。

第八章　课　　程

课程是学校教育教学工作的载体，特指学校按一定的培养目标，安排教师指导学生全面发展的一切活动内容的总和及其进程安排，它包括教学科目（简称学科）和学校有目的、有计划组织的课外活动。课程改革是教育改革的核心之一。学校课程是怎样设置的？有哪些课程类型？随着教育改革的不断推进，国家新一轮基础教育课程改革的核心思想是什么？改革的具体内容是什么？本章主要对以上内容作一探讨。

第一节　课程概述

课程是学校进行教育和教学的重要条件，课程设置与课程安排是一个历史的范畴，直接受制于教育目的，所以，不同时代有不同的课程观。明确课程的内涵和类型对学习活动的进行有着重大的意义。

现场直击

小学生心目中的课程

我们学校的课程表和课程都是由学校制订和安排的，虽然是比较科学的，但离我们小朋友心中的想法还有一定的距离，所以我们有时就忘带课本，还要挨罚多做作业。

我心目中的课程表和课程是这样的：每天约八点到校，如果提前到校的话你可以自由活动，如看课外书，与同学交流，或者和同学下棋，等等。八点到校后先做早操，然后开始上课，每位同学每天必须上语文、数学、英语各一节。老师也可以自己挑选，如我们四年级有四个班，有四个语文老师，你认为哪位老师上得好或喜欢哪位老师就去听他的课。在保证上好主课的前提下，你可以随便上其他课。学校开设了好多好多课，有课外的、有课内的、有娱乐的等一系列课，你可以尽情挑选你所喜欢的课程。下午四点放学，出校门时你必须拿出6张票子，这些票子是你每上完一节课时老师给你的这节课的课名。然后把票子交给值勤老师，值勤老师还会用电脑对票子进行验证，如果查出有假票或缺课的话，都要留下来让你补足课后才能回家。这样学生不仅能听到自己喜欢的老师上的课，而且还能多上自己喜欢的课。这是我的想法。

我希望我的想法能早日实现。

（摘自一名叫王储的小学生的日记）

理论讲述

一、课程的内涵

在我国，课程一词最早见于唐代。唐代的孔颖达在《五经正义》中把《诗经·小雅·小弁》中的"奕奕寝庙，君子作之"解释为："维护课程，必君子监之，乃依法制"。这里虽然在汉语中首开先河把课程两个词连在一起使用，但与今天人们所说的课程含义相去甚远。一直到宋代才出现了与当今人们所使用的含义较为相近的课程一词。宋代朱熹在《朱子全书·论学》中多次提到课程，如"宽着期限，紧着课程"、"小立课程，大作功夫"等。朱熹在这里所说的课程既包括礼、乐、射、御、书、数六艺，又包括孝、悌、忠、信等封建伦理道德，还包括扫洒、应对、进退之节，正心、诚意及修己治人之道。因此，课程就是上述各方面的内容及其进程的安排，与现在人们从广义上对课程的理解颇为相近。

在西方，表征"课程"一词的英文 curriculum 最早出现在斯宾塞的《什么知识最有价值》一文中，但就其本源来说，curriculum 一词是从拉丁语"currere"一词派生出来的，意为"跑道"(race-course)。也正因如此，在当代的课程文献中，有的从"currere"的名词形式意为"跑道"，把重点放在"道"上，强调为学生设计不同的轨道；也有的从"currere"的动词形式是指"奔跑"，把重点放在"跑"上，强调个体对自己经验的提升，导向了现代的课程体系。

人们对课程的界说可谓人言人殊，形成了百家争鸣的态势。这些各不相同的界说大体上可以归结为以下五种主要范型：第一种，"科目说"。"科目说"把课程理解为科目，认为在教育实践活动中一门门以具体形态出现并用于教学的科目就是课程。第二种，"计划说"。"计划说"强调课程的计划性，即把教学的范围、序列和进程，甚至教学方法和教学设计等所有有计划的教学活动都组合在一起，并将之视为课程。第三种，"经验说"。"经验说"把课程定义为学习经验，尤其强调学生在此过程中实际学到了什么。第四种，"预期说"。"预期说"把课程理解为预期的学习结果，把对课程的关注焦点从课程系统前端的"计划"和课程活动的"经验"转向对课程目标的"预期"。第五种，"教材说"。"教材说"把课程的重点放在以外显或物化形态呈现的教材上。在他们看来，课程就是教材，教材就是课程。有关课程的已有定义其角度各有不同，但都具有一定的局限性。

整体而言，"课程"是指课业及其进程，有广义、狭义之分。广义的课程是指学生在校期间所学内容的总和及进程安排。狭义的课程特指某一门学科。我们所研究的课程是广义上的，是各级各类学校为实现培养目标而规定的学习科目及其进程的总和。它主要包括三个方面的内容：第一，学校中德、智、体全部的教育教学内容；第二，各门学科、课内教学和课外活动及家庭作业和社会实践活动；第三，课程具体规定了各门学科的目的、内容及要求，学科设置的程序和课时分配，学年和周学时的计划安排等。

二、课程的呈现形式

(一) 课程计划

课程计划是指导和规划课程与教学活动的规范性文件，是根据教育目的和不同层次与类别学校的培养目标,由教育行政部门制订的有关学校教育教学工作的指导性文件。它对学校的教学、生产劳动、课外活动等方面作出全面安排。其基本内容包括：课程设置,课程开设的顺序,课时分配,学年编制和学周安排。

(二)教学大纲与课程标准

教学大纲指根据教学计划,以纲要形式规定一门课程教学内容的文件。其中包括这门课程的教学目的、任务,教学内容的范围、深度和结构,教学进度以及教学法上的基本要求,讲授、实习、实验、作业的时数分配等。教学大纲包括各级各类学校各门学科的教学大纲,一般分为：① 说明：揭示本学科的教学目的要求、本学科教材的编选原则、教材的排列、教学中应注意的问题等。② 大纲本文：依据知识的逻辑体系和学生认识过程的规律,系统安排本学科教材的篇、章、节、目的标题、内容要点或课题,上课时数,实际作业(实验、练习、实习)的内容和时数,以及其他教学活动的时数。有的教学大纲还包括参考书目、教学仪器、直观教具等方面的提示。列入教学大纲的教材的广度和深度,一般应是学生必须达到的最低标准。教学大纲是编写教科书和教师进行教学的主要依据,也是检查和评定学生学业成绩和衡量教师教学质量的重要标准。

新课改以来,课程标准以独特的优势取代了教学大纲。课程标准是规定某一学科的课程性质、课程目标、内容目标、实施建议的教学指导性文件。课程标准与教学大纲相比,在课程的基本理念、课程目标、课程实施建议等几部分阐述得更详细、明确,特别是提出了面向全体学生的学习基本要求。课程标准的结构,一般包括总纲和分科课程标准两部分。总纲规定学校教育的总目标、学科的设置、各年级各学科每周教学时数表和教学通则等。分科课程标准规定各科教学目标和教材纲要、教学要点和教学时间的分配、最低限度应有的教学设备以及教学方法和其他应注意的事项。

国家课程标准是教材编写、教学、评估和考试命题的依据,是国家管理和评价课程的基础,体现国家对不同阶段的学生在知识与技能、过程与方法、情感态度与价值观等方面的基本要求,规定各门课程的性质、目标、内容框架,提出教学和评价建议。不同阶段的学校教育都有相应的课程标准。

(三)教科书

教材是教师和学生据以进行教学活动的材料,是教学的主要媒体,通常按照课程标准的规定,分学科和年级顺序编写,包括书面印刷教材(含教科书、讲义、讲授提纲、教学参考书、各类指导书、习题集、补充读物等)、视听教材、电子教材和多媒体教材等。狭义的教材就是教科书。教科书是一门课程的核心教学材料。教科书又称课本,是根据各科课程标准编写的、系统反映学科内容的教学用书。教科书是教材的主体,是师生教学的主要材料,是考核教学成绩的主要依据,是学生课外扩大知识领域的重要基础。教科书的灵活使用需要教师深刻认识教育与生活的关系,能够联系生活实际理解教科书,并在教学过程中紧密联系学生的生活和思想实际状况,处理好教科书与自身教学内容的关系。

(四)课程资源

课程资源是指课程要素来源以及实施课程的必要而直接的条件。课程资源包括校内课程资源和校外课程资源。校内课程资源,除了教科书以外,还有教师、学生,师生不同的经历、生活经验、学习方式、教学策略都是非常宝贵和非常直接的课程资源,校内各种专用教室和校内各种活动也是重要的课程资源。校外课程资源，主要包括校外图书馆、科技馆、博物馆、网络资源、乡土资源、家庭资源等。

课程资源的开发，必须改变对课程资源研究的忽视态度，走出对课程资源的僵化的思维观念定式。课程资源观的转变，将改变课程开发者和教师对课程性质的看法，使课程由狭变广、由静转动。课程不再只是学科的总和，而是学科、儿童、生活、社会的有机整合。学生的生活及其个人知识、直接经验都将成为课程开发的基础和依据。课程资源由课堂延伸到课外，由学校延伸到社区和所在的地区，学生所处的社会环境和自然环境都开始成为学习探究的对象，成为学习的"课堂"。

三、课程的基本类型

一般来说，课程类型即指按照课程设计的不同性质和特点形成的课程类别。每种类型的课程都受一定的课程设计思想的影响。近代以来有以下几种典型的课程类型。

(一) 分科课程与活动课程

1. 分科课程

分科课程又称为科目课程，还有人称它为学科课程，不过它更强调将学科分解到单一知识系列，以获得教学内容的清晰性和教学效率的高效性。分科课程是根据各级各类学校培养目标和科学发展水平，从各门科学中选择出适合一定年龄阶段学生发展水平的知识，组成各种不同的教学科目。这种课程是预先安排的。

从学校产生与发展的历史来看，分科课程在所有课程类型中，历史是最为长久的。追溯其根源，分科课程从学校教育产生伊始即已存在。中国古代学校的"六艺"——礼、乐、射、御、书、数，"五经"——《诗》、《书》、《礼》、《易》、《春秋》，"四书"——《大学》、《中庸》、《论语》、《孟子》等，就是分科课程。在西方，古希腊和古罗马的"七艺"——文法、修辞、辩证法(逻辑)、算术、几何学、天文学、音乐理论等课程，是西方分科课程的原始形态。

文艺复兴以后，随着生产、自然科学的发展，自然科学逐渐进入学校课程。这时在课程理论上具有代表性的观点，就是捷克教育家夸美纽斯的"泛智论"。"泛智"即"全面的智慧"或"全知"的意思。夸美纽斯主张"把一切知识教给一切人"。由此出发，他提出了"百科全书式"的课程。他在《大教学论》中列出了 20 门学科的课程体系。到了 18 世纪末 19 世纪初，德国哲学家、心理学家、教育家赫尔巴特，在课程方面主张以人的多方面的兴趣(经验的、思辨的、审美的、同情的、社会的、宗教的兴趣)为基础，设置多方面的课程以培养"完美德行"的人。到了 19 世纪末，英国哲学家斯宾塞从"准备生活"和"知识价值"论出发，提出了个人功利主义的课程体系。可以说，他们主张的课程都属于分科课程。

从上述历史材料来看，可以得出以下几点认识：① 分科课程由来已久，故被称为传统课程。② 分科课程是今天各国学校课程的主体类型，并将在日后继续发展。③ 分科课程能够使人通过学习，较系统地掌握某一科学领域的基本知识。同时，也只有掌握了较系统的科学体系，才能够发展人的逻辑思维，才能充分发挥人的聪明才智。④ 分科课程重视教师的作用。学科内容作为学生学习的客体，学生是学习的主体，教师既是客体(内容)的载体，又是实现由客体向主体转化的主导力量或媒介。离开了教师，就实现不了学科内容的传递。

由于分科课程重视学科的逻辑，重视已有知识的价值，重视教师的传授，因此，学生心理的逻辑，学生学习的兴趣，学生全面发展的价值，以及学生在学习中的能动作用，易被忽视。结果，往往使学生偏重记忆书本知识，产生对学习的厌烦心理。这些不足，正是活动课程提出的非议之处。

2. 活动课程

活动课程又称儿童中心课程、经验课程。与分科课程相对，它是打破学科逻辑组织的界限，以学生的兴趣、需要和能力为基础，以各种不同形式的一系列的作业为核心所组成的课程。活动课程的理论，虽然可以追溯到启蒙思想家卢梭的自然主义教育理论上，但活动课程的理论体系则是以杜威的实用主义教育思想为基础的，它的实施则是杜威在芝加哥实验学校的实验。杜威的哲学与他的教育理论完全融为一体。杜威认为，哲学是教育的一般理论，同时，教育乃是使哲学上的各种观点具体化并受到检验的实验室。杜威哲学的核心概念是“经验”。杜威所说的经验与我们通常理解的经验不同，他认为，经验是尝试，它的意义用“实验”表达就明白了。从经验这个中心概念出发，杜威认为一切学习来自经验。教育是以经验为基础的，教育就是经验。他在教育上提出了有名的四个命题：① 教育即生活；② 教育即生长；③ 教育即经验的改造；④ 教育是社会过程。这四点是杜威对他所信奉的经验的、实验的哲学应用于教育理论的基本概念。

活动课程除了哲学上的“经验”基础之外，它的心理学依据是儿童的兴趣和动机。以活动的动机为教学组织的出发点。活动课程的范围和教材的选择，应围绕儿童的动机来进行。杜威主张教材的基本源泉是儿童的直接经验且又能构成知识内容的东西。

从上述活动课程的理论和实践来看，活动课程的特点是：① 活动课程的出发点是基于儿童的兴趣，所以学生在学习活动中是积极的、主动的、活泼的，学习的效果也是好的。② 使学习与生活环境联系密切。教育即生活，而不是生活的准备。③ 由于在活动中进行学习，学生不仅在知识方面积累了经验，而且智力能力也得到了发展，乃至人格、民主的意识等都得到了发展。活动课程能全面提高教育的价值。④ 活动内容重视儿童心理的逻辑，因此，儿童年龄越低，它的教学效果就越好。幼儿教育的主题游戏，小学教育中的主题活动、作业、劳动等，对孩子们身心的全面发展是很有利的。

但是，活动课程的问题、缺点也是明显的。以儿童的活动动机为立足点，如何组织活动和选择教材是很困难的。活动课程忽视理性知识的价值，忽视科学知识的逻辑体系，忽视教师在传递知识方面的作用。

（二）显性课程与隐性课程

1. 显性课程

显性课程是一个教育系统或教育机构中要求学生必须学习并通过考核，达到明确规定的教育目标，以获取特定教育学历或资格证书的课程。显性课程具有特殊目的性，这就是达到明确规定的教育目标，使学生获取一定的教育学历或资格证书。另外，显性课程还具有特殊的形式，就是以教学为根本途径，包括教师与学生面对面的直接教学，也包括教师与学生在空间和时间上分离开的间接教学。

2. 隐性课程

隐性课程（也称潜在课程、隐蔽课程、无形课程、自发课程等）的概念产生于20世纪中期。一般而言，隐性课程是指学校教育中的那些虽然在课程指南或学校政策中未明文规定，但却显然是学校教育经验中经常的和有效的部分的实践和结果。换言之，隐性课程是一个教育系统或教育机构中，学生在显性课程以外所获得的所有学校教育的经验，不作为获取特定教育学历或资格证书的必备条件。

隐性课程的范围几乎涉及学校的各个层面、各个角落以及各种行为，大致说来有以下几个层面：在物质层面上，包括学校的建筑、教室的布置、桌椅的排列、校园环境等；在行为层面上，包括学生之间的交往、教师之间的交往、师生之间的交往、教师与家长的交往、社区与学校的交往等；在制度层面上，包括学校管理体制、学校组织机构、班级管理方式、班级运行方式等；在观念层面上，包括校风、办学方针、教学风格、教学观念、教学指导思想等。

隐性课程与显性课程有以下三方面的区别：① 在学生学习的结果上，学生在隐性课程中得到的主要是非学术性知识，而在显性课程中获得的主要是学术性知识；② 在计划上，隐性课程是无计划的学习活动，学生在学习过程中大多是无意接受隐含于其中的经验的，而显性课程则是有计划、有组织的学习活动，学生有意参与的成分很大；③ 在学习环境上，隐性课程是通过学校的自然环境和社会环境进行的，而显性课程则主要是通过课堂教学的知识传递进行的。隐性课程对学生的身心发展有着很大的影响，这从它所涉及的范围上就可以看出来。

（三）必修课程与选修课程

1. 必修课程

必修课程是一个教育系统或教育机构法定性地要求全体学生或某一学科专业学生必须学习的课程种类。必修课程是相对于选修课程而言的，它的根本特性是强制性，是社会权威在课程中的体现。必修课程所具有的功能是多方面的：① 选择传递主流文化；② 帮助儿童掌握系统化知识，形成特定的技能、能力和态度；③ 促进社会政治、经济、科技的发展；④ 帮助儿童获取某一教育程度的文凭和某种职业的资格；⑤ 促进儿童的体质、认知、情感和技能的发展。

2. 选修课程

选修课程是一个教育系统或教育机构里法定性的，学生可以按照一定规则自由地选择学习的课程种类。选修课程根源于社会经济和文化的多元发展。现代选修课程的蓬勃发展和不断繁荣，有四个基本依据：① 社会需要和文化背景的差异；② 儿童发展需要的差异；③ 知识经验增长的无限性；④ 学习时间的有限性。

（四）整合课程、核心课程与外围课程

1. 整合课程

整合课程又称综合课程，是与分科课程相对应的。整合课程实质上是一种采用各种有机整合的形式，使教育系统中分化了的各要素及其各成分之间形成有机联系的课程形态，这是一种新型的课程类型。首先，整合课程超越了分科课程这种课程形态；其次，整合课程也超越了儿童中心主义课程。整合课程在发展历程中，摄取了几代教育家有关的课程新观念、新观点和新主张，孕育出了一种新的课程理念。在这种新的课程理念中，价值整合观念是核心，五个层面的整合是主要内涵：第一个层面是相邻知识系列的整合。这是最直观、最基础、最容易实现的整合。第二个层面是性质相近学科的整合。这是基于相邻知识系列有机联系起来的、比较容易实现的整合。第三个层面是人文、自然和社会学科的整合。第四个层面是文化的整合。几千年来形成和流行的分科课程，对文化发展在具有选择性的同时也强化了封闭性，使得学校里的教育内容与社会发展中的文化发展之间出现了严重的割裂。第五个层面是儿童与文化的整合。

整合课程在实施过程中面临着许多困难：① 教材的编写。怎样把各门学科的知识综合在一起，这是一个需要研究的棘手问题。② 师资问题。过去培养的师资，专业划分过细，那些只受过

单一学科训练的教师往往不能胜任整合课程的教学。

2. 核心课程

核心课程产生于20世纪二三十年代。它一反分科课程将各门学科进行切分的做法，而是在若干科目中选择若干重要的学科合并起来，构成一个范围广阔的科目，规定为每一学生所必修，同时尽量使其他学科与之配合。核心课程在一定程度上也可被看做是对儿童中心课程的反动，它在产生之初，尤其反对课程只从学生个人兴趣、需要、动机出发的做法。它提醒教育者注意，儿童并非生活在真空里，而是在一个特定的时间、地点和特定的社会环境里成长的，课程需要反映儿童所赖以生活的社会的需求。它主张以人类社会的基本活动为中心，这样既可以避免学科本身距离生活过于遥远，又可以避免单凭儿童的兴趣和动机来组织课程，以致酿成概念模糊和体系混乱的后果。在形式上，核心课程通常采用由近及远、逐步扩展的顺序呈现课程内容。核心课程要求围绕一个核心组织教学内容和教学活动。

核心课程的主要优点表现在：① 强调内容的统一性和实用性，以及对学生和社会的适用性。因为它把各门学科的内容结合起来从属于要学习的题目，学习中强调理解问题、分析问题和解决问题的技能，所学的内容是实用的。② 课程内容主要来自周围的社会生活和人类不断出现的问题，学生积极参与学习，具有强烈的内在动机。③ 通过积极的方式认识社会和改造社会。

同时，核心课程也暴露出一些缺陷：① 课程的范围和顺序没有明确的规定，学习的内容可能是零乱的、琐碎的或肤浅的；② 学习单元可能被搞得支离破碎，知识的逻辑性、系统性和统一性受到影响；③ 由于缺乏有组织的内容，文化遗产不可能得到充分体现。

3. 外围课程

外围课程是为了不同的学习对象而准备的，它不同于照顾大多数学生、面向所有学生的核心课程，而是以学生存在的差异为出发点的；它也不似核心课程那样稳定，而是随着环境条件的改变、年代的不同及其他差异而作出相应的变化。核心课程与外围课程的差异，如同一般与特殊、抽象与具体的对立，是相辅相成的。核心课程自提出后，就一直有着激烈的争论。这些争论，既涉及核心课程本身，也涉及核心课程与外围课程的关系：一是新学科在不断发展或学科内在分支在不断生长，同时，各种社会问题层出不穷，哪些内容应置于核心课程，哪些应置于外围课程，难有一统；二是核心课程及其名称并不能界定所教的内容；三是核心课程只能满足一部分学生的需要，而不能兼顾所有的学生；四是核心课程围绕社会问题而组织，似乎通过学校教育就能解决大多数社会问题，其实不然。

（五）国家课程与校本课程

1. 国家课程

国家课程亦称“国家统一课程”，它是自上而下由中央政府负责编制、实施和评价的课程。负责国家课程的课程编制中心一般具有以下特征：① 权威性。课程编制中心的权威性来自政府赋予它们的职责以及法律赋予它们的合法性。② 多样性。课程编制中心可以为整个教育系统编制课程，也可以为某些地区编制课程；可以为某个教育阶段或几个教育阶段编制课程，也可以为某类学校或几类学校编制课程，还可以为某类学科或几类学科编制课程。③ 强制性。在绝大多数国家，课程编制中心负责编制的课程是强制执行的，其中包括课程标准、教科书、教师用书、习题集等。

2. 校本课程

校本课程是由学生所在的学校编制、实施和评价的课程。具体来说，它就是某一类学校或某一级学校的个别教师、部分教师或全体教师，根据国家制定的教育目的，在分析本校外部环境和本校内部环境的基础上，针对本校、本年级或本班级特定的学生群体，编制、实施和评价的课程。

校本课程是在克服国家课程诸多弊端的基础上产生的一种课程形式。在推广国家课程的过程中，暴露出诸多脱节现象：① 国家课程与地方教育需求之间的脱节；② 国家课程与学校办学条件之间的脱节；③ 国家课程与学校教师之间的脱节；④ 国家课程与学科发展之间的脱节。而由教师直接参加的校本课程则具有诸多优势：① 校本课程更具地方特色，更能体现学校的办学特点；② 校本课程是一个持续的、动态的、逐步完善的过程，教师能够根据情况的变化，经常修订校本课程；③ 使用校本课程能够使教师获得工作的满足感和成就感，从而增强教师参与学校其他工作的兴趣和积极性；④ 校本课程鼓励和吸收教师、学生、家长和社会人士参与，在提高课程质量的同时，也会不断提高教师、学生、家长和社会的满意度，等等。

校本课程也存在几个方面的负面效应：① 课程编制的权力下放给教师和学生以后，必然扩大了学校与学校之间课程的差异，加剧了学校与学校之间教育质量的不平衡；② 校本课程的开发通常由全体教师参与，涉及的范围较大，其中有一部分教师可能缺乏开发校本课程的专门理论和专门技能；③ 在校本课程开发的过程中，学校需要提供额外的人力、财力、物力、信息和时间，所耗费的教育资源明显高于实施国家课程的需求；④ 在教师流动比较频繁的学校，流动教师无法正常参与校本课程的编制、实施、评价、修订及质量追踪，这势必影响校本课程的质量和连续性。

学习拓展

在课程定义发展的过程中理解课程

施良方在他的《课程理论——课程的基础、原理与问题》中介绍了课程研究过程中几种典型的课程定义：(1) 课程即教学科目。(2) 课程即有计划的教学活动。(3) 课程即预期的学习结果。(4) 课程即学习经验。(5) 课程即社会文化的再生产。(6) 课程即社会改造。

以上定义从不同的角度揭示了课程的本质，但似乎又给人一种盲人摸象的感觉，正如施良方先生所说："各种课程定义，从不同角度或多或少都涉及课程的某些本质，但也都存在明显的缺陷。"这样的定义还可以有很多，如课程即教材，课程即活动等。这些片面的课程定义已经在历史上导致过教育实践的偏差。这些定义或是从课程的存在形式，或是从课程功能等不同的角度作出的，那么课程的整体是什么样子，是否可以作出描述？课程的研究者们已经努力对课程的整体作出描述。

由于课程研究的历史还不太长(从 1918 年博比特的《课程》开始)，因此，大量的课程界定都是描述性的。如"应该说，使用课程一词，最为概括。它概括了多种意义：教学的内容(学科，活动等)，安排，进程，时限，也包括大纲和教材。""课程可以理解为为了实现各级学校的教育目标而规定的教学科目及其目的、内容、范围、分量和进程的总和。""我们将学校课程定义为：学生通过学校教育环境获得的旨在促进其身心全面发展的教育性经验。""课程作为一种具有各方面来源的客观现象，作为一种学校借以实现其目标的、完成其任务的主要手段和媒介，其本质内涵是指在学校教育环境中，旨在使学生获得的、促进其迁移的、进而促使学生全面发展的、具有教育性的经验的计划。"

在课程定义发展的过程中，有几个词逐渐被凸显出来："总和"、"学校中的环境或媒介"、"学生发展"、"计划"等。这意味着课程的定义正在从不断地描述走向本质。

第二节　课程改革

2001年6月8日，教育部印发了《基础教育课程改革纲要(试行)》，它标志着我国第八次基础教育课程改革进入启动阶段。本次课程改革的根本任务是：全面贯彻党的教育方针，调整和改革基础教育的课程体系、结构、内容，构建符合素质教育要求的新的基础教育课程体系。

现场直击

不同国家的课程改革

韩国1997年开始的课程改革，强调实验、学习、讨论、自由活动、社会服务等亲身体验为中心的学习活动，以培养学生解决问题的能力。同时，引入“区别性课程”，从1年级到10年级，数学、英语、朝鲜语、科学和社会等五科设置分层课程；11年级到12年级，大量引入选修课程。

美国《2000年教育战略》在课程方面提出：“美国学生在4、8、12年级毕业时有能力在英语、数学、自然科学、历史和地理学科内容方面能应付挑战”，特别强调“不让一个孩子掉队”。

英国1999年颁布新一轮国家课程标准，强调四项发展目标。精神方面的发展：自我成长，发展自己的潜能，认识优缺点，具有实现目标的意志；道德方面的发展：明辨善恶，理解道德冲突，关心他人，采取正确行动的意志；社会方面的发展：理解作为集体和社会一员自身的权利与责任，人际关系的能力，为了共同的利益与他人协作的能力；文化方面的发展：理解文化传统，具有理解和欣赏美的能力。

新加坡2001年课程改革提出使学生掌握必要的技能，成为勇于革新、善于获取信息、富有创造精神的人，以适应21世纪的需要。

纵观全球教育改革，面对新世纪的挑战和激烈的国际竞争，特别是从我国是人口大国的实际出发，我们必须通过基础教育课程改革，实现培养目标的调整和人才培养方式的转变，以全面提高国民素质，应对未来的挑战。

理论讲述

一、新课程改革的背景及理念

我国新一轮基础教育课程改革深刻体现了时代发展对教育的需求，从而也赋予教育崭新的生活面貌。信息时代为人类展示出个体发展的巨大空间，给个体提供多样的创造机会，特别是互联网技术大大改善着人们的成长方式、交往方式与生活方式。在这样一个充满选择性与变化性的时代，个体对自我成长的探索能力、调节能力及主导能力就显得尤为重要。新课程改革正是在此背景下展开的，它着眼于学生探究能力的培养，要求学生开展研究性的综合实践活动，从而改变了学生的学习方式。这样的改变将能够引领学生自主地、多样地创造自己未来可能的生活世界。

在此背景下，我国课程改革具备以下教育基本理念：一是倡导以学生的发展为本，强调为了一切孩子的一切发展，特别重视身心全面发展和潜能的开发；二是倡导课程结构的均衡性、综合性和选择性，解决诸如文理分科与综合、持续与均衡、选修和必修的关系等，特别是普通高中课程设为语言与文学、数学、人文与社会、科学、技术、艺术、体育与健康和综合实践活动八个领域；三是倡导课程内容的现代化，加强课程内容与现代社会、科技发展及学生终身发展需求的关系；四是倡导学习方式的变革，关注学习的过程，更加关注“学会学习”，而不仅仅是学到了什么样的知识；五是倡导发展性的课程评价，建立过程评价、多元评价的发展性评价体系；六是促进课程的民主化，通过教育家与科学家、专家与教师、社会人士代表等共同参与课标制订及解读的对话，达成各主体间共同合作的良好机制。

二、新课程改革的目标

（一）总体目标

基础教育课程改革要以邓小平同志关于“教育要面向现代化，面向世界，面向未来”和江泽民同志“三个代表”的重要思想为指导，全面贯彻党的教育方针，全面推进素质教育。

新课程的培养目标应体现时代要求。要使学生具有爱国主义、集体主义精神，热爱社会主义，继承和发扬中华民族的优秀传统和革命传统；具有社会主义民主法制意识，遵守国家法律和社会公德；逐步形成正确的世界观、人生观、价值观；具有社会责任感，努力为人民服务；具有初步的创新精神、实践能力、科学和人文素养以及环境意识；具有适应终身学习的基础知识、基本技能和方法；具有健壮的体魄和良好的心理素质，养成健康的审美情趣和生活方式，成为有理想、有道德、有文化、有纪律的一代新人。

（二）基础教育课程改革的具体目标

课程改革的目标是围绕着人的发展目标来设计和确定的。指导我国基础教育课程改革的重要文件《基础教育课程改革纲要（试行）》中提出了基础教育课程改革的六项具体目标。

（1）改变课程过于注重知识传授的倾向，强调形成积极主动的学习态度，使获得基础知识与基本技能的过程同时成为学会学习和形成正确价值观的过程。

当前，世界各国的课程改革都将课程功能的转变作为首要目标，这一根本性的转变，对于实现新课程的培养目标，在基础教育领域全面实施素质教育，培养学生具有社会责任感、健全人格、创新精神和实践能力、终身学习的愿望和能力、良好的信息素养和环境意识等具有重要意义。

（2）改变课程结构过于强调学科本位、科目过多和缺乏整合的现状，整体设置九年一贯的课程门类和课时比例，并设置综合课程，以适应不同地区和学生发展的需求，体现课程结构的均衡性、综合性和选择性。

新一轮基础教育课程改革，对现行课程结构进行了重大调整，减少了课程门类，对各门具体课程之间的比重进行了调整，在保留传统学科课程的同时，加强了旨在养成学生科学素养和实用技能的课程，使科学、综合实践等课程的比重呈上升趋势。课程结构的这种转变，与课程功能的转变相呼应，折射出我国基础教育课程改革的基本思想和新时期的培养目标，保证学生全面、均衡、富有个性地发展。

（3）改变课程内容“难、繁、偏、旧”和过于注重书本知识的现状，加强课程内容与学生生活以及现代社会和科技发展的联系，关注学生的学习兴趣和经验，精选终身学习必备的基础知识和技能。

密切课程内容与生活和时代的联系。课程内容的这一转变，力争反映现代科技发展的新成果，使课程具有时代精神。此外，不再单纯以学科为中心组织教学内容，不再刻意追求学科体系的严密性、完整性、逻辑性，注重与学生的经验结合在一起，使新知识、新概念的形成建立在学生现实生活的基础上。课程内容切实反映学生生活经验，努力体现时代特点，将会有效地改变学生学习生活和现实世界相脱节的状况，极大地调动学生学习的主动性和积极性。

(4) 改变课程实施过于强调接受学习、死记硬背、机械训练的现状，倡导学生主动参与、乐于探究、勤于动手，培养学生搜集和处理信息的能力、获取新知识的能力、分析和解决问题的能力以及交流与合作的能力。

学习方式的改善是以教师教学行为的变化为前提的，为了使学生的学习方式发生根本性的转变，保证学生自主性、探索性的学习落到实处，此次课程改革首先通过课程结构的调整，使儿童的活动时间和空间在课程中获得有效的保障，并在新课程标准中倡导通过改变学习内容的呈现方式，确立学生的主体地位，促进学生积极主动地学习。学习方式的这种转变，还意味着必须关注学生的学习过程和方法，关注学生是用什么样的手段和方法、通过什么样的途径获得知识的。由于获得知识的过程和方法不一样，由此带给学生真正意义上的收获也可能不一样，对学生终身发展的影响也就有可能不同。

(5) 改变课程评价过分强调甄别与选拔的功能，发挥评价促进学生发展、教师提高和改进教学实践的功能。

建立一种发展性的评价体系，包括以下几个方面：一是要建立促进学生全面发展的评价体系，促进学生在已有水平上的发展，发挥评价的教育功能；二是要建立促进教师不断提高的评价体系，不断提高教学水平；三是要将评价看做是一个系统，从而形成多元的评价目标，制订多样的评价工具。

(6) 改变课程管理过于集中的状况，实行国家、地方、学校三级课程管理，增强课程对地方、学校及学生的适应性。

三级课程管理制度的确立，有助于教材的多样化，有利于满足地方经济、文化发展的需要和学生发展的需要。为了实现上述目标，本次课程改革重新划分了国家、地方、学校在基础教育课程管理中的职责分工，调整了国家课程在整个课程计划中所占的比重，在课程内容和课时安排上增加了一定的弹性，让地方和学校拥有相应的选择余地。三级课程管理政策的运行，为课程适应地方经济、文化发展的特殊性，以及满足学生个性发展的需要，体现学校办学的独特性，创造了良好的条件，并且对于加速我国课程建设民主化、科学化进程必将产生深远影响。

三、新课程改革的具体内容

(一) 重建新的课程结构

小学阶段以综合课程为主。小学低年级开设品德与生活、语文、数学、体育、艺术（或音乐、美术）等课程；小学中高年级开设品德与社会、语文、数学、科学、外语、综合实践活动、体育、艺术（或音乐、美术）等课程。

初中阶段设置分科与综合相结合的课程，主要包括思想品德、语文、数学、外语、科学（或物理、化学、生物）、历史与社会（或历史、地理）、体育与健康、艺术（或音乐、美术）以及综合实践活动。积极倡导各地选择综合课程。学校应努力创造条件开设选修课程。在义务教育阶段的语文、艺术、美术课中要加强写字教学。高中以分科课程为主。为使学生在普遍达到基本要求的前提下实现有个性的发展，课程标准应有不同水平的要求，在开设必修课的同时，设置丰富多样的选修课程，开设技术类课程。积极试行学分制管理。

从小学至高中设置综合实践活动并作为必修课程，其内容主要包括：信息技术教育、研究性学习、社区服务与社会实践以及劳动与技术教育。强调学生通过实践，增强探究和创新意识，学习科学研究的方法，发展综合运用知识的能力。增进学校与社会的密切联系，培养学生的社会责任感。在课程的实施过程中，加强信息技术教育，培养学生利用信息技术的意识和能力。了解必要的通用技术和职业分工，形成初步技术能力。

高中开设选修课。农村中学课程要为当地社会经济发展服务，在达到国家课程基本要求的同时，可根据现代农业发展和农村产业结构的调整因地制宜地设置符合当地需要的课程，深化"农科教相结合"和"三教统筹"等项改革，试行通过"绿色证书"教育及其他技术培训获得"双证"的做法。城市普通中学也要逐步开设职业技术课程。

(二) 制定新的国家课程标准

国家课程标准是教材编写、教学、评估和考试命题的依据，是国家管理和评价课程的基础。应体现国家对不同阶段的学生在知识与技能、过程与方法、情感态度与价值观等方面的基本要求，规定各门课程的性质、目标、内容框架，提出教学和评价建议。

制定国家课程标准要依据各门课程的特点，结合具体内容，加强德育工作的针对性、实效性和主动性，对学生进行爱国主义、集体主义和社会主义教育，加强中华民族优良传统、革命传统教育和国防教育，加强思想品质和道德教育，引导学生树立正确的世界观、人生观和价值观；要倡导科学精神、科学态度和科学方法，引导学生创新与实践。

(三) 改善教学过程

教师在教学过程中应与学生积极互动、共同发展，要处理好传授知识与培养能力的关系，注重培养学生的独立性和自主性，引导学生质疑、调查、探究，在实践中学习，促进学生在教师指导下主动地、富有个性地学习。教师应尊重学生的人格，关注个体差异，满足不同学生的学习需要，创设能引导学生主动参与的教育环境，激发学生的学习积极性，培养学生掌握和运用知识的态度和能力，使每个学生都能得到充分的发展。

大力推进信息技术在教学过程中的普遍应用，促进信息技术与学科课程的整合，逐步实现教学内容的呈现方式、学生的学习方式、教师的教学方式和师生互动方式的变革，充分发挥信息技术的优势，为学生的学习和发展提供丰富多彩的教育环境和有力的学习工具。

(四) 规范教材的开发与管理

教材改革应有利于引导学生利用已有的知识与经验，主动探索知识的发生与发展，同时也应有利于教师创造性地进行教学。教材内容的选择应符合课程标准的要求，体现学生身心发展特点，反映社会、政治、经济、科技的发展需求；教材内容的组织应多样、生动，有利于学生探究，并提出观察、实验、操作、调查、讨论的建议。

积极开发并合理利用校内外各种课程资源。学校应充分发挥图书馆、实验室、专用教室及各类教学设施和实践基地的作用；广泛利用校外的图书馆、博物馆、展览馆、科技馆、工厂、农村、部队和科研院所等各种社会资源以及丰富的自然资源；积极利用并开发信息化课程资源。

完善基础教育教材管理制度，实现教材的高质量与多样化：实行国家基本要求指导下的教材多样化政策，鼓励有关机构、出版部门等依据国家课程标准组织编写中小学教材。建立教材编写的核准制度，教材编写者应根据教育部《关于中小学教材编写审定管理暂行办法》，向教育部申报，经资格核准通过后，方可编写。完善教材审查制度，除经教育部授权省级教材审查委员会外，按照国家课程标准编写的教材及跨省使用的地方课程的教材须经全国中小学教材审查委员会审查；地方教材须经省级教材审查委员会审查。教材审查实行编审分离。

加强对教材使用的管理和编辑。教育行政部门定期向学校和社会公布经审查通过的中小学教材目录，并逐步建立教材评价制度和在教育行政部门及专家指导下的教材选用制度。改革用行政手段指定使用教材的做法，严禁以不正当竞争手段推销教材。

（五）建立新的课程评价体系

建立促进学生全面发展的评价体系。评价不仅要关注学生的学业成绩，而且要发现和发展学生多方面的潜能，了解学生发展中的需求，帮助学生认识自我，建立自信。发挥评价的教育功能，促进学生在原有水平上的发展。建立促进教师不断提高的评价体系。强调教师对自己教学行为的分析与反思，建立以教师自评为主，校长、教师、学生、家长共同参与的评价制度，使教师从多种渠道获得信息，不断提高教学水平。建立促进课程不断发展的评价体系。周期性地对学校课程执行的情况、课程实施中的问题进行分析评估，调整课程内容、改进教学管理，形成课程不断革新的机制。

（六）实行三级课程管理

为保障和促进课程对不同地区、学校、学生的要求，实行国家、地方和学校三级课程管理。随着新课程改革的展开，国家本位的管理体制已经被打破，学校正在逐步成为教育改革的中心，成为教育理论与教改实践的前沿，成为校本课程开发的主体，因而建立基于学校教学实际的校本教研制度就显得尤为迫切。校本教研就是为了改进学校的教育教学，提高学校的教育教学质量，从学校的实际出发，依托学校自身的资源优势和特色进行的教育教学研究。校本教研就是要改变教师的生活方式，还专业灵魂于教师；改变学校及教师对教学研究的看法，使教师研究基于现场的真实问题，在此基础上建立新的教学研究制度，实现从约束人到解放人的转变。

四、世界各国课程改革的发展趋势①

课程改革是当前世界各国教育改革的核心。尽管各国课程改革受到多种因素的制约，呈现出不同的价值取向和特点，然而在全球化、信息化时代背景下，各国课程改革也呈现出以下总体趋势。

1. 课程政策的发展趋势

课程政策是国家教育行政主管部门在一定社会秩序和教育范围内，为了调整课程权力主体的不同需要，调控课程运行的目标和方式而制定的行动纲领和准则，着重解决“由谁来决定我们的课程”或课程权力的分配问题。从世界范围来看，大体上有三种课程政策的类型：中央集权型、地方分权型和学校自主决策型，分别以法国、美国和英国最为典型。目前，无论是采取哪一种类型课程政策的国家，都逐渐认识到对课程统得过死和放得过宽都不是明智之举，各国课程政策均注意在“集权—分权、政府—市场、标准化—多元化、学术发展—个人发展”之间寻求动态平衡，努力谋求“国家

① 崔允漷，王贤泽.基础教育课程改革的意义、进展及问题[J].全球教育展望，2006(1).

课程开发”与“校本课程开发”的协调与统一。美、英等国在强调统一课程标准的同时，并没有放弃多元化、个别化教学的传统，而课程改革朝分权化、个性化方向发展的国家也继续强调统一的基础课程。其共同的发展趋势是在课程管理体制上走向均权化，注重国家课程统一性与学校课程灵活性的结合。

2. 课程结构的发展趋势

课程结构是指在学校课程的设计与开发过程中将所有课程类型或具体科目组织在一起形成的课程体系的结构形态。为了使课程能促进学生素质的全面发展，从 20 世纪 80 年代以来，世界各国开始致力于优化课程结构的教育改革，在课程类型、课程内容和课程形态等方面进行了相应的调整和完善：注意各种科目、类型课程的配合，追求课程结构的平衡性、整体性；设置核心课程，夯实工具学科，强调基础学力；加强相关学科之间的联系和渗透，走课程综合化的道路；重视科学教育和信息技术教育，加强职业技术教育，推动课程结构的现代化。例如：美国在 20 世纪 90 年代以来颁布的一系列文件中规划了中小学课程结构，其特点是以学术性科目为轴心，以非学术性科目为外围，削减点缀性科目比重，追求学术性科目和经验性科目之间的新平衡；以核心课程为主体，以选修课程为辅助，追求课程统一性与多样性的平衡；以现代理科课程为核心，以语言社会科课程为边缘，追求课程结构的现代化与传统性的平衡。1991 年的《美国 2000：教育战略》(America 2000：An Education strategy)、1993 年的《2000 年目标：美国教育法》(Goal 2000：An Educate America Act)和 2001 年的《不让一个儿童落后：教育改革蓝图》(No Child Left Behind：A Blueprint for Education Reform)中，都一再强调加强中小学的核心课程：英语、数学、科学、社会、外语、艺术等，试图以此提高学生的学业水平，迎接下世纪的全面挑战。在英国，为全面提高学生的信息和交流技术能力，在新的国家课程中，将以前的“信息技术”(Information Technology)改为“信息和交流技术”(Information and Communication Technology，简称 ICT)。同时要求在数学、理科、历史以及其他所有学科的教学中也要根据具体内容，加强对学生信息和交流技术的指导。

3. 课程实施的发展趋势

当人们反思 20 世纪课程改革的历史进程时，发现大多数课程改革的共同失误是往往满足于课程计划的制订，而不关注课程的实施过程。自 20 世纪 80 年代以来，许多国家的课程改革都重视“课程实施”的研究，把课程实施视为课程改革过程的有机组成部分。总结世界各国的课程改革实践，可以发现，课程实施呈如下发展趋势：教师积极参与课程改革，课程实施的“忠实取向”正在被“调适取向”与“创生取向”所超越；课程实施中的社会参与越来越广泛；学校的课程实施得到立法、经费、师资培训等各方面的策略支持，同时课程实施过程也受到一定的监督和控制。

4. 课程评价的发展趋势

课程评价对课程的实施起着重要的导向和质量监控作用。20 世纪 80 年代以来，世界各国在展开各项课程改革的同时，越来越多的国家开始意识到实现课程变革的必要条件之一就是要建立与之相适应的评价体系和评价工作模式。因此，课程评价改革成为世界各国课程改革的重要组成部分。总的来说，体现出以下特点：评价功能由侧重甄别与选拔转向侧重发展；评价标准由刚性的单一化标准走向弹性的多元化标准；评价对象从过分关注结果逐步转向对过程的关注；评价主体由单一主体转向强调参与与互动、自评与他评相结合；评价方法从过分强调量化逐步转向关注质的分析与把握，定量与定性相结合。

综上所述，当代世界基础教育课程改革，在课程政策上注重国家课程统一性与学校课程灵活性的动态平衡，在课程结构上注重课程类型、课程内容和课程形态等方面的调整和完善，在课程实施上注重教师和社会参与、政策支持以及质量监控，在课程评价上注重评价功能、评价标准、评价对象、评价主体、评价方法的多元化，以满足学生全面发展和多样化发展的需要。这些发展趋势对我国基础教育课程改革是很有启发意义的。

学习拓展

影响课程的基本因素

课程是社会政治、经济、文化、科技等不断发展的结晶。它反映了一定社会的政治、经济的要求，受一定社会政治状况、生产力和科学文化发展水平的影响，学生身心发展的特点、规律也是制约课程改革与发展的重要因素。也就是说，社会、知识、学生及同时代教育思想是制约学校课程的四大因素。

一、社会发展的要求对课程的影响

一定历史时期社会的要求包括生产、经济、政治、道德、文化、科技等多方面。学校课程直接受制于教育目的和培养目标的规定。社会不同时代发展的状态与需要，是形成不同时代学校教育课程总体结构体系重大差别的重要原因。在人类不同的历史时期，社会发展的要求和程度是不一样的，作为与社会、经济、科学技术和文化相适应的教育，自然就反映出不同的设置结构，体现出不同的功能和作用。

二、人类文化和科学技术发展对课程的影响

人类文化是人类文明的标志，不同的历史时期人类文化的发展水平是有较大差别的，学校教育同样要及时反映一定社会文化的要求。同时，科学技术作为先进的生产力，是推动社会和生产进步的重要动力，必然对学校的课程内容不断提出新的要求。课程应反映各门科学中那些具有高度科学价值和实践价值的基本理论、原则。课程的编制应考虑学科体系的完整性、知识结构的内在逻辑性，反映现代科学技术发展的水平，以保证学校课程的科学性、系统性。特别是在科学技术非常发达的今天，要求课程改革的步伐加快，跟上高科技的发展速度，以适应现代化大生产的要求和科学技术的进步。

三、学生的年龄特征、知识、能力对课程的影响

学校的教育教学一定要遵循学生的发展规律。由于学生的成长需要一个过程，他的身体、大脑发育具有明显的年龄特征，课程内容的深度、广度和逻辑结构，不仅要适合学生年龄特征，符合学生身心发展的一般规律，而且要正确处理需要与可能、现实与发展的关系，从而最大限度地促进学生身心和谐发展。如果课程内容高于学生的认知水平，会造成学生难以理解、接受；如果课程的难度太低，容易耽误学生的正常发展。所以，课程改革必须充分考虑学生的已有经验、知识和能力。

四、课程理论的影响

课程设置者的教育思想是影响课程的重要因素，由于人们对教育问题的认识不同，教育理念必然不同，建立在不同的教育哲学理论基础上的课程论，以及本国或本地区课程设置的历史传统，将对课程产生重要的影响。课程理论是教育学的一门分支学科，是研究课程的设计、编制和课程改革的理论。

思考与实践

1. “教师的课程批判力指教师对课堂教学生活中发生的课程现象和对课程中所蕴含的价值观、理念及课程运作机制，依据自身理论和实践经验，做出价值判断，并在此基础上依据教学实际进行必要调整和改进的能力。”请结合本章所学内容谈谈你对这段话的理解。

2. “知识是课程的内核，课程变革从本质上说就是知识观的转向”①。个体知识对个人的成长是至关重要的。请结合个人生活实践谈谈个体知识所具有的三个特性：主观性、情境性、不确定性。

① 余文森．论个体知识的课程论意义[J]．教育研究，2008(12)．

模块三　教　学　论

教学是学校的中心工作，是学校进行全面发展教育的基本途径。教学的质量和效率最直接和最集中地反映了教育目的、培养目标以及课程改革实践价值的实现。理解并明确教学工作的意义、任务，掌握教学原则、方法及其运用对从事课堂教学实践具有重要的指导作用。本模块将探讨教学的概念、教学目标、教学过程、教学方法与组织形式以及教学评价等内容。

第九章　教学概述

教学是学校实现教育目的、完成教育任务的基本途径。学校教育目的的贯彻落实和各种教育任务的完成主要是通过教学途径实现的。本章主要对教学的基本理论加以探讨。

第一节　教学基本理论

教学是一个实践过程，教学理论就是从教学实践中总结、概括并上升为理论的科学体系。教学理论来自于教学实践，又指导教学实践，通过教学实践，又发展教学理论。

现场直击

一堂生动的语文课

"嗨！下午的语文课真难上！"同年级一位老师刚走进办公室就开始抱怨。他无力地滑进椅子。见我们一脸关切，他苦笑着说："我一个人在上《小镇的早晨》，下面全是看戏的。"我开始发愁，因为下节课我也要上《小镇的早晨》，更要命的是，我班刚上了一堂体育课。我会是第二个唱独角戏的老师？或许比他更糟？想起那一张张运动过后热汗淋漓，涨得通红的脸，我忐忑不安地走进了教室。

我带着最充沛的情感，用最动听的声音引课："同学们，今天老师将和大家一道去感受江南小镇与众不同的美……"可我分明看到有人在擦汗，有人在打哈欠，还有人已经趴在桌上了。我赶紧放映水乡小镇风光片，情况才稍有好转。

举步维艰，总算进入研读"小镇的早晨是恬静的"这一重点教学环节。"请自由朗读课文第二小节，想一想：哪些地方让你感受到小镇早晨的恬静？"我话音刚落，就听到有人说："累死了！"循声望去，我的目光停留在一位胖墩墩的男孩子身上。此时，他正在伸懒腰，那样子挺惬意的。遭遇到我询问的目光，他立刻把刚伸展开的四肢硬生生地收了回去。"同学们，你们刚才潜心读书，与课本对话，一定有不少新感受，新发现。现在让老师分享你们收获的快乐吧！”就在这时，那个声音又响了起来：“哇噻，这里搞旅游一定可以赚大钱。”又是他！

完了，这堂课要砸锅！我感到我会说出平生最严厉的话了。“你——”就在我字斟句酌怎样给这调皮鬼一点教训而又不至于伤他自尊的一瞬间，我脑子里突然灵光一闪。“这位同学说的没错。这么美的小镇确实适合搞旅游开发。”我故意停下来看了那调皮鬼一眼。那家伙眼中居然闪过一丝莫名的惊诧。于是我接着说：“下面我来做一回镇长。各位，下午好！我是小镇新任镇长，上任第一件事就是发展小镇的旅游业。为此我首先要感谢那位给我提建议的老乡，不过我得提醒他：最好按正常渠道提意见。”“哈哈！”学生乐了，体育课的疲劳一下子被抛到了九霄云外。再看那位老兄，脸涨得通红，身子却坐得笔直。这一刻，五十双眼睛瞪得圆圆的，一眨不眨地盯着我。一定想知道这“镇长”的葫芦里到底卖的什么药？我一来劲，居然打起了官腔：“就这样搞旅游——那是不行的！还得实行‘三化’。”“哪‘三化’呀？”有学生急了。我轻拍他的肩膀，笑着说：“这‘三化’嘛！就是‘亮化’、‘绿化’加‘现代化’。亮化，就是给小镇街头巷尾、房屋、桥梁，都装上五彩缤纷的霓虹灯，让小镇更加光彩照人！另外，全国都在搞绿化，我们小镇也得搞。石桥，乌篷船太陈旧，刷上绿油漆，就焕然一新了。还有，我们得让小镇‘现代化’。镇上河道纵横，光靠那些古老的木船怎么行？得多买些现代化的水上交通工具，比如游船、汽艇什么的。这样，游人来镇上参观，游览才方便！你们看我这‘三化’如何啊？”许多学生嚷起来：“不好，不好！”我看火候已到，话锋一转：“到底好不好，请你们仔细去读课文第二小节，从中去找答案。待会儿看谁能说服我？”

【分析】

以上是一节语文课堂教学片段摘录，通过阅读这一案例我们要思考以下几个问题：构成教学活动的要素有哪些？什么是教学？教学与教育、智育的关系如何？

（摘自：一堂生动的语文课——《小镇的早晨》教学案例[EB/OL].[2010-04-21].
http://www.xz168.com/fw/info_Print.asp? ArticleID=329.有删改。）

理论讲述

一、教学的概念

（一）教学的内涵

商朝甲骨文中就已经出现了“教”字，如“丁酉卜，其呼以多方小子小臣其教戒”。甲骨文中也有了“学”字，如“壬子卜，弗酒小求，学”。学者们指出从甲骨文的字形分析看，“教”是从“学”派生出来的。“教”和“学”最初是各自独立的。据考证“教”、“学”二字联为一词最早见于《书·商书·说命》，“教学”成为一个词，但并没有专有的解释。《学记》引用它作为“教学相长”的经典根据，特别用来说明“教然后知困”，“知困然后能自强也”。《学记》开篇讲“古之王者，建国君民，教学为先”，这里“教学”一词具有教与学双方活动的意思，其含义大体与“教育”一词相似。

“教学”一词在英文中相对应的词有三个，人们往往用意义接近的 teaching 和 instruction 来表示“教”；用 learn 表示“学”。据考证 learn 和 teach 是由同一词源派生出来的，最早表达的是同样的意思。learn 与所教的内容相联系，teach 与使教学得以进行的媒介相联系。正因为此，经常有人认为,不能仅用 teach 一个词来对应教学,而应该用 teach and learn,以同时强调教师的教和学生的学。从词源考证看,无论中外,"教"的基本含义是传授,"学"的基本含义是仿效。"教学"的基本含义是传授和学习。

关于教学的定义,国内较有影响的观点有:

王策三在《教学论稿》中认为,所谓教学,乃是教师教、学生学的统一活动;在这个活动中,学生掌握一定的知识和技能,同时,身心获得一定的发展,形成一定的思想品德。①

李秉德在《教学论》中提出,对于我们一般教育工作者来说,教学就是指教的人指导学的人进行学习的活动。进一步说,指的是教和学相结合或相统一的活动。②

顾明远在《教育大辞典》中认为,教学是以课程内容为中介的师生双方教和学的共同活动。③

黄甫全、王本陆在《现代教学论学程》中是从广义和狭义两个角度,分别对教学作了如下界定:在广义上,教学就是指教的人指导学的人以一定文化为对象进行学习的活动。在狭义上,教学就是学校教学,是专指学校中教师引导学生在一起进行的,以特定文化为对象的教与学统一的活动。④

基于以上认识,我们认为:教学是教育目的规范下的、教师引导学生进行学习的教与学相结合的活动。这个界定有四层含义:一是教学是一种活动,活动是教学的根本属性;二是教师在教学活动中主要起引导作用;三是这种活动包含着教与学两个方面,并且是统一于一个过程;四是活动的对象是特定文化,离开特定的文化就无所谓教学。

(二) 相关概念及其关系

1. 教学与教育

在日常生活中,人们经常会把教育和教学两个词连起来使用,那么,教学与教育两个概念之间的联系是什么,区别又在哪里呢?首先,教育包含教学,它们之间是整体与部分的关系。教学是实现教育目标的基本途径但却不是唯一途径,学校教育目标也要通过课外活动、生产劳动等途径才能全面实现。其次,教学工作是学校的中心工作但却不是唯一工作,学校工作除教学外也包括行政、后勤等工作。

2. 教学与智育

教学与智育既有联系,又有区别。作为全面发展教育的组成部分的智育,主要是通过教学进行的,两者之间有着密切的联系。两者的区别是:一方面,教学除了是实现智育的途径外,还是实现德育、体育、美育等诸育的途径;另一方面,实现智育的途径既有教学,但也有课外活动、竞赛活动等其他途径。

3. 教学与上课

教学与上课也是一种整体与部分的关系,上课就是课堂教学,教学包括上课,但还包括其他形式的活动。上课仅仅是教学活动的基本方式。

二、教学的功能及任务

(一) 教学的功能

宏观层面,教学具有促进社会发展的功能。教学活动担负着不断解决人类社会历史认识和

---

① 王策三.教学论稿[M].北京:人民教育出版社,1985:88-89.

② 李秉德.教学论[M].北京:人民教育出版社,1991:2.

③ 顾明远.教育大辞典[M].上海:上海教育出版社,1998:711.

④ 黄甫全,王本陆.现代教学论学程[M].北京:教育科学出版社,2003:8.

社会成员个体认识之间矛盾的责任，教学是沟通人与社会的过去、现在和未来的桥梁。社会要延续和发展，就需要把人类在长期认识过程中积累起来的知识、经验和文化一代一代地传递、保留下去，并在传递和保留的过程中不断地更新、丰富和发展，在这一过程中学校教学虽然不是唯一的方式，但却是其中最系统、最规范、效率最高的一种形式。显然，教学担负着促进社会历史发展的重任，对人类社会的延续发展发挥着不可替代的重要功能。

微观层面，教学具有促进个体发展的功能。教学的直接目的就是促进个体德智体等方面的全面发展，因而教学具有促进个体发展的功能。同时，教学对社会的作用也是通过对个体发展的影响实现的。教学对个体发展的作用主要是：教学可使个体的认识突破时间和空间以及个人经验的局限，从而扩大认识范围，赢得认识速度；教学可使个体的思想道德品质建立在科学文化知识基础上；教学也能促进学生身心健康，如为学生提供强身健体的理论知识和方法，符合卫生要求的教学也对学生身心健康有良好的作用。

（二）教学的一般任务

中小学各科教学都要完成共同的任务，这就是教学的一般任务。明确和掌握教学的一般任务，结合各学科的实际，可以更好地制定和执行各科的具体教学任务。教学的一般任务如下。

1. 引导学生掌握科学文化基础知识和基本技能

教学的首要任务是引导学生掌握科学文化基础知识和基本技能。因为教学的其他任务都只有在引导学生掌握知识和技能的基础上才能实现。所以，只有扎扎实实地完成好这个教学任务，才能有条件完成其他教学任务，确保培养人才的质量规格。

教学应当重视向学生传授基础知识和基本技能。所谓基础知识是指构成各门学科的基本事实和相应的基本概念、原理与公式等及其系统。它是组成一门学科知识的基本结构，揭示了学科研究对象的规律性，反映了科学文化发展的现代水平。

所谓技能，是指学生运用所掌握的知识去完成某种实际任务的能力。而基本技能，则是指各门学科中最主要、最常用的技能。如语文和外语的阅读、写作技能，数学的运算技能，物理和化学的实验技能等。

在普通中小学中，教学必须把现代自然科学和社会科学中的基础知识和基本技能系统地传授给学生，一方面使他们具有现代人所应具有的素质；另一方面为他们参加现代生产劳动和政治、文化生活创造必要的条件；同时也为他们进一步学习各种专业知识以及从事科学研究、进行创造和发明奠定初步的基础。

2. 发展学生的智力、体力和创造才能

发展学生的智力、体力和创造才能，不仅是顺利地、高质量地进行教学的必要条件，而且也是培养全面发展的新人的要求，因而，这是现代教学的一项十分重要的任务。

所谓智力，是指个人在认识过程中表现出来的认知能力系统。它包括观察力、注意力、记忆力、想象力和思维力，其中思维力是智力的核心。人的智力是先天遗传素质、后天环境、教育影响和个人努力四者相互作用的产物。但对青少年学生来说，教学对他们的智力发展起着主导作用。现代社会发展迅速，科学技术日新月异，人类知识总量不断增长，而学生在校学习的时间却非常有限，难以增加。为解决学生有限的学习时间与人类不断积累的巨量知识之间的矛盾，就要求教学除了有选择地引导学生掌握基本知识外，主要靠发展学生的智力，以增强学生的学习能力和发展他们的自学能力。教学还要发展学生的体力，通过体育课和其他学科教学，向学生传授体育方面的知识、技能,增强体质。同时教学还要特别注意体育课卫生与安全工作,注意用脑、用眼卫生,坐姿和书写时身体的姿势等,以利于发展学生的健康体魄。所谓创造才能,对主要任务是学习人类知识的学生来说,主要是指能够运用自己已有的知识和智能去探索、发现和掌握尚未知晓的知识的能力。当然有时也可以发现新的真知,创造出新的独特的具有社会价值的产品。创造才能不仅是智力发展的高级形式,而且是学生个人的求知欲望、进取心和首创精神、意志力与自我实现决心的体现,只有在教学中善于启发诱导学生进行思维操作,进行推理证明,去解决完成创造性作业,才能培养学生的智力和发展他们的创造才能。

3. 培养学生良好的品德和审美情趣,奠定学生的科学世界观基础

青少年学生的品德、审美情趣和世界观正处在急速发展和逐步形成的重要时期,要使他们能具有良好的品德、正确的审美情趣和科学的世界观,教学起着重要作用。因为学生在教学中进行的学习和开展的交往,就是他们生活中认识世界和进行社会交往的主要部分。他们在掌握自然科学和社会科学知识以及联系实际过程中,将提高自己的思想认识、道德修养和审美情趣;他们在班级的集体教学活动中,将根据一定的规范和要求来调节自己的思想和行为,这都会使他们具有良好的品德、审美情趣和形成科学世界观的基础。

三、教学过程

教学过程是教学论的核心问题,是指教学活动的展开过程,是教师根据一定的社会要求和学生身心发展的特点,借助一定的教学条件,指导学生主要通过认识教学内容从而认识客观世界,并在此基础之上发展自身的过程。

(一) 教学过程的本质

教学过程的本质是什么,历来有不同的见解,纵观各家之说,我们对教学过程本质的认识如下。

1. 教学过程是一种特殊的认识过程

教学过程主要是引导学生掌握人类长期积累起来的科学文化知识的过程。学生循序渐进地学习和运用知识的认识活动是贯穿于教学过程始终的主要活动。学生是有意识的能动主体,教材所包含的知识及其所反映的客观事物是他们认识的客体,他们只有在掌握知识和运用知识的能动活动中,才能使自身获得发展、提高。所以,教学过程要受认识论的一般规律所制约,要注意调动学生的学习主动性、积极性,遵循"从生动的直观到抽象的思维,并从抽象的思维到实践"这个认识真理、认识客观实在的辩证的途径。这是社会主义国家教育界运用马克思主义认识论指导教学并经过实践检验而得出的一个正确的结论。

但是,教学过程又是一个特殊的认识过程,即它是学生个体的认识过程,具有不同于人类总体认识的显著特点:① 间接性。主要以掌握人类长期积累起来的科学文化知识为中介,间接地认识现实世界。② 引导性。需要在富有知识的教师引导下进行认识,而不能独立完成。③ 简捷性。走的是一条认识的捷径,是一种科学文化知识的再生产。这些特点是教学必须注意的。

教学过程只有既遵循认识论的一般规律,又充分注意学生认识的特点,才能组织和进行得科学而有成效。

2. 教学过程也是一个促进学生身心发展的过程

教学过程主要是按一定的认识(即学习)任务和内容,依照认识论的规律和学生认识特点而

组织、进行的逐步掌握和运用知识的活动过程，它本身不是学生的身心发展过程。两者有根本的区别。但是，学生是处在迅速发展时期的青少年，教学的目的就是要促进青少年学生德、智、体、美充分发展，成长为符合社会需要的人。实际上，教学过程强有力地影响着学生的发展过程。两者之间有着内在的必然的联系。从教学过程上看，现代教学不仅要适应学生的发展，而且要尽最大可能来促进学生的发展，才能达到现代教学所要求的高效率、高水平。所以，促进学生发展也是教学过程的一个重要特性。

在教学论史上，认识到教学过程也是促进学生发展的过程是一个重大的进步。教学的对象是正在发展中的、有主观能动性的学生，因而教学要看对象，要注意学生的发展，要有发展性。古代教学就很少注意学生发展，甚至一味压抑学生的个性，方法简单，效率很低。到了近代，在实践中逐渐明确教学要适应学生的身心发展，提出了量力、直观、循序渐进和启发诱导等教学原则，从而逐步提高了教学质量。但是，教学仅仅适应学生的发展，那么学生的身心发展只能在接受知识的过程中自发和自然地进行，缓慢而水平不高。所以，随着社会的发展，这种单纯地适应学生发展的教学便日益落后，需要改革。第二次世界大战后，生产与科技的迅猛发展，要求在教学过程中能自觉地促进学生的身心发展，培养出体力、智能、创造才能、个性都得到充分发展的人才。

3. 教学过程的本质是师生的交往互动

教学是教师的教与学生的学的统一，这种统一的实质就是交往。《基础教育课程改革纲要（试行）》指出："教师在教学过程中应与学生积极互动，共同发展，要处理好传授知识与培养能力的关系。"师生的交往互动，是教学过程的本质属性。没有师生的交往互动，就不存在真正意义的教学。教学中交往的属性决定了教学过程的本质规定性。

(1) 交往的本质属性——主体性

交往是主体的生存状态与活动方式，有交往的主体，才有交往的行为，才能构成交往活动。处于教学交往中的师与生应该是教学过程共同的主体，他们之间不是施教与受教、改造与被改造的单一对象关系，而是一种"人与人"、"我与你"的意义存在关系。在这种关系中，师与生人格上独立，关系上平等，活动上自主，教学上民主。有了师与生，特别是学生主体的定位，交往的双方才能相互尊重，敞开心扉，彼此接纳，互相作用，教师才能真正成为学生学习的伙伴和朋友。交往的主体性的发挥才能真正体现教学过程的民主性。

(2) 交往的准则——相互理解

理解是交往的"生态条件"，只有相互理解，才能相互沟通，相互倾听，相互信任，相互合作，没有理解，人的交往就会萎缩。通过师生间的相互交流、相互沟通、相互理解，才能改变教学实践中普遍存在的教师中心主义倾向，使师生彼此走向对方的内心世界，实现情感共鸣、思维共振。

(3) 交往的运行机制——视界融合

交往的相互影响、相互作用体现了"主体间性"的存在，这种"主体间性"的实质是没有内外压力与制约的相互理解与沟通。教与学的交往是双向的、互动的，包括教师与学生，学生与学生，师生与教材及其各种教学资源等，单方面的教与授不是无济于事就是索然无味。而教学中的对话、沟通实现着参与者对现实和历史的各种视界的汇聚融合。在相互碰撞的回应中，来自对方的信息不断为自己所吸收，对各自的认识偏差，不断地加以克服矫正，新的思想、新的视点不断产生。视界融合过程就是教学的意义建构过程，也是师生吸纳人类文明、净化心灵、共同发展的过程。这种交往的固有机制铸成了教学过程的第三个品性——创造性。

(4) 交往的存在状态——全息互动

交往是双方或多方的接触、往来、对话、沟通,教学中交往的意义已远远超越了它原始的语言学的意义,它已经成为人类存在与发展的基本方式。教学这一交往活动,不仅指向参与者的认知过程,也指向参与者的情意价值形成过程,作用于其身心的各个方面。全息互动的交往是一种能动的建构,包括知识技能的获得,智慧能力的提高,主体人格的完善,它不仅仅是知识的生产,也是精神生产的过程。交往的全息互动属性保证了学生的全面和谐的发展。

教学是交往的特殊存在形式,交往决定了教学活动的本质。用"教学交往"观审视教学过程,并以此构建共同主体的师生关系,将传统的教学改造为平等、民主的教学,沟通合作的教学,互动创新的教学,促进人全面和谐发展的教学,这是新课程的基本理念,也反映了当代教学改革和发展的最新思想。

(二) 教学过程的理论

1. 历史上有关教学过程的理论

(1) 古代教学过程理论的萌芽

我国教学过程理论的萌芽主要蕴含在孔子的教育思想中,孔子提出"学而不思则罔,思而不学则殆",提倡"躬行",即身体力行,初步形成了把"学"、"思"、"行"看做统一的学习过程的思想。这是最早的教学过程思想。这一思想被后来的儒家思孟学派所发展,在《中庸》中明确提出了"博学之、审问之、慎思之、明辨之、笃行之"的学习过程理论。这一过程理论概括得很简明、精辟,强调了学生个人的能动的学习、思考和实践,比较符合认识规律,对我国后世的教学与学生自学产生了良好的影响。但此后在漫长的封建社会里,教学却演变成在书斋里诵读经典,在学习过程理论上一直没有突破。不过,在学习书本知识和进行修养上还积累了不少经验。如宋朝朱熹提出的"循序渐进、熟读精思、虚心涵泳、切己体察、着紧用力、居敬持志"的读书法,对教学、对如何读书是很有益处的。

在西方,古罗马的昆体良在他所写的《雄辩术原理》中,总结了他在修辞学校长期任教培养演说家的经验,提出了"摹仿、理论、练习"三个循序递进的学习过程理论。这一过程,重视直观、重视知识的掌握和技能的训练,是很可贵的。但在西方中世纪,教学理论的发展却很缓慢,囿于研读神学经典,脱离社会实际,搞烦琐哲学。不过,在注重理论的逻辑与条理性方面,仍有一些可取之处。①

(2) 近代教学过程理论的形成与发展

德国教育家赫尔巴特试图根据心理学来阐述教学过程,提出了"明了、联想、系统、方法"四个阶段,揭示了课堂教学的某些规律性。这一理论对指导和改进教学实践起了积极作用,它也标志着教学过程理论的形成。赫尔巴特的教学过程理论后来被他的学生所发展,演变为"预备(提出问题、说明目的)、提示(提示新课程、讲解新教材)、联系、总结、应用"的教学过程。上述教学过程均为五段,俗称"五段教学法"。这种教学过程理论,在欧美各国流行、统治达半个世纪之久,被后人称之为传统教育派或传统教学,曾于清末兴学校后流传到我国。

19世纪末20世纪初,随着大工业生产和科学技术的发展,科学实验的日益普及与其研究的

① 王道俊,王汉澜.教育学[M].北京:人民教育出版社,1989:183-184.

成果不断地运用于教育，出现了一种反传统教育派的进步教育思潮，其思想代表是美国实用主义教育家杜威。他反对教材中心、教师中心和传统的课堂教学，主张以儿童活动为中心，重视学生的生活经验，通过从做中学来调动学生的积极性，促进他们的生长。在教学过程上，他依据学生在做中学的认识发展提出了五个阶段的过程：从情境中发现疑难；从疑难中提出问题；作出解决问题的各种假设；推断哪一种假设能解决问题；经过检验来修正假设、获得结论。它被简明地概括为五步：困难、问题、假设、验证、结论，也有人把它叫做“思维教学五步法”。

苏联十月革命后，其教育曾受杜威教育思想的影响，忽视系统科学知识的教学，从而不能适应社会主义建设的需要。1939 年，凯洛夫主编的《教育学》试图用马克思主义科学地解释教学过程，揭示学生认识的特点，概括教学过程的基本环节，提出并阐明教学必须遵循的原则。这确实在新的理论基础上发扬了传统教学论的优点，纠正了实用主义教育忽视系统知识的偏向，显著提高了学校的科学文化知识的教学水平，在理论和实践上都达到了新的高度。但由于过于强调学习书本知识、教师主导作用和课堂教学，尽管也提到要领导学生积极参与教学，发展他们的智力，实际上对学生在学习中的主体地位认识不足，对学生学习的主动性、积极性有所忽视，对发展他们的智力、能力强调不够，暴露了类似“传统教育”的一些弊病。这就不能不影响教学质量的进一步提高。

（三）教学过程的阶段

教学作为一种师生交往活动，在进行的过程中不可能是散漫的、杂乱无章的。按照教师组织教学活动所要求实现的不同认识任务，教学过程可以划分为以下几个不同阶段。

1. 引起学习动机

学习动机就是推动学生努力学习的一种内部动力。教学应从诱发和激起学习动机开始，从作好学习的心理准备开始。

引起学生学习动机的方法很多：可以对学生提出引人思考的问题；可以讲述有趣的故事；可以演示引人注目、给人新知的直观材料；可以指出将学的新知识的重要价值，等等。究竟用什么方法，应当根据教学任务和内容的需要和学生的实际来选择。

2. 感知教材

教材是一种系统的书本知识，是他人实践经验的总结。为了理解和掌握这种知识，学生必须凭借自己的生活经验或有关的感性知识作基础。

学生感性知识的来源是多方面的。有的是他们在生活中积累的；有的是在以往学习中获得的；有的是通过直观教具或实验、实习、参观等教学实践得来的；有的是经过教师的生动描述和学生的再造想象产生的，等等。教学中应根据教材的需要和学生的实际，使学生从多方面获得感性知识。

3. 理解教材

在教学过程中感知教材是重要的，但不能让学生的认识停留在感性认识上，而要引导他们把所感知的材料同书本知识联系起来，进行思维加工，把握事物的本质和规律，使他们的感性认识上升为理性认识。在教学中，丰富学生的感性认识，其目的是帮助他们理解教材，领会教材的内核。因此，理解教材是教学过程的中心环节。在理解教材过程中，教师要善于运用比较、分析、综合等逻辑思维方法和归纳、演绎等逻辑推理形式，来引导和组织学生的思维过程，并培养他们的逻辑思维能力。

4. 巩固知识

所谓巩固知识就是把所学的知识牢牢地保持在记忆里。学生只有在理解的基础上牢牢记住所学的基础知识,才能顺利地吸收新知识,自如地运用已有的知识。因此,教学要注意巩固。

巩固知识既是理解教材之后的一个必要阶段,又是贯穿于教学过程始终的一个因素。应该看到,在教学过程中,学生对教材的感知、理解,对知识的实际运用,都对知识的巩固起着重要作用。但为了使学生牢固地记住知识,防止遗忘,还需要做知识的巩固工作,这就是进行各种形式的复习。只有经过必要的复习,才能使知识在记忆中的痕迹得到强化,形成牢固的联系。

5. 运用知识

理解知识和巩固知识是运用知识的基础。但是,理解不等于运用,牢固地掌握了知识不等于形成了运用知识的技能、技巧。要使学生从理解概念,掌握理论到运用知识于实际,形成技能、技巧,单靠动脑是不行的,还必须引导学生动口、动手,进行实际的练习或操作才能达到。因此,教师要注意引导学生运用知识,培养他们的基本技能和技巧。

在教学过程中,学生运用知识,形成技能、技巧,主要是通过教学实践来进行,如完成各种书面的或口头的作业、实验等。

从上面的分析可以看出,学生掌握知识需要经历几个教学阶段,每个阶段各有其具体的教学任务,它们既相互区别又相互联系。在教学实践中,并不是每堂课都要体现这五个阶段,也不是每堂课都要遵循这五个阶段的顺序。一般来说,包括这五个阶段的教学过程,是通过连续几节课的教学来完成的,而且各个阶段的教学任务往往是交织在一起的,不能相互分割,孤立进行。

教学中,由于学科特点、教材内容和学生掌握教材的情况不同,教学的具体任务各异,教学阶段也表现出不同的特点,具有灵活性。教师要把教学的一般规律和各门课程的具体教学实践综合起来,对具体教学作具体分析,根据实际情况灵活地运用,引导学生达到掌握知识的目的。

学习拓展

教学内涵的不同理解

著名学者郭思乐在回答关于教学问题时做了这样形象的描述:“如果你告诉学生,3乘以5等于15,这不是教学。如果你说,3乘以5等于什么?这就有一点是教学了。”“如果你有胆量说:‘3乘以5等于14’,那就更是教学了。这时候,打瞌睡的孩子睁开了眼睛,玩橡皮泥的学生也不玩了:‘什么什么?等于14?’”“然后他们就用各种方法,来论证等于15而不是14。比如4个3是12,再多加一个3,是15;数一数,5个3是15,等等。”

当课程由“专制”走向民主,由封闭走向开放,由专家研制走向教师开发,由学科内容走向学生经验的时候,课程就不只是“文本课程”(教学计划、教学大纲、教科书等文件),而更是“体验课程”(被教师与学生实实在在地体验到、感受到、领悟到、思考到的课程)。这意味着,课程的内容和意义在本质上并不是对所有人都相同的,在特定的教育情境中,每一位教师和学生对给定的内容都有其自身的理解,对给定内容的意义都有其自身的解读,从而对给定的内容不断进行变革与创新,以使给定的内容不断转化为“自己的课程”。因此，教师和学生不是外在于课程的，而是课程的有机构成部分，是课程的创造者和主体，他们共同参与课程开发的过程。这样教学就不只是课程传递和执行的过程，而更是课程创生与开发的过程。这是新课程所倡导的教学观。教学过程因此成为课程内容持续生成与转化、课程意义不断建构与提升的过程。

（摘自：钟启泉，等.基础教育课程改革纲要(试行)解读[M].上海：华东师范大学出版社，2001.）

第二节 教学工作的基本程序

教学工作是学校的中心工作，课堂教学是教学的主渠道。熟悉教学工作的基本程序是作为一名合格教师的首要条件。

现场直击

小学数学名师谈备课

众所周知，备课是教学的重要行为之一，是教师上好课的关键，如果备课无效，教学就必然无效。让我们来看看名师是怎样备课的，通过品读名师们的备课智慧，使我们从中寻觅到“有效备课”的路径：

徐斌：小学数学特级教师，他以十年磨一课的精神，追求数学的理想课堂。

其备课心得是：曾有人错误地认为，既然课堂是生成的，课程改革后应该简化备课，甚至不要备课。殊不知，没有备课的全面考虑与周密设计，哪有课堂上的有效引导与动态生成；没有上课前的胸有成竹，哪有课堂上的游刃有余。在生成的课堂上，需要教师善于激发学生的需求，放手让学生自主探索，需要教师展示学生真实的学习过程，特别是善待学生学习过程中出现的错误和不足，运用教师的智慧耐心引导学生，使之在获取知识、形成能力的同时获得健康的人格。

刘可钦：北京市中关村第四小学校长，小学数学特级教师。

其备课心得是：教师备课时，如果注重对教学过程的设计，注重对不同教学思路的追问，注重学生之间的交流与质疑，注重创造性地使用教材，就能预约出课堂的精彩。

守旺：中国人民大学附属小学副校长，小学数学特级教师。

其备课心得是：在新课程背景下教师备课时应树立五种意识：

① 对话意识。与《数学课程标准》对话；对教材对话；与同伴对话；与名师、网友对话；与学生对话。

② 课程资源开发意识。社区，家庭资源的合理利用；媒体，网络资源的合理开发；其他学科资源的有机整合。

③ 以学生为主体的意识。找准学生数学学习的现实起点；精心安排学生的探究过程，让学生体验数学。

④ “预设”与“生成”意识。

⑤ 质量效率意识。确定切实可行的课时教学目标；注意多种教学方法的优化组合；组织好有效的课堂练习。

（摘自：浅谈小学数学教师如何备课[EB/OL].(2009-12-22).
http://www.wztcxx.com/ArticleShow.php/show_1721_pages_8.htm.有删改。）

理论讲述

教师进行教学工作的基本程序包括备课、上课、说课、听课、评课、布置课外作业、课外辅导以及学业成绩的检查与评定。这几方面的工作使学校教学工作形成了一个有机的整体。

一、备课

备好课是上好课的先决条件，只有备好课才有可能上好课。教师备课，需要做好三个方面的工作，即钻研教材、了解学生、考虑教法。

1. 钻研教材

钻研教材包括钻研课程标准、教科书和有关教学参考书。教师钻研教材一般要经过“懂”、“透”、“化”三个阶段。“懂”，就是对教材的基本思想、基本概念弄清楚；“透”，是指要透彻地了解教材的结构、重点与难点以及掌握知识的逻辑，能运用自如；“化”，就是教师的思想感情和教材的思想性、科学性“溶化”在一起，达到精通的程度。

2. 了解学生

了解学生包括了解学生的原有的知识结构，他们的兴趣、需要与思想状况，方法习惯等，教师还应对学生学习新知识可能遇到的困难，可能产生的问题有所预见。

3. 考虑教法

考虑教法主要是解决教师如何把已经掌握的教材内容传授给学生。它包括：如何组织教材，如何确定课的类型，如何安排每节课的活动，如何运用各种方法开展教学活动。此外，也要考虑学生的学法，包括预习、课堂学习活动与课外作业等。

上课前，教师还应要求学生为上课作一定的准备，包括：复习有关知识，收集有关素材，阅读指定的参考书，对教材进行预习。

二、上课

上课是教师在教学过程中必须具备的教学技能之一。所谓上课就是教师在课堂上把备好的课展现出来。上课是教学工作的中心环节，是提高教学质量的关键。由于课型不同，教师上课的方法和策略也不同。

1. 课的类型

课的类型是根据教学任务划分的课的种类。一般有两种：一种是根据教学的任务可分为新授课、巩固课、检查课等。但在实际教学中，有时一节课所完成的任务是单项的，有时是多项的。所以，根据一节课所完成任务类型的多少，又可以分为单一课和综合课。另一种是根据使用的主要教学方法来分的，可以分为讲授课、演示课、讨论课、练习课、实验课、复习课等。

2. 课的结构

课的结构是指课的基本组成部分及各组成部分进行的顺序、时限和相互关系。受学科特点、教学内容、教学方法、教师和教学对象等因素的制约，不同类型的课有不同的结构。一般来说，课的结构包括这样几个部分：组织教学、检查复习、讲授新教材、巩固新教材、布置作业等。了解课的结构有助于教师掌握每一种课的性能与操作过程，以便发挥各种课在教学中的作用。但任何一种课的结构在实际教学当中，都会随着具体的教学条件的变化而变化，所以，对课的结构的认识、把握和运用，都要根据具体情况而变化，不可生搬硬套。

3. 上好课的具体要求

教师是否能上好课，关键要看其所上的课是否符合最基本的教学要求。作为一堂好课的基本要求是：

（1）目标明确。确定教学目标要注意德、智、体、美等全面发展，要把目标确定得切实可行、具体清楚，能够真正对学生的学习起导向作用，从而使学生在课堂上的一切活动都能紧紧围绕实现教学目的而进行。

（2）内容正确。一方面是指教师讲授的内容、呈现的材料必须是科学的、正确的；另一方面是指教材的讲授、概念的定义、原理的结论是准确、有条理和符合逻辑的。

（3）方法恰当。课堂上使用的方法应符合教材的特点、学生的特征，并能充分利用现有的设备条件，帮助学生顺利地掌握本节课的教学内容。

（4）组织得好。指课的进程次序分明、有条不紊，课的节奏紧凑，不同任务变换时过渡自然，能够始终保持一种良好的课堂气氛，教师能够机智地处理各种偶发事件。

（5）积极性高。教师和学生都能处于积极主动的状态之中，教师能引导学生的思路，启发学生的思维，激活学生的智力活动，整个课堂活动都能表现出在教师引导下学生主动学习的积极性。

（6）表达清晰。是指教师上课用普通话，声音响亮，言语流畅，明白易懂，板书规范。

三、说课

说课是教师在教学过程中应该具备的基本教学技能之一。所谓说课就是教师把一节课的内容从如何确定教学目标、如何分析学生的具体情况、如何选择教学方法、如何确定教学策略、如何安排教学环节、如何突出重点、如何解决难点、自己依据的教学理念是什么、可能会出现的问题是什么、将用什么样的方法来解决、自己感觉比较成功的地方在哪里、自己不满意的地方是什么等内容有条理地说出来的一种教学技能。

说课是教师理解教材、设计教学的能力的综合衡量，是教师的教学能力的重要组成部分。说课是促进教育教学理论与教学实践相结合的媒介。说课不仅要求教师有一定的专业文化知识，还必须具备一定的教育教学的理论水平和一定科研能力。通过说课训练，可促使教师在钻研教材的同时，认真钻研教育教学理论，促进教师业务素质从单一的学科知识结构过渡到既有学科文化知识，又有一定教育教学理论知识和多元素质结构，逐步发展成为学者型教师。说课除述说教学常规外，还要求阐述教学设计所依据的教育理论。说课的具体要求是：内容理解准确，教学设计明晰，教育理论依据充分，语言表达明了，操作演示规范。

因此，说课包括：① 说基础。说学生已有的学习基础，这是进行教学的基础。② 说教材。说教学内容，教学内容分解成的三维目标是什么；教学目标的着力点、重点、难点又是什么。③ 说理念。在本节课的教学中要运用哪些新课程理念。④ 说结构。如何设计教学结构，如何选择教学模式。⑤ 说策略。解决教学问题的策略是什么，即采取什么样的策略才能使教师教得生动，才能使学生学得主动，才能把教学目标落实到实处。⑥ 说学法。是自主学习、合作学习，还是探究性学习。⑦ 说依据。本节课所选择教育理论的依据是什么。⑧ 说创新。本节课的创新之处有哪些。⑨ 说效果。教学目标落实得如何，教学理念落实得如何。⑩ 说评价与反思。好的地方是什么，不足的地方又是什么，改进的措施是什么等。

四、听课

听课是教师在教学过程中掌握的与教学技能密切相关的技能之一。一个教师听课水平的高低，反映出他对教学过程的理解程度。常言说，会看的看门道，不会看的看热闹。同样，会听课的，可以听出奥妙，听出经验，听出不足。不会听的，却什么也听不出来。如何听课呢？听课要做到"听、看、记、思"有机结合。

1. 听

要听：① 教师在讲课中是否体现了新课程的理念、方法和要求；② 教师是否重点突出、详略得当；③ 教师上课的语言是否流畅，表达是否清楚；④ 教师上课中是否有知识性的错误；⑤ 教师上课是否有创新的地方；⑥ 教师上课的思维是否清晰，学生的发言是否积极、准确。

2. 看

要看：① 教师主导作用发挥得如何；② 学生主体作用发挥得如何。

3. 记

要记：① 教学整体进行的过程，尤其是那些能反映教师上课特点的情况，如果有条件可以进行现场录像、录音；② 要记重要的事件，并要随时作出简单的教学评价。

4. 思

要思考：① 教师为什么要这样处理教材，换个角度行不行；② 教师成功的地方和不足的地方在哪里？为什么？这些地方对学生所产生的相关性影响是什么；③ 如果是自己来上这节课，可能会怎样上？通过换位思考，来体会教师的实际上课的情况；④ 如果我是学生，我是否理解和掌握了教学内容，即从学生的角度来看教学目标的实现情况；⑤ 新课程的理念、方法、要求等是如何体现在课堂教学中，并内化为教师自觉的教学行为；⑥ 这节课是否反映教师正常的教学实际水平，如果没有听课者，教师是否也能发挥到这样的水平。

总之，在听课的过程中，要通过自己的"听、看、记、思"等多方面的信息收集，来达到对上课教师上课过程的全面把握，同时也为评课做好准备。

五、评课

评课是教师应该具备的，与教学技能密切联系的技能之一。评课之所以重要，是因为通过评课可以发现上课教师的优点和不足，可以为自己以后的教学提供借鉴的经验，从而不断地完善自己的教学。

如何进行评课呢？

1. 从处理教材上分析

评析教师一节课上得好与坏不仅要看教学目标的制定和落实，还要看教师对教材的组织和处理。我们在评析教师一节课时，既要看教师知识教授的准确科学，更要注意分析教师教材处理和教法选择上是否突出了重点，突破了难点，抓住了关键。

2. 从教学程序上分析

(1) 看教学思路设计

教学思路是教师上课的脉络和主线，它是根据教学内容和学生水平两个方面的实际情况设计出来的。它反映一系列教学措施怎样编排组合，怎样衔接过渡，怎样安排详略，怎样安排讲练等。教师课堂上的教学思路设计是多种多样的。为此，评课者评教学思路：一是要看教学思路设计符不符合教学内容实际，符不符合学生实际；二是要看教学思路的设计是不是有一定的独创性；三是要看教学思路的层次、脉络是不是清晰；四是要看教师在课堂上教学思路实际运作是否有效果。

(2) 看课堂结构安排

教学思路与课堂结构既有区别又有联系，教学思路侧重教材处理，反映教师课堂教学纵向教学脉络，而课堂结构侧重教法设计，反映教学横向的层次和环节。它是指一节课的教学过程各部分的确立，以及它们之间的联系、顺序和时间分配。课堂结构也称为教学环节或步骤。课堂结构的不同，也会产生不同的课堂效果。可见课堂结构设计是十分重要的。

3. 从教师教学基本功上分析

(1) 看板书：好的板书，首先，设计科学合理。其次，言简意赅。再次，条理性强，字迹工整美观，板画娴熟。

(2) 看教态：教师课堂上的教态应该是明朗、快活、庄重，富有感染力。仪表端庄，举止从容，态度热情，热爱学生，师生情感交融。

(3) 看语言：教师的课堂语言，首先，要准确清楚，说普通话，精当简练，生动形象，有启发性。其次，教学语言的语调要高低适宜，快慢适度，抑扬顿挫，富于变化。

(4) 看操作：看教师运用教具，操作投影仪、录音机、微机等熟练程度。

4. 从教学效果上分析

分析一节课，既要分析教学过程和教学方法方面，又要分析教学结果方面。课堂效果评析包括以下几个方面：一是教学效率高，学生思维活跃，气氛热烈。二是学生受益面大，不同程度的学生在原有基础上都有进步。知识、能力、思想情操目标达成。主要看教师是不是面向了全体学生，实行了因材施教。三是有效利用教学时间，学生学得轻松愉快，积极性高，当堂问题当堂解决，学生负担合理。

六、布置课外作业

教师布置课外作业应注意以下几点：第一，作业内容应根据学科课程标准规定的范围和深度，选题要有代表性，难度要适中；第二，作业应与教科书的内容有逻辑联系，但不应是教科书中的例题或材料的照搬；第三，作业应有助于启发学生的思维，鼓励学生独立探索并积极进行创造性思维；第四，作业应尽量与现代生产和社会生活中的实际问题相结合，力求理论联系实际；第五，根据学生的能力和学习水平，给优生和差生分别布置数量、难度各异的作业，并给予必要的指导、提示和帮助。

七、课外辅导

课外辅导是课堂教学的一种补充，是适应个别差异、贯彻因材施教原则的重要措施。课外辅导可分为集体辅导和个别辅导两种。

1. 课外辅导的主要内容和任务

第一，教师给学生解答疑难问题，指导学生做好课外作业。第二，给缺课和基础差的学生补课，帮助他们克服学习上的困难。第三，对成绩优秀和学习能力强的学生进行个别辅导，增加作业的难度,扩大知识面,满足他们的求知欲望。第四,对学生进行学习目的、学习态度和学习方法的指导。

2. 课外辅导的要求

首先,教师要充分了解学生,根据不同的对象,确定不同的辅导内容和手段。其次,要处理好上课和课外辅导的关系。上课是主要的,课外辅导是辅助手段。不能把课外辅导搞成变相的课堂教学,加班加点,加重学生负担。第三,教师要与后进生家长密切配合,对后进生做耐心细致的辅导工作,增强他们的信心,在发展智力上下工夫,使其逐步达到课程标准的要求。

八、学业成绩的检查与评定

学业成绩的检查与评定,俗称测验或考试,是以测验的形式定量地评定学生个人的能力得到的结果。通过检查、评定学生的学业成绩,教师可以从中了解教学的效果和问题,总结教学经验,改进教学工作;学生能从自己学习结果的反馈中,及时获得矫正的信息,进一步调整自己的学习,还可以促进知识巩固与系统化。

学习拓展

课堂教学的预设与生成

新课标指出,教学不再是单元化的、死板的和静态的知识传授过程,而是师生多元化的、开放的和动态的对话与交流过程,因此生成性是新课程课堂教学的重要特征。同时,课堂教学又是有计划有目的的活动,必须体现课程和教学的课改要求,落实国家对青少年的基本要求,承担起"引导人"、"塑造人"、"提升人"的责任,它意味着课堂教学必须具有一定的预设性。于是预设与生成就构成了新课程教学中的一对基本矛盾。

一、课堂教学必须有预设

预设是生成的基础,凡事预则立,不预则废。只有充分、成功的预设,才有生成,课堂教学活动才是有计划、有目的的活动。因此,没有预设就没有教学,任何教学都必须有预设。而且这种预设必须包括教学目标、教学内容、教学进程、教学手段、教学情境等多方面。如就教学目标而言,要按照新课程的要求,从知识与技能、过程与方法、情感态度与价值观等多个方面进行预设,而不能只单纯地预设知识目标。无论哪一方面都要有适当的、多套的预案,只有充分成功的预设,才会有生成的美丽。实践证明现实生活中的课堂教学大多是预设成功的。

二、课堂教学必须有生成

生成是课堂预设的升华,是教学生命力与真正价值所在 。古希腊有句名言,一个人不可能两次踏进同一条河流,同样,一名教师也不可能两次踏进同一课堂。课堂是动态的、生成的、充满变化的,而这些变化又蕴含着许多丰富的教学资源,这就要求我们教师必须密切地关注课堂的动态生成,敏锐地捕捉和发现这些有效的信息,并加以利用。这样才能使凝固的课堂变成一幅幅鲜活而生动的画面,呈现一种和谐自然的教学氛围。对课堂教学进行过度预设,不允许课堂教学出现任何意外、"错误",这样的课堂就会缺乏弹性和活力。

三、课堂教学是预设与生成的辩证统一

一方面，只有生成没有预设的课堂教学是不可思议的，不仅形散而且神散，那种所谓的生成实质是“放羊”，是放弃教学的责任、教师的责任，会严重影响课堂教学质量和一代人的素质；另一方面，只有预设没有生成的课堂教学是死气沉沉的，那种所谓的预设会严重束缚课堂教学中师生的生成能力，而且会慢慢扼杀师生的创新精神、探究欲望和生命活力。

科学而艺术地把握教学中的预设与生成。只是辩证地认识课堂教学中预设和生成的关系是远远不够的，更重要、更迫切的问题是我们要在具体的教学实践中科学而艺术地把握和处理预设与生成的辩证关系。

思考与实践

1. 国内学术界对“教学”一词有不同的理解和认识，结合本部分学习内容，谈谈你对教学活动的认识。

2. 教师应该怎样备课呢？有人提出：教师要明确一个目的——备课是为了促进每一个学生的发展；教师要弄清三个问题——教什么？教谁？怎样教？教师要掌握基本的备课的方法。试自选一节课的内容进行备课，再谈谈你的体会。

第十章　教学方法论

构成教学活动的基本要素包括教师、学生和教学影响三个方面。其中教学影响指在教学活动中教师作用于学生的全部信息，既包括了信息的内容也包括信息呈现的形式，比如课程就是信息的内容，而教学方法、教学组织形式则属于呈现信息的形式。没有无内容的教学，同样，也没有无形式的教学，内容总要通过一定的形式传递给学生。本章主要探讨教学方法论问题，包括教学原则、教学方法和教学组织形式。

第一节　教学原则

教学原则在教学中具有重要意义。它是主观见之于客观，理论见之于实践的中介。教师要顺利地进行教学，就必须明确教学活动中应遵循的一系列教学原则。

现场直击

教学：科学性与思想性相统一

思考的问题：如何将科学性和思想性统一的教学原则贯穿于课堂教学之中，拓展英语学科的育人价值？

案例片段描述：在教学 Book 1 Unit 1 时教师设计了以下三个片段：

[片段一]

为了引出“birthday”这一话题，教师与学生进行了以下对话：

Teacher：Excuse me，when is your birthday?

Student A：On February the eleventh.

Teacher：Do you know your father's / mother's birthday?

Student A：????

[片段二]

在谈到切蛋糕庆祝生日时，教师这样问道：

Teacher：Now Ann will cut her birthday cake into pieces. Who do you think should get the first cake?

同学们七嘴八舌地说开了，有的说 Ann，有的说 Ann's father，有的说 Ann's mother…

[片段三]

在最后布置回家作业时，教师布置了这样一个开放性任务，让学生回家以后，调查家里人的生日：Members' Birthday：Father，Mother，Grandfather ，Grandmother ，Sister/Brother。

教学反思：关于父母的生日，大多数学生都不知道；关于把第一块生日蛋糕分给谁，多数学生没有思考过这一问题；教师有意布置调查身边亲人生日的作业，这都是为了通过有效的引导，对学生进行尊敬长辈，关心长辈的教育。教育学生心中要有他人，学会关心他人，营造一种快乐的爱的氛围。把课堂和现实生活紧密联系起来，创设一种宽松的语言环境，调动学生学习英语的积极性，将科学性和思想性统一的教学原则贯穿于课堂教学之中，拓展英语学科的育人价值。

理论讲述

教学原则是反映人们对教学活动本质性特点和内在规律性的认识，是指导教学工作有效进行的指导性原理和行为准则。①教学原则既指导教师的教，也指导学生的学，教学原则是有效进行教学所必须遵循的基本要求。我国教育工作者在广泛吸取古今中外教学原则研究成果的基础上，在中小学的教学过程中灵活地运用了很多教学原则，一般认为比较常用的教学原则有以下几条：

一、科学性与思想性相统一原则

科学性与思想性相统一原则是指教学过程中教师引导学生掌握的知识必须是科学的、系统的，同时要发挥教学内容中所蕴含的思想影响，使科学知识和技能的教学与情感、态度、价值观的教育有机结合在一起。教学的科学性是思想性的前提和基础，思想性是科学知识的内在属性，因此，体现教学的思想性必须以科学性为前提。这就要求教师在教学过程中要精心编写与选择教学内容，努力发掘课程资源中的思想性，同时不断提高自身的业务水平和思想素质。

二、启发性原则

启发性原则是指在教学中教师承认学生是学习的主体，运用各种教学方法，充分调动学生学习的主动性、积极性，引导学生独立思考、自主探索、自觉发展。一方面，学生的认识和发展离不开教师的引导与促进；另一方面，学生又是学习的主体，知识的掌握、能力的发展、情感的培养、态度的养成等都取决于学生自己。中外教育家都很重视启发教学。孔子提出了“不愤不启、不悱不发”的著名教学要求，这是“启发”一词的来源；此后，《学记》又发展了“启发”的教学思想，提出“道而弗牵，强而弗抑，开而弗达”的教学要求，明确了教师的作用在于引导、激励、启发，而不是牵着学生走，强迫和代替学生学习。古希腊哲学家苏格拉底倡导的“问答法”（也称“产婆术”），强调教师要善于运用问答方式来激发和引导学生自己去寻求正确答案，教师在引导学生探求知识的过程中起着助产的作用。

三、循序渐进原则

循序渐进原则也称系统性原则，是指教学要按照学科的逻辑系统和学生认识发展的顺序进

① 王策三.教学论稿[M].北京：人民教育出版社，1985：147.

行，使学生能够有系统地掌握知识、发展能力、形成严密的逻辑思维能力，获得理想的发展。中外教育家都很重视教学的顺序性和系统性。《学记》中提出“学不躐等”，“不陵节而施”。孟子反对“揠苗助长”。宋代朱熹又进一步提出“循序而渐进，熟读而精思”。在国外，夸美纽斯强调“应当循序渐进地来学习一切”，布鲁纳要求学生掌握学科的知识结构。提出循序渐进原则，一是因为学科知识本身存在严密的系统性；二是因为学生的认识是一个由简单到复杂的逐步深化的过程，学生的发展是一个由低级到高级的逐步提高的过程。

四、因材施教原则

因材施教原则是指教师要从学生的实际情况、个别差异出发，有的放矢地进行教学，使所有学生的潜能都得到发展、优势得到发挥，最终获得符合自身特点的理想的发展。古今中外教育家都很重视因材施教，尤其是我国的孔子善于根据学生的不同特点，实施有针对性的教学，可谓是因材施教的先行者。如：“柴也愚，参也鲁，师也辟，由也喭”。正因为如此，他的教育和教学才能符合学生的实际水平和个性特点。宋代朱熹把孔子的经验加以概括，指出“夫子施教，各因其材”，这就是“因材施教”的来源。因材施教原则的提出正是反映了教学受制于学生身心发展的特点这一规律。

五、有效性原则

有效性原则是指在教学过程中，教育者要有明确的质量意识和效率意识，通过整合教学过程的各要素，达成教学过程的最优化。在现代社会，质量第一、效率优先的思想被越来越多的人所认同，有效性原则是现代意识在教学追求上的具体表现，质效统一正在成为现代教学实践的自觉追求。巴班斯基的教学最优化理论就突出地反映了这一追求，“所谓最优化的教学，就是在教养、教育和学生发展方面保证达到当时条件下尽可能大的成效，而师生用于课堂教学和课外作业的时间又不超过学校卫生学所规定的标准”。其实，“任何教学效果都应该用尽量少的时间和力量去达到，但同时又不削弱教育和教养的价值”。

六、理论联系实际原则

理论联系实际原则是指在教学过程中，教育者要坚持理论与实际的结合与统一，用理论分析实际，用实际验证理论，使受教育者从理论和实际的结合中明了知识、理解知识、掌握知识，并能灵活地运用知识，从而培养其运用所学知识解决实际问题的能力。

在我国教育史上，曾有不少教育家提倡教学中的“知”与“行”相结合。如宋代朱熹主张学习必须与实践相结合，他指出“为学之实，同在践履。苟徒知而不行，诚与不学无异，然欲行而未明于理，则其践履者又未知其果何事也”。明朝王阳明提出“知行合一”主张。在西方，古希腊智者派认为，没有实践的理论和没有理论的实践都没有意义。今天我们强调理论联系实际的教学原则，不仅很好地反映了这些教学思想，也反映了我国教学目的的要求，同时，也反映了教学过程中学生学习活动中认识的特点。

学习拓展

《学记》中的教学原则

《学记》是我国古代儒家思孟学派的作者在两千多年前总结私人讲学实践中所取得的极丰富经验而写成的一本教育著作。《学记》提出的许多教育原理、原则、方法在今天仍有积极的意义。

一、教学相长

“学然后知不足,教然后知困。知不足,然后能自反也;知困,然后能自强也。故曰教学相长也。”从中可见教学过程是一种实践过程,必须通过师生双边互动来完成,双方都必须发挥主观能动性,学生通过“自反”而努力学习,教师通过“自强”而不断进修,这样才能提高教学质量。

二、长善救失

“学者有四失,教者必知之。人之学也,或失则多,或失则寡,或失则易,或失则止。此四者心之莫同也。知其心,然后能救其失也。教也者长善而救其失者也。”这段话告诉我们教师要做好“长善救失”工作,首先要了解学生存在的问题。比如,有的学生学习贪多,消化不了,有的学生把学习看得太容易,不求甚解,有的学生把学习看得太难,缺乏信心,教师只有通过了解学生存在的问题,并了解他们存在问题的原因才能做好长善救失的工作。

三、善教善喻

“善歌者使人继其声,善教者使人继其志”,这形象地说明了教师在教育中的重要作用。教师责任如此重大,因此强调教师要有广博的知识,“记问之学不足以为人师,必也其听语乎”。如果只靠事先备好课,然后照本宣科,这是当不好教师的。做一名合格的教师要精通专业,知识渊博,能够随时解答学生提出的问题。教师还应有熟练的教育技巧。首先要善于启发,“道而弗牵,强而弗抑,开而弗达。道而弗牵则和,强而弗抑则易,开而弗达则思”。其次要善于表达,“其言也,约而达,微而藏,罕譬而喻”。再次要善于对待发问,“尸之以小者则小鸣”,“尸之以大者则大鸣;待其从容,然后尽其声”。传授知识是教师的职责,但只有知识,而不懂教育方法,是当不好教师的。

四、预、时、孙、摩

预,“禁于未发”,在问题发生前做好预防工作;时,“当其可”,抓住恰当时机及时施教;孙,“不凌节而施”,在施教过程中注意循序渐进而不越级;摩,“相观而善”,学友间相互取长补短。如果不符合这条原则就会产生“废教”、“废学”的后果。

五、学生善学

“善学者,师逸而功倍,又从而庸之。不善学者师勤而功半,又从而怨之。”善于学习的人往往使教师省力而自己所得甚多,并且能够把功劳归于教师;不善学习的人往往使教师费力而自己所得甚少并且还埋怨教师。由此在教学工作中,学生的善学是起重要作用的。而善学的前提是要学生对自己的能力、秉性有所了解。

六、藏息相辅

“时教必有正业,退息必有居学”。时教就是在校的学习时间,正业指所学的课业;退息就是在家的休息时间,居学指课外练习和游艺活动。居学可以辅助正业,而且可以培养正业的兴趣。处理好正业与居学的关系,能保证教学任务的完成,使学生做到学习的时候努力进修,休息的时候尽兴娱乐和玩耍。

第二节　教学方法

学习研究教学方法,是为了教学过程中很好地运用教学方法,取得最优的教学效果。教学方法有很多,教师应根据各种因素进行合理选择,才能发挥教学方法的最大功效。

现场直击

张楚廷的教学方法说

在谈到教学方法时,很多教学论著作中有不同的观点,目前,在教学实践中运用的教学方法数不胜数,据有人不完全收集整理有700余种。

其中,张楚廷在《教学论纲》中指出,对"教学方法"的定义的办法就有五种之多:一、方式说,"教学方法是指教师在教学过程中为了完成教学任务所采用的工作方式和在教师指导下的学生的学习方式";二、措施说,"教学方法是教师为了完成教学任务,实现教学目的,在教学过程中所采用的一系列方法措施";三、手段说,"教学方法是教师为了完成教学任务所采用的手段";四、办法说,"教学方法是为了完成教学任务而采用的办法";五、活动说,"教学方法是为了达到教学目的,实现教学内容,运用教学手段而进行的,由教学原则指导的,师生相互作用的活动"。

(摘自:张楚廷.教学论纲[M].北京:高等教育出版社,2002.有删改。)

理论讲述

一、教学方法的内涵

关于教学方法,人们有不同的理解和定义,如有人认为:"教学方法是教师为了完成教学任务,实现教学目的,在教学过程中所采用的一系列方法措施。"有人认为:"教学方法是为完成教学任务而采用的办法。它包括教师教的方法和学生学的方法,是教师引导学生掌握知识技能,获得身心发展而共同活动的方法。"还有人认为:"教学方法,是在教学过程中,教师和学生为实现教学目的,完成教学任务而采取的教与学相互作用的活动方式的总称。"其实,从教学活动的本质出发,教学方法就是教师和学生为实现教学目的,完成教学任务而采用的一系列教学活动方式的组合。教师教的方法和学生学的方法是联系在一起的,教师的教服务于学生的学,应能促进学生更好地学、有利于学生更有效地学。

二、中小学常用的教学方法

我国中小学常用的教学方法通常被分为五大类:① 以语言传递信息为主的方法:如讲授法、谈话法、讨论法、读书指导法等;② 以直接感知为主的方法:如演示法、参观法等;③ 以实际训练为主的方法:如练习法、实验法、实习作业法等;④ 以欣赏活动为主的方法:如欣赏法等;⑤ 以引导探究为主的方法:如发现法等。其实,教学方法的分类只是相对而言的,各类教学方法相互联系、相互渗透，很难完全分开。以下重点阐述几种我国中小学常用的教学方法。

1. 讲授法

讲授法是教师通过口头语言向学生系统地传授知识，发展学生智力的方法。它通过循序渐进的叙述、描绘、解释、推论来传递信息，传授知识，阐明概念，论证规律、定律、公式，引导学生认识和分析问题，促进学生能力的发展。讲授法一直是教学史上最主要的教学方法，也是教学实践中最基本的教学方法，可分为讲述、讲解、讲读、讲演等不同形式。讲述，是以叙述或描述的方式向学生传授知识的方法；讲解，是教师向学生说明、解释和论证科学概念、原理、公式 、定理的方法；讲读是教师及师生之间讲与读交叉进行的教学方法；讲演，是教师对一个完整的课题进行系统的分析、论证并作出科学结论的一种方法，常适用于中学高年级教学活动。

运用讲授法的基本要求：讲授内容要有科学性、系统性、思想性；注意启发；讲究语言艺术。

2. 谈话法

谈话法又称问答法，是师生以口头语言问答的方式进行教学的一种方法。谈话法特别有助于激发学生的思维，调动学习的积极性，培养他们独立思考和语言表述的能力。

运用谈话法的基本要求：要准备好问题；谈话要用心设计；要善问；要善于启发诱导；要善于归纳、小结。

3. 讨论法

讨论法是指在教师指导下，学生以全班或小组为单位围绕某个问题各抒己见，进行探讨而获取知识或巩固知识、获得发展的一种教学方法。讨论法可以培养学生的合作精神，培养学生钻研问题的能力和语言表达能力。

运用讨论法的基本要求：选择有吸引力的问题；善于在讨论中对学生启发引导；善于归纳、小结。

4. 读书指导法

读书指导法是教师指导学生通过阅读教科书和课外读物获得知识和发展能力的教学方法。该方法有利于培养学生的读书习惯，提高学生的自学能力。读书指导法包括指导学生预习、复习、阅读参考书、自学教材等。

运用读书指导法的基本要求：提出明确的读书目的和要求；指导学生读书的方法；辅导读书的过程；组织读书心得的交流。

5. 演示法

演示法是教师通过展示有关实物、直观教具或进行示范性实验，让学生通过观察获得感性认识的教学方法。演示法是一种辅助性教学方法，广泛应用于中小学各科教学中。

运用演示法的基本要求：明确演示的目的和要求；做好演示前的准备工作；加强演示过程中的讲解和指导。

6. 练习法

练习法是指教师指导学生巩固知识、运用知识、形成技能技巧的教学方法。练习法也是教学的基本方法，各学科、各年级应用广泛。按培养学生不同的能力分为口头练习、书面练习、实际操作练习；按学生掌握技能、技巧的进程分为模仿性练习、独立性练习、创造性练习。

运用练习法的基本要求：明确练习的目的和要求；提高练习的自觉性和独立性；循序渐进。

7. 实验法

实验法是教师指导学生运用一定的仪器设备进行独立作业，观察某些事物或现象的发生和变化，探求事物的规律，以获取知识，形成技能技巧的教学方法。

运用实验法的基本要求：明确实验的目的和要求；做好实验前的准备；加强实验过程中的指导；做好实验小结。

8. 发现法

发现法又称研究法、探索法，是指学生在教师的指导下通过独立的探究，创造性地解决问题而获得知识和发展能力的教学方法。发现法的特点是由学生完成比较复杂的课题或独立作业，能有效培养学生分析问题与解决问题的能力。发现法的基本过程是：创设问题情境，向学生提出要解决或研究的课题；学生利用有关材料，对提出的问题作出各种可能的假设或答案；从理论或实践上检验假设；对结论作出补充、修改和总结。

运用发现法的基本要求：明确研究的目的；正确选定研究的课题；创设探究的条件；积极引导探究的过程。

三、教学方法的选择依据

各种不同的教学方法各具特点、功能互异，要求不同，适应性不同，因此，在教学过程中恰如其分地选择此时此地此情此景下效果最好的教学方法就显得尤为重要。具体来讲，选择教学方法主要考虑以下因素。

1. 教学的具体目的和任务

不同的教学目的和教学任务需要不同的教学方法去实现和完成。如掌握知识，宜选择讲授法、阅读法等；形成技能，宜选择实习法、实验法等；发展能力，宜选择作业法、研究法、讨论法等；陶冶个性，宜选择欣赏法、陶冶法、参观法等。

2. 教学内容的性质和特点

不同的课程及科目，教学内容的性质是不同的。不同的课程及科目需要不同的教学方法，同一课程和科目的不同内容也需要不同的教学方法。就每门课程的具体内容来看，分别用于掌握知识、形成技能、发展能力、陶冶个性等不同目标，就需要用讲授、示范、演示、参观、作业、讨论等不同方法。

3. 学生的身心发展状况

学生的年龄、性别、经历、气质、性格、思维类型、审美情趣等的不同，以及班级的学习纪律及风气的不同，也对教学方法提出不同的要求。因此，在教学过程中，教师要选用与此相适应的教学方法。当然，不是消极地适应学生的现实水平，而是注意从学生实际出发，选择那些能促进和发展学生学习独立性和自主性的方法。

4. 教师自身的素养及特点

教师自身的业务水平、实际经验、个性特点和驾驭能力，直接关系到选用的教学方法是否能发挥其应有的作用。并不是每个教师的素养和特点都能对看似有效的教学方法取得应有的成效，因此，教师要对自身的素养及所具备的条件做实事求是的分析，扬长避短，切忌盲目照搬照套。如口头语言能力强的教师，可优先选用讲授法；口头语言能力弱的教师可优先选择演示法、讨论法等。

5. 教学方法本身的特点

教学方法都是具体的，其类型和功能各不相同，各有其优缺点，各有其适应性和局限性。教学方法是多种因素的有机组合，存在着效率与平等、教师与学生、规模与质量、知识与能力、统一与个性等矛盾。如讲授法有效率高、规模大、突出知识传授等长处，但却在发展学生个性、能力等方面存在局限。因此，要求教师在具体的教学过程中注意教学方法的优化组合，灵活运用。

6. 教学时间和效率的要求

学校教学的时间是固定的、有限的，任何课程科目的时间是限定的，而教学内容则相对是无限的。教学的最优化就是要求以最少的时间取得最佳的效果，所以在教学过程中，应注意选择那些高效低耗的教学方法，即既能在规定的时间内完成教学任务，又能使师生身心愉快的教学方法。

四、教学方法的运用原则

1. 坚持以启发式为指导思想

启发式是相对于注入式而言的，它不是指一种具体的教学方法，而是指运用各种教学方法时所应坚持的指导思想。注入式教学是指教师从主观出发，把学生看成是单纯接受知识的容器，忽视学生在学习过程中的能动作用和主体地位；启发式教学则是指教师从学生实际出发，采取各种有效的形式和方法调动学生学习的积极性、主动性和独立性，引导学生通过自己积极的智力活动去掌握知识、发现知识、探究知识、发展能力、提高认识、陶冶情感等。启发式教学强调尊重学生学习的主体地位，指导学生学习的方法，培养学生的思维能力尤其是创造力等。

2. 坚持创造性地运用教学方法

教学过程是一个动态的生成过程，从教学过程内外诸因素的关系考察，教学方法是一个很重要的变量。即使教师在教学设计时能综合考虑各种教学要求，预设教学程序并选定教学方法，但教学活动的展开过程仍存在各种可能性的变化，使教学过程具有境遇性、生成性。因此，教师必须具备一定的教学智慧，随时根据实际变化，准备应变办法，创造性地运用各种教学方法。

3. 发挥教学方法的整体功能

在教学过程中，尽可能使各种教学方法有机配合，综合运用多种教学方法，发挥教学方法的整体性功能。

五、自主、合作、探究学习模式

(一) 自主学习

所谓“自主学习”是就学习的内在品质而言的，是相对于“被动学习”、“机械学习”和“他主学习”而言的。自主学习是一种学习者在总体教学目标的宏观调控下，在教师的指导下，根据自身条件和需要自由地选择学习目标、学习内容、学习方法并通过自我调控的学习活动完成具体学习目标的学习模式。

关于自主学习，国内外已经有大量的研究。行为主义心理学家认为，自主学习包括三个子过程：自我监控、自我指导、自我强化。自我监控是指学生针对自己的学习过程所进行的一种观察、审视和评价；自我指导是指学生采取那些致使学习趋向学习结果的行为，包括制订学习计划、选择适当的学习方法、组织学习环境等；自我强化是指学生根据学习结果对自己作出奖赏或惩罚，以利于积极性的学习得以维持或促进的过程。而认知建构主义学派认为，自主学习实际上是元认知监控的学习，是学习者根据自己的学习能力、学习任务的要求，积极主动地调整自己的学习策略和努力程度的过程。自主学习要求个体对为什么学习、能否学习、学习什么、如何学习等问题有自觉的意识和反应。

根据国内外学者的研究成果，可以将自主学习的特征概括为以下几个方面：① 学习者参与与确定对自己有意义的学习目标的提出，自己制订学习进度，参与设计评价指标；② 学习者积极发展各种思考策略和学习策略，在解决问题中学习；③ 学习者在学习过程中有情感的投入，有内在动力的支持，能从学习中获取积极的情感体验；④ 学习者在学习过程中对认知活动能够进行自我监控，并作出相应的调适。

（二）合作学习

合作学习是针对教学条件下学习的组织形式而言的，是相对于“个体学习”而言的。合作学习是指学生在小组或团队中为完成共同的任务，有明确的责任分工的互助性学习。

合作学习有以下几个方面的要素：① 积极的相互支持、配合，特别是面对面的促进性的互动；② 积极承担在完成共同任务中个人的责任；③ 期望所有学生能进行有效的沟通，建立并维护小组成员之间的相互信任，有效地解决组内冲突；④ 对于各人完成的任务进行小组加工；⑤ 总结共同活动的成效并进行评估，寻求提高其有效性的途径。

合作动机和个人责任，是合作学习产生良好教学效果的关键。合作学习将个人之间的竞争转化为小组之间的竞争，有助于培养学生合作的精神和竞争意识；有助于因材施教，可以弥补一个教师难以面向有差异的众多学生的教学的不足，从而真正实现使每个学生都得到发展的目标。

在合作学习中，由于有学习者的积极参与，高密度的交互作用和积极的自我概念，使教学过程远远不只是一个认知的过程，同时还是一个交往与审美的过程。①

（三）探究学习

探究学习即从学科领域或现实社会生活中选择和确定研究主题，在教学中，创设一种类似于学术（或科学）研究的情境，通过学生自主、独立地发现问题、实验、操作、调查、搜集与处理信息、表达与交流等探索活动，获得知识、技能、情感与态度的发展，特别是在学习过程中培养学生的探索精神和创新能力。

和接受学习相比，探究学习具有更强烈的问题性、实践性、参与性和开放性。经历探究过程以获得智力发展和深层次的情感体验，建构知识，掌握解决问题的方法，是探究学习要达到的三个目标。

国外学者将探究学习分为六种基本类型：实验性探究、逻辑推理任务、基于测量的研究、工程性设计、技术性设计、开放性的研究。

当然，在教学工作中，不能把三种学习方式截然分开。有时，在一节课、一个单元，为了解决问题，必须把几种学习方式结合在一起。特别是探究性学习，它不是一种学习方式能够胜任的，它常常要吸取自主性和合作性学习方式。这就需要教师灵活地运用学习方式，根据不同的教学内容进行组合。只有这样，学生在课堂上不仅学到了知识、技能，培养了情感态度与价值观，还掌握了学习方式，也只有这样，才算是完成了此次课程改革应达到的目标。

---

① 肖川．教育的理想与信念[M]．长沙：岳麓书社，2002：158-159.

学习拓展

课堂教学中如何引导学生自主学习、合作学习和探究学习？

“自主、合作、探究”是基础教育课程改革提倡的学习方式。它是根据对时代和素质教育的要求，针对课堂教学中普遍存在的“以课堂为中心、以教师为中心、以课本为中心”的状况提出来的，目的是改变基础教育中单一、被动的学习方式，向多样化、探索性的学习方式转变，让学生成为学习的主人，发展学生的主体意识、创新意识和实践能力，提高学习的效率，促进学生均衡而有个性的发展，以适应未来学习、生活和工作的需要。怎样在课堂教学中引导学生自主学习、合作学习、探究学习，这是一个全新的课题，需要广大教师在实践中研究和创新。

一、必须切实转变教育教学的观念

应当明确，学生是学习的主体，教师只是学习活动的组织者和引导者，教师与学生的关系不是简单的“授”与“受”的关系。只有当学生有兴趣的时候，只有当学生的身心处于最佳状态的时候，只有当教学内容能够以多种形式呈现的时候，只有当学生发现知识的个人意义的时候，只有当学生自主参与探索与创新的时候，只有当学生有更高的自我期待的时候，只有当学生对教师充满信任和热爱的时候，他们才能学得更好，学得更快。

在课堂教学的过程中，教师要以学生为本，根据学生身心发展和学习内容的特点，关注学生的个体差异和不同学习需求，爱护学生的好奇心、求知欲，充分激发学生的主动意识和进取精神，培养学生主动探究、团结合作、勇于创新的品质。教学中要坚持价值引导与自主建构相统一的原则，尊重学生探究的需求、获得新体验的需求、获得认可与欣赏的需求，使学生的经验得到激活、丰富和提升，知识得以建构和运用，技能得以形成、巩固和熟练，学习策略得以丰富和完善，情感得以丰富和升华，态度和价值观得以形成和完善。

二、必须对自主、合作、探究学习的特点和要求有所了解

所谓“自主学习”，是就学习的内在品质而言的，是相对于“被动学习”与“机械学习”提出的。它要求学生在学习活动之前能够自己确定学习目标，制订学习计划，做好具体的学习准备；在学习活动中能够对学习进展、学习方法做出自我监控、自我反馈和自我调节；在学习活动后能够对学习进行自我检查、自我总结、自我评价和自我补救。自主学习的特点是学生自己想学、能学、会学、坚持学，是一种高品质的学习。

所谓“合作学习”，是就教学条件下学习的组织形式而言的，是相对于“个体学习”而言的。它要求学生在小组或团队中围绕共同学习任务，进行明确的责任分工，相互支持、配合、沟通、互动，对个人完成的任务进行小组的集体加工，并对共同活动的成效做出评估。合作学习的特点是有助于培养学生的责任感、合作精神、竞争意识和交往能力，有助于互相取长补短、共同进步。

所谓“探究学习”，是相对于“接受学习”而言的，具有很强的问题性、实践性、参与性和开放性。它要求学生在一种类似于学术研究的情境中，独立自主地发现问题，通过自己的实验、操作、调查、搜集和处理信息、表达和交流等探索活动，获得知识和技能、情感态度和价值观的提升和发展。探究学习的特点是学生在学习过程中能够获得智力发展和深层次体验，有助于学生自我建构知识、掌握解决问题的方法，有助于学生探索精神和创新能力的形成和发展。

自主学习强调学生学习的主动性,合作学习强调学生学习的互动性,探究学习强调学生学习的探索性,目的都是为了使学生学得更主动、更积极、更深入、更生动、更有效,为他们将来的学习、生活和工作打下良好的基础。

三、必须积极地发挥教师的组织者和引导者的作用

强调自主、合作、探究的学习方式,教师的担子不是减轻了,而是更重了;教师的责任不是减少了,而是更多了;对教师的要求不是降低了,而是更高了;教师的作用不是削弱了,而是更积极了。在课程改革中,教师如果不能转变观念,更新知识,不断提高自身的综合素养,就不能适应教育教学的需要。在课堂教学中引导学生自主、合作、探究学习,教师需要多动脑筋、多想办法,合理创设教学情境,引导和帮助学生检省和反思自我,明确自己想学习什么、想获得什么;引导和帮助学生寻找和利用学习资源;引导和帮助学生设计恰当的学习活动;引导和帮助学生发现所学东西的意义;引导和帮助学生营造和维持学习过程中民主、互动、积极、和谐的氛围;引导和帮助学生对学习过程和结果进行恰当的评价,并促进评价的内化。

四、要注意教学策略的研究,讲求形式的多样和变化

"自主、合作、探究"只是学习的方式,而不是固定的模式。不同的学习内容、不同的教学资源、不同的学生实际、不同的教师,在进行自主、合作、探究学习的过程中都可以有不同的形式和做法,不应把这些开放性的学习方式搞得僵化和模式化。

从学习内容考虑,有些一般性的问题,可以通过学生自主学习来完成;一些重点的问题,可以通过学生合作学习来完成;某些难点问题或开放性问题,可以通过学生探究学习来完成。从教学策略上考虑,有的学习内容可以侧重选择自主、合作、探究三者中的一种或两种,有的学习内容则可以三者兼用。从具体的学习形式考虑,可以根据所在学校、班级的实际,分别选择研究性学习、动手活动、在计算机环境中学习、小课题研究等做法。

教师要充分发挥自己的主观能动性和创新精神,认真研究自主、合作、探究学习的教学策略,积极探索自主、合作、探究学习的形式和做法,努力提高自主、合作、探究学习的效能。还应当大力开展以校为本的教学研究活动,相互研讨、切磋、学习、借鉴,有效整合个人、团体、专家的研究成果,使自己在引导学生自主、合作、探究学习时得心应手,从而把转变学生学习方式的课改要求落到实处。

(摘自:江西省教育厅基础教育处[EB/OL].(2008-11-10).
http://www.jxedu.gov.cn/ztgz/ptgzxkg/.有删改。)

第三节 教学组织形式

教学是通过一定的组织形式实现的。为了达到教学目的,怎样把一定的教学内容教给学生,怎样组织好教师和学生,怎样有效地利用教学的时间、空间,怎样发挥教学设备的作用等,这些都是教学组织形式要解决的问题。

现场直击

参与式教学的组织

参与式教学法是以分小组活动为主，每小组以4～6人为宜，活动形式灵活多样。在教学中根据实际情况组织参与式教学，可使学生的学习积极性得到提高，动手能力和解决实际问题的能力得到加强。

（一）引导学生参与教学内容的选择，激发学生学习的兴趣

教师是学生学习的引导者，其作用是引导学生以各种方式参与教学，激发学习的兴趣，提高学习的积极性，使学生学会学习。教师可以引导学生参与课程内容的选择。鼓励学生积极参与教学改革，并将自己初步选定的教学内容方案公布，要求学生提出自己的意见和方案，认真参考学生的方案，确定最终教学方案。同时，向学生介绍几本相关书籍以供课外阅读，充分利用学校图书资源拓宽知识面，且鼓励学生自主学习。此举可以激发学生学习的兴趣。但是在选择教学内容时，必须坚持三个原则：一是不偏离教学大纲；二是注意知识的系统性及前沿性；三是尊重学生的意见。

（二）灵活运用课堂讨论，提高对知识的理解程度和运用能力

课堂讨论是学生参与教学的一种直接方式。其具体方法有三种：一是课堂即兴讨论。在每次课的最后15～20分钟，提出一个既紧扣教学内容又使学生感兴趣的现实问题交给学生讨论。二是分组讨论。由教师拟定或由学生提出热点、难点问题，每个小组一个问题，先在组长的主持下进行小组讨论，最后再推举小组代表在全班将本组的观点、意见和想法进行交流分享。在班级讨论和小组讨论中学生发言的机会不同，二者相结合，有利于调动学生参与的积极性，并使更多学生获得发言机会。三是辩论。由教师提出一个中性的问题，将学生分为正反两方，利用课外时间充分查阅资料，查找论据，在课堂上展开激烈的辩论。通过辩论，使模糊的问题清晰化，帮助学生丰富知识、增强记忆、活跃思维。学生在参与活动的过程中，提高对知识的理解程度和运用能力。

（三）恰当选择有效形式，活跃课堂气氛，激发学生参与的热情

学生的注意力在课堂上一般是不一致的。一堂课刚开始时，学生可能期望值高，注意力相当集中，但当时间过半时，精力开始疲惫，注意力开始分散，课程很难进行下去；当快结束时，学生又产生了释放的期望，注意力再度提高，这就是心理学中的“学习的注意曲线”规律。如何使教学符合学生学习注意的规律，提高课堂教学质量？头脑风暴、角色扮演、情境模拟都是有效的形式。比如头脑风暴法，这种方法是通达小型会议的组织形式，让所有参与者在自由愉快、畅所欲言的气氛中，自由变换想法或点子，并以此激发学生的创意及灵感，从而解决一个人难以解决的问题。这种活动的开展可以锻炼学生的快速反应能力，也可以活跃课堂气氛、调动学生参与的积极性，提高课堂教学的质量。

（摘自：阚永诚.参与式教学方式在课堂教学中的运用[J].当代教育论坛，2008(12)：30-31.）

理论讲述

一、教学组织形式概述

为完成教学任务，除必须有一定的教学内容为依据外，还必须依靠和运用一定的组织形式。教学组织形式是为实现教学内容，完成教学任务，教师和学生按一定要求组合起来进行活动的结构。教学组织形式解决得正确与否，直接关系着教学的规模与效果。在教育史上先后出现了许多教学组织形式，概括起来主要有以下几种。

（一）个别教学

古代中国、埃及和希腊的学校大都采用个别教学的形式。在个别教学中，学生年龄不一，程度不齐，教学内容不统一，教学进度也不一致。教学没有统一要求，由教师随意决定。个别教学最显著的优点是教师能根据学生的特点因材施教。在这种个别教学形式下，必然是教学规模小，教学速度慢，教学效率低，影响着学校教育的发展。

（二）班级授课制

西方从中世纪末开始，随着工商业的发展和科学文化的繁荣进步，要求学校增加教学内容，扩大教育对象。于是个别教学便不能满足社会发展的需求了，班级授课制则应运而生。于是，在16世纪欧洲的一些国家的学校中，出现了班级授课制的萌芽。17世纪捷克教育家夸美纽斯所著的《大教学论》，奠定了班级授课制的理论基础。此后，班级授课制在欧洲许多国家的学校逐步推广。我国最早采用班级授课制的是1862年清朝政府在北京开办的京师同文馆。真正普及推广是20世纪初废科举、兴学校以后，我国才由封建学堂的个别教学逐步过渡到实行班级授课制的新式学校。

班级授课制是一种集体教学形式。它把一定数量的学生按年龄和知识水平编为不同的班级，根据课程表安排教师有计划地向全班学生集体上课。在班级授课制中，同一个班的每个学生的学习内容与进度必须一致，但开设的各门课程，特别是高年级，通常由具有不同专业知识的教师分别担任。班级授课制的最显著优点在于它比个别教学的效率高，一个教师能同时教几十个学生；比较适合学生身心发展的年龄特点和发挥学生之间的相互影响作用，有助于提高教学质量。所以，班级授课制便逐渐得到推广。

班级授课制也存在着一定的局限性。最主要的是不能充分地适应学生的个别差异，不能照顾每个学生的兴趣、爱好和特长及优、差生的学习和发展。因此，随着科技的迅猛发展和对创造性人才需求的日益迫切，20世纪初以来，许多国家的教育界人士都致力于改革班级授课制。

（三）分组教学制

分组教学是把学生按能力或学习成绩分为不同的班、组来进行教学的一种教学组织形式。19世纪末20世纪初，普及义务教育得到了实施和推广，社会各阶层子女大批进入学校。由于他们所处的社会环境和学习条件不同，因此，在同一班级的学生中，学习成绩出现了明显的差异。据此，一些教育人士认为，传统的班级授课制不能适应学生的“个别差异”，主张打破按年龄编班的齐步前进的形式，于是提出了按学生能力或学习成绩分班、分组进行教学的形式，并在一些国家实行。

分组教学主要有两种：外部分组和内部分组。外部分组主要是在一所学校内，打破传统的年龄分组，按学生的能力和学习成绩分设：学习年限长短不同，教学内容也不同；学习年限不同，教学内容相同；学习年限相同，教学内容不同的几种形式进行教学。内部分组主要是在传统的按年龄编班的前提下，根据一段时间教学后学生在学习上出现的差异，分设课程内容深浅不同或课程进度快慢不同的若干小组进行教学。

目前，分组教学仍在美、英、法、德等国家实行。分组教学的优点在于它照顾了学生在学习和能力方面的客观差异，便于因材施教，有利于人才的培养。但分组教学也存在着可能会给各类学生的心理上造成一定不良影响，不利于提高各类学生的水平等许多弊病。

二、我国学校的教学组织形式

我国学校的教学主要是采取班级授课制这种组织形式。在我国，班级授课制主要有：教学的基本组织形式——班级授课；教学的辅助形式——个别指导、现场教学；教学的特殊形式——复式教学等。

（一）教学的基本组织形式——班级授课制

班级授课制是以班级为基本组织形式进行教学的。班级授课制有着强大的生命力，虽几经改革，至今仍然是我国乃至其他国家的教学基本组织形式。这是由于它具有其他教学组织形式无法取代的优点，在提高教学质量和效率上仍然起主要的作用。它的主要特点与功能如下。

1. 有严格的制度保证教学的正常开展和达到一定质量

班级授课制有一套严格的制度：如按年龄、知识水平编班制度；学年、学期和学周制度；作息制度；课堂纪律与常规等。使教学制度化、规范化和科学化，保证教学活动的正常运转并获得一定质量。

2. 将每一“课”规定在统一而固定的单位时间内进行，比较科学

每节课45分钟左右，是统一固定的。课与课之间有一定的间歇和休息，有劳有逸。这样，符合学生身心发展和认识规律，保证学生能精力旺盛地开展学习。

3. 便于系统地传授各科知识

班级授课制以周课表方式科学地安排各科教学，使之有条不紊地交错进行，确保学生循序渐进地学习和掌握各学科的系统知识，完成预定的教学计划。

4. 有利于发挥教师的主导作用，经济有效地大面积地培养人才

在班级授课制中，一个教师可以在同一时间内，面对几十个学生施教，使学生获得统一的、系统的科学知识。教师能最大限度地提高工作效率，各科教师还能在统一的教学计划的指导下，协调一致地对学生施加影响。这是一种比较经济有效的提高教学工作效率的形式。

（二）教学的辅助形式——个别指导、现场教学

前面谈到，课堂教学只是教学的一种基本组织形式，并不是唯一的。由于教学的目的任务不同，学生又存在着差异，因此，教学还要采取其他的辅助形式。

1. 个别指导

个别指导是对课堂教学的一种补充形式。课堂教学较多的是从学生的年龄、程度等方面的共性出发去进行教学。但是，除了每个学生在学习上有其特殊情况和需要照顾之外，为适应学生的个别差异，进行因材施教，无论是学习上优秀的、一般的或较差的学生都应对他们进行个别指导，这是课堂教学的一种辅助形式。

个别指导可以在课堂上进行，也可以在课外进行，更重要的是还要做好课外辅导工作。辅导的内容包括：对学生进行必要的启发、诱导、示范；解答学生的疑难；帮助学生明确作业的目的、要求与方法；发现学生学习中存在的问题和原因，帮助解决。个别指导的方式方法是多种多样的，可视学生具体情况而定。通过个别指导，使各程度的学生都能各有所得，各有提高。

2. 现场教学

现场教学是利用与教学对口的现场，通过现场的实物、过程，以及有关人员等进行教学的一种辅助的教学组织形式。它可以以班级为单位进行，也可以把班级划分为若干小组进行。

现场教学可以把教材同学生直接看到的自然现象和社会现象紧密地联系起来。它可以改变学生认识活动的结构，是对课堂教学的充实和完善。它一般通过参观、实习等方式进行，这种形式突破了课堂教学的某些局限性，从而使教学活动具有新的性质。它适用于各门学科的教学。

（三）教学的特殊形式——复式教学

复式教学是一位教师在同一节课里向两个以上不同年级进行不同教材的教学。对比而言，通常的班级授课为单式教学。复式教学的特点，就是当教师给其中某一个年级直接进行教学时，其余年级的学生则根据教师的指示进行自学。复式教学保留了班级授课制的基本特征，是班级授课制的特殊形式。复式教学的主要意义在于适应学生少、教师少、校舍和教学设备缺乏的条件，对培养学生自学能力也有积极作用。

学习拓展

当前国内外教学组织形式改革的特点

一、缩小班级规模

班级规模的大小是影响课堂教学管理的一个重要因素。针对班级规模过大的问题，世界各国都在适当缩小班级规模，以加强人际情感交流。如美国教育部 1998 年规定在全国范围内把每班人数控制为 18 人；法国改革班级授课形式的目标是，每班学生不得超过 25 人。

二、综合运用多种教学组织形式

班级授课与个别教学、分组教学相结合，课堂教学与课外教学相结合，传统的传习形式与现代教育技术相结合，已经成为目前发达国家教学组织形式的新特点。例如，特朗普制就是大班、小组、个别教学三种教学组织形式相结合的产物。近年来，我国上海、江苏、浙江、安徽等地的一些中小学进行了“分层递进教学”的研究与试验，这是一种适应学生个别差异的课堂教学组织形式策略。

三、座位排列多样化，加强课堂教学的交往互动

座位编排方式和学生座位位置的不同制约着课堂教学中教师与学生、学生与学生的交往范围和人际互动，直接影响着教学信息交流的方式和交流的范围。传统的课堂座位排列形式是秧田形（见图 10-1）。目前，这样封闭的排列形式得到了改进，出现了多样化的座位排列。如，不超过 20～25 个学生，可采用马蹄形（见图 10-2）、圆形（见图 10-3）；25 名以上学生可采取双矩形（见图 10-4）、同心圆形（见图 10-5）和双马蹄形（见图 10-6）；小组活动或个别学习的座位安排，可采取模块形（见图 10-7）。此外，还可以根据特殊的需要设计座位排列方式，如弧形（见图 10-8）、辩论形（见图 10-9）。

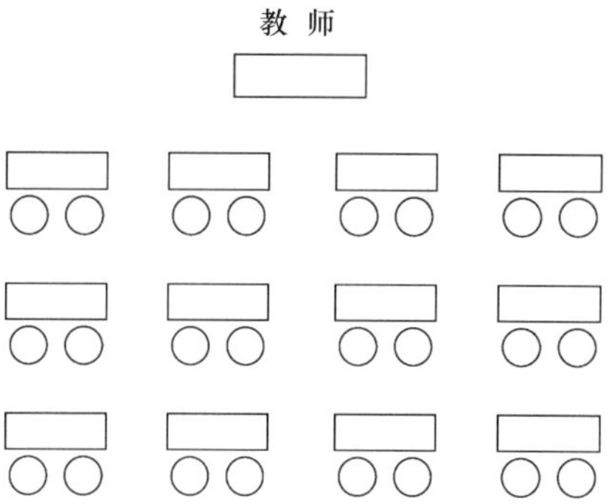

图 10-1　秧田形的座位排列

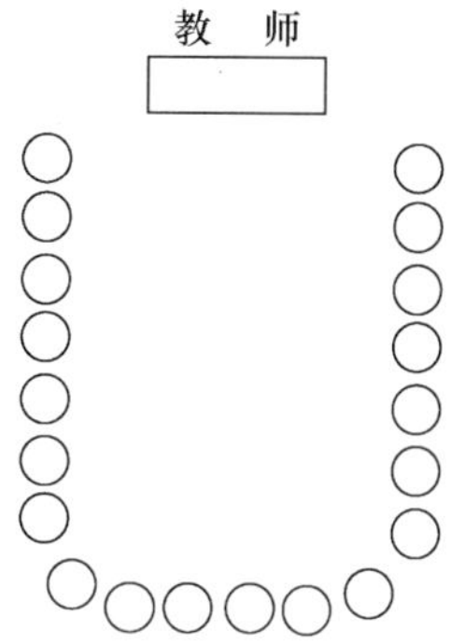

图 10-2　马蹄形的座位排列

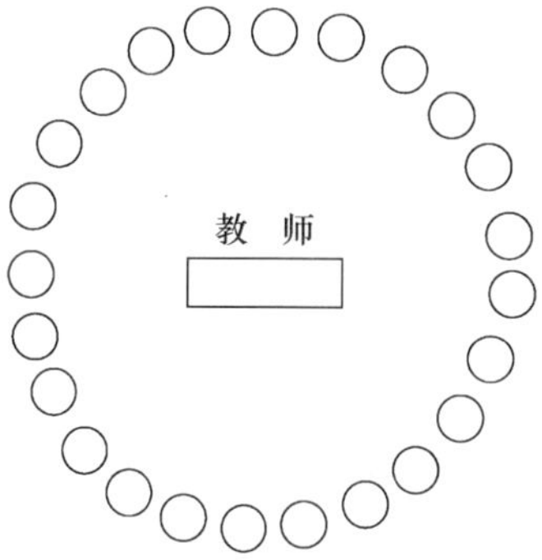

图 10-3　圆形的座位排列

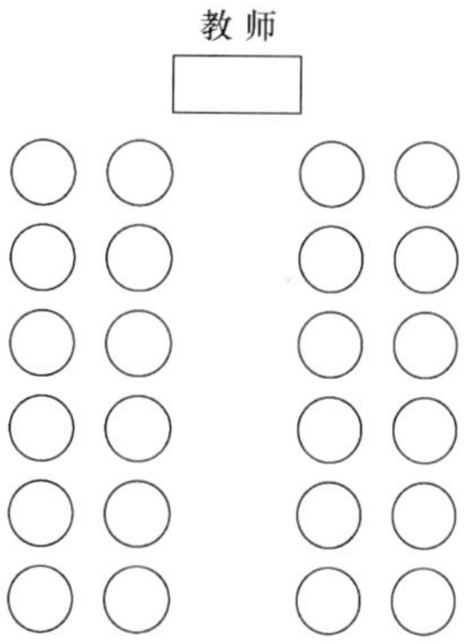

图 10-4　双矩形的座位排列

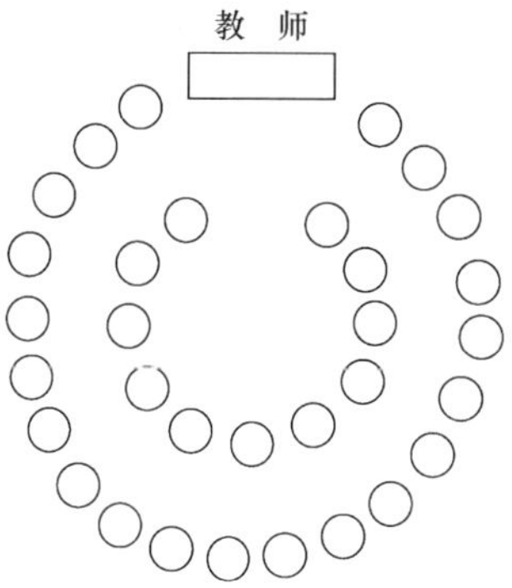

图 10-5　同心圆形的座位排列

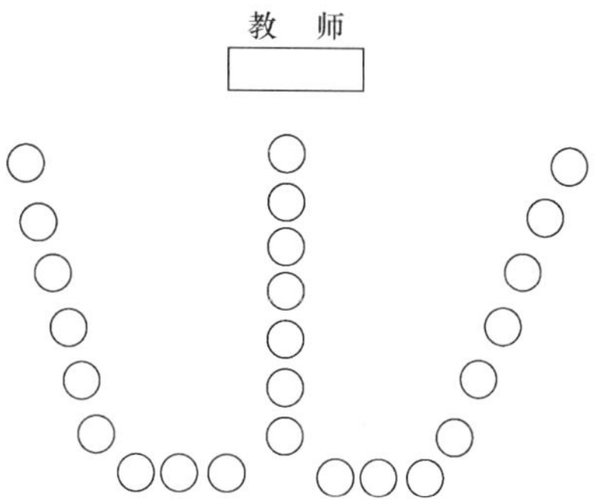

图 10-6　双马蹄形的座位排列

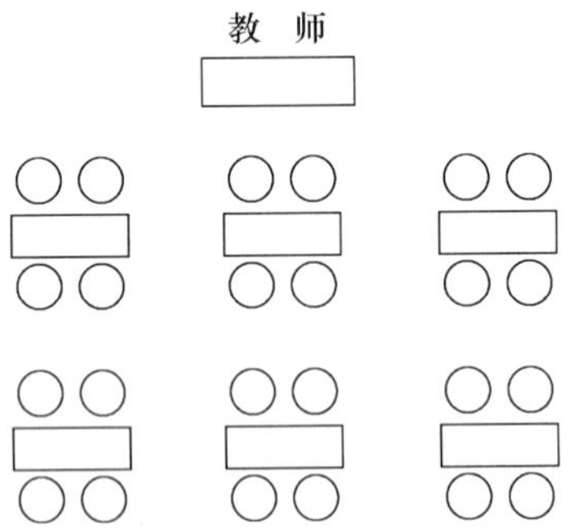

图 10-7　模块形的座位排列

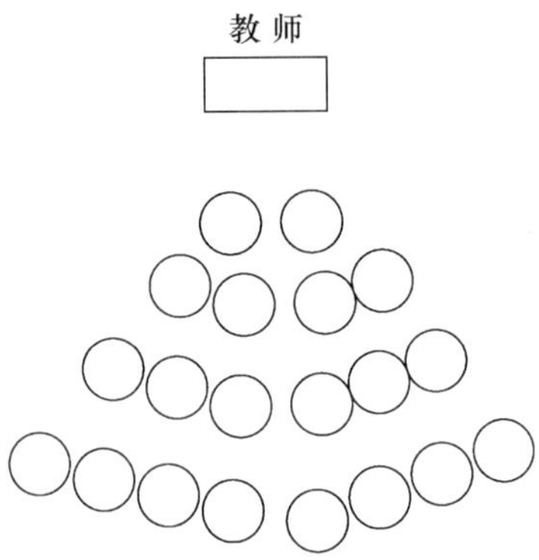

图 10-8　弧形的座位排列

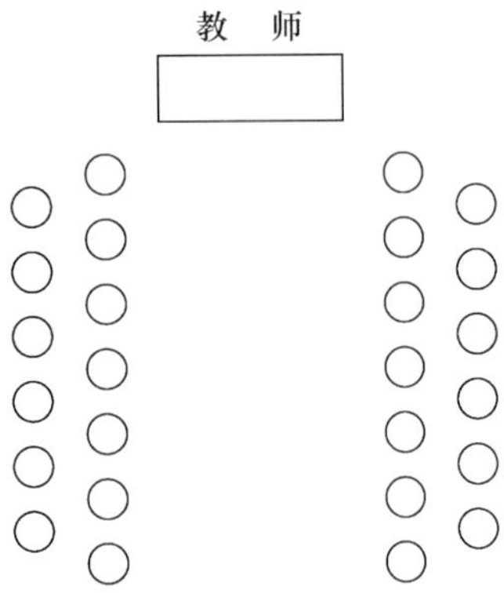

图 10-9　全班辩论形座位排列

四、探索现代个别化教学

欧美等国在继承早期个别教学的优点的基础上，试验并推行许多以个别化教学为标志的组织形式。其特点是：第一，在采用师生一对一的关系时选择了相应的学习内容和教材，如程序教材、自学参考资料等；第二，由学生在自己理解和掌握的基础上自定学习进程，安排学习活动；第三，采用了新的教学技术手段，如教学仪器、音箱设备等。现代个别化教学虽然使教师和学生结成一对一的教学关系，但并不是纯粹的个别教学，学生的学习仍然有集体活动的成分（如小组讨论或汇报等），并间接地受到教师的指导和帮助。

思考与实践

1. 几乎所有的教师都同意这样的观点："教学有法，教无定法，贵在得法。"一位中学教师撰写的一副对联：教有万法，法无定法，师法不拘囿，直亦可，曲亦可，教改有路凭探索；学无止境，境有佳境，入境能放眼，专也好，博也好，学法无边任遨游。学习本章内容后你是如何理解"教学有法、但无定法、贵在得法"这句话的？

2. 新课程倡导的自主学习、合作学习和探究学习对教师的教学方法提出哪些要求？

第十一章　教学评价

教学评价是对教师的教学工作和学生的学习质量做出客观的衡量和价值判断的过程。教学评价是教学过程中必不可少的一个环节，它可以为教学提供反馈信息，以便及时调整和改进教学，保证教学目标的实现。本章主要探讨教学评价的概念、意义，教学评价的类型及方法。

第一节　教学评价概述

对教学效果进行评价，可以了解教学各方面的情况，从而判断它的质量和水平、成效和缺陷。

现场直击

中美教师对同一个学生的评价

前段时间，我读了端木的“我以生命担保她行”这篇文章，文中涉及的关于教师如何评价学生的问题，确实令人深思。同一学生，中、美教师对她的评价竟然差异如此大，造成两种截然不同的结果。

文章大致的意思是：端木女儿进入高中时，学校要分文理科班，她报了文科。问何故，女儿答：“老师说我没有数学脑子。”老师这样一句评价，使她对理科失去了信心。接着，班主任老师提出一大堆“必须及时改正”的缺点，对她做了“全面”的评价：缺乏理科方面的才能，缺乏逻辑思维能力，学习不够努力……此后，女儿理科成绩明显下降。最后，曾是一个快乐、不甘人后的女孩，丧失了自信和学习兴趣，终于说出一句：“爸，我厌学了……”到美国后，仅仅三个月，女儿的学习兴趣快速增加，化学考试频频满分，还信心十足地告诉父亲：“准备今年就申请大学。”美国教师对她的评价是：“斯蒂芬是个非常聪明的学生……学习勤奋、自觉，总是认真完成作业，以自己的努力和精确超出我的预期”；“她在数学和解决难题方面有显著的特长”；“我很喜欢像她这样有毅力的学生”；“她能适应高水平的大学学业吗？我以生命担保她行”；“她尊重人，对人公平、体贴，她具有人格的力量”；“斯蒂芬表现得很完美”；“斯蒂芬在学业上越来越自信，她是个不寻常的女孩”。女儿的“爱面子”，不主动在上课时积极回答的习惯，指导老师对此的评价是：“在课堂上很安静”。教师懂得小心翼翼地呵护着学生的自尊。以上美国老师的评价，使一个“没有数学脑子”，只能读文科班，垂头丧气感到“厌学”的学生，变成一个全面发展，甚至是出类拔萃的学生，与中国教师的评价差异是如此之大。仅仅四个月，女儿的学习状态和自信简直就像换了一个人，是什么起了如此奇妙的催化作用，是美国教师的评价。

（摘自：李永红.试析中西教育评价案例[J].现代中小学教育，2003(9)：59.）

理论讲述

一、教学评价的含义

教学评价是指依据教学目的，运用教育学和心理学的理论，对教学工作质量所作的科学判定。它以参与教学活动的教师、学生、教学目标、内容、方法、教学设施、场地和时间等因素的有机结合的过程和结果为评价对象，是对教学活动的整体功能所作的评价。教学评价主要包括：对学生学业成绩的评价，对教师教学质量的评价和进行课程评价。

教学评价既不同于传统的考试，又有别于科学实验。它是一门交叉科学，它综合着社会学、教育学、心理学、数理统计学等科学内容。

二、教学评价的功能

（一）诊断

通过在学期、学年或教学过程开始之前进行的测验，教师可以了解某个学生在特定学科的特定阶段，其知识、技能和能力已达到的水平和存在的问题，分析造成学生学习不利（或有利）的原因，据此确定对该学生的具体施教措施，设计适合该学生学习准备的教学目标和学习单元。此外，学期、学年或教学过程开始之前进行的诊断性测验，可以帮助教师和学校对学生分班分组，予以适当安置。

（二）反馈

肯定的评价一般会对学生的学习起鼓励作用；通过评价，学生学习上的进步得到教师承认，心理上获得满足，从而会强化其学习的积极性。否定的评价往往会使学生产生焦虑，而适度的焦虑则可以成为学生努力学习的动因。对教师来说，经常进行的各类测验结果，可以使他们及时获得有关教学过程各个方面实施情况的信息，发现自己工作中的薄弱环节，并根据获得的信息修正、调整或改进教学工作。

（三）定向

测验内容、评价标准常常会成为学生学习的内容和标准，从而左右学生的努力方向、学习重点和学习力量的分配。如果评价的标准和测验的内容能有效地反映学校或教学大纲对学生的要求，那么，学生便受考试内容和评价标准引导，有利于学生的学习，使学生逐步向特定学科教学的终极目标迈进。

（四）证明

对学生学习结果的评价，尤其是某一课程或某段教学过程结束之后进行的终结性评价，可以作为证明学生掌握程度、能力水平或学习水平的证据。这些证据，是学生升级、上级学校选拔新生及用人机构录用工作人员的基本依据。同时，对学生学习结果的评价，在某种程度上也可“预言”该学生以后的学术或工作能力。

（五）教学

考试或测验，其本身也是一种重要的总结学习经验的活动。教学过程中进行的各种测试，其本身也可被看做一种教学活动。一方面，考试或测验可促使学生在测验之前对教材内容进行复习、巩固；另一方面，也可通过各种测试训练学生的基本技能，提高他们运用所学知识分析问题、解决问题的能力，养成严谨、认真、负责的学习态度。

三、教学评价的对象

教学评价的对象也是相当复杂的，从广义上讲可以分为“教学参与者”和“教学系统要素”两大类。具体包括课程与教学设计、教师教的行为与质量、学生学的行为与成就、教学运行系统以及教学评价等五个方面。其中学生学的行为与成就是核心，教师教的行为与质量是重点，教学运行系统是前提。

（一）学生学的行为与成就

对学生学的行为与成就进行评价，这是教学评价的最核心，也是最基本的内容。通过对学生学的行为的评价，能够更全面、准确地获得关于学生学习的信息，进而能够科学、客观地评价学生的学习，并为更好地制订改进计划，改进和完善教师的教和学生的学提供真实可靠的信息。而对于学生学业成就，它同样是教学评价的主要对象之一，因为课程设计是否有效、教师教学的水准是否较高、教学效果是否达标，最终反映在学生的学业成就上。对学生学业成就的评价，通常包括平时学业成就和最终学业成就的评价；评价的领域包括知识与技能、过程与方法、情感态度与价值观等，特别是创新意识和实践能力。

（二）教师教的行为与质量

教师教的行为包括许多方面，主要有教学设计行为、组织实施行为、课堂管理行为、人际交往行为等。对教学设计行为的评价主要看教师是否深入钻研课程标准和教材，是否深入了解学生实际；所定的教学目标是否确切、全面、具体；教材处理是否具有科学性、思想性，学生易于理解，是否突出重点，抓住关键，注意新旧知识的内在联系，讲究系统性、整体性；是否理论联系实际，并使教学密度和教材处理深度恰当；对教学方法的设计是否重视启发、引导，灵活多样地选择各种教学方法，重视学法指导和因材施教。对组织实施行为的评价主要看结构是否科学合理、富有新意，能否注重组织学生的思考、探索、练习活动，是否有严密的计划性、组织性，还有言语表达、提问和板书的技巧，教学方法和现代教学技术手段的使用等。对课堂管理行为的评价主要看课堂教学的气氛，学生是否有高涨的学习热情，能否主动投入或参与学习活动，思维活跃，教学过程生动活泼。对人际交往行为的评价主要看师生间是否形成了民主、平等的关系，具有开放和接纳的心态，达到配合默契，情感交融。

（三）教学运行系统

教学运行系统是指教学活动或教学过程中各组成要素及其相互间的关系而构成的教学整个体系。对教学运行系统的评价，主要是考察系统的各有机组成部分，诸如教师、学生、教学内容、手段、方法、环境、反馈信息等，及其相互间的关系和运行流程的整体效应。在这里还涉及教学时间、教学工作量、课业负担、教学成本、教学条件、生源质量、学生学业成绩等可变因素，如何实现这些因素的最优化控制，即达到用较短的时间、较少的工作量、较低的成本、适当的条件等让学生获得最好的学业成效，则是进行此项评价主要关注的问题。其关键也就是要对这些要素进行充分的调查和了解，准确把握各要素与教学成就和学业成效的关系，实现教学系统的最优化。

四、教学评价的分类

（一）根据评价在教学活动中发挥作用的不同，分为总结性评价、形成性评价和诊断性评价

1. 总结性评价

总结性评价一般指在课程或一个教学阶段结束后对学生学习结果的评定。这类评价的主要目的是评定学生的学业成绩，确定学生达到教育目标的程度，证明学生掌握知识、技能的程度和能力水平，以为确定学生在后继教程中的学习起点，预言学生在后继教程中成功的可能性，以及制订新的教育目标提供依据。总结性评价着眼于某门课程或某个教学阶段结束后学生学业成绩的全面评定，因而评价的概括水平一般比较高，考试或测验所包括的内容范围也比较广，评价的次数不多，一般是一学期或一学年两三次。学校中常见的期中考试、期末考试或考查以及毕业会考都属这类评价。

2. 形成性评价

形成性评价主要指在教学进行过程中为改进和完善教学活动而进行的对学生学习过程及结果的测定。形成性评价有点类似于教师按传统习惯使用的非正式考试和单元测验，但它更注重对学习过程的测试，注重利用测量的结果来改进教学，使教学在不断的测评、反馈、修正或改进过程中趋于完善，而不是强调评定学生的成绩等级。正因为形成性评价以获取反馈、改进教学为主要目的，所以这类测试的次数比较频繁，一般在单元教学或新概念、新技能的初步教学完成后进行，测试的概括水平不如总结性评价那样高，每次测试的内容范围较小，主要是单元掌握或学习进步测试。相比较而言，总结性评价侧重于对已完成的教学效果进行确定，属于"回顾式"评价；而形成性评价侧重于教学的改进和不断完善，属于"前瞻式"评价。

要使形成性评价在改进教学方面真正发挥作用，教师应注意做到：① 把评价引向提供信息，而不要把它简单地作为鼓励学生学习或评定成绩等级的手段；② 把形成性评价与日常观察结合起来，根据测试的反馈信息和观察的反馈信息对教学作出判断和改进；③ 仔细分析测试结果，逐项鉴别学生对每个试题的回答情况，如果大部分或相当数量的学生对某个试题的回答都有误，那就表明自己在这方面的教学有问题，应及时加以改进。

3. 诊断性评价

诊断性评价指为查明学生的学习准备状况及影响学习的因素而实施的测定。在教学过程中，教师要想形成一套适合每个学生特点和需要的教学方案，就必须深入了解学生已有的知识、技能的掌握程度，了解他们的学习动机状态，发现他们学习中存在的问题及原因，等等。教师获取这些情况的方法和途径是多样的，其中最常用、最有效的手段之一就是诊断性评价。

诊断性评价的主要用途有三个方面：① 检查学生的学习准备程度。常在教学前如某课程或某单元开始前进行测验，可以帮助教师了解学生在教学开始时已具备的知识、技能程度和发展水平。② 确定对学生的适当安置。通过安置性诊断测验，教师可以对学生学习上的个别差异有较深入的了解，在此基础上经过合理调整使教学更好地适应学生的多样化学习需要。③ 辨别造成学生学习困难的原因。在教学过程中进行的诊断性评价，主要是用来确定学生学习中的困难及其成因。

（二）根据评价所运用的方法和标准不同，分为相对性评价、绝对性评价和个体内差异评价

1. 相对性评价

相对性评价是依据学生个人的成绩在该班学生成绩序列中所处的位置来评价和决定他的成绩优劣，而不考虑他是否达到教学目标的要求。它宜用于选拔人才，但不能明确表示学生的真正水平，不能表明他在学业上是否达到了特定的标准。

相对性评价是以某一类评价对象的群体的整体状况为参照系的，无论这个群体的状况如何，都可以在群体内进行比较，因而适应性强，应用范围广。尤其适合于以选拔为宗旨的教学评价活动。相对性评价的缺点是：评价的结果并不必然表示评价对象的实际水平，体现的只是他在群体中的相对位置；既可能降低客观标准而出现“矮子里面拔将军”的现象，也可能抬高标准而形成“强中更有强中手”的局面；相对性评价还易导致激烈的竞争，以致对教学产生负面影响。

2. 绝对性评价

绝对性评价依据教学目标和教材编制试题来测量学生的学业成绩，判断学生是否达到了教学目标的要求，而不以评定学生之间的差别为目的。所以，绝对性评价也称目标参照性评价。它宜用于升级考试、毕业考试、合格考试，不适用于甄选人才。

绝对性评价具有标准比较客观的特点，特别适用于以鉴定资格和水平为宗旨的教学评价活动。只要评价过程是科学合理的，那么绝对性评价的结果就可以在很大程度上表现出评价对象掌握客观标准要求的水平。在实际工作中，确保评价标准的稳定性、客观性和准确性，是提高绝对性评价科学化水平的关键。

3. 个体内差异评价

个体内差异评价是以评价对象自身状况为基准，对评价对象进行价值判断的评价方法。在这种方法中，评价对象只与自身状况进行比较，包括自身现在成绩同过去成绩的比较，以及自身不同侧面的比较（如将学业测验结果与智能测验结果相比较，根据二者的相关程度确定学生的努力程度等）。

个体内差异评价法比较充分地照顾到评价对象的个性差异，力图减轻评价对象的压力。但是，它只是使评价对象与自身状况进行比较，既不是按照一定客观标准进行评价，亦无评价对象间的相互衡量，容易导致信度降低，学生自我满足，因此常与绝对性评价、相对性评价结合使用。

学习拓展

一则形成性评价

在一个晴朗的夏日里，我们班来了一个清秀的小姑娘，她的名字叫茹子，是从外地转学到我校上初一的。那一脸怯生生的表情说明了她需要帮助。

第二天的英语课堂上同学们像往常一样踊跃、热烈地说着英语的时候，她只是默默地看着，很困惑，很茫然。我把目光转向她：“茹子，What row are you in?”她迟疑地站了起来，又怯生生地望着我，动了动嘴，然后，摇了摇头。“孩子，你怎么不开口呀？”我心里暗暗着急。“老师不能丢下你，也许今后你会是一块金子啊。”课后我主动找她聊天，才了解到原来她小学没学过英语，听说厦门英语教学从小学就开始，因此特别紧张，对学好英语没有信心。根据她的具体情况，我们对她

提出不同要求,从容易的做起。每次的进步都给予真诚的鼓励,或掌声或喝彩。

此后几天,情况大致相似。她依然不敢开口说英语,上课发言时常常是同学们焦急的等待换来她结结巴巴不成句的回答。我深知时间的宝贵,也明白教学进度不可耽误。但每次我的心里都存有希望——有一天她会开口的。因为我更执著于皮革马利翁效应。于是,老师和同学们都热切地期待着。有些同学开始小声地提示她,班长甚至捏起小拳头替她加油。一等她开口了,就给予鼓励“Good!”“Very good!”。终于她说出一句姑且称之为句子的话了“I am in-Class-Four-Grade-One”。全班同学为之欣喜!

在初一上学期期中形成性评价测验考试中,她得了 61 分。茹子初尝成功的滋味。从此她学习英语的历史改变了。信心大增的她开始主动来找我说话,次数日渐频繁,谈她学习英语的感受,从“老师,我以前总是记不住单词”到“老师,我现在不怕记单词了”,再到后来“老师,我现在不怕英语了!”在我忙着的时候,她还主动地找我揽活:“老师,这个我会,我来帮你改!”那种怯生生的表情不见了,我从她身上看到了自信的光芒,那光芒源自于成功的感受。

以后的小测验中她的成绩一次比一次好,现在英语已达到中等程度。

你看,那只小手正骄傲地举起,我们的茹子开始主动叫牌了。

茹子,老师衷心地祝福你。

这件事给我的启迪是:我们的评价不应当单纯从评价者的需要出发,而应当重视学习的过程,重视学生在学习中的体验,重视师生交流。形成性评价鼓励了学生,成就了学生。

信心来自成功,兴趣来自成功。

(摘自:厦门英才学校形成性评价试验总结)

第二节　教学评价方法

教学评价的方法具体就是指在评价过程中建立评价指标体系的方法、搜集评价资料的方法、分析处理评价资料的方法和进行价值判断的方法。[①]

现场直击

语文新课程学业评价

基础教育新课程改革所倡导的教育评价,是推动课程改革深入发展的支点。那么在语文学习中如何进行学业评价,如何用这个支点来调整教师的教学,让学生在学习的过程中生动活泼地学习、主动地发展呢?

一、建立学生个性化成长档案,引导学生自主发展

语文课程标准建议:加强形成性评价,提倡采用成长记录袋的方式,收集能够反映学生语文学

① 王道俊,王汉澜.教育学[M].北京:人民教育出版社,1999:296-301.

习过程和结果的资料。

鉴于此，我们采用小组的形式建立“智慧空间站”，空间站里边有每个小组成员的“个人成长记录袋”。它们可以完整地记录学生学习的过程、成长的经历，这是对学生自我监控、自我反思、自主发展能力的培养，也是为教师、家长能够客观认识、评价学生提供相对完整和真实的信息资料，是促进学生发展的有效工具。这里有学生“成长的足迹”，主要是将学生某个阶段学习成就或持续进步信息的一连串表现以及其他相关记录和资料汇集起来，为综合评价学生成长历程的发展状况提供一个基本依据；这里有学生的“星语心愿”，学生将自己的一些生活和学习心得，以及心里话、烦恼、苦闷在这里倾诉；这里还有学生成功的快乐，有学生获奖后的喜悦，有学生认为最满意、最喜爱或最重要的作品。在这里，每个学生都可以看到自己的进步和努力，体验到成功的快乐；在这里，你会为孩子感到欣慰，为他们感到骄傲。

实践证明，利用成长记录袋对学生进行形成性评价的好处是：一方面，学生通过自己参与对学习过程、结果的评价和对同学学习活动的评价，发挥了学生的主体作用，调动了学生评价的主动性和积极性；另一方面，家长参与评价，很好地开发了家长的资源，进一步协调了学校教育、家庭教育的一致性，为学生的良性发展创造了良好的环境。

二、设立学生成绩展示平台，使学业评价更具直观性

低年级学生好胜心、自尊心都很强，有着强烈的自我表现欲望，我们正好可以利用孩子的这种心理特征来激发和提高学生的学习兴趣。而要提高学习兴趣，我们必须为学生铺设一个尽情展示才华的大舞台，尽可能多地为学生提供展示的机会，处处为学生创设展示的时空，鼓励学生随时展示自己的学习成果，使他们乐学、会学，不断产生成就感。

鉴于此，我们在评价活动中为孩子提供了一个自我展示的机会和平台，鼓励孩子展示交流自己的努力和取得的成绩。如，开展“课前一分钟”的古诗、课文背诵，轮流日记交流活动，利用读写课的时间开展“你读我评”、“古诗拼读”活动，让他们去体验、去探索、去感悟，去尽情地展示自己。又如，利用教室进行展示，我们每个班的教室差不多都开辟了“学习园地”、“成长园地”等空间，将学生一些好的作品如日记等进行展示。学校还在《展示台》开辟了“书荷小苑”的栏目，每个星期让学生写一幅书法作品，把写得好的作品贴在墙上，让孩子们希望得到他人认同的心理得到满足。通过这种活动形式，激发了学生写好字的愿望，同学们练习比以前认真多了。有些老师还请班中的学生当小评委去评价别人的日记，评价别人的字，就在这一比一评中，学生发现、欣赏了美。又如，我们还利用红领巾广播站的“金嗓子”栏目，让孩子到那里一展身手，当听到广播里传出自己那琅琅的书声，孩子们兴奋不已，家长也为孩子们取得的成绩感到欣慰。

评价问题贯穿于课程改革的始终，是课改成功与否的关键因素。在实践中不断总结、积累有益的经验，使科学的评价体系充分发挥应有的、积极的作用是我们追求的目标。

理论讲述

一、观察法

观察法是直接认识被评价者行为的最好方法。它适用于在教学中评价那些不易量化的行为

表现（如兴趣、爱好、态度等）和技能性的成绩（如唱歌、绘画、手工制品等）。为提高观察的可靠性与精确度，一方面应使观察经常化，记一些学生的行为日志或轶事报告，使评价所根据的资料更全面；另一方面可采用等级量表，力求观察精确。

行为日志或轶事报告，一般都用来记录学生的有意义的或异常的行为表现。对于重要事实，如实描述行为的发生经过，并可以作简要的解释、说明。行为日志，可由教师为全班学生专备一个本子，每个学生占若干页，以记录其突出的行为表现。行为日志由教师保管，轶事报告则需交教导处，供研究学生工作之用。

等级量表，常用于评价学生的技能和美术、手工作业等成绩，能大大提高评价的精确度。制作等级量表，首先要确定应从哪几个方面（项目）对学生的行为或作业进行评价；其次要确定分几个等次，如优良中差；再次确定每一项的各级评定标准，然后便可归纳成为评价学生某种技能或作业成绩的等级量表。等级量表要简明扼要。

二、测验法

测验主要以笔试进行，是考核、测定学生成绩的基本方法。它适用于对学生学习科学文化知识的成绩评定。

（一）测验的质量指标

测验的质量指标主要有信度、效度、难度与区分度。

1. 信度

信度是指测验结果的可靠程度。如果一个测验在反复使用（如对同样对象多次进行）或以不同方式使用（如换成等值试题进行）都能得出大致相同的可靠结果，那么这个测验的信度就较高。否则，信度则较低。信度是测验的一个必要条件，但不是十分充分的必要条件。因为影响信度的因素很多，主要有测验的长度，即包含题的多寡程度；测验的时间；受试者的身心状态，如情绪紧张，身体不适；测验的指导语不清；评分标准不一致等。

2. 效度

效度是指测验达到测验目的的程度，即是否测出了它所要测出的东西。一个测验的效度总是对一定的测验目标而言的，故不能离开特定的目标笼统地判断这个测验是否有效度。要知道，一个对某个目标有效的测验，对其他目标不一定有效。如论文式测验对测定学生的能力效度高，而对测定学生的知识面则效度低；而客观性测验则宜于判明学生的知识掌握情况，不宜测定他们的能力发展水平。

3. 难度

难度是指测验包含的试题难易程度。试题过难或过易都不能准确测出学生的真实成绩。所以，一个试卷总的来说难易要适中，卷面上的试题既要有难度较大的，又要有较容易的题，做到难易合适。

4. 区分度

区分度是指测验对考生的不同水平能够区分的程度，即具有区分不同水平考生的能力。区分度与难度有关，只有在试卷中包含有不同难度的试题，才能提高区分度，拉开考生得分差距，使水平高的得高分，水平低的得低分。

(二) 测验的种类

测验的形式有多种,常用的测验有：论文式测验、客观性测验、问题情境测验和标准化测验。

1. 论文式测验

论文式测验是通过出少量的论述题要求学生系统回答以测定他们知识与能力水平的测验。其优点是能考察学生的理解力和表述能力。主要缺点是评分缺乏客观性,易受阅卷人主观意志的影响,评分的出入比较大。

2. 客观性测验

客观性测验以评分客观而得名。它是通过出一系列客观性试题(包括是非题、选择题、填空题、改错题和简答题)要求学生回答来测定他们的知识与能力水平的测验。其优点是取样广泛,命题知识覆盖面大,答案明确,不易受阅卷人主观态度影响。但亦有缺点,编制测验试卷任务繁重,难于测定受试者的能力。

3. 问题情境测验

问题情境测验是通过设计出一种问题情境或提供一定条件要求学生完成具有一定任务的作业来测定学生知识与能力水平的测验。其优点在于,能够测定学生创造性地运用知识解决实际问题的能力,但其知识覆盖面小。

4. 标准化测验

标准化测验是采用系统的科学程序进行编制与实施,并且对误差做了严格控制的测验。包括了对题目编制,试题抽样,难度和区分度的控制以及信度和效度的监测。其优点是客观实用,便于推广,能较好地保证测验的公正性。缺点是编制费时费力,也不利于考查学生深层次的能力。

三、调查法

调查法是通过调查了解学生的学习情况,为进行学生成绩评定搜集资料的一种方法。教师对学生的成绩有疑问则需调查解决,特别是要了解学生的学习态度、方法和习惯时更需要调查。

常用的调查方法有座谈和问卷。

1. 座谈

通过座谈可以了解学生学习的兴趣、需要、态度和课后学习情况。座谈必须有准备：首先,应明确座谈的目的;其次要注意座谈内容的顺序安排;再次,参加座谈的人员应具有代表性和典型性。

2. 问卷

问卷调查是以书面提出问题的方式搜集评价资料的一种方法。教师将所要调查的问题编制成问题表格让学生作答,从而了解学生对某一现象或问题的看法和意见。

调查易带主观性,掌握的情况可能不够全面,甚至失真,其结果常有误差,因此,对于调查的材料必须认真分析,去伪存真。

四、自我评价法

这是教学评价中的一种重要方法。通过自我评价可以帮助学生更好地理解教学目标,正确评价自己,认识自己在学习上的优缺点,明确努力方向。自我评价法主要有下述方法。

1. 运用标准答案

学生在课堂或课后完成计算性独立作业时，教师可以给学生作业题的标准答案，由学生自己核对作业的正误并进行评定。这有助于培养学生对作业的自我检验和自我评价的良好习惯。

2. 运用核对表

论文式作业与绘画、手工等技能性作业，无法制定标准答案，一般采用核对表进行评定。核对表规定作业的质量要求，可以由教师根据不同作业的特点自行制定。如中学作文可以制定如下核对表：作文切题，清楚地表述了中心思想；构思新颖，言之有据；结构严谨，层次、条理清楚；文句通顺，标点符号正确，没有错别字等。

3. 运用录音机、录像机

学生进行语言、朗诵、唱歌、舞蹈、体育等练习，可以运用录音机、录像机将自己的语言与动作录下来，在教师引导下由学生作自我分析与评价，认识自己的优缺点，以便自我纠正与提高。

学习拓展

学生成长记录袋评价

成长记录袋评价(portfolio assessment)，作为一种在实践中诞生的学生评价方法，在国外教育实践中的运用已有十几年的历史，因其充分体现发展性学生评价的理念，近年来在我国被大力倡导，并表现出越来越大的生机和活力。

一、成长记录袋的含义及特点

学生成长记录袋或档案袋是指用以显示有关学生学习成绩或持续进步信息的一连串表现、作品、评价结果，以及其他相关记录和资料的汇集。而学生成长记录袋评价则是指通过对成长记录袋的制作过程和最终结果的分析而进行的对学生发展状况的评价。学生成长记录袋评价有以下几个突出的特点：首先，学生成长记录袋中材料的收集和选择不是随意的，而是要与一定的教学目标相适应，是有计划、有目的、有意义地收集学生迈向课程目标的和成长与发展相关的材料；其次，成长记录袋的基本成分是学生作品，但也应包括对学生完成作品过程的描述或记录，还应包括学生本人、教师、同伴和家长对作品的评价；第三，学生本人应是选定自己的成长记录袋内容的主要决策者；第四，评价的主要目的是要通过大量材料的收集和学生本人对材料的反省，客观而形象地反映学生某方面的进步、成就和问题，以增强学生的自信心，提高学生的自我评价、自我反省能力。其局限性在于工作量较大、教师负担较重，难以达到客观、真实，有时会容易搞形式、走过场，等等。

二、成长记录袋评价基本程序

1. 确定评价对象。要确定评价所涉及的学科、年级、学生范围等，包括需要认真考虑此评价是否适合所有的学科、评价对象究竟涉及哪些学生、选择的样本是否典型等。

2. 明确评价目的。由于不同的学生成长记录袋联系着不同的评价目的，因此，要依据不同用途的学生成长记录袋，选择并明确相应的评价目的。

3. 确定收集材料的类型、时间和次数。这是做好记录袋评价的关键步骤,在确定好评价目的之后,即要开始收集材料。收集材料时要注意把收集材料的类型与评价目的相联系起来、与评价内容结合起来,注意既要面向全体,又要照顾个别,避免形式主义和片面追求材料的大、全、美。事实上,对记录袋内容的收集必须服务于评价,服务于激励和促进学生的发展。此外,还要从评价目的考虑安排好材料收集的时间和次数。如表 11-1 为学生的阅读和写作档案袋的具体内容。

表 11-1 学生的阅读和写作档案袋的具体内容

学习目标	档案袋内容	进入档案袋的频次
1. 进行自己喜欢的、有意义的学习并确定评价什么	1. (a)选几件作品 (b)解释为何选这么几件	每年至少 3 次
2. 学生评价一段时间里的进步	2. (a)回顾自己的档案袋 (b)回答:自己是否像一个读者和作者	每年至少 2 次
3. 阅读意义	3. 复述阅读内容或解释它的意义	每年至少 2～3 次
4. 选择各种材料	4. 两周内阅读书或文章的记录	每年至少 2～3 次
5. 用笔进行有效交流	5. 较长的写作样本	每年至少 2～3 次
6. 朝读者和作者的方向发展	6. (a)学生的初稿、注释及其他由教师选择的作品 (b)教师对学生进步的批注和评语	由教师决定

4. 确定调动和指导学生积极参与的有效方法。学生的积极参与是成长记录袋评价的一大特点,也是一大亮点。在实施成长记录袋的初期,教师要巧妙地向学生介绍成长记录袋的作用,激发学生的兴趣,调动学生参与的积极性;而在实施过程中,则要及时对学生的参与进行指导。

5. 确定给成长记录袋评分的方法。这是涉及评价结果的评定问题。成长记录袋的评分包含两个方面:一方面是在收集材料时进行的分项目评价;另一方面是在所需材料全部收集完以后,对成长记录袋所进行的总体评分。在总体评分中,应对评分项目的选定、评分方式和标准的确定、评分者的选择、结果的权重等格外关注。

6. 制订评价结果交流与分享的计划。这是成长记录袋评价全过程中的一个重要步骤,也是发挥成长记录袋发展性功能的关键环节。学生正是在和他人不断交流和分享过程中,体验到成长与发展的快乐、被人悦纳的幸福、受到赞赏的自豪和奋发向上的冲动。因此,一定要事先制订详细、周密的评价结果交流与分享计划,并在评价结束时,通过恰当的方式把评价结果及时告知学生本人和家长。

思考与实践

1. 优秀教师谈到教学时说:“教师的任务是将厚书讲薄;三流的课程讲知识,二流的课程讲方法,一流的课程讲思想。”请运用所学知识,说明这句话所体现的教学评价思想。

2. 叶圣陶指出:“尝谓教而教各种学科,其最终目的在达到不复需教,而学生能自为研索,自求解决。”这就是说,要达到这样的目的,必须使学生具备自我评价的能力。请根据这句话谈谈你对学生自我评价能力的认识。

模块四 教师技能论

教师职业是一种具有内在尊严与欢乐的职业。时代需要教师具备学习能力、教育能力、研究能力。其中，教师的学习能力表现在课前准备工作中，特别是教案的编写上。教育能力一方面表现为教师的教学技能，如教态、板书、口语；另一方面体现在教师在上课过程中对于课堂的控制能力。研究能力是以上两种能力的拓展，反映出时代对教师自我发展的一种要求，教师要成为教学的研究者，通过教学，完成自我的职业发展，而不仅仅成为传统意义上的“教书匠”。本模块主要探讨当代教师应具备的教育能力，即课堂教学行为技能和课堂管理技能。

第十二章 教学设计技能

教学是一门艺术，教学的艺术性体现在能够在有限的时间内，最大限度地发挥有限教学资源的教育功能，因此，教师艺术地处理教学内容，设计出完美的教学方案，就显得尤为重要。本章主要对教学设计的含义及其内容进行探讨。

第一节 教学设计概述

教学设计技能是教师重要的教学技能之一。设计好一个单元、一个课时乃至一个环节、一个专题的教学，是上好课的前提。

现场直击

《翠鸟》一课的不同上法

一、赵老师上《翠鸟》课

这是一节中年级的阅读课——《翠鸟》。执教的是赵老师。今天是第二课时，让学生了解作者写了翠鸟的哪些特点，之后进行仿写。

赵老师开门见山：“我们来分析作者抓住了翠鸟的哪些特点来写的？”

问题一提出，就有孩子举手了，赵老师叫起了这个反映敏捷的孩子：

“写了翠鸟的爪子。”

教师在黑板上写下了“爪子”两个字。又一个孩子举手了，“写了翠鸟的头”，于是教师又写下“头”。

每一孩子一条，没多长时间，孩子们发现了六条，教师也写了六条。

接着教师开始总结：“作者从六个方面来写翠鸟，首先是……”

教师简单地总结之后，让学生将相应的句子读了读，之后开始仿照作者的写作方法，写自己熟悉的一个小动物。

课就这样结束了。

二、王老师上《翠鸟》课

王老师首先布置了这样的任务：“翠鸟这一课写得非常好，大家想一想，作者从哪些角度写翠鸟的？请大家回顾课文以后，将自己的发现记下来。同学们先自己想一想，然后记录下来，能记多少记录多少。”所有的学生都开始动了，孩子的参与面大为增加。

然后，王老师让部分学生将自己的答案写到黑板上。一个学生是这样总结的：

“写了翠鸟的颜色，

写出了翠鸟的头……”

本来用“颜色、头、眼睛……”等一两个字就可以总结清楚，可他却非要加上“写了翠鸟的”几个字。

这时王老师强调：“每一条只限两到三个字。”

孩子们低下头，重新检查自己的总结，他们都是很聪明的，没有一分钟，孩子们修改好了。用语都比较简练。

一个孩子这样介绍自己的总结：“作者写了翠鸟的眼睛、嘴、鸣声。”

这时王老师提出了一个新的要求：“同学们，在你们的答案前面能不能加上一个序号？也就是1、2、3……”

做法非常简单，学生一下子就做到了，但这能使学生开始学习有条理地思考。

这个孩子这样介绍：“我一共总结了三点，第一写了翠鸟的眼睛，第二写了翠鸟的嘴，第三写出了翠鸟的鸣声。”……

（摘自：李玉平. 上好一堂课的关键要素[M]. 西安：陕西师范大学出版社，2006.）

理论讲述

一、教学设计的含义

教学设计又称教学系统设计，是指为达到预期的教学目标，运用系统观点和方法，遵循教学过程的基本规律，对教学活动进行规划的过程。教学设计的内涵包括：① 根据信息论的原理，教学是一种传播的活动，教学过程是一种复杂的信息传播过程，教学设计是运用系统方法对信息传播过程进行规划，在这个意义上，教学设计是一项现代教学技术。② 教学设计主要包括分析教学问题和学习要求，确定解决问题的策略、方法和步骤，选择合适的反馈评价方法等三个方面的内容。③ 现代教学理论、学习理论、信息传播学、教育技术和系统科学方法等都是教学设计的理论基础。④ 教学设计是一个不断完善的过程，这是由教学设计要求系统功能最优化原理决定的。因此，教学设计应包括测验、反馈、修正方案后再实施。

综上所说，就其本质而言，教学设计是一个分析学习需求、确定教学目标、设计解决方法，就解决方法进行实施、反馈、调整方案，再行实施直至达到预期教学目标的过程。它综合了教学过程中诸如教学目标、教学内容、教学对象、教学策略、教学媒体、教学评价等基本要素，将运用系统方法的过程工艺化、模式化，并对每一个环节的设计，都提出操作的理论依据和方法，供教学设计者和教师选用。

传统备课、写教案与教学设计两者是一种继承和发展的关系。向教师提出教学设计的概念，开展优秀教学设计与实施的活动，目的是提高教师进行教学设计的能力，提高教学的效率。

二、教学设计的特征

1. 教学设计具有很强的系统性

教学设计是一门非常复杂的系统科学，具有很强的系统性和理论性。新课程背景下的教学设计也是教育改革和教育理论发展的结果，其系统性和理论性更加突显。而普通教师对教学设计的系统性和理论性缺乏深刻的认识，这就要求教师必须加强教学设计相关理论的学习。

2. 教学设计应充分体现学生的主体性

教师在进行教学设计的过程中，必须充分体现学生在教学活动中的主体性地位，同时，教学设计应充分引导学生进行自主学习。

3. 教学设计的程序性

教学还具有很强的程序性。教师在备课、上课、评课、说课等一系列教学工作中都应有相对明确的操作程序和基本要求。

4. 教学设计的开放性

开放性是探究教学设计最显著的特性。探究教学从实质上讲就是培养学生发现问题、解决问题的能力，要充分发挥学生的学习主动性，学习的过程也即学生发现、发明的过程。要给学生以自由创造的空间，让学生自主安排活动方式、活动内容。

5. 教学设计的创造性

教学设计的环节很多、学生的情况千差万别、教学媒介的种类丰富多彩，所以，几乎没有哪一个教学设计的案例是完全相同的，每一个教学设计都应是教师针对具体情况进行灵活设计的，是教师经验、智慧和风格的结晶。

三、教学设计的基本程序

教学设计作为对教学活动系统规划、决策的过程，其适用范围是比较广泛的。它既可以是对课堂教学的设计，也可以是对课外活动的设计；既适用于整个教学体系的设计，也适用于一门课程、一个教学单元、一堂课的设计。但无论是在什么范围上设计，设计者遵循的基本设计原理和程序都是大体一致的。

一般来说，教学设计的程序包括以下几方面：① 规定教学的预期目标，分析教学任务，尽可能用可观察和可测量的行为变化来作为教学结果的指标；② 确定学生的起点状态，包括他们的原有知识水平、技能和学习动机、状态等；③ 分析学生从起点状态过渡到终点状态应掌握的知识技能或应形成的态度与行为习惯；④ 考虑用什么方式和方法给学生呈现教材，提供学习指导；⑤ 考虑用什么方法引起学生的反应并提供反馈；⑥ 考虑如何对教学的结果进行科学的测量与评价。

四、教学设计程序的书写要求

（一）书写内容

（1）教学设计说明：要写出教学设计的意图和整体思路。

（2）教学分析：包括教学内容的分析和学情的分析。

（3）教学目标：包括知识与技能，过程与方法，情感、态度与价值观三个维度。

（4）教学策略（或学法指导）：选用的教学方法、教学手段、教学媒体及板书设计。

（5）教学过程：包括教学时间、教学环节、教学目的或意图、内容呈现、教师活动、学生活动、教学媒体使用、预期效果。

（6）教学反思、评价：可以通过两条途径进行：一是在设计完成之后设计实施之前，对自己的设计进行预测；二是在教学活动之后评价教学设计，目的在于总结设计的得与失。

（二）书写说明

（1）书写的形式。书写可以是文本的，也可以是表格的，也可以将文本和表格二者结合。一般文本形式可以比较充分地表达思想和具体的内容，信息量大，但不宜直观地反映教学结构中各要素之间的关系；而表格形式能够比较简洁、综合地体现教学环节诸因素的整合。因此，或者以表格书写，或者将文本和表格书写形式合二为一，后一种方式是比较理想的呈现形式。采用文本形式书写前端分析，教学过程则一般以表格形式或教学流程图书写，从而组织成为一篇教学设计方案。

（2）在文本的书写中为了便于对教学程序的清晰了解，在方案的最后再加上教学流程图和板书设计图。由于这两项简洁明了，对于教师在课堂教学使用时的帮助最大。

（3）教学设计书写形式不是一成不变的，可以根据具体的内容要求灵活展现，不拘一格，写出个性，写出创意，写出风采。教学过程中流程设计方面可详可略，但对有些学习内容，如引用资料、资源、新知识信息等方面则要详细。教学目标的叙述应简洁、准确、精练，概括性强。

（4）除应简明地说明重点、难点的内容外，更重要的是考虑如何突出和强化教学重点、突破和化解教学难点，应把考虑的具体内容简要地进行说明。

（5）说明在教学过程中使用的媒体，特别是媒体使用的方法及作用或预期的结果。

（6）教学反思评价也是教学设计必不可少的一个环节。

学习拓展

表 12-1　从传统备课到现代教学设计

比较项目	传统备课	新课程视野下的教学设计
主线	教师中心，以教代学，强调教的设计	学生中心，以学论教，强调学的设计
对象	备教材：备课基于对教材知识点的传授，教案就是教学实施的脚本	备学生：立足于学生的实际需要，着眼于学生的全面发展
依据	以教师教学经验为备课依据	以科学的教育理论做指导，在分析具体教学需要的基础上设计
变通性	备课相当于课前的教学准备，它的内容是预设的、静态的，课堂教学强调教案的忠实执行	教学设计的主体工作需要在课前完成，但需要在教学过程中不断调整，教学设计贯穿于课前、课中和课后
教材观	“权威化”的教材观：将重心放在分析教材、梳理知识、强化考点等方面，教师是“教教材”，其重要职能往往是实现和强化教材、教育与其他教学辅助资料的权威功能和诠释功能，缺失自己的教学创意，缺少自我主动的设计意识	“材料式”的教材观：教材只是教学活动的载体和媒介，只是课堂教学中可供利用的一种教学工具，是与学生交往活动的载体。教师在课前的主要准备任务便是策划如何有效利用这一载体、媒介和工具，是“用教材教”，其重要职能是课堂教学的活动设计

第二节　教学设计的内容

一般说来，教学设计的内容主要包括以下几个方面：教学目标设计、教学起点设计、教学内容设计、教学时间设计、教学组织设计和教学评价设计。

现场直击

小学数学中两位数加法运算的教学目标的设计

1. 研究课程标准，分析课程内容，得到以下信息：这一单元的学习是小学数学运算（整数运算、四则运算、分数运算、小数运算）的基础，学生必须能熟练运算；两位数的加法是整数运算中多位数加法的一种；此单元的教学必须在一位数加法的基础上进行；此单元的基本内容有四种形式：① 个位数相加和小于 10，十位数相加和小于 10（12＋23＝?）；② 个位数相加和小于 10，十位数相加和大于 10（65＋71＝?）；③ 个位数相加和大于 10，十位数相加和小于 10（34＋29＝?）；④ 个位数相加和大于 10，十位数相加和大于 10（74＋49＝?）；四种形式中，①最容易，④最难。

2. 分析学生已有的状态：① 认知方面，已经学过一位数的加法，懂得数位的概念，并能正确指出数位；② 情感意志方面，对数学课有良好的态度，但注意力集中的时间短；③ 个别差异方面，部分学生在学习一位数加法时已经形成极强的迁移能力，学习速度快，部分学生在学习过程中会出现障碍，大部分学生能顺利完成任务。

3. 确定教学目标的分类：该单元主要是认知领域的学习，情感领域的目标在于继续保持学生的学习兴趣，技能领域的目标是能够熟练计算两位数的加法。

4. 列出教学目标：① 掌握两位数加法的运算步骤，能独立地进行两位数加法的运算，正确率100%；②初步了解进位原理，给出三位数相加的例子时，学生能指出在同一数位上的数，能相加的数有几组；③ 能进行简单的只需要进一次位的三位数的相加计算；④掌握进位原理，给出任何一个多位数都能指出正确的算法。①②是全体学生要达到的目标，能力强、有兴趣的学生可达到③④。

理论讲述

一、教学目标设计

教学目标是对学习者通过教学后能做什么的一种比较明确具体的表述，掌握教学目标的概念和功能等问题，有助于我们理解教学目标分类理论，更好地掌握教学目标设计的方法。

（一）教学目标概述

教学目标（teaching objectives）是教育主体对教学预期的结果，是具体体现在教学设计中的教育价值。教学目标是培养目标的分解，是师生行动的依据。它可以分为学期教学目标、单元教学目标、课时教学目标。

教学目标的内涵有两个基本点：一是它是教育主体的一种预期，体现了学校教育是一种有组织、有计划的活动，尽管并非所有的教学目标都是预设的，但在教学中预设仍然要占有突出的位置。二是这种教育主体的预期蕴含的是一种教育价值。教学目标的确定实际上是教育主体的一种价值选择。

（二）教学目标的功能

1. 定向功能

教学目标是教学活动的预期结果，它在一定意义上制约教学设计的方向，对教学过程起着指引作用，使教学中的师生活动有明确的共同指向。教学内容的确定、教学过程、教学的评价、教学方法的选择、教学手段与媒体的使用、教学时数的安排等等，都要依据教学目标来确定。例如，教师确定了本节课的目标水平是应用，那么，就必须选择练习这一方式，而且，所练习的内容又必须是变式的。否则，就无法完成教学目标。因此，教学目标被教育理论家们称为教学活动的“第一要素”。

2. 激励功能

从社会心理学的角度讲，目标不仅仅是一种结果，也是一种期待，是激发人们动机的诱因。教学目标同样也是一种期待，也具有激励功能。在教学开始时，以恰当的形式，向学生明确地陈述具体的教学目标,能激发学生对学习新内容的期待和达到学习目标的欲望,从而调动学生学习的积极性和主动性。实践证明,有无明确的教学目标,学生的学习态度是绝对不一样的。当学生明确了教学目标之后,就明确了矛盾所在,原有知识水平和新问题之间的差距就会产生认知的不平衡,而这种认知的不平衡,是引起学生认知动机的主要因素,它会激励学生努力学习,探索未知,实现认知平衡。

3. 测度功能

按照目标教学的理论,教学目标具有测度功能,教学目标一旦确定,就成了测评教学效果的尺度。传统教学中,一堂课下来,有多少学生学会了,学会了多少,很难说清。原因主要是传统教学中只有教学目的,没有教学目标,而教学目的是教师和教育工作者为完成教学任务所提出的概括性的要求。概括性是教学目的的特点,而这种概括性导致了其评价的模糊性。有了科学、合理、具体的教学目标后,就有了测量的尺子。教师可以通过多种途径和方式检验学生对目标的达成情况,并根据检验的结果,及时采取矫正性措施,实施补偿性教学。

4. 聚合功能

教学目标是课堂中各要素的联结点和灵魂,能把各种要素聚合起来,形成和谐的课堂状态,使课堂教学生态化,从而发挥出最佳的教学整体效能。教学过程是由教师、学生、教学内容、教学环境、教学方法、教学评价等众多因素组成的,这些因素在教学过程中都发挥各自的作用。但是,如果它们之间不能形成合力,就很难产生综合效应。那么,在这些因素中,能把各因素凝聚起来的只有教学目标。教学目标是“统帅”,是“灵魂”。

(三) 教学目标分类理论

许多教育家和优秀教师都十分强调教学工作的明确目的性,认为重视其是提高教学质量的一个重要保证。国外教育家对教学目标的研究相当重视,并已提出了各种不同的分类理论。在借鉴国外课程与教学目标研究成果的基础上,这里主要介绍其关于认知领域和情感领域的分类。

1. 认知领域目标分类

美国著名心理学家布卢姆以学习心理学为依据,把人的认知过程划分为六个不同阶段,依据人在这六个阶段不同的认知特点,确定不同的学习目标,从而形成了认知领域学习目标的分类。这种分类是一个层级系统,后一层学习任务的开展以前一层教学目标的实现为前提,符合由浅入深、逐步发展的认知规律,对教育教学具有重大的指导意义,因而产生了深远的影响。

(1) 知识(knowledge)

知识就是识记,这是认知目标中最低层次的能力,包括记忆名词、事实、规则和原理等。常用来表示这种能力的行为动词有:描述、认出、配对、界定、说明、列举、阐明等。

(2) 理解(comprehension)

理解是指能了解所学过的知识或概念的意义。要想检测学习者是否产生理解有两个最基本的方法:一是要学习者用自己的话解释概念的意义;二是使用课本以外的例子说明概念的意义。常用来表示理解能力的行为动词有:转换、估计、说明、举例、预测、摘要、归纳等。

(3) 运用(application)

运用是指将所学的规则、方法、步骤、原理、原则和概念,运用到新的情境的能力。常用来表示此能力的行为动词有:预测、证明、解决、修改、表现、发现等。

(4) 分析(analysis)

分析是指将所学到的概念或原则,分析为各个构成的部分,或找出各部分间的相互关系。例如,学习者能分析化合物组成的不同元素,或分析文章内容的主次。常用来表示此种能力的行为动词有:选出、分析、判断、辨别、指出、分解等。

(5) 综合(synthesis)

综合是指将所学到的零散的概念或知识、原理、原则与事实等统合成新的整体。例如,综合各项资料而获得结论就属于这种能力。常用来表示此种能力的行为动词有:联合、设计、组织、综合、筹划、创造等。

(6) 评价(evaluation)

评价是指依据某项标准作价值判断的能力,是认知目标中最高层次的能力。文学作品或艺术创作价值的批判就属于这种能力。常用来表示此种能力的行为动词有:评价、判断、比较、支持、批判、评论等。

2. 情感领域目标分类

美国教育学者克拉斯沃尔于 1964 年出版了专著《情感教育目标分类》。他认为,情感领域的教育目标主要包括态度、兴趣、理想、欣赏和适应方式等,其亚领域可分为接受、反应、价值判断、价值的组织和价值的个性化五项。

(1) 接受(receiving or attending)

接受是情感目标中最低层次的学习结果。它是指对某种现象和刺激的感知。先有感知,才能产生注意,最后,才选择所要注意的刺激。教师要引导学生学习,首先要使学生愿意接受。常用来表示此能力的行为动词有:描述、指出、选择、示范。

(2) 反应(responding)

反应是指主动的注意,即积极地参与反应。如果学生对某学科表示有兴趣学习,就是反应层次。常用来表示此能力的行为动词有:示范、说出、表现。

(3) 价值判断(valuing)

价值判断是指对于接触到的事情、现象或行为感到有价值存在,因而表现积极的态度和重视其价值。“态度”和“欣赏”都属于这个层次的行为。常用来表示此能力的行为动词有:解释、判断、示范、申辩。

(4) 价值的组织(organization)

价值的组织是指当个人以不同的程度评价许多事物的价值时,就已开始发展自己的价值系统。将这些不同的价值系统组织起来,且具有一致性,就是价值的组织。学生能确定其人生观或处世哲学,就是这个层次的行为。常用来表示此能力的行为动词有:解释、申辩、判断。

(5) 价值的个性化(characterization by a value or value complex)

价值的个性化是将价值系统内在化,成为个性的一部分,个体依其信念行事。如一个人在工作时表现出自信的态度。常用来表示此能力的行为动词有:表现、实践、示范。

(四) 教学目标的设计与呈现

在教学中,要合理地设立教学目标,也要明确地表述教学目标。教学目标的明确性和合理性可以归结为这样两个问题:怎样确定教学目标?怎样表述教学目标?

1. 教学目标设计的基本原则[①]

(1) 系统化

首先，在设计教学目标时，必须考虑到目标体系的横向的和纵向的联系。要满足上位目标对下位目标的要求，充分实现各层次目标的连续性和递进性；要充分考虑不同教育阶段或不同专业的培养目标之间、课程教学目的之间、年级课程教学目标之间、单元教学目标之间和课时教学目标之间的相互联系、相互促进，采取策略使它们实现整合。

其次，从教学目标及其设计的背景看，教学目标设计时要综合考虑和分析教育教学系统的各要素，如教师、学习者、内容与环境等。要分析教师的专业素质、教学能力等，分析学习者的一般心理、生理和社会背景等方面的特点，以及从事某项特定学习任务的基础知识和技能等。学习者与内容之间的关系，学习者与教师的作用、地位的关系，也是进行教学目标设计时要分析把握的内容之一。

再次，从教学目标及其设计在课程研制过程中的地位来看，必须把教学目标设计作为课程研制过程的一个基本要素和基本环节来看待。一般认为，在课程研制中，教学目标设计居于基础和中心的位置，必然会与其他各项要素相互制约、相互联系，教学目标设计时进行任务分析、教学起点分析会有助于后面要素的设计。

(2) 具体化

这里说的具体化，是指教学目标的表述应力求明确、具体，避免含混不清和不切实际。教学目标设计，解决的是教和学要“达成什么”的问题。如果教学目标含混不清，不便理解和把握，势必会影响“如何教”，即教学策略的制定，影响“教得怎么样”，即教学评价，也就不能较好地发挥教学目标的作用，教师的教和学生的学都会失去明确方向，效果也就大打折扣。中外实证研究已证明：教学目标的具体化，对提高学生学习成绩有促进作用。正因为如此，西方发起了克服教学目标含糊性的运动，出现了一些有助于教学目标具体化的方法，如 ABCD 模式、内部过程与外显行为相结合的目标表述等等。

(3) 层次化

从纵向来看，学生任何预期学习结果，客观上都要通过达到不同层次的要求而实现，从较低层次目标要求逐步达到较高层次目标的要求。从横向看，不同的学习者达到的目标在层次上是有个体差异的，一个教学目标的设计也需适应这种多层次的要求。所以，这里的“层次化”，不是指整个教学目标的层次化，而是指在某一个特定教学目标设计和表述时，这个目标本身要反映出学习结果的层次性。如布卢姆、加涅等人对教育目标分类都是有层次性的，他们累积性的层次分类，表现为每一层次的行为或操作包含了较低层次的行为和操作。

2. 教学目标设计的步骤

从教学目标设计的整个过程分析，任何目的和目标的确定，都要经过四个一般性步骤：目标分解、任务分析、起点确定和目标表述。

(1) 目标分解

任何下一级的教学目标的确定，必须以其上一级目标为依据，下位目标是为上位目标服务的。教学目标自上而下的分解过程，是一个不断具体化的过程。教学目标是课程与教学目标体

---

① 黄甫全，王本陆. 现代教学论学程[M]. 北京：教育科学出版社，1998：154.

系中最为具体的目标，要确定课时目标，就必须明确其上位目标——单元教学目标及其相互关系；要设计单元教学目标，就必须明确其上位目标——年级教学目标及其相互关系；要设计年级教学目标，就必须明确其上位目标——课程教学目的及其相互关系；而要设计课程教学目的，就必须明确其上位目标——培养目标及其相互关系。这就涉及一个课程与教学目标的分解过程。

怎样将课程教学目的分解为单元课程目标呢？

第一，进行学习需要和兴趣的分析。

第二，进行学习任务选择。即以第一步分析结果为基础，确定为实现课程教学目的，学习者必须完成的学习任务（内容）。

第三，进行学习任务的组织。这里主要是分析各项学习任务的关系。学习任务之间或是相对独立、或是相互平行、或是前后关系、或是递进关系，据其不同的关系，可以将学习任务或组成单元、或根据需要调换顺序、或形成阶梯递进性结构。

第四，单元教学目标的表述和归类。明确了各单元的学习任务，可以为每个单元编写相应的单元课程教学目标。在单元目标中，要说明学习者完成本单元学习以后应能做什么，而不是教师做什么。相对于课程教学目标来说，单元教学目标是具体的；但相对于课时教学目标来说，单元教学目标又较概括、抽象，这与课时目标必须可操作、可观察、可测量有很大的不同。

（2）任务分析

单元目标确定后，就可以根据单元目标进行任务分析。这里的任务分析，实际上就是指对学习者为了达到单元目标的规定，所需学习的从属知识和经验以及技能、能力、态度、情感等及其相互关系，进行具体的剖析。根据单元教学目标来确定课时教学目标时，这种任务分析往往是与单元教学内容结合进行的，所以有的人也把这种任务分析叫做教学内容分析。通常的做法是，从已确定的教学目标开始提问和分析：要求学习者获得教学目标规定的能力，他们必须具备哪些次一级的从属能力？而要培养这些次一级的能力，又需具备哪些更次一级的能力？……这种提问和分析一直进行到教学起点为止。单元教学目标可分为认知的、情感的、动作技能的几种类型。

（3）起点确定

教学目标不是对教师的教学行为的描述，而指的是学习者的学习结果。既然如此，要设计出合适的教学目标，就不能忽视对学习者的分析，就需要对学习者的起点能力进行分析，即确定教学的起点。

教学起点的确定，直接关系到教学目标的作用发挥和教学的有效性。教学起点定得太高，则可能导致课时教学目标过高，超过了一般学生的能力。教学起点定得太低，则会在学生已掌握的内容上或教学活动上浪费时间和精力。一般说来，确定教学起点，主要应对学习者进行三方面的分析：首先，对学习者的社会特征进行分析，主要包括学习习惯、兴趣、方法、态度以及成熟程度、班级水平、心智发展水平等；其次，对学习者预备技能的分析；最后，对学习者目标技能的分析，即了解学习者是否已经掌握和部分掌握了教学目标中要求学会的知识和技能。

学习任务分析和教学起点的确定是密不可分的，在设计教学目标时，这两方面的分析往往是同时进行的，二者并不存在明显的先后关系。

（4）目标表述

进行教学目标设计时，必须对学习者通过每一项从属知识和技能等的学习以后应达到的行为状态作出具体、明确的表述，再将这些表述进行类别化和层次化处理。目标表述内容丰富，而且技巧性比较强。[①]

二、教学起点设计

全面了解学生的现实发展水平，准确把握教学起点，是教学设计的一项重要内容。确定学生的现实发展水平可以从以下三方面进行：① 认知因素。主要包括学生已有的智力发展水平、学习的技能技巧、知识储备、认知结构和认知风格（不同的学习方式）。② 非认知因素。主要包括学生的一般生理发展水平和成熟程度，学生的学习动机和状态，如学习兴趣、态度、需要、意向以及情绪情感状态等。③ 社会因素。主要包括学生家庭的文化背景和家长职业背景，学生间的社会交往、相互关系以及师生间的人际关系等。

在全面了解学生上述各方面情况的基础上，教师和教学设计人员需要对学生已有的知识准备状况和学习动机状态给予特别关注，认真分析，因为这两方面因素是构成学生现实学习水平的主要方面。

三、教学内容设计

教学内容设计是教学设计的一项重要内容。由于教科书的编排和编写要受到书面形式等因素的限制，它所呈现的知识内容和知识结构必须经过教师的再选择、再组织、再加工，才能切合教学的实际需要，因此，教师必须重视教学内容的设计。从教学设计的角度考虑，一般将知识分为以下三类。

1. 根据陈述性知识的特点进行教学设计

陈述性知识主要是有关世界"是什么"的知识。这类知识可分三种形式：① 有关事物的名称或符号的知识。这种知识的学习要求记住事物的符号和符号代表的个别事物，获得的是一种孤立的信息。② 简单命题知识或事实知识。如学习"中国的首都是北京"、"三角形有三条边"这样的单个命题。③ 有意义命题的组合知识，即经过组织的言语信息。如陈述太平天国失败的原因。

根据陈述性知识的特征进行教学设计，有利于知识的贮存、提取和回忆。为此，教师在具体设计过程中应解决好以下几个方面的问题：① 找出新知识与原有相关知识的结合点，讲清二者之间的相互联系，以帮助学生在理解的基础上有效吸收、同化新知识。② 对学生的学习准备状况作认真分析，除了解学生的一般学习状况外，还应对学生已有的知识准备、知识结构、学习动机和学习习惯作深入分析。③ 恰当引入教学媒体，如教具、学具的使用，教材呈现手段的变化等。

2. 根据程序性知识的特点进行教学设计

程序性知识是有关"怎么办"的知识。程序性知识主要涉及概念和规则的应用，即对事物分类和进行一系列运算、操作。在教学实践中，如何将贮存于头脑中的原理、定律、法则等命题知识转化为技能，实现由静态向动态、由贮存知识向转换信息、由缓慢的再现知识向自动激活转化，从而实现学生的发展，是教学设计的一个关键问题。因此，程序性知识的教学设计应确定的教学目标，主要就是帮助学生形成运用概念、规则和应用原理解决问题的能力。在设计概念练习时，应注意充分应用正反例。呈现正例有助于概括和迁移，但也可能导致泛化。

---

① 黄甫全，王本陆. 现代教学论学程[M]. 北京：教育科学出版社，1998：157.

3. 根据策略性知识的特点进行教学设计

策略性知识也是回答“怎么办”的问题的知识，一般来说，策略性知识分为两级水平：较低级的为一般学习活动的策略知识，如控制与调节注意的策略、记忆策略和提取策略等；较高级的为创造性思维策略知识，这类策略往往因时、因人、因内容而异，是一个推理过程，难以程式化，目前尚没有明确分类。

根据策略性知识的特点进行教学设计，需要解决三个难题：① 教材问题。传统的教材没有把认知策略的训练作为一个重要目标，教材中缺乏相应的内容。② 教师问题。策略活动是一种内在思维活动，要搞好策略性知识的设计，教师应加强策略教学方面知识的学习和训练。③ 学生问题。学生的认知策略制约着策略性知识的教学，因而注重对学生进行认知策略训练，是教学设计的一个重要部分。

四、教学时间设计

时间是一个物理学的概念，同时也是一个心理学、教育学的概念。设计教学时间的维度有：① 名义学习量。也就是学生所需要的学习时间总量，它具体表现为学校每年的总学时量。② 实际学习量。指每个学生实际接受有效学习的时间量。③ 单元课时量。指学生在课堂上学习某一单元或某一具体内容时获得的学习时间量。④ 专注学习时间。指学生在课堂上积极专心学习的时间。⑤ 教学时间的遗失。指由于受外界干扰或教师对教学处理不当造成的教学时间的浪费。

设计教学时间的策略有以下几方面。

(1) 把握好整体时间分配。主要指教师在设计教学时，首先应对一学期甚至一学年教学时间的总体分配情况做到心中有数，要依据教学大纲的规定和教学的实际需要对整体教学时间(一般以学期为限)作出合理规划。

(2) 保证学生的实际学习时间。教师应通过加强管理，尽可能减少学生的迟到、早退及无故缺勤现象，同时也避免自身缺课。一旦发生了缺勤情况，只要有可能补救，就应当采取补课或其他措施把损失的时间补回来，以此来保证学生的实际学习时间能维持在一定水平。

(3) 科学规划单元课时。单元课时的设计是教学时间设计的核心。教师在进行单元课时设计时，应认真钻研教材，分析学生已有的知识准备状况，找出单元内容中包含的知识点以及重点、难点，在此基础上确定每个单元所需的教学时间。

(4) 尽可能增加学生的专注学习时间。增加学生的专注学习时间，是提高教学时间效益的极为重要的一个方面。实践表明，通过教师的努力，增加专注学习时间是完全可能的。

(5) 防止教学时间遗失。防止教学时间遗失，实际上就等于增加了有效教学时间。从教学设计的角度看，教师在事先设计过程中一定要把握好每个环节，精心设计好每项内容，同时又要对课堂上可能出现的问题及处理办法有一定预测和心理准备，只有这样，在课堂上才有可能避免教学时间遗失现象的发生。

五、教学组织设计

教学组织设计是教学设计的中心环节，课堂教学组织得如何，在很大程度上取决于教学组织设计得是否科学、合理、有效。

（一）教学方法的选择与设计

面对多种多样的教学方法，哪些是教师应优先考虑的方法？这些方法又该如何结合在一起？这是一个教学方法的选择问题。选择并灵活运用教学方法，教师的创造性能够得到最充分的发挥。（参见本书第十章第二节教学方法）

（二）教学媒体的选择与设计

教学媒体是教学的基本要素之一，教学媒体既包括传统意义上的语言、文字、粉笔、黑板等传播媒体，也包括幻灯、录音、录像、电影、电视和电脑等各种现代教学媒体。要想使教学媒体发挥出应有的作用，还必须从以下几方面考虑教学媒体的选择与设计。

1. 依据教学目标选择教学媒体

在选择教学媒体时，应首先考虑媒体的使用是否有利于达成特定的教学目标，是否符合具体教学任务的实际需要，是否切合教学内容的性质和特点。否则，如果脱离特定的教学目标和教学实际需要，媒体本身运用得再完美也毫无意义。

2. 依据教学对象的特点选择教学媒体

不同年龄阶段的学生对事物的感知方式和接受水平是不完全一样的，因此，选择教学媒体时必须考虑学生的年龄特点和学习的实际需要，最充分地利用媒体的优势激发学生的学习兴趣，发展他们的学习潜能。

3. 依据媒体的技术特性选择教学媒体

具体有两方面要求：一是要考虑各种媒体的技术特点和功能，如录音、录像、幻灯、电视等媒体的技术特性和具体功能是不尽相同的，究竟选用哪种或哪几种，需结合这些媒体的技术特点加以考虑；二是要考虑所选媒体教师自己能否熟练地操作，以及运用媒体是否有助于发挥自己教学的特长。

4. 依据经济条件选择教学媒体

媒体的选择也要本着经济有效、量力而行的原则行事，在尽可能满足教学需要的同时，也要注意节约，不要造成浪费。

（三）教学环境的调控与设计

教学环境也是制约教学活动的一个重要因素，不同的教学环境会对教学形成不同的影响。因此，设计、调控教学环境是教学设计的一个重要方面。此处仅就课堂座位的编排设计问题作些探讨。

课堂座位是一个重要而又长期被人们忽视了的课堂环境因素。20 世纪 70 年代以来，随着教学环境研究的兴起，课堂座位编排方式也逐渐引起人们的重视。大量的研究结果表明，课堂座位编排方式对学生的身体健康与心理发展均有重要影响。

1. 设计编排课堂座位的生理学依据

大量的教学实践表明，课堂座位的编排是项复杂的工作，它要受制于多方面的因素。从生理学的角度来看，课堂座位的编排必须遵循学生生理发展的特点，不能有损于学生身体健康。因此，合理设计课堂座位，定时调换学生座位，对于保障学生身体健康就有着十分重要的意义。

2. 设计编排课堂座位的教育学依据

教学环境的有关实验研究及教育实践均表明，课堂座位编排方式对学生的课堂行为、学习成绩、社会交往、学习态度、人际关系以及整个教学活动发生着直接或间接的影响。从教育学的角度来看，合理设计和编排课堂座位，充分利用不同座位模式的特点适应教学目标和教学情境的变化，满足不同课程和不同教学活动的需要，是教学环境设计中一项非常重要的工作。

然而，在日常教学生活中，大多数中小学教师却很少对课堂座位进行重新编排处理。因此，加强教学环境方面的研究与宣传工作，在现在及将来都是十分必要的。

六、教学评价设计

教学评价是根据教学目标，运用评价的方法和手段对教学活动及其预期效果进行价值判断的过程。教学评价的主要目的是获取教学活动的反馈信息，检测学生学到了什么？学到何种程度？以及判断教学是否达到了预定的教学目标？若没有达到，具体的原因在哪里？有没有加以调整的可能和必要，等等。由此看来，教学评价在教学过程中具有十分重要的意义。合理设计教学评价，对于促进教学目标的达成和提高教学设计的科学性、有效性，无疑都有着积极的作用。

教学评价采用的具体方式也是多种多样的，如课堂提问、讨论、练习、作业和各种测验等。教师究竟采用什么评价方法，运用何种评价手段，还需要根据评价的目标、性质以及教学的实际情况而定。总之，全面、客观、公正、及时应当是设计教学评价时遵循的一些基本准则。

学习拓展

教学设计与教案的区别

一、范畴上的不同

教案是教育科学领域的一个基本概念，又叫课时计划，是以课时为单元设计的具体教学方案，是教学中的重要环节。教案的基本组成部分是教学进程，内含教学纲要和教学活动安排，教学方法的具体应用和各种组成部分的时间分配等。

教学设计也称教学系统设计，是教育技术学科的重要分支，形成发展于20世纪60年代。它包括宏观设计和微观设计，主要是运用系统分析方法，解决教学问题，以优化教学效果为目的，它以传播理论、学习理论和教学理论为基础，具有很强的理论性、科学性、再现性和操作性。课堂教学设计属于微观教学设计的范畴。

二、对应层次不同

教学设计是把学习者系统作为它的研究对象，所以教学设计的范围可以大到一个学科、一门课程，也可小到一堂课、一个问题的解决。从整体上教学设计可概括为以下三个层次：以系统为中心的设计、以课堂为中心的设计、以产品为中心的设计。鉴于我国目前的教学组织是以课堂教学为主，所以课堂教学设计是教学设计中运用最多的一个层次。而且从研究范围上讲教案只是教学设计的一个重要内容，因此教学设计与教案的层次关系是不完全对等的。

三、指导思想不同

教案是“课堂、教师、教材”为中心的传统教学思想的体现，它的核心目的就是教师怎样讲好教学内容。教案的编写很重视对学生进行封闭式的知识传授和技能训练，强调教师的主导地位，却常常忽略了学生的主体地位，这样常导致的后果是便于学生的知识增长，而不利于他们的能力培养。

教学设计不仅重视教师的教，更重视学生的学，怎样使学生学得更好，达到更好的教学效果是教学设计的指导思想，所以对学习者进行特征分析是教学设计不可缺少的步骤，体现了现代教学理论的鲜明性。它强调教师主导地位和学生主体地位的辩证统一，注重学生学习能力的提高。教学设计非常重视对现有媒体的设计和充分利用，以创造良好的学习环境和学习效果，不少教师围绕媒体而展开课堂教学的设计活动。教学设计也非常重视教学目标和教学评价的设计，因而从传播学的角度上看，制定教学目标和实施评价在教学系统中分别具有前瞻和反馈的作用，是教学信息传播过程的重要组成部分。

四、元素的含义不同

教案一般包括教学目的，教学方法，重难点分析，教学进程，教具的使用，课的类型，教法的具体运用，时间分配等因素，从而体现了课堂教学的计划和安排。

教学设计从理论上来讲，有学习者分析、学习内容分析、学习目标阐明、教学策略的制定、媒体的分析使用及教学评价等六个元素，然而在实际的教学工作中，我们讨论比较多的是学习目标、教学策略和教学评价三个主要元素。

五、教学评价不同

在教案的编写过程中评价体现得不明显；教学设计依据教学目标对学生掌握知识、形成能力的状况作出准确而及时的评价，是教学设计中的重要环节。

思考与实践

1. 美国著名的教学设计研究专家马杰（R. Mager）指出：教学设计依次由三个基本问题组成。首先是“我去哪里”，即教学目标的制定；接着是“我如何去那里”，包括学习者起始状态的分析、教学内容的分析与组织、教学方法与教学媒介的选择；最后是“我怎么判断我已到达了那里”，即教学的评价。请你依据专家的理论，结合老师们平时在教学设计中存在的问题与困惑，谈谈应该如何有效地进行教学设计。

2. 采访中小学的一名教师，了解他们对教学设计的理解和具体做法，然后应用所学知识对其进行评价。

第十三章　课堂教学行为技能

上课是将静态的教学设计付诸于动态的实施过程。但是，上课并不是简单地照搬“教案”，因为教师面对的是在具体情境中一个个富有个性、具有独特精神生活方式和经验的学生。因此，如何上好课，关系到教学质量的高低和每个学生的发展。但怎样才能上好课呢？本章主要讲述教师课堂教学中的呈示行为、课堂问答和学习指导的策略。

第一节　呈示行为策略

教师在课堂上要给学生传授知识，就要注意仪表、语言、板书、使用多媒体等方面的呈现行为，掌握每个环节必备的技能，才能提高知识传授的有效性。

现场直击

教师课堂教学呈示行为

［片段一］

出示例题中的人字梁

师：你知道这张图画的是什么吗？你在哪里见过，它是用来干什么的？（出示人字梁图片）

师：这是一个人字梁。人们建筑中间起脊的房顶时，在前后两面的墙上搭上它，再在它的上面放木棒或水泥棒，以绷住房面上的草或瓦。人们通常称它为房梁，由于上面的两根梁摆放的像人字，所以又叫它人字梁。

师：我们要量这张图中人字梁的高，你认为应该从什么地方量起，往哪里量？也就是图中哪条线段的长度？

学生讨论。

师：通过刚才的讨论，我们知道了人字梁的高实际上就是从这个三角形的一个顶点到它的对边的这条垂直线段的长度。（边讲边指）

【反思】

讲解是教师呈示行为的一个主要方面。它是指教师用口头语言向学生呈现、说明知识，并使学生理解知识的行为。讲解中教师的语言应迅速、直接、贴切、形象，具有很强的解析力和吸引力。

上面的例子中教师通过提问，激发学生联系生活经验说出自己的理解，由于学生对“人字梁”了解甚少，因此最后由教师结合呈现的图片用比较清晰、规范的语言告诉学生什么是“人字梁”、哪里是“人字梁”的高。

[片段二]

师:数学中的三角形的高是什么意思呢?

教师拿出课前准备好的一个锐角三角形,然后指着这个三角形边示范作图边讲解:从三角形的一个顶点向它的对边作一条垂直线段,这条垂直线段就是三角形的高,这条对边就是三角形的底。

师:你能作出另外两个底所对应的高吗?

先请学生板演,再集体作高。

出示部分学生作品,集体评价,说说要注意的地方。

【反思】

动作呈示行为是指教师通过示范特定动作或操作,提供给学生模仿,使学生学会相应技能或操作的行为。这是教育史上最古老的一种教学行为。上述片段中教师亲自示范作高的方法,能帮助学生清晰地认识作高的步骤,并在此基础上让学生模仿教师的动作练习向不同的方向作高,使学生经历了一个由学习到实践的过程,对作高的方法印象更为深刻、掌握更为牢固。

教师在示范的时候速度不宜过快,一次呈示的内容不宜过多;示范"恰当",可让学生有充分的观察、学习时间和机会,有利于学习效果的提高。

(摘自:课堂教学呈示行为反思[EB/OL].(2007-04-24).
http://www.tcjmxx.cn/blog/user1/250/archives/2007/3279.html.有删改。)

理论讲述

一、仪表和语言

(一)教师仪容与体态

1. 注意着装

教师是为人师表的,不光要在学识修养上使人敬佩,在着装上也要庄重大方又不失亲和感。教师站在讲台上,要面对几十双目光的注视,着装不当会大大影响讲课效果。从色彩上看,白、灰、黑、棕、褐、蓝等色系比较适合教师。其中,棕、褐色有暖色成分,给人以亲和感;棕、褐、蓝的浅色明快、活泼,给人朝气蓬勃的感觉。孩子气、牛仔化倾向,有着过多图案,奇形怪状的服装不适合教师。

2. 面部表情

教师的面部表情是一种动态的无声语言,是一种重要的信息源,是师生心理接触的重要方式。教师在课堂上保持好的面部表情,对学生的心理影响具有积极作用。

首先,面部表情要自然;其次,面部表情要适度,做到嬉笑不失态,哀痛不失声,端庄中见微笑,严肃中有柔和;最后,面部表情要宽容,教师脸上经常显示友善、信任和宽容,学生就会主动打开心灵的门户。

3. 讲究举止

教师的举止,主要指教师动态的身体姿势。教师的举止在教学中具有不可忽视的作用。

首先,讲究手势。教师在课堂上应充分发挥手势的作用,要与教学内容、教学情境、学生的情绪一致，要和声音、姿势、表情等密切配合。

其次，注意头姿。头姿是教师经常使用的一个姿势动作。例如：点头，表示对学生的肯定；摇头，表示对学生的否定。头姿要简洁明快、适当而又优雅，能明确地表达教师的教学意图和反应，这就能对学生行为起强化或抑制作用，从而促进学生的学习。

（二）教学语言

教学语言指教师进行教学所使用的语言，是教师完成教学任务的主要手段。教师在教学活动中，应遵循教学规律，创造性地使用教学语言，使学生在愉悦中高效率地学习。教师的基本语言技能由以下几个因素构成。

1. 语音和吐字

语音是语言的物质材料。有了语音这一载体，才使得表达信息的符号——语言能以声音的形式发出和被感知。在交际中，特别是在教学中，对语音的基本要求是要规范，即要用普通话来讲话，方言是交流的一大障碍。如有位教师对“多”和“独”的音区别不开，因此在讲“多幕剧”和“独幕剧”的区别时，这位教师若不借助于板书，学生就很难听清楚。

与语音相关的还有吐字问题，人形容吐字不清是“嘴里像含个热饺子”，使人听不清楚。造成吐字问题的主要原因是发音器官（唇、齿、舌）在发相应的字音时不到位。这种问题，只要有意识地矫正，并且经常练习，养成习惯，是完全可以解决的。

2. 音量和语速

音量指声音的大小，声音小听不清楚，声音过大没必要，使人听起来会感到不舒服。音量应控制在教室安静的情况下最后一排也能听清楚。音量大小和气息控制有关。要达到一定的音量，就要注意深呼吸；要注意有控制的用气。注意音量的保持，避免听清前半句，听不清后半句。要把每一句的最后一个字都清清楚楚地送进学生的耳朵。

语速是指讲话的速度，耳朵有一定的承受力，超载就听不清。每分钟 200～250 字为宜。

3. 语调和节奏

语调是指讲话时声音的高低升降、抑扬顿挫的变化。适度的语调，可以加强口语表达的生动性。节奏是指讲话时的快慢变化。它和语速有联系但不是一回事，每个字音长音短时间并不一样，句中句间长短不一的停顿，这种不一就是节奏。善于调节音程徐疾变化，形成和谐的节奏，同样可以加强口语表达的生动性。

4. 词汇

没有词就没有语言。一个人只有具备一定词汇量并能正确、熟练地运用于口头表达中，才能具有一定的口语技能。在课堂口语中，对词汇的要求是：① 规范：要用普通话的语汇交流。方言有很大的障碍。② 准确：表达一个意思，客观事物，要用恰当的词语，不能产生歧义。③ 生动：注意用词形象性、可感性，注意词的感情色彩，能启发想象、联想，激发人的感情。

5. 语法

要注意符合语法，否则让人听不懂或费解。还要注意合乎逻辑规律。

二、板书

板书是课堂教学的重要辅助手段。教师在讲课时，如何设计和运用板书，设计运用得好不好、巧不巧、妙不妙，直接关系到本堂课的教学效果。

（一）板书的特征

1. 具有直观性

直观性是就板书的表现形式而言的，这是板书的第一特征。教师之所以把讲课的要点写在黑板上，就是要让学生在听到的同时还能看到。把听与看结合起来，融为一体，听得清楚，看得明白，加深理解，增强记忆。

2. 具有明示性

明示性是就板书的具体内容而言。教师讲课时板书的内容主要有两个方面：一是章、节的标题；二是重点、难点和疑点内容的主题句及有关字、词。把这些内容写在黑板上就是明确提示学生本节课要讲的或已讲过的内容，起到画龙点睛的作用。

3. 具有艺术性

艺术性是就板书的表现形式与具体内容的有机结合而言。教师在讲课时采用一定的手段把所书内容灵活巧妙地展现在黑板上，不但让人看后明白其内容，而且通过观赏（也就是看）亦能得到一种艺术的享受，回味无穷。

（二）板书的设计

1. 流水式

流水式是把整块黑板当做一个整体，从上到下或从左至右像记流水账似的逐行书写其讲授内容，直到讲授完毕。这样的好处是内容具有连贯性，无间无隔，能给人以整体印象。

2. 两分式

两分式是把整块黑板一分为二，划成左、右两个板块。左边一块为正板，亦可称为“死”板；右边一块为副板，亦可称为“活”板。正板书写章、节及问题的大小题目即基本内容，副板书写用来补充说明正板基本内容所使用的一些关键性的字、词、句及有关数据、符号、图形等。正板书写的基本内容从讲课开始直至讲课结束，不随意擦掉，要保持其完整性。这样既便于学生笔录，也便于教师结束本节课时进行小结。副板的内容根据讲课的逐步深入和板面需要可随时擦写（一般待写满后再擦），只要能起到补充说明作用，有利于学生消化理解就算完成了任务。

3. 三块式

三块式是讲课开始先在整块黑板正中上方位置书写本节课要讲的章、节名称，然后再将题下板面划分为左、中、右三个同等大小的板块。左边和中间两个板块为正板，右边板块为副板，正板和副板写的内容和方法同“两分式”一样，在此不再赘述。这种形式的好处是重点突出、主次分明，正板内容清晰，副板灵活多变，能给人以深刻印象。

（三）板书的要求

1. 字迹要写得工整、清楚

板书的字迹一定要工整，只有工整才能清楚，这是对教师板书的基本要求。切忌潦草，避免错别字，不要自造字，更不能随意简化，必须按照国务院文字改革委员会颁布的《简化字表》正确书写，以防误导，产生不良后果。

2. 语句要力求简明、精练

要在有限的板面上容纳较多的内容，传播更多的信息，这就要求教师在板书语句的选用上下工夫，力求简明、精练，争取用最简洁的文字表达出复杂的内容。要抓重点、抓关键，莫要不分重轻、不分主次，眉毛胡子一把抓，辛辛苦苦写了一黑板，到头来缺少的仍然是重点和关键，势必影响教学效果。

3. 板面要做到干净、利落

板书就是任课教师在黑板上绘制蓝图，这幅蓝图新不新、巧不巧、美不美，关键在于教师的安排。因此，教师在板书时要对板面上书写的位置、字体的大小、间距的宽窄、排列的次序以及标点的运用等细节问题都要周密考虑，合理分配，科学编排，力求做到干净、利落，使板面这幅蓝图更加绚丽多彩，发挥出它应有的辅助作用，收到良好的教学效果。

三、多媒体教学

多媒体教学是指在教学过程中，根据教学目标和教学对象的特点，通过教学设计，合理选择和运用现代教学媒体，并与传统教学手段有机组合，共同参与教学全过程，以多种媒体信息作用于学生，形成合理的教学过程结构，达到最优化的教学效果。

（一）多媒体教学的特点

1. 人机交互性强

多媒体教学的交互性有利于学生认知主体作用的发挥。在传统的教学模式里，教师是课堂的主宰，它忽视了学生认知主体的作用，这种模式不利于具有创新思维和创新能力的创造性人才的成长。而多媒体和网络技术能提供界面友好、形象直观的交互式学习环境，能提供图文声像并茂的多种感官综合刺激，因而对学生认知主体作用的发挥是非常有利的，这种方式也是其他教学媒体或其他学习环境无法比拟的。

2. 能传递丰富的教学信息，且有利于信息的获取

在传统教学模式中，主要依靠教师讲课，这种方式给学生的大多数是听觉刺激，视觉刺激只占少部分。在网络多媒体教学中，它把语言、文字、声音、动画、视频等多种信息集成于一体，学生既能看得见，又能听得见，还能用手操作，因此大大地提高了信息获取的效率。另外，我们还可利用网络，通过虚拟图书馆、超链接等方式，链接到 Internet 这个信息的大海洋，因此可大大拓宽信息的来源。

3. 有利于提高学习效率

在网络的多媒体教学模式里，可突破时间和空间的限制，学生可按照自己的学习进度，随时随地地调用服务器上的课件进行学习，这一点是传统教学模式无法做到的。多媒体教学为学生提供了多途径、多方式学习知识的开放式教学环境。利用网络学习可参加各种类型的专题讨论，发挥各自特点，相互争论，或进行分工合作，使得课堂学习、小组讨论和协作学习等互相补充。

（二）网络多媒体教学课件制作应遵循的原则

1. 根据教学目的和学生实际情况确定教学起点

教学起点是否合理，影响到教学的成败。一方面，教学起点过高，将使学生产生畏难情绪，影响学习积极性；另一方面起点太低，将使学生失去学习兴趣，影响教学效果。因此，必须依照教学目的和学生的知识水平情况确定课件的起点。

2. 课件要有良好的可维护性、可修改性、可扩充性

课件是一种具有一定教学功能的软件，为此可采用模块化设计，以便于课件的维护、修改和

新知识、新内容的扩充。

3. 界面应简洁大方，可操作性强

在设计界面时，文字不宜太多，要精练突出，界面颜色不能太鲜艳，否则会分散学生的注意力。良好的界面有助于增加学生学习的兴趣。

可操作性强包括两层含义：一是设计的脚本操作性要强，即在设计课件脚本时要思考有无这方面的素材。如果没有，再好的课件脚本思想也成了“空中楼阁”。二是根据课件脚本制作的可操作性要强，在设计脚本时，须考虑课件的操作要简便、可靠，便于教师和学生控制。操作方法要尽量简单，并有足够的操作提示。

学习拓展

板书设计举例

板书直观主要是语言文字的直观。板书内容的艺术性主要由语言文字的艺术性体现出来。板书的这种语言艺术，不仅要求炼字炼词，做到准确、精练、明晰地表达课文内容，而且要求语言本身讲究修饰、讲究文采。

散文《长江三峡》对瞿塘峡、巫峡、西陵峡的特征分别进行了总的描绘——瞿塘峡“像一道闸门”；巫峡“简直像江上一条迂回曲折的画廊”；西陵峡“处处是急流，处处是险滩”。如果我们在抓住原文的基础上，再进一步概括，就可分别用一个字来描绘各峡的主要特征：

壮——瞿塘峡

幽——巫　峡

险——西陵峡

再看下面的一些板书设计，都有异曲同工之妙：

《药》：买药—吃药—议药—死于药

《项链》：想项链—借项链—戴项链—丢项链—赔项链—假项链

《荷花锭》：别夫—探夫—遇夫—助夫

《阿 Q 正传》：风传革命—宣布革命—幻想革命—不准革命—革命破灭

《皇帝的新装》：爱新衣—造新衣—穿新衣—评新衣

《回延安》：回延安—忆延安—会延安—绘延安—颂延安

通过这样的板书设计，可以使学生迅速了解文章内容的结构，而且板书设计非常精练，可以帮助学生体会语言文字的使用。

第二节　课堂问答策略

教师问、学生答的对话是课堂教学十分重要的教学方式。课堂问答是师生课堂知识传授、教学交往的主要形式，良好的对话行为，是提高课堂教学有效性的根本保证。

现场直击

放　飞

花为什么会开？

有一天，学前班的老师问她面前的孩子。

第一个孩子说："她睡醒了，她想看看太阳。"

第二个孩子说："她一伸懒腰，就把花骨朵顶开了！"

第三个孩子说："她想和小朋友比比，看谁穿得更漂亮。"

第四个孩子说："她想看看，小朋友会不会把她摘走？"

第五个孩子说："她也长耳朵，她想听听小朋友唱歌。"

突然，第六个孩子问了老师一句："老师，您说呢？"

老师想了想说："花特别懂事，她知道小朋友们都特别喜欢她，就仰起她的小脸，笑了！"

老师的回答很高明，听到这儿，孩子们全看着老师笑了，那笑脸比花更好看。

真惊异这些孩子们的答案，他们的想象力真丰富，他们的回答真精彩！不是吗？这些充满了灵气的回答，每一个都是一朵亮丽的花！

那老师原来准备的答案是："花开了，是因为春天来了。"可听到孩子们的回答后，她放弃了准备好的答案，急中生智地改了。

（摘自：张玉庭《放飞想象力》）

理论讲述

课堂问答可以诱发学生参与教学，发挥其学习的积极性和主动性。同时，它也可以给学生提供某种线索，使学生注意教材中的某些特定信息，在有意义的课堂教学中，教师需要掌握一定的课堂问答技能。

一、课堂问答的环节及策略

（一）发问环节

发问即教师提出课题或有待讨论的问题。问题的难度、清晰度和次数对问答的效果都有影响。由于低年级和高年级学生所处的认知发展阶段不同，对不同认知难度水平的问题回答的效果是不一样的。对小学一至五年级学生而言，低难度问题有效；对高年级学生而言，高认知水平问题更有效。此外，问题的清晰程度也会影响学生回答问题所能达到的水平。语法结构复杂或包含抽象、笼统、概括化语言的问题，学生一般认为是不清晰的问题，理解起来往往有困难。教师一次性地提出一连串的问题，学生从中找不出核心问题，也会使问题变得模糊。发问的频率也会影响学生的学习效果，过于频繁的发问会打扰学生对问题的思索，容易使学生无所适从。间隔太长的发问又缺少思维的连贯性。

（二）候答环节

候答时间包括教师发问后至学生回答前的时间（候答时间 A）和学生回答后至教师开始说话前的时间（候答时间 B）。有研究者发现，在实验条件下教师的候答时间 A 增加至 3 秒以上时，教学效果明显提高。其主要原因可能首先在于给学生提供了更多的思考机会；其次是创造了有利于学生思考问题的更为宽松的课堂气氛。一般情况下，教师往往对学生的回答在 1～2 秒内作出反应。当教师把候答时间 B 增至 3 秒以上时，师生之间的回答性质就会由质问式变成对话式，这种变化有益于学生集中注意，提高成绩。

（三）叫答环节

叫答分教师点学生答和学生自愿回答两种方式。教师点学生答又分为规则叫答和随机叫答两种形式。研究表明，按一定形式（如座次、学号顺序、姓氏笔画等）依次请学生回答的、学生可预见的规则叫答方式要比随机叫答方式效果好。因为规则叫答方式可减轻学生的焦虑水平，有利于集中注意。而且随机叫答多倾向于让优秀学生回答，这对能力较差的学生来说是不公平的。所以教师应适当控制对自愿回答者的叫答，保证其他人回答问题的机会。同时，对不请自答的学生，教师要加以适当抑制，让他们学会尊重别人的回答；但在多数学生沉默不语时，则要鼓励他们参与教学甚至允许“大声喊”（即不请自答，未经教师同意直接说出答案）。

（四）理答环节

理答方式包括对学生回答的正确与错误作出积极或消极的反应，以及对错误或不确切的回答所作的进一步的提问或组织的方式。

教师对学生回答的积极反应形式有很多，如口头表扬、表示接受学生观点等。表扬的效果取决于学生怎样理解受表扬的原因，如果学生认为只有能力差的学生才会受到表扬，那么表扬就会失去有效性；如果表扬太频繁，也会失去其价值，尤其对高年级学生更是如此。接受学生的观点是通过认可学生的观点或对它进行修改、比较或概括等方式，充分利用学生的回答继续下一步教学。这种理答方式有利于学生成绩的提高，也有利于学生对教师采取更积极的态度。

教师对学生不正确或不准确回答的反应有转问、探问和再组织。转问是就同一问题向另一学生发问。探问是对同一学生继续发问。如果学生回答不正确，教师就对原问题重新措辞后提出一个与原问题相关的问题；或将原问题分解，简化为几个小问题逐一发问；或提供回答线索；或问一个与原问题相关的新问题。如果学生回答正确，教师也可再提一个问题，就正确回答进行追问。转问和探问有助于学生说出一个可接受的回答或进一步改进回答，有利于学生专注于学习活动。再组织就是教师在理答的最后阶段，对学生的回答重新组织概括，给学生一个明确、清晰而完整的答案。这种再组织作为一种学业反馈，与学生学习成绩有正相关。

二、课堂问答的主要技能

（一）发问技能

教师要让学生有效地参与课堂学习，要真正地了解学生对课堂所学内容的掌握程度，就少不了要发问，因此教师必须具备发问的技能。

根据问题所达到的知识要求及思维加工水平，发问可分为低水平发问和高水平发问（见表 13-1）。

表 13-1 低级与高级发问比较①

比较方式	低级发问	高级发问
所需知识	用所记忆的知识照原样回答	在学习者的内心引起新知识的问题
思考	不需要更深入地思考，判断时较容易	需学生自己思考，需根据提问的意图作出判断
答案	只有一个正确答案，要么正确要么错误	判断答案是否有道理，有无独创性，或者比较在几个答案中哪一个更好些
具体分类	回忆	理解、运用、分析、综合和评价

下面分别介绍几种不同类型的发问，具体运用时，教师可以根据知识的类型、教学目标及学生的特点选择不同的发问方式。

1. 回忆式发问

回忆式发问是要求学生根据记忆来回答问题。学生在回答这类问题时无需深刻地思考，只需对教师提出的问题回答“是”或“不是”，“对”或“不对”即可。如，“《红楼梦》的作者是曹雪芹吗?”“这个单词的拼写正确吗?”或者要求学生从两个答案中选择一个。这类问题只需回忆已学过的事实或概念。

回忆式发问限制了学生的思考，没有提供让他们表达自己思想的机会。因而，教师在课堂上不应过多地把发问局限在这一等级上。但这并不意味着这类问题不能使用。一般来说，在课的开始或对某一问题论证的初期，通过这类问题，可使学生回忆所学过的概念或事实等，为新知识的学习提供材料。此外，通过此类问题，教师可以考查学生对一些简单的陈述性知识的掌握情况。

2. 理解式发问

理解式发问又可分为三种：① 要求学生用自己的话对事实、事件等进行描述，以便了解学生对所学知识的理解。如，“你知道‘七七事变’是怎么一回事儿吗?”② 让学生用自己的话讲述中心思想，以便了解学生是否抓住了问题的实质。如，“你能概括这篇课文的大意吗?”③ 让学生对事实、事件进行对比，区别其本质的不同，以便更深入地理解相关知识。如，“通过比较单子叶植物与双子叶植物，你能说出它们的不同点吗?”

一般来说，理解式发问用来检查学生对复杂的陈述性知识的理解和掌握情况，多用于讲解新课之后或课程结束时。学生要回答这些问题，必须对已学过的知识进行回忆、解释或重新组合，因而这是一种较高级的发问。

3. 运用式发问

运用式发问是建立一个问题情境，让学生运用新获得的知识和过去所学的知识来解决新的问题，许多理科教学常用这类发问。如，在代数教学中学生学过一元一次方程的解法之后，教师就可让学生运用所学过的知识去解 $3x+6=30$ 这个方程。在语文或英语教学中也可以用，如用刚学过的语法或短语造句。在回答这类问题的过程中，学生需要运用所学的概念或规则给出对问题的解答。因此，运用式发问主要用来考查学生对概念、规则等程序性知识的掌握情况。

4. 分析式发问

分析式发问是要求学生识别条件与原因，或者找出条件之间、原因与结果之间的关系。如

① 皮连生. 教学设计——心理学的理论与技术[M]. 北京：高等教育出版社，2000：145.

“请分析生态环境对人类生存的重要性”，或“列举第二次世界大战中日本战败的原因”。因为高级认知发问不具有现成的答案，所以学生仅靠阅读课本或记住教师所提供的材料是无法回答的。这就要求学生认真阅读，理解结构，寻找根据，找出联系，进行解释或鉴别，并组织自己的思想。因此，回答这类问题需要多种知识和技能的参与。教师除鼓励学生回答外，还必须不断地给予提示和探询。在学生回答后，教师要针对回答进行分析和总结，以使学生获得对问题的清晰表述。

5. 综合式发问

综合式发问的作用是激发学生的想象力和创造力。因为回答这类问题时，学生需要在脑海中检索与问题有关的知识，并对这些知识进行分析和综合，从而得出崭新的结论，有利于学生思维能力的培养。如，“温室效应可能会给全球的气候和经济发展带来什么样的影响?”综合式发问的表达形式一般如下：“根据……你能想出问题的解决方法吗?”“为了……我们应该……?”“如果……会出现什么情况?”“假如……会产生什么后果?”，等等。这种类型的问题适合作为书面作业和课堂讨论教学。

（二）候答技能

1. 把握好停顿的时机

要使学生做好接受问题和回答问题的思想准备，教师在提出问题前后必须有停顿。这时教师可先用语言提示即将提出的问题及思考问题时间的长短。如，“好，让我们用 3 分钟的时间仔细考虑这样一个问题”，“我现在要问你们一个问题，希望大家能尽快作出回答”等说法，然后停顿 3 秒左右，以提醒学生注意即将提出的问题。提出问题后，教师应再有一定的停顿，以便让学生对问题进行思考。停顿时间的长短，依据问题的难易程度而定。

2. 安排好停顿过程中的教学活动

教师可以环顾全班，观察学生对提问的反应，这些反应一般都是非语言的身体动作或情绪反应。如，学生举手表明他已经思考成熟，或者他愿意积极地回答这个问题。当学生准备回答又不愿举手时，他便会嘴微微张开，身体前倾，眼睛也睁得更大一些，或许还抬起头注视着教师。如果学生东张西望，不知要做什么，这时就需要教师适当地重复或改进问题。这些都是停顿期间教师可获得的有价值的信息。

（三）叫答技能

1. 给学生尽可能多且均等的机会回答问题，调动学生学习的积极性

一般来说，叫答中教师不但应该好差兼顾，而且应该男女搭配，尽可能让每一个学生都感到大家是平等的、受到尊重的，都是有机会参与解决问题的。教师可以按固定形式叫答，或者把班级分成小组，小组里的学生共同商议答案，教师随机请各小组的某一个学生回答。

2. 根据学生个性特点，有针对性地叫答

根据对问题的理解程度和回答的积极性，课堂中有这样四类学生：① 理解能力强、能积极回答的学生；② 理解能力强、被动回答的学生；③ 理解能力弱、积极回答的学生；④ 理解能力弱、被动回答的学生。对于这四类学生，教师可分别处理(见表 13-2)。教师必须细心观察班级里谁在积极参与活动，谁对参与活动不感兴趣。对不愿参与的学生要调动其积极性；对于不善于表达思想的学生要给予锻炼的机会；对于学习不好的学生要让他们先回答比较简单的问题，不断地给予鼓励和帮助，使他们逐渐地赶上去。最后，要特别注意坐在教室后面和两边的学生，这些区域常常被教师忽视。

表 13-2 回答问题的学生类型与教师的处理办法①

学生类型	学生特点	教师处理误区	教师正确处理的方法
理解能力强、能积极回答	学习好，善于发表见解，在教师提出问题后很快要求回答，并能正确回答。	对他们关注较多，乐于让他们回答问题。	可利用他们活跃课堂气氛，起到回答问题的带头作用。
理解能力强、被动回答	学习好，但不愿在众人面前表现自己，不积极回答问题。	注意较少。	注意鼓励措施的运用。如，“你对这个问题回答得非常好。全班学生要向他学习”，培养其回答问题的积极性。
理解能力弱、积极回答	学习较差，善于表达并积极举手回答问题，但不能正确回答。	注意较多，但讨厌其总是错误回答问题。	引导其进一步对问题进行思考。如“从另一个角度，你再看看这个问题”。但不要挫伤其积极性。
理解能力弱、被动回答	学习较差，不善于表达且不举手回答，或根本不想回答。	注意最少，基本遗忘这些学生。	给一些较容易的问题，通过其正确回答，以正反馈的方式培养其积极思考以及回答问题的兴趣。

另外，还可以根据教学内容和学生的身心特征，有针对性地叫答。有些问题，如语文教学中的朗读等，如有可能，可以让学生分角色朗读或表演来完成。

(四) 理答技能

1. 根据学生不同的回答，采取相应的处理对策

(1) 对于学生迅速而坚定的正确回答，首先要表示肯定，如点头，说声“对”、“是的”，重复学生的回答；其次在必要时给予表扬，或对正确回答作进一步解释，或者追问一个问题，了解学生是真正理解，还是在“背答案”。

(2) 当学生表现出犹豫不决时，教师也要先对先前的回答予以肯定，如说“对”、“是的”，而后解释回答正确的理由或答案得来的具体步骤。这可以帮助所有学生加深对正确回答的理解。

(3) 对于学生不完整或部分正确的回答，教师首先要肯定回答正确的部分，而后探问学生，向学生提供回答线索或对问题重新措辞。如果学生仍不能得出完整答案，则要转问其他学生或教师自己提供答案。

(4) 对于回答不正确的学生，教师在采取具体措施前先要弄清造成这种情况的原因。如果明显是由于粗心或口误而造成的回答错误，教师可直接指出并纠正学生的错误，继续教学。对由于缺少知识或对知识不理解而造成的回答失误，教师可依次采取探问、转问和重新教学等方式，以便学生作出正确的回答。

(5) 学生不回答，即超过教师候答时间限度而学生仍不能回答教师发问时，教师应弄清造成这种情况的原因，及时处理，否则将威胁课堂教学的连续性。学生不回答的原因可能是知识欠缺、问题本身模糊或心理恐惧等。如果是由于知识欠缺而不能回答问题，教师可采取探问的各种方式简化问题，或帮助学生弥补所缺知识，最后获得正确回答；如果问题本身模糊，学生茫然不知所问，教师就要改进问题本身，使原有问题明朗化；如果有些学生怀有恐惧心理，害怕回答错误被教师批评或同学嘲笑，以拒绝回答来对付教师发问，教师则可以针对这些学生的实际水平，问一

① 皮连生. 教学设计——心理学的理论与技术[M]. 北京：高等教育出版社，2000：152.

些他们能成功回答的问题，增强他们的自信心，课下还可以对他们进行心理疏导。

2. 把握有效表扬和无效表扬的特征，慎重表扬学生

教师表扬学生应采取慎重态度，并非所有的表扬都有利于学生的学习。一般来说，被表扬的行为越具体，效果越好；对依赖性强、易焦虑学生的表扬效果好于对自信学生的表扬效果（见表13-3）。

表 13-3　有效表扬与无效表扬的比较[①]

有效表扬的特征：依具体情况给予表扬；表扬学生工作的特定方面；注重学生的成就，表扬也依成就不同有变化；只奖励特定行为表现标准（包括努力）的达成；告诉学生其能力和成就的价值的信息；引导学生正确评价自己与学习活动有关的行为，多考虑如何解决问题；以学生自己原有的成绩为背景描述他现在的成绩；学生在完成困难的学习任务时，付出很大努力或取得成功，则给予表扬；把成功归因于努力和能力，暗示将来仍有希望取得类似的成功；鼓励内源性归因（学生认为他们是因为喜欢学习或想提高与学习任务有关的技能才付出努力的）；把学生的注意集中在与其学习任务有关的行为上；鼓励教学过程之后与学习任务有关的行为。

无效表扬的特征：很少或无规则地给予表扬；表扬学生一般化的积极反应；不注重学生表现，表扬缺少变化；只奖励参与，而不考虑行为结果；不告诉学生任何信息或只告诉他们在班内的位置；引导学生与别人比较，更多地考虑竞争；以学生同伴的成绩为背景描述他们现在的成绩；把成功只归因于能力或运气、学习任务容易等外部因素；鼓励外源性归因（学生认为他们是由于外部原因——取悦教师、在竞争中获胜赢得奖赏等才付出努力的）；把学生的注意集中在控制他们并作为他们外部权威任务的教师身上；介入进行中的教学过程，使学生不能专心于与学习任务有关的行为。

学习拓展

教师教学效能感与教学监控能力

教师的教学效能感是教师对自己影响学生学习行为和学习成绩的能力的主观判断。无论是专家型教师还是新手型教师，个人教学效能感维度和教学监控能力的各个维度均有较明显的相关。如何培养教师教学效能感和教学监控能力呢？

一、教师教学效能感的培养

1. 转变教师角色，激发自我专业意识。教师对自己职业角色的认识直接决定着教师对待教学、对待学生的态度。教学效能感从根本上说就是对自己、对学生是不是有信心。如果教师仅有外力驱动而没有自主意识，就不可能对教师这个职业的特殊意义和价值有一个充分理解。因此，教师在不断反思的同时建构积极的专业信念，强化自己对学生发展的认知，乐观地面对现实环境，不断地更新教育教学观念，通过不断的学习来提高自己的教学效能。

① J. Brophy. Teacher Praise：A Functional Analysis. Review of Educational Research，1981(51)：5-32.

2. 以团队学习和专业对话等形式加强教师间的良性互动。团队学习是基于学习的共同愿望,由教师自发组织、以提高自身专业素养和职业能力为根本宗旨,积极探索各种自主学习形式,注意成员之间的社会确认与经验资源共享,实现互促共进的学习形式。专业对话是指教师结成小组,定期会晤,并就各自的教学以及教学相关的理论与实践问题进行专题性讨论。

3. 促进教师的自我反思,建立教师自我评估机制。自我评估指教师通过收集自己教学的信息并进行信息分析来提高教学质量。基于教师个体的自我评估可以促使教师充分反思自己的教学。当教师的注意力转向自身,成为实践活动反思主体的时候,他们会更加清楚自己的意识,清楚自己所处的境遇。他们一旦意识到行为与自身期望的差距时,就会向理想行为改变。

二、教师教学监控能力的培养

1. 认知的自我指导。通过认知—行为策略(cognitive-behavioral strategies)改变教师的思维定式,学会自我陈述的方法,最终使教师的认知和情感得以重建。其一是角色改变。其二是归因训练。旨在改变教师对自己教学状况的不合理的认识,强调通过自身努力可以使学生得到更好的发展,通过归因训练,个体可以获得各种形式的归因反馈信息,从而消除归因偏差。

2. 教学策略培训。研究表明,教师教学方法不当的一个重要原因是,教师缺乏正确的教育方法,科学、合理的教学策略到底是什么。教师了解科学的教学方法和教学策略,为教师掌握教学策略,提高教学水平奠定基础。具体内容包括:① 专家讲座;② 观摩课。

3. 教学反馈。旨在使实验教师对自己教学各环节有一个准确而客观的认识。正确地评价自己的教学效果和学生的学习状况,这是教师形成教学监控能力的基础,教师教学监控过程都是从其对教学活动的反思与评价开始的。教学反馈技术有自我反馈、专家反馈、学生反馈、同行反馈等形式。

4. 现场指导。旨在帮助教师针对不同的教学情景,选用最佳的教学策略,以达到最佳的教学效果,使教师最终能达到对自己课堂教学的有效调节和校正。这也是培养教师教学监控能力的根本目的。

5. 加强对教师教学效能感的激励活动。减少教师教学焦虑,提升教师职业幸福感,激励和维持教师工作动机、兴趣,进而提高其元认知体验与调节控制能力。

第三节 学习指导策略

所谓学习指导,是指教师为帮助学生实现学习目标,以教材为媒介所进行的各种指导活动。它包括练习指导、阅读指导和活动指导。

现场直击

罗森夏因和史蒂文斯的一个观点

罗森夏因和史蒂文斯(Rosenhine,B. &Stevens,R.)归纳认为,有充分的研究结果说明学生准备程度和专心程度之间的联系。如果教师在示范和指导练习阶段为学生独立练习做好了准备，那么学生独立练习的程度就高。有一项研究发现，50分钟的一节课中，最高成就教师花在示范和练习指导上的时间为24分钟，而最低成效教师所花时间仅有10分钟。假如教师不得不在独立练习阶段再次展开大量讲解的话，说明教师先前的讲解、示范和讲解练习并不充分。有研究结果显示，教师在学生独立练习阶段的大量补充讲解会导致学生练习错误率上升，并且讲解的时间量与学生成绩呈负相关。

（摘自：课堂教学的指导行为策略[EB/OL].(2007-08-16)[2010-04-20].http://media:openonline.com.cn/media-file/.有删改。）

理论讲述

学生独立学习时，教师的任务并没有改变，甚至可能对教师提出更高的要求，但是教师实现任务的方式已经发生了改变，它是一种独立的教学行为方式，即指导行为，或称辅导行为。这里着重讨论中小学教学中常用的三种指导，即练习指导、阅读指导和活动指导。

一、练习指导

练习指导是教师通过帮助学生成功地完成课堂练习，达到学会知识或技能目标，保证教学的顺利进行的行为。课堂练习是指学生的独立练习，它一般出现在教师讲解示范和教师指导下的学生练习之后。学生独立练习时教师的指导与独立练习之前教师的指导有所不同，不仅指导的量减少，而且更强调帮助学生对内容的意义有进一步理解和内化，强调帮助学生提高对知识技能掌握的熟练和自动化程度。使学生集中注意于练习活动且有效地练习是教师指导练习的两个核心内容。

（一）练习指导的功能与表现形式

练习指导主要有以下三方面的功能：首先，有助于教师了解学生对知识的理解程度和知识、技能运用的熟练程度。教师通过沿教室巡视、察看学生练习过程、询问学生对重点和难点的理解情况等，可以掌握全班各层次学生的学习现状，为下一步教学决策提供依据。其次，教师对学生指导可及时告知学生练习的成绩并给予合理评价。对练习出现错误或困难的学生，教师还可以提供简短讲解。第三，实施教学管理，使教学正常进行。独立练习给了学生更多的自主活动时间，教师在练习指导过程中对练习活动的随时监控，保证教学按预想路线进行。

依据学生练习类型的不同，练习指导有三种表现形式：口头练习指导（包括朗读练习、口头作文练习和各种口头解答问题练习等）；书面练习指导；动作或操作练习指导。

（二）练习指导的运用策略

1. 独立练习前，帮助学生做好对知识、技能理解和运用的准备

具体来说包括以下几个方面：① 在独立练习前，对学生进行充分的讲解、示范和指导练习，并保证学生回答指导练习的正确率不低于80%；② 独立练习的内容应与指导练习的内容相一致；③ 对于较困难的知识或技巧，可将其划分为几个小部分，依次讲解、示范和练习。

2. 均衡安排独立练习的题量和题型

练习量的大小应以学生能够完成又不致产生做“附加作业”(busy work,教师给提前做完作业的学生或为使学生在下课前的空闲时间里有事做而布置的作业)的想法为宜;既要保证学生对同一题型的充分练习,又要使他们接触尽量多的题型,而题型的多样性应以不牺牲学生对同一题型的巩固和熟练为前提。

3. 座位模式安排要便于教师控制全班学生

独立练习的座位安排应注意避免学生之间的相互干扰;教师在教室走动时在任何位置停下均能保证绝大多数学生在其视野范围内;各个座位之间留有足够的空间,便于教师接近任何一个需要帮助的学生。

4. 沿教室巡视,监控学生练习

教师主要应做好两件事:首先,向练习中有问题的学生及时提供帮助。如果必须讲解,讲解一定要简短,时间控制在30秒以内;其次,定期扫视独立练习中的学生,以维持学生专心于学习。

二、阅读指导

阅读指导是教师在学生独立阅读教材时,帮助学生理解阅读内容和学会阅读方法、策略的指导行为。对学生来说,阅读和学会阅读都有意义。对学生阅读方法的指导不仅是语文教师的事,各科教师都应该而且有可能培养学生的阅读技能。

(一) 阅读指导的功能和形式

阅读指导主要有两大功能:第一,帮助学生理解特定阅读材料。对于低年级学生或尚无阅读技能的学生来说,阅读指导的这一功能显得更为重要。随着学生阅读技能的不断提高,教师阅读指导在这方面的直接功能逐渐减少。教师帮助学生分析阅读材料的过程,展现了教师阅读过程中所运用的技巧和策略,对低年级学生多是在教师指导下理解特定教材的过程中,学会某些阅读技能的。第二,帮助学生掌握阅读的一般方法和策略。这是阅读指导最有价值的功能。随着学生年级的增长,阅读指导也主要转向阅读策略的指导,以使学生能够完全独立地阅读。当然,方法和策略指导功能在不同年级的发挥程度也是不同的。由于受总体认知发展水平制约,某些要求高级认知加工的阅读策略只有高年级学生经过指导才能学会,而对低年级学生进行训练和指导收效甚微。

指导阅读的形式多种多样。教师可以创设情境,用话题或设计问题形式引起学生对某本书的兴趣。还可以用看电影的形式进行阅读,欣赏一些名剧、电影、话剧等,变文字吸引为音像吸引,这样可以让学生更直观地理解名著。总之,只要能调动学生的积极性,有利于帮助学生理解阅读材料,就是好的阅读形式。

(二) 阅读指导的运用策略

1. 引导学生关注阅读的背景知识

阅读开始时,先要帮助学生获得有关背景知识,也可以组织讨论,使学生对阅读材料的主题内容有大致了解。经过一定指导后,教师要让学生逐渐学会自己检测并弥补背景知识,以向完全独立阅读过渡。

2. 采取具体步骤，帮助学生学会阅读策略

优秀阅读者在阅读过程经常采用的阅读策略有三种，即把握结构策略、推理策略和元认知策略。研究表明，除元认知策略受个体自我意识发展水平制约，训练效果不佳外，其他两种策略均可经训练而掌握。对把握结构和推理两种策略的指导和训练，可有以下步骤：① 告诉学生并让学生记住策略的基本内容；② 在教师指导、示范下，学生将策略应用于阅读过程；③ 经过大量练习，使学生理解应用该策略的适当条件，以实现该策略向不同阅读情境的顺利迁移。

三、活动指导

活动指导是指教师对学生独立从事的操作或实践活动的组织、引导和促进行为。学生独立从事的操作和实践活动的场所既可能在课堂内，也可能在课堂外。而且真正的活动是在课堂外。课堂外的学生活动是课堂内的学生活动的延伸，两者是统一的。

（一）活动指导的功能与表现形式

学生的自主实践活动相对于学科课程下的学习活动而言，是一种自主程度更高的活动，更加强调实践活动的过程。正是由于这种变化，教师指导也由帮助学生获得或有效获得具体知识、技能转到了引导学生成功开展实践活动上来。

具体来说，活动指导的功能主要有两方面：第一，指导学生的自主学习活动。这一功能主要通过设计并组织实施活动方案来实现。教师在方案设计中，对目标要求、学习内容、组织方式和时间分配等作出安排，给学生以活动方向和方法上的引导；在实施方案时，教师要促使学生积极参与并沿着正确方向前进。第二，提供活动所需要的基本条件。一般来说，活动的条件包括物质条件、信息条件和人力条件等。教师提供的基本条件要经过学生自己的主动探索、加工后才能发挥作用。

从学生自主活动的学习类型来看，活动指导主要有体验学习指导、探索学习指导和解决问题学习指导三种表现形式；从学生自主活动的组织形式来看，活动指导又有个别活动指导、小组活动指导和班级活动指导等表现形式；从教师对学生指导的作用形式来看，可有显性的直接指导和隐性的间接指导两种表现形式。

（二）活动指导的运用策略

设计活动方案是活动指导的重要方式之一。教师要设计好学生活动方案，可以有以下策略：

1. 确定活动的主题

一般来说，活动的主题有三类：与日常生活和个人发表有关的主题（如家庭生活、班级生活、文体活动、娱乐休闲生活和健康生活等）、与社会生活和文化生活有关的主题（如社区生活、商业与经济生活、人口问题与社会发展等），以及与科学技术和社会发展有关的主题（如能源的开发与利用、信息技术的发展、通信与交通等）。选择主题总的原则是要接近学生的生活和实际经验。

2. 制订学生活动目标

形式活动目标一般可分为态度、能力和知识三类。表述实践活动目标时，要把重点放在态度和能力而不是知识上；侧重目标的方向和性质而不是量化水平。

3. 要设计学生活动的具体内容

学生活动的内容设计主要有两种方式：内容分解式和视角变换式。内容分解式设计是将确

定的主题所应包括的工作内容进行分解，作为学生活动的主要内容。视角变换式设计是从不同角度或侧面去思考和尝试解决确定的主题，而构成多种学习活动内容的设计方式。

4. 选择活动的方法和组织形式

活动的方法选择主要依据学生的年龄特征。对于小学低、中年级学生来说，较适于选择游戏、模仿、观察、手工制作、动植物养育等活动方法；对于小学高年级及以上年级学生，选择讨论、查阅资料、调查访问、科技制作、社区服务等活动方法较适宜。活动的组织形式一般采用小组活动形式，如果活动内容较为简单或综合性较强，则适宜采用个人或班级活动形式。

学习拓展

学习策略

一、什么是学习策略？

学习策略是指学习者为了提高学习的效果和效率，有目的、有意识地制订的有关学习过程的复杂方案。

这一概念明确了学习策略的四个特征：学习策略是学习者为了完成学习目标而积极使用的；学习策略是有效学习需要的；学习策略是有关学习过程的；学习策略是由学习者制订的学习计划，由规则、技能构成。

二、学习策略的种类

学习策略一般可以分为认知策略、元认知策略以及资源管理策略等三个方面。

认知策略是从学习者的认知过程考虑的，是信息加工的一些方法和技术，有助于学习者有效地从记忆中提取信息。它包括复述策略、精细加工策略、组织策略。

元认知策略是学习者对自己认知过程的认知策略，是对自己认知过程的理解和控制的策略，有助于学习者有效安排和调节学习过程。它包括计划策略、监视策略和调节策略。

资源管理策略是辅助学生管理可用环境和资源的策略，有助于学生适应环境并调节环境以适应自己的需要，对学生的动机具有重要作用。它包括时间管理策略、学习环境管理策略、努力管理策略和社会利用策略。

三、如何在学习中掌握学习策略

要提高学习效率，充分发挥学生的潜能，掌握正确的学习策略方法是关键。我们根据学生掌握知识的一般过程来介绍在不同阶段可以使用的学习策略。

1. 在获得知识阶段可以采用复述策略。复述策略是在工作记忆中为了保持信息，运用内部语言在大脑中重现学习材料或刺激的过程。这种策略可以将注意力维持在学习材料之上。比如整体识记和分段识记，多种感官参与，反复阅读与尝试背诵相结合等。

2. 巩固过程中的复述策略。心理学的研究表明，人的遗忘的进程是先快后慢。新学习的材料一定要及时复习，至少要在当天加以复习，以减缓遗忘的进程。还可以采用分散复习和集中复习，由于分散复习优于集中复习，可降低学习疲劳，所以要鼓励学生分散复习，经常进行复习。

3. 在应用知识阶段可以采用精细加工策略。这是一种将新学材料与头脑中已有知识联系起来从而增加新的意义的深层加工策略。它是一种理解性的记忆策略，和复述策略结合使用，效果更好。也可以利用组织策略整合所学新知识之间、新旧知识之间的内在联系，形成新的知识结构的策略。组织策略和精细加工策略是密不可分的，如做笔记和写提纲等实际是两者的结合。

思考与实践

1. 教学实践证明，同一个问题，由于提问角度不同，效果也往往不一样。所以提问应当尽量回避“是不是”、“怎么样”等一般化、概念化的套路，变换出新颖的角度。例如，教高尔基的《海燕》一课，为了研究文章的结构，一般教师向学生提出这样的问题：“全文可分为几个部分，每个部分的意思是什么？”成功教师却会这样发问：“这首散文诗是由三幅画组成的。每幅画面上有背景，有海燕形象。请你找找看，是哪三幅画？”请谈谈你的看法。

2. 教师如何做到“不愤不启，不悱不发”，让学生提高学习的主动性？请思考自己将如何实践这一要求？

第十四章　课堂管理技能

课堂管理是指教师为了保证课堂教学的秩序和效益，协调课堂中人与事、时间与空间等各种因素及其关系的过程。传统观点认为，课堂管理就是处理学生的不良行为(纪律问题)。实际上，课堂管理和纪律的意义不能等同，前者比后者的意义更广泛一些。课堂管理是指管理学生课堂学习的教师行为和活动；而纪律则是指学生行为适当的标准，这些标准蕴涵在课堂活动中，表现为指向性的任务。换言之，教师采取某些方法和措施来处理学生的行为问题以减少它的存在。本章主要对课堂时间管理、课堂行为管理和课堂问题管理加以探讨，以便使学生掌握课堂管理的基本技能。

第一节　课堂时间管理

教师往往是课堂教学时间的唯一管理者，教师必须对教学时间进行有计划的安排和高效的支配，并采用多种方法和手段，调动学生的多种感官参与学习，才能提高教学效率、构建高效课堂。

现场直击

“口算乘法”课堂教学行为时间分配

2009年11月17日，我校数学组开始了对四年级上“口算乘法”第一课时的课例研究，首先执教的是舒金发老师，我主要负责观察课堂教学行为时间分配这一块。

听课过程中，我真实记录了各个教学环节的时间并对各环节中教师讲解、师生问答、学生活动的时间都进行了详细分类记录。舒老师这节课，共花时35分44秒，情境导入4分13秒，探索新知19分40秒，智力大比拼(巩固练习)11分，总结51秒。整节课中“教师讲解”用去14分20秒，占总时间的41.2%；“师生问答”用去13分34秒，占总时间的37.8%；“学生活动”用去7分50秒，占总时间的21%。

课后我一直在思考，教学时间究竟应该怎样分配才能更好地提高课堂教学的有效性？

【反思】

你觉得应该从哪些方面分析这节课的时间分配？同样的课，你会如何安排时间？为什么？

理论讲述

课堂中的时间因素，与学生在课堂中的学习行为及学业成就有着极为密切的关系，因而是课堂管理中不容忽视的重要内容。

一、课堂时间管理的意义

课堂时间的分配体现了教师的教学理念。45 分钟内有多少时间用于情境创设?有多少时间用于学生自主探究?有多少时间用于师生、生生、生本互动?有多少时间用于训练反馈?课堂时间的分配反映了教师的教学设计是否符合教学规律。课堂时间的有效管理是高效课堂的秘密之一。我们在教学中应遵循哪些规律和原则呢?

(1) 加强课堂教学的时间管理,教师首先要清楚一节课能引导学生学习多少内容,根据此确定自己的教学任务。如果教师能够根据学生的认知情况,恰当地确定教学任务,并且课堂教学的各个环节都能恰当处理,没有时间浪费,就不会出现拖堂现象。因此说,课堂上的时间管理,恰当安排教学任务是前提。

(2) 加强课堂教学的时间管理,要求教师语言简洁,不说多余的话,不说无用的话,坚决落实"学生已经会的不讲,学生自己能学会的不讲,与本节教学无关的问题不讲"的教学原则。教师要及时进行课堂教学环节的转换,避免环节与环节间的拖沓现象,以免使课堂教学组织显得松散。

(3) 把握课堂教学环节需要的时间,需要教师课前精心备课,甚至模拟必要的行为。譬如历史课上,让学生阅读教材,学生读一遍需要多长时间,教师完全可以在课下进行测定;让学生思考整理一道材料解析题的答案,教师也可以在课前检测出来。如果教师能够做到对课堂教学每一个环节所需时间都心中有数,再加上课堂上的临时观察,完全可以保证课堂教学时间的充分利用。

二、课堂时间与学业成就

来自不同国家的研究都先后证实,课堂时间同学生的学业成就之间存在着很强的相关性,而且这一相关也显示出较大的复杂性。

(一) 分配时间与学业成就

首先,学校总学时数通常被认为与学业成就呈正相关,这已被哈尼施费格和威利于 1976 年的研究所证实,①他们研究的重要贡献就是明确提出教学以时间为中介对学生成绩产生的影响。其次,名义上分配的教学时数往往由于教师或学生缺勤等原因而无法实现。有关研究显示,学生实际接受的教学时间量与学生学业成就之间呈正相关。这说明,学生缺课对学生的学业成就是有影响的。此外,学生在校时间并非全部用于课程学习,而只是部分时间分配到特定课程或单元学习。这在多大程度上影响学生的学业成就,不仅取决于这一时间量,而且取决于特定的情境。

(二) 专注时间与学业成就

有关专注时间的研究中用到的记录专注时间的方法主要有两种:一是侧重根据学生内隐思维活动来判断学生是否专心学习的"刺激回忆法"。这种方法要求对课堂教学进行录音或录像,

① Harnischfeger, A. & Wiley, D. E. (1976). The teaching-learning process on elementary schools: A syroptic view. Carriculum Iuquiry, 6, pp. 6-43.

课后向学生重放,让学生根据重放的录音录像回忆当时自己的思维活动和注意情况,并以此作为专注时间;二是强调根据学生课堂上的外显行为来判断专注活动的直接记录法。许多的研究结果都认为专注时间与学生学业成就存在着正相关。

(三) 学术学习时间与学业成就

学术学习时间强调三方面的内容：一是学生要专注于学习；二是学生在其所专注的活动方面要取得成功;三是该活动应与达到诸如年终学业测验等某一外部标准相联系。它指向程度不同的三个层次,即分配时间、专心率和成功率。分配时间仅仅是学生可以得到的学习时间。专心率表示分配的时间中学生用于注意学习任务那部分所占的百分率。学生具有高成功率的那部分专心学习时间就是最理想的学习条件。成功率可定义为可利用的教学时间中学生用于学习任务上获得高、中、低水平成功的那部分百分率。研究表明,学术学习时间与学生的学业成就有相当稳定的正相关关系,学术学习时间的多少直接影响着学生的学业成绩。

三、课堂时间的优化管理策略

课堂教学效率,实质上就是在单位时间内花费最少的精力,获得最有效的成果。要提高课堂教学的效率,就必须坚持时间优化意识,注重课堂时间管理的策略。

(一) 坚持时间效益观,最大限度地减少时间的损耗

由于名义时间和分配时间都是有限的,而且世界各国大都对分配时间有不同形式的最低量的限定,因而不可能无限地开发利用。要提高课堂时间的效益,就必须建立合理的教学制度,增强教师的时间观念,将教师、学生可能造成分配时间流失的人为因素减少至最低限度,提高时间的利用率。第一,充分做好课前准备,包括精心设计教案,备好所用教具设施;第二,按时上课,不迟到、不早退、不占用教学时间批评学生;第三,适时安排学生自学讨论,并注意效果,做到实而不死、活而不乱,以防学生处于失控状态;第四,精心提问,紧扣重点和关键问题,启发学生思考;第五,讲究语言艺术,语言精练,不拖泥带水,重在引导点化。

(二) 把握最佳时域,优化教学过程

教师对每一课程时间的预先分配一般体现在学期教学计划、单元教学计划和课时教学计划之中,教师可依据教学大纲、课程内容、课的类型、学生能力基础及已有的知识准备,合理分配时间,把握课堂的最佳时域。据心理学家研究,一节课中学生思维的最佳时间是上课后的5分钟到20分钟,这一时间段可以说是课堂教学的最佳时域,教师如果不能很好地把握这一时域,就很难提高课堂教学的效益。事实上,一些课堂教学就是因为未能合理分配时间和把握最佳时域而导致教学效益不高。其主要原因有两个方面：一是教师未能很好地分析理解教材和确定主次、把握宗旨,结果偏离教学目标,20分钟过去了却还没有进入或搞清重点内容;二是教学思想和方法陈旧,学生情感得不到激发,浪费时间精力。要提高课堂的时间效率,就必须保证在最佳时域内完成主要任务,解决关键问题,并辅以精心设计的方法,使教学过程一直向着预定目标进行,学生也一直处于积极的专注状态。

(三) 保持适度信息量,提高知识的有效性

课堂教学一定要给学生足够的信息量,并要形成序列刺激,激活学生的接受能力,保持活跃情绪和积极进取心理。现代心理学认为,学生的课堂学习是一个获得并加工信息从而不断调节

完善认知结构的过程。课堂信息量过少，环节松散，会导致时间的浪费；信息量过多，密度过大，超越学生的接受能力，教学效益低下，也是浪费时间。因此，教师要做深入细致的分析，保持单位时间内适度的信息量。此外，教师课堂传授的知识要尽可能有效，防止教师教学中因无用知识导致的无效劳动。课堂教学中无效知识多了，也会导致学生的思维缺乏方向和深度，造成学生能力贫乏、智力低下。因此，要提高课堂教学效益，就要提高学生的有效知识量。

（四）提高学生专注率，增强学生的学术学习时间

专注率是伯利纳在分配时间和专注时间基础上提出的概念，即分配时间内学生专注于某项教学活动时间所占的百分比。提高学生的专注率意在增加专注时间，使其尽量接近于分配时间。提高学生的专注率，一是要抓住可教时机及时施教；二是选择恰当时机处理学生行为，防止出现破坏课堂规则和形成冲突的情境。尤其是要提高过渡时间效率，保障教学各项活动的顺利衔接。此外，要提高课堂时间效率，还要在提高学生专注率基础上，提高学生学术学习时间的效率。学生学术学习时间除了强调学生专注于学习活动外，还要求高水平地掌握学习内容。这就要求：首先，保持轻快的教学节奏。也就是要选择适宜的课堂密度、课堂速度、课堂难度、重点度、强度及激情度。其次，保证学生学习的高成功率。学生只有在学习活动中体现出较高的成功率，才能证明其学术学习时间是有效的。

学习拓展

卡罗尔的学校学习模式与课堂时间研究

把时间作为课堂上的一种心理学习变量，可直接归因于美国学者卡罗尔（J. B. Carrol）的学校学习模式。卡罗尔把时间作为学校学习中的中心变量，提出一个包含五个要素的模式，其中三个要素均与时间有关：所需时间、所许可时间、所用时间。就某一特定学习任务而言，学生学习程度是学生所用时间与所需时间之间的比例函数：

$$\text{学习程度} = f\left(\frac{\text{所用时间}}{\text{所需时间}}\right)$$

所用时间就是指学生定向于学习任务并积极专注于学习的时间，而学生积极专注于学习的时间和掌握学习任务所需时间均取决于某些特定因素。具体地说，所需时间取决于能力倾向、理解教学能力和教学质量三个因素；所用时间由所许可时间和毅力两个因素组成。学生所需时间少，则能力倾向较高；所需时间多，则能力倾向较低。所许可时间除受学校时间分配规定的限制外，还受教师分配给每一具体学习任务的时间所制约。能力倾向、毅力和所许可时间这三个变量都可直接用时间来表示。

卡罗尔学校学习模式为教学时间与教学成效之间关系的研究作出了开拓性贡献。他明确地把教学时间作为影响教学成效的独立变量，并为教学时间开辟了专门研究领域，而且就教学时间与教学成效之间关系提出了第一个理论模式。

第二节 课堂行为管理

课堂教学管理是课堂管理的核心。实施课堂教学管理的主要目的，就是通过教师对教学现场中教学活动本身的速度、节奏、段落衔接及学生注意力等的不断调控，为教学设计方案的顺利实施创造条件，为预定教学目标的达成提供保障。

现场直击

《死海不死》一课的导入

有位教师讲《死海不死》一课，事先准备了盛满水的大烧杯、玻璃棒、塑料勺、食盐、鸡蛋等。一上课，教师就把鸡蛋放入水中，鸡蛋沉入杯底。这时教师提问："谁有办法让鸡蛋浮起来？"学生争着想办法做实验。在多种实验后，终于有同学把食盐全部放入杯中，使鸡蛋浮了起来。然后教师要求学生解释产生这一现象的原因。由此很自然导入对课文的学习。

好的开始是成功的一半，同样，精彩的导入也是一堂好课的关键。

理论讲述

一、课堂教学节奏的处理

课堂教学节奏指课堂教学过程中各种可比成分在时间上以一定的次序有规律地交替出现的形式。这些可比成分主要有教学的密度、速度、难度、重点度、强度和激情度等。通过这些可比成分有规律的交替和变化，教师不仅可以有效地传达自己的情感、态度，突出教学的重点难点，而且可以有效组织教学和调控学生注意力。因此，处理好课堂教学节奏，既是教学自身的需要，同时也是课堂教学管理的需要。

课堂教学的密度是指单位时间内完成一定质的教学任务的程度。这里的质指的是有效信息，其客观的衡量依据是知识的新旧，新知识多，教学密度就大。

课堂教学的速度是一个量的概念，主要指单位时间内所完成的教学任务的量。包括新知识的传授和旧知识的巩固。

课堂教学的难度，主要指教师和学生在教学时感到表达、理解、运用等的难易程度。

课堂教学的重点度是通过比较而确定的相对概念，它主要指课堂内重要的或主要的教学内容占全部教学内容的比例。

课堂教学的强度，主要指师生双方在单位时间内教授或学习一定难度和一定数量的教学内容所引起的双方身心疲劳的程度。持久的高强度，将使教师传递教学信息和学生接受信息的能力减弱。

课堂教学的激情度，主要指师生双方共同沉浸于教学美的境界中所形成的情感共鸣、情感振荡的程度。激情度的出现，常标志着教学高潮阶段的到来。

实践表明，良好的教学节奏可以把学生带入教学美的境界，有利于提高教学质量；混乱失调的教学节奏则容易导致学生不满，并可能引发课堂问题行为。一般来说，教学节奏的变化是有一定的规律的，前述六种可比成分都可按照“弱→强→弱”或“强→弱→强”的趋势加以交替、重复、变化、循环，形成起伏有致的教学节奏。此外，“弱→渐强→强”和“强→渐弱→弱”的变化模式也可在一定情况下收到好的节奏效果。以上是就每种单个可比成分的变化而言，如果将多种可比成分放在一起考虑的话，就需要格外慎重地处理好各可比成分间的关系。研究发现，有些可比成分可以在同一时间重叠出现。例如，高强度与高激情度，高激情度与高重点度皆可重叠进行。有些可比成分则不宜重叠进行，而应穿插进行。例如，高密度、高难度、高速度就不能同时进行，难度大时速度宜慢，速度快时密度宜低，等等。否则，就容易给学生的学习造成困难，并引发问题行为。由此看来，教师应很好地把握这些变化规律，并根据教学实际灵活运用，以处理好教学的整体节奏，提高课堂教学管理质量。

二、课堂段落的管理

课堂段落，主要指教师课堂推进中的几个活动阶段，如课的开头部分和结尾部分就是两个不同的段落。课堂段落不同于教学过程的基本环节，教学过程的环节是教学过程展开和发展的基本程序，它与学生内在的认识过程相一致，而课堂段落只是课堂教学外在活动阶段的划分。一般来说，一堂课的课堂段落大致可分为候课、导入、课中、结束几个部分，下面分别对这几个课堂段落的管理作些探讨。

（一）候课

候课是教师课堂活动的预备状态，指教师课前几分钟在教室门口或教室内等候上课。这是一堂课的序曲，也是课堂活动的第一个段落。研究表明，候课有积极的教育学意义。对教师来说，候课可以使教师在开课前及时准确地进入角色。对学生来说，教师的候课是教师守时、负责、爱生的具体表现，它有利于唤起学生对这节课的重视，同时也有利于稳定学生情绪，使他们意识到就要上课了，做好上课的心理准备。如果教师在教室里候课，还有助于与学生的沟通，增进师生交往，融洽课堂气氛。相反，如果上课铃响了，教师才匆匆忙忙走向教室，即使不迟到，也需要一点时间镇定下来，稳定情绪，这样，45 分钟的课可能就变成了 44 分钟甚至更少。

（二）导入

导入是一堂课、一个新单元或一个新段落的开端，它主要起着集中注意、酝酿情绪和带入情境的作用。导入一般安排在上课之初，课中如出现单元转换、教学中断等情况时，也可进行课堂导入。课堂导入一般不宜占用过长时间，实践经验表明，2～5 分钟内完成导入任务，将学生的注意力吸引到特定的教学任务中是完全可以做到的。

（三）课中

课中是课堂教学的主体段落，从导入新课到结束前这段时间都属于课中这一段落，课堂教学的主要目标、任务、内容主要是在这一段落中完成的。因此，管理好这一段落，对于提高课堂管理效益，保证教学活动的顺利进行有重要意义。

教师要管理好课中这一主体段落，除了要认真设计好教学的每个环节，不断提高教学水平，努力以高质量的教学活动本身吸引学生外，也要做好充分的心理准备，以应付各种可能出现的课堂偶发事件和问题行为。课堂教学中，各种不期而至的“偶发事件”常令教师头痛不已。例如，静静的课堂中一学生突发怪叫；正放录音时教室突然停电；讨论问题时两个学生突然扭打在一起；一学生做鬼脸引起全班哄笑……这些偶发事件及其他各种类型的课堂问题行为如处理不当，都会引起课堂的混乱，从而严重干扰正常的教学活动。因此，认真应付各种课堂“偶发事件”，处理好课堂中学生的各种问题行为，是教师在课堂教学过程中的重要管理任务之一。

（四）结束

结束是课堂教学的最后一个段落。结束部分管理的主要目的是完成课堂的“有序解散”，也就是通过精心设计和管理，使课堂教学在自然状态下随着教学任务的圆满完成而正常的、有秩序的结束。常用的结束方法、技巧主要有以下几种。

(1) 系统归纳：课临结束时，教师或学生对所学内容作一精要归纳总结，及时强化重点，明确关键，以达到画龙点睛的效果，归纳时可采用“纲要信号”、图示或列表对比等方式。

(2) 比较异同：将新学概念与原有概念，或者将并列、对立、近似的概念放在一起对比分析，找出异同，有利于理解新概念，巩固旧概念。

(3) 巧作铺垫：教师应胸有全局，在结束一节课时视需要为后面的课巧设伏笔，引起学生的注意和思考，为搭好旧知通向新知的桥梁而早作安排。

(4) 巩固练习：在结束部分恰当地安排学生的实践活动，既可使学生所学的新知得到巩固，又可使教学效果及时得到反馈。

(5) 曲终奏雅：课结束时教师可用诗画、音乐结尾，或最后将讲课推向高潮再戛然停止，给学生留下想象、回味、思索的余地。

三、学生课堂注意的调控

学生课堂注意是指学生在课堂上对一定对象的选择与集中，注意的对象既可以是外部事物，也可以是学生自身的内部心理世界。有关研究发现，注意是心理活动对信息的一种复杂的选择或过滤过程，学生的课堂注意状态直接影响着课堂活动效率和课堂纪律状况。从这个意义上讲，加强学生课堂注意的调控，集中学生听课的注意力是提高课堂效率、减少学生问题行为的“治本”方案。

调控学生课堂注意的方法是多种多样的，常用的控制方法主要有以下几种。

(1) 声音控制。声音控制指教师通过变化讲话的语调、音量、节奏和速度，来引起和控制学生的注意。例如，讲话速度的变化有助于引起学生的注意，当教师从一种讲话速度变到另一种速度时，已分散的注意会重新集中起来。在讲解中适当加大音量，放慢速度，则可以起到加强注意和突出重点的作用。

(2) 眼神和表情控制。教师眼神和面部表情的变化也可以起到控制学生注意的作用。例如，教师与学生的目光接触可以表达教师对学生的暗示、警告和提示，也可以表达期待、鼓励、探询、疑惑等情感。教师面部表情、头部动作、手势及身体的移动也传递着丰富的信息，有助于沟通师生间的交往，调控学生的注意。

(3) 停顿。在讲述一个事实或概念之前作一个短暂的停顿，能够有效地引起学生的注意，在讲解中间插入停顿，也可起到同样的作用。适当的停顿，可以产生明显的“刺激对比效应”，喧闹中突然出现的寂静，就犹如万绿丛中一点红，可以紧紧抓住人的注意。一般来说，停顿的时间以三秒左右为宜，这样的停顿足以引起学生的注意。停顿时间不可过长，长时间停顿反而会导致学生注意涣散。也不可毫无停顿，一些教师甚至常常用重复的话去填补停顿，误以为停顿就是“冷场”，其实毫无变化和停顿的讲话最易涣散注意，引起疲劳。

（4）变换教学媒体。在课堂教学中，学生主要通过文字符号这一信息传递模式来进行学习。这种单一的信息传递容易引起疲劳和分散注意，教学效率也容易受到影响。因此，教师根据需要适当变换教学媒体，通过图表、实物、幻灯、影视、电脑等多种媒体的交叉使用，充分调动学生的各种感官去获取信息，实现信息传递的多渠道化，不仅可以有效调控学生的注意力，加强学生对知识的感知度，而且有利于对知识的记忆、理解和应用，促进由知识向能力的转化。

（5）变换活动方式。实践证明，变换课堂活动方式可以有效调动和集中学生的注意力，提高课堂教学效率。课堂活动方式包括了师生交流的方式、学生活动的方式和教学评价的方式等。在课堂教学中，教师应根据教学的需要适时变换一下课堂活动方式。例如，由教师讲变为学生讲，由静止的学变为在动手过程中的学，由集体听课变为小组讨论，等等。这些变化都会给学生以新异的刺激，强化学生的注意，激发参与的兴趣，进而达到提高教学质量的目的。

学习拓展

课堂导入的方法

教学有法，但无定法。课堂的导入也是这样。一般来说，下述几种方法较为常见。

1. 衔接导入法

衔接导入法又叫旧知识导入法，是以旧知识为基础发展深化，从而引出新的教学内容，达到温故知新的目的。衔接导入法是目前教师在课堂教学中常用的一种方法，主要是根据知识之间的逻辑联系，找准新旧知识的联结点，以旧引新。

2. 悬念导入法

悬念导入法就是以认知冲突的方式设疑，精心构思，巧布悬念，以学生的强烈关切心情为特点的导入方法。悬念一般是出乎人们预料，或展示矛盾，或让人迷惑不解，常能造成学生心理上的焦虑、渴望和兴奋，只想打破砂锅问到底，尽快知道究竟。悬念的设置要从学生的“最近发展区”出发，恰当适度。不悬，难以引发学生的兴趣，太悬，学生又百思不得其解，都会降低学习的积极性。只有不思不解，思而可解才能使学生兴趣高涨，自始至终扣人心弦，收到引人入胜的效果。

3. 情境导入法

情境导入法就是选用语言、设备、环境、活动、音乐、绘画等各种手段，制造一种符合教学需要的情境，以激发学生兴趣，诱发思维，使学生处于积极学习状态的技法。情境导入法，如运用得当，则会使学生身临其境，感同身受，意识不到是在上课，在潜移默化中受到教育，获得知识。运用此法应注意一是要善于创设情境；二是要加强诱导，激发思维。教师设置情境应有明确的目的或意识，或以此激发学生的情感，或因之引发学生的思维，或藉此陶冶学生的性情等。

4. 演示导入法

演示导入法是指教师通过实物、模型、图表、幻灯、投影、电视等教具的演示，引导学生观察，提出新问题，从解决问题入手，自然地过渡到新课的学习的技法。此法有利于给予学生生动的表象，由形象思维过渡到抽象思维，故在小学各年级和中学理科教学中运用较广。运用此法时应当注意：一是直观演示的内容必须与新教材有密切的联系并能为讲授新教材服务；二是要让学生明确观察的目的，掌握观察的方法；三是教师要抓住时机提出问题并引导学生积极思考。

5. 典故导入法

通过寓言、生动有趣的故事或典故、传说等激发学生兴趣、启迪学生思维，创造一种情境，可以使学生在轻松愉快的气氛中进入情境，一开始就吸引住学生。中小学生一般都爱听故事，特别是一些科学性、哲理性很强的故事更受学生欢迎。在各学科的发现和发展史上都有许多动人的故事，如科学家的趣闻轶事、某些公式原理的发明过程及一些发明创造的诞生等，从中选取一些适当的片段，不仅有助于学生思维能力的培养，还可以引起学生学习本学科的兴趣。当然典故的选用需有趣味性、启发性和教育性。所选用的故事要注意两点：一要短小精悍；二要针对性强，能为讲课主题服务。如果故事的主题与新课的内容不符，就达不到开好头的目的。

6. 审题导入法

审题导入法是指新课开始时，教师先板书课题或标题，然后从探讨题意入手，引导学生分析课题，来导入新课。这种方法开门见山，直截了当，又突出中心或主题，可使学生思维迅速定向，很快进入对中心问题的探求，因此也是各科导入常用的技法。运用此法的关键是在于针对教材，围绕课题提出一系列问题，因此必须精心设计、认真组织。此外还要善于引导，让学生朝着一定的方向思考。

7. 直接导入法

上课伊始，开宗明义、开门见山、直接点题，讲明这节课需要学习的内容、目标要求、教学进程，从而引起学生注意。这种直接导入新课的方法是一种最简单的导入方法，一般在高年级采用。因为低年级学生学习能力和意志力较差，直接导入往往收效甚微。另外，有些新教师也常采用此法，因为他们不太了解学生的知识、能力水平及兴趣爱好，所以往往开门见山，直接点题。

第三节 课堂问题管理

课堂教学经常会出现失范，从而使教师不能积极有效地实施课堂管理和处理学生行为，往往导致学生迷惑、不满和疏离。课堂问题行为一经产生，又很容易蔓延，诱发许多类似或其他的问题行为。如果处理不当，不仅容易引起教师与学生之间的冲突和课堂纪律问题，影响课堂教学活动的正常进行，而且还会影响学生的身心健康，甚至伤及学生人格的发展。因此要认真观察和分析，并采取有针对性的策略，减少或控制问题行为，确保有序而有效地开展课堂活动。

现场直击

一个突发事件

在一节研讨课上，授课教师正引导学生用刚学到的“可能性”的知识来判断生活中的确定与不确定现象。突然，意想不到的事情发生了，一名学生因为没坐稳，连椅子一起摔在了地上。授课教师与摔倒的那位同学近在咫尺。那位同学急忙而又慌张地站起来，脸通红通红的。课堂里顿时静悄悄的，所有的学生和听课的教师都屏住呼吸，等待授课教师的处理。可是只见他看也没看，好像根本就不知道一样，不动声色地继续下面的教学……

【反思】

很明显在这个课堂突发事件的处理中，授课教师采取的是一种很多教师都倾向的“冷处理”的方法，你觉得这样的方式好吗？如果是你，你会如何处理？

理论讲述

一、课堂问题行为的特性与类型

（一）课堂问题行为的特性

课堂问题行为是指在课堂中发生的，违反课堂规则、妨碍及干扰课堂活动的正常进行或影响教学效率的行为。课堂问题行为是消极、负面的，而且具有普遍性，程度上也具有差异性。

首先，课堂问题行为具有普遍性。不仅差生、后进生有问题行为，优秀生也会有问题行为。只是他们在数量多少、发生频率和程度轻重等方面不同而已。据西方有些学者对 116 名学生进行的追踪研究，有三分之一以上的学生曾经发生过分敏感、发脾气、妒忌、恐惧、冷漠等问题行为。有人通过系统观察也发现，在典型的课堂里，25％至 30％的学生有问题行为。美国近年来对中小学学生课堂行为的研究亦表明，有问题行为的儿童约占调查总人数的 53％。可见，问题行为在课堂中是经常发生的，涉及的学生比较广泛，具有普遍性。①

其次，课堂问题行为的程度以轻度为主。课堂问题行为具有普遍性，但这些问题行为的程度轻重是不同的。心理学家瑞格（E. Wragg）等人曾做过研究，从 1020 个课堂片断分析出学生问题行为的表现，其中最普遍的问题行为及其比例为：大声说话（38％）、思想开小差（24％）、讲废话（23％）、不恰当地使用教材或设备（20％）、吃零食（12％）、随便走动（11％）、小动作（9％）、故意大笑（6％）、打架（5％）、弄坏课本或设备（1.5％）、不听从教师（1.5％）、侮辱同学（1.5％）、侮辱教师（1％）。②

（二）课堂问题行为的类型

由于人们对问题行为的认识不尽相同，因而对问题行为的分类也不尽一致。中外学者从不同角度对课堂问题行为进行了分类。

美国的威克曼（E. K. Wickman）把破坏课堂秩序、不守纪律和不道德等方面的行为归纳为扰乱性问题行为；把退缩、神经过敏等方面的行为归纳为心理问题行为。奎伊（H. C. Quay）等人在其研究的基础上，把课堂问题行为分成人格型、行为型和情绪型三种类型。人格型问题行为带有神经质特征，常常表现为退缩行为。例如，有的学生在课堂里忧心忡忡，不信任教师，害怕教师提

①② 陈时见. 课堂管理论[M]. 桂林：广西师范大学出版社，2002：195-196.

问和批评等。行为型问题行为主要具有对抗性、攻击性或破坏性等特征。例如,有的学生坐立不安,乱涂乱画,传送字条,扮演怪相,逗人发笑等。情绪型问题行为主要是由于学生过度焦虑、紧张和情绪多变而导致社会障碍的问题行为。例如,有的学生漫不经心,冷淡漠视,态度忸怩等。这三类问题行为各有其特征,但也有一些重叠交叉。

我国也有学者将课堂问题行为分为行为不足、行为过度和行为不适三种类型。行为不足主要是指人们所期望的行为很少发生或从不发生,如沉默寡言等;行为过度主要是某一类行为发生太多,如经常侵犯他人;行为不适是指人们期望的行为在不适宜的情境下发生,但在适宜的情境下却不发生,如上课时放声大笑等。

二、课堂问题行为产生的主要原因

(一) 教师的教育失策

学生的课堂问题行为的产生与教师的教育失策直接相关,甚至有些问题行为还可能是教师直接造成的,因而绝不能把学生的问题行为完全看成是学生自己的问题。教师的教育失策主要表现为以下几方面。

1. 指导思想的错误

教师缺乏正确的指导思想,会直接影响教师的教育教学方式,从而引发学生的问题行为。如教师缺乏正确的教育理念,将升学率作为其指导方向,把分数作为唯一目标。在这一思想指导下,不少教师重智轻德,教学上搞题海战术,对学生进行超负荷灌输,无休止地上课、补课、考试,学生成为分数的奴隶,学习成了无边的"苦海"。这样,学生就会产生厌倦情绪、逆反行为,甚至产生较严重的对抗性行为。而且,学生会因考试、课业负担过重、同学间的激烈竞争而产生巨大的心理压力,这些压力累积到一定程度,就容易导致学生出现问题行为,尤其容易产生内向性问题行为。另外,如果教师缺乏正确的教育观,甚至采取厌恶、歧视的态度,就会伤害学生的自尊心、自信心,使他们产生消极自我概念,引发畏难情绪,诱发他们的问题行为,甚至会导致外向性对抗行为,直接干扰课堂活动的正常进行,影响教学质量。

2. 管理的失范

教师在课堂中缺乏适当的管理,也是引发学生课堂问题行为的重要因素,主要表现在两个方面:一是教师放弃管教的责任,采取不闻不问的立场,放任学生,使课堂未能形成良好的课堂气氛和教学环境,学生也因缺乏指正的机会而出现违反课堂规则的行为;二是教师对学生的问题行为作出过敏反应,处处设防,动辄对学生大加训斥,甚至滥用惩罚,从而让学生产生失常行为。

3. 教学的偏差

教师不认真备课或根本不备课;教学方法呆板,千篇一律,枯燥乏味,不善于激发学生的积极性;对学生缺乏了解,教学内容过难或过易,讲课速度过快或过慢;表达能力较差,语言和要求含糊不清;教师缺乏活力,精神不振,懒懒散散,等等。这些教学上的偏差很容易导致教师在学生心目中的威信降低,引起课堂问题行为。研究表明,教师的威信是一个重要的因素,教师在学生心目中的威信越高,学生越不易产生问题行为;相反,威信越低,就越容易导致学生的问题行为,也越难控制或纠正学生的问题行为。

（二）学生的身心因素

1. 性别差异

学生的性别特征对问题行为会产生一定的影响，这在低年级中尤为明显。相对于女生而言，男生精力旺盛，活动量大，又喜好探究，而他们的自我控制能力相对较低，集中注意的时间也更短，因而会更容易产生问题行为，特别是外向性问题行为。女生易接受暗示，缺乏果断，较少自行其是，而且集中注意的时间相对较长，因而她们的问题行为，尤其是外向性问题行为相对男生而言要少一些。美国心理学家曾将男女生的性别差异与纪律问题作了比较研究，结果表明，男生在纪律问题上要比女生“勇敢”得多，违反纪律的现象或次数也更多。

2. 生理障碍

学生生理上的障碍使学生容易产生问题行为。如学生视、听、说等方面的障碍，会削弱学生学习能力和动力，妨碍学习活动的正常进行，学生在课堂上常常出现不敏感、不专心、退缩、低沉，甚至烦躁不安、自行其是等问题行为；学生发育期的紧张、疲劳、营养不良等也会引起学生在课堂上精神不振、担心害怕、神志恍惚，进而产生问题行为。

3. 心理缺失

心理缺失也是构成学生问题行为的重要原因，它主要反映在焦虑、挫折等方面。焦虑是一种恐惧和不安的情绪体验。学生课堂上的焦虑通常是由于过多的压力和不和谐的人际关系而导致得不到他人的尊重以及自尊心受到威胁而引起。由于焦虑，学生往往会出现灰心丧气、顾虑重重、徘徊不定等退缩性问题行为，也会出现厌烦、烦躁不安、无理发怒等逆反性问题行为。挫折是目标或期望受阻而又无法克服时产生的一种紧张状态和情绪反应。挫折会引起学生的情绪波动，若学生把挫折的原因归于外部，怨天尤人，为了发泄内心的不满和气愤，就可能出现外向性、攻击性行为。

（三）环境的因素

课堂问题行为的产生，除了取决于教师和学生方面的因素外，还与环境影响有关。环境影响主要包括家庭、大众媒体、课堂内部环境等方面的影响。单亲家庭的孩子可能自制力差，易冲动，容易产生对抗逆反行为；被溺爱的孩子往往以自我为中心，不服管教。大众媒体中一些暴力、色情等低级庸俗的内容易激发学生效仿，将这种行为延伸到课堂上，而教室的温度、色彩，课堂座位的编排方式也会对学生的课堂行为产生影响。

三、课堂问题行为的管理策略

课堂问题行为是教师经常遇到而又非常敏感的问题，处理不好，就会损害师生关系和破坏课堂气氛，影响教学效率。课堂问题行为的恰当处理，取决于教师对于管理策略的有效运用。

（一）运用先入为主策略，事先预防问题行为

学生的问题行为，有些是因为无知，有些是出于故意，有些则是出于初始时的不慎。事实上，一些课堂问题行为是在课前就注定了的，而不是因为课堂活动过程中的运作所致。学生一旦产生了问题行为，则事后的解决显得效果不明显。因此，最有效的管理，就是采取先入为主，预防在先，以防止许多不必要的问题行为产生，或使问题行为没有产生的机会和条件。

先入为主策略就是在问题行为产生之前，采取措施优先实施预防性管理，避免或减少问题行

为产生的可能性。它主要关注于明确的行为标准、建设性的课堂环境、良好的教学设计、和谐的师生关系等方面。

1. 确立学生的行为标准

明确学生的日常行为标准，是一种有效的先入为主方法，因为这样可以事先确立起对学生在课堂中的期望行为，让每一个学生都知道什么行为是好的，什么行为是不好的，哪些行为是大家认同的，哪些行为是大家不能认同的。教师通常是在学期或学年初期阶段，通过与学生共同讨论的方式，对课堂行为提出明确而具体的要求与规范，并依此作为共同遵守的准绳。这种行为规范和要求的主要表现形式就是课堂规则。课堂行为标准确立起来之后，还要及时加以巩固，必要时还要予以修正。

2. 促成学生的成功经验

学生的成功经验，通常会激发他们的愉悦情绪，降低挫折水平，从而避免或减轻问题行为。学生的失败所导致的挫折感往往是有些问题行为产生的原因。因此，教师要确保学生在课堂活动中适当的成功率，尤其是将课堂活动规划在既不太容易也不太难的适度范围。一般而论，可以把课堂活动按学生掌握程度划分为四个层次：第一个层次的活动是让学生100％掌握，这种活动只是偶尔出现在作业中；第二个层次是让学生掌握90％～99％，这可体现在大多数的活动中；第三个层次是让学生掌握70％～90％，这主要出现在以教师为中心的活动中；第四个层次是让学生掌握不到70％，这种活动应尽可能少一些，而且要求教师提供额外的教导，或者把活动划分成更小的、容易让学生掌握的单元。教师对学生学习材料和学习活动的适度选择，有助于学生的成功体验，有利于学生形成成功感受，进而减少问题行为产生的可能性。

3. 保持建设性的课堂环境

课堂行为与课堂环境直接相关。良好的课堂环境不仅可以减少产生问题行为的可能性，而且可以消解许多潜在的问题行为。一个杂乱无章和死气沉沉的课堂环境本身就为问题行为的产生提供了土壤。要综合考虑学生的生理特点、个性特长、学习习惯、行为特征、同伴关系等多种因素，做到优劣搭配、合理组织，达到以长补短、以优补劣、互相促进的效果。把握课堂的情绪环境。即搞好教学设计，在课堂活动之前确定好教学目标、教学方案与教学策略；采用悬念和讨论的方法，不断变换刺激角度，集中学生的注意。

(二) 运用行为控制策略，及时终止问题行为

先入为主策略对于预防问题行为尽管非常有效，但不可能完全消除问题行为。因此，课堂问题行为管理就必然会面对已有的问题行为。对这些行为，必须给予有效的控制，使之得到及时的处理。行为控制策略包括强化良好行为和终止已有问题行为两个方面。

1. 鼓励和强化良好行为，以良好行为控制问题行为

有效的问题行为管理，应积极鼓励学生的良好行为，通过鼓励和强化进行中的良好行为或新的良好行为，可抑制或终止其他问题行为。教师通常采用社会强化、活动强化、行为协议和替代强化等方式。

(1) 社会强化：包括面部表情、身体接触、语言文字等，如向学生微笑、亲切地轻拍学生的头或背、称赞学生能干或告诉学生你很欣赏他的活动等。运用社会强化必须遵循四个原则，即针对

目标行为、指向已完成的行为、强调学生的努力、不断变化形式。

（2）活动强化：就是当学生表现出具体的期望行为时，允许学生参与其最喜爱的活动，或为其提供较好的机会与条件，如允许参加俱乐部或兴趣小组活动、提供设备的优先选择权和使用权、提供课堂活动或体育运动中的领导角色等。这在很大程度上也可以说是对学生良好行为的具体鼓励方式，并由此强化其这方面的行为。

（3）行为协议：教师与学生订立旨在鼓励和强化期望行为的协议，它可以是口头的，也可以是书面的，但必须经由教师和学生的共同认可，而且一旦确定，就要切实执行。通常采用“如果……就……”的陈述方式。例如，“如果上课积极发言，就奖励一朵小红花”，“如果课堂作业做得好，就可以免做家庭作业”等。通过这种方式，不仅在所有学生面前强化了期望行为，而且可以鼓动学生在课堂中的积极表现。

（4）替代强化：学生的良好行为并非都是从教师那里或直接在活动中习得的。只要给学生提供某种具体的行为范例，学生就会自觉不自觉地进行模仿，并朝着这样的行为而努力。这就是所谓的替代强化。一般而论，如果教师讲的与实际做的之间存在着差异，学生会更多地受实际所做的影响。同样，如果教师所说的或所期望的行为同他所允许的行为之间存在差异，学生会更多地受他所允许的行为的影响。

2. 选择有效方法，及时终止问题行为

学生的问题行为，大多以轻度为主，因而大部分问题行为只需教师运用一定的影响方法便可得到制止。通常采用的影响方法包括以下几个方面。

（1）信号暗示：对发生问题行为的学生提供信号，如突然停顿、走近学生、用眼神暗示等，用以提醒、警告学生，进而终止刚刚发生的问题行为。

（2）使用幽默：当课堂气氛沉闷，学生注意力下降，产生问题行为时，教师可用轻松幽默的语言来调节气氛和提示学生，以防止问题行为的出现和制止或纠正已有的问题行为。

（3）创设情境：有些学生在课堂中容易走神，这时可适当创设一些活动情境，让学生参与一些活动，或让他做一些相关的别的事情，如小竞赛、小表演、小制作等，以避免问题行为乘虚而入。

（4）有意忽视：某些学生的问题行为隐含着想赢得他人注意的愿望，如果教师直接干预，可能正好迎合了他的目的。因此，教师有意忽视，学生会自觉没趣而改变其行为。

（5）转移注意：对于那些自尊心比较强的学生产生的问题行为，如当面直接制止，可能会出现相反的效果或产生后遗症，这时可运用比喻，声东击西加以暗示，使之转移注意，从而停止其问题行为。

（6）移除媒介：有时学生在课堂中做不相干的事，如读漫画书、玩电子游戏玩具等，教师可采取将这些东西拿走，清除媒介物，从而制止这种行为。

（7）正面批评：如果很多方法对制止学生的问题行为都不奏效，那就要正面严肃批评，指出其缺点，制止其行为。当然，正面批评要建立在尊重学生人格的基础上。

（8）劝其暂离课堂：有时学生之间发生对抗性冲突，引起怒气冲天的状态，直接影响到课堂教学的顺利进行，教师可以劝他们暂时离开课堂，让别的教师照顾一下。等下课之后，学生的情绪缓和，再作决断。

（9）利用惩罚：对于有些较严重而又难以制止的问题行为，可适当利用一些惩罚措施，如运用得当，亦可起到制止问题行为的作用。但惩罚运用不当，不但不能制止问题行为，反而造成逆反或对抗性行为。因此，必须慎用惩罚，不到迫不得已最好不用。

(三) 运用行为矫正策略，有效转变问题行为

课堂问题行为矫正，是指利用多种知识与方法，帮助学生认识和改正问题行为，养成良好行为的过程。行为矫正也是课堂问题行为管理的重要策略。

1. 课堂问题行为矫正的原则

(1) 奖励多于惩罚的原则：奖励和惩罚是矫正学生问题行为最常用的方法，但在课堂教学实践中，教师面对学生的问题行为，往往首先想到利用惩罚手段，把惩罚作为优选方法，这是不恰当的。实践证明，奖励的矫正作用远远大于惩罚，多奖少惩对于矫正课堂问题行为能起到更有效的作用。

(2) 坚持一致性原则：课堂问题行为的产生是由多方面因素引起的，因此，课堂问题行为的矫正就不能仅仅只考虑课堂内部因素，还要同家庭因素、大众媒体因素等联系起来。这就要求教师协调有关人员，按统一目标行动，保持一致性，以避免各自为战、互相抵消矫正效果的不利倾向。

(3) 与心理辅导相结合的原则：课堂问题行为的根本矫正不仅在于改变学生的外部行为表现，形成新的行为模式，而且要把良好的行为模式内化为学生的自觉意识与行动。这就要求在矫正过程中做好学生的心理辅导工作，以调整学生的自我意识，排除自我潜能发挥的心理障碍，以及帮助学生正确认识与评价自己，从而真正转变问题行为。尤其是比较复杂的问题行为，更需要进行心理辅导。把行为矫正与心理辅导结合起来，无疑会收到更好的效果。

2. 课堂问题行为矫正的基本步骤

凡事预则立，不预则废。学生课堂问题行为的矫正亦然，也应有计划、有步骤地进行。一般而论，课堂问题行为矫正包括六个环节。

(1) 觉察：觉察课堂中的问题行为和潜在的问题行为是矫正的第一步。如果教师根本未能觉察问题行为，就没有矫正的必要与可能。因此，教师要善于观察与分析，敏锐地发现问题行为。

(2) 诊断：发现问题行为，就要立即运用有效的方法，如访问、谈话、测验等深入了解问题行为产生的原因。准确了解这些原因是合理矫正的基础。通过了解，判明问题行为的性质及严重程度。

(3) 目标：在诊断的基础上制定矫正目标，并确立为达到这一目标所要采取的有效的矫正措施和方法。

(4) 改正：目标和方法确定之后，就要改正问题行为。由于学生的行为是各种强化物综合作用的结果，因而在改正的过程中既要排除强化问题行为的刺激，又要选择适当的新的强化物和强化方式，给予积极强化。

(5) 检评：对问题行为改正的成效应及时加以评定，如发现效果欠佳，应进行检查，看觉察有无缺失、诊断是否正确、目标是否合理、改正过程是否得当。

(6) 追踪：消除了问题行为，还要进行追踪，进行新的强化，塑造和发展良好的行为，直至良好行为的表现趋于稳定。

学习拓展

偶发事件处理三法

课堂偶发事件，是指与课堂教学目的、教学计划无关而出乎教师意料之外突然发生的、直接影响和干扰课堂教学过程的无关刺激事件。课堂偶发事件具有如下特点：① 突发性，即它往往是突然发生、意料之外的；② 偶然性，即它是偶然发生的，不是经常的和固定的；③ 新异性，即它是课堂教学中一种无关的新异刺激，干扰或破坏课堂教学活动的正常进行；④ 不定性，即它表现不一，有时明显，有时较为隐蔽；⑤ 两极性，即对它处理是否得当，将会带来积极或消极两种不同的结果。所以，处理课堂偶发事件，既要体现科学性，更要体现艺术性。常见的处理方法有下面几种。

一、以变应变法

当课堂教学超出原来的设想，突然出现意料不到的情况，且影响到正常的教学时，教师可以采取以变应变的方式。例如，著名特级教师于漪老师上课时，几只蝴蝶飞进了教室，吸引了同学们的注意力。于漪老师是这样处理的：她首先让学生把蝴蝶赶走，然后让学生以蝴蝶飞进教室为题打一词牌名，同学们苦思冥想不得其解时，于漪老师给出了答案："'蝶恋花'啊，因为你们都是祖国的花朵！"在同学们会意的笑声中，于漪老师又开始了她的讲课。

二、借题发挥法

把课堂教学中的偶发事件巧妙地融进自己的教学中，利用课堂教学中出现的意外情况，借题发挥大做"文章"。一位政治特级教师也碰到过麻雀飞进教室的情况，他借"不速之客"麻雀的出现，给大家讲了一个"麻雀的冤案"的故事："五六十年代，我国曾经把麻雀与苍蝇、蚊子一起列入害虫名单，在全国开展消灭麻雀的运动，理由是麻雀偷吃掉大量的粮食。但事后的实践表明，麻雀蒙受了冤屈，因为麻雀对人类的益处远远大于它对人类的危害。"之后，他又以此为题，让学生运用所学的哲学道理加以分析。同学们反应热烈，兴趣十足。这样，这位教师巧妙地借麻雀的出现，引导学生复习巩固了所学知识。

三、实话实说法

承认自己的失误，实话实说。有一位化学教师课堂实验出现失误，燃烧着的金属钠在充满氯气的集气瓶里冒出的不是白烟，而是黑烟，当同学们一脸愕然时，这位化学教师随机应变："这块金属钠为何燃出黑烟？请同学们回忆一下金属钠的物理性质及其贮存方法。"全班同学立刻由惊愕变得活跃，一位同学抢着发言："金属钠性质活跃，不能裸露在空气中，而是贮存在煤油中！""你说得对！"教师满怀歉意地对大家说："刚才就是由于我的疏忽，实验前没有将沾在金属钠上的煤油擦干净，结果发生了实验事故。为了揭示上述错误原因，我不准备回头处理煤油，而是将沾有煤油的金属钠继续燃烧下去。请大家想一想，燃烧的过程中，烟的颜色将发生怎样的改变？""黑烟之后将出现白烟！"实验结果证明了大家的预言。当化学教师宣布："同学们，你们的预言实现了！"全班响起了热烈的掌声。是化学教师坦诚的襟怀、实事求是的品质、灵活的教学机智赢得了大家的赞许。

思考与实践

1. 古人云：没有规矩不成方圆。对课堂教学来说，良好的常规是提高教学效益的法宝。近年来，随着课堂教学改革的不断深入，课堂教学以"开放性"的方式为主，于是，课堂常常出现了过于"活跃"的现象，而有的学生则乘机游离于课堂，形成了假学习的状态，教师对其难以监控，如果强行制止和管理，则会干扰其他学生的正常思维进程，使课堂教学效果大打折扣。请思考我们应该怎样来解决这一矛盾？

2. 请调查了解目前中小学教师是如何推进课堂管理的？有哪些成功的个性化经验？在学习本章后，你对课堂管理又有了什么新的认识？

模块五　教育管理论

教育管理是人类社会教育活动的重要方面。自古代学校教育产生以来，教育管理就以一定的形式出现，开始有了学校内部管理和政府对学校的外部管理。现代背景下的教育管理则是国家或地方政府对教育系统进行的计划、组织、协调、控制等一系列活动的过程。本模块就教育制度和班主任工作方面的内容进行探讨。

第十五章　教育制度

教育制度是一个国家在一定历史条件下形成的教育体系，以及为保证该体系的正常运行而确立的各种规范或规定。其中教育体系是指一个国家各种教育机构有机构成的总体，它包括学前教育机构、学校教育机构、业余教育机构、社会教育机构等。本章主要探讨教育制度的概念，学校教育制度以及我国教育制度发展与改革等问题。

第一节　教育制度概述

教育制度不仅对教育方针和教育目的的贯彻、对整个教育事业的发展起着重要的保证作用，而且对青少年身心发展乃至整个国民素质和社会发展都具有非常重要的意义。它有利于国家早出人才，快出人才，出好人才。

现场直击

美国教育制度简述

一、小学

美国儿童五岁入学，入学第一年为幼稚园，第二年为小学第一年级。在美国“grade”有两种意思：① 在考试或课程中取得的分数；② 在中学和小学里一年的教育。

小学阶段一般有五年的时间，指一年级到五年级。美国的教育体系要求所有的适龄儿童入学。

二、中学

在完成第五年（小学教育的最后一年）教育的基础上，美国小孩进入高一级的美国教育体系——中学。中学一般有七年，自第六年级到十二年级。第九年级到第十二年级被称为高中。在完成十二年级教育前提下，学生们会获得高中文凭证书。在美国教育工作体系中，学生进入专科学院或大学前，一定要获得高中文凭。外国学生若想进入美国学院或大学深造，则要完成等同于美国高中的课程。而想进入美国高中的外国学生要考虑他们选择的高中是否能让他们进入最好的学院。

三、本科教育

完成高中教育的学生若想进入学院或大学，必须到本科学校就读，此类学校在学完特定课程后可以获得两年的学位(准学位)或四年的学位(学士学位)。许多有资格颁发学位的学校，允许学生暂时未选择好专业，但所有学生必须在大学第二学年之前选择好专业。完成准学位的学生可以继续四年学制的大学学习，最终获得学士学位。

理论讲述

一、教育制度的概念

英语中，表示制度的词有两个：一个是“system”；另一个是“institution”。system 有“系统”、“体系”、“制度”、“体制”等含义。institution 有“建立”、“制定”、“设立”、“制度”、“惯例”、“风俗”以及“公共机构”等含义。汉语中，“制度”一词有两种意思：一是要求成员共同遵守的、按一定规程办事的规则，如工作制度、学习制度等；二是在一定条件下形成的政治、经济、文化等的体系，如资本主义制度、社会主义制度等。

综合而言，“制度”一词包括两个方面的内容：一是机构或组织的系统；二是机构或组织系统运行的规则。

教育制度是指一个国家各级各类教育机构与组织的体系及其管理规则。它包括相互联系的两个基本方面：一是各级各类教育机构与组织的体系；二是教育机构与组织体系赖以存在和运行的一整套规则，如各种各样的教育法律、规则、条例等。

在教育学中，教育制度通常只涉及教育的各种施教机构与组织构成的系统。

二、教育制度的历史发展

在原始时代，社会还处于混沌未分化状态，没有学校，因此也没有教育制度。在进入古代阶级社会之初，由于社会的分化，产生了古代学校，后来还有了简单的学校系统，因此产生了古代教育制度。古代教育没有严格的程度划分，没有严格的年限规定，学校类型很少，层次简单，只有蒙学和太学，甚至连中学都没有。

现代教育制度是社会进一步分化的结果，具有系统性和完善性。如现代学校教育内容上的科学性及其与生产劳动密切联系的性质，决定了学校规模上的群众性和普及性。

在当代，教育制度随着社会的发展而不断地发展变化。它已由过去的教育机构与组织系统发展为当代的以现代学校教育机构与组织系统为主体，它的发展方向是终身教育制度，这在发达国家体现得尤为明显。

三、教育制度的特点

1. 客观性

教育制度作为一种制度化的东西，不是从来就有的，而是一定时代的人们根据自己的需要而制定的。教育制度的制定虽然反映着人们的一些主观愿望和特殊的价值追求，但是，人们并不是也不可能随心所欲地制定或废止教育制度，某种教育制度的制定或废止，有它的客观基础，是有规律可循的。这个客观基础和规律性主要是由社会生产力发展水平所决定的。

2. 取向性

任何教育制度都是其制定者根据自己的需要制定的，是有其一定的取向性的。否认教育制度的取向性，把某种教育制度宣传为公平地为所有人提供教育服务的做法是自欺欺人的。任何教育制度的变革都可以说是重新对教育取向选择的结果。在阶级社会中，教育制度的取向性主要表现为其阶级性，即教育制度总是体现着某一阶级的价值取向，总是为某一阶级的利益服务。社会主义的教育制度应该为广大人民的利益服务，应该最大限度地保障和满足广大人民日益增长的文化教育需要，从而体现社会主义的教育取向特性。

3. 历史性

教育制度既是对客观事实的反映，又是一种取向的选择和体现，而客观性和取向性的具体内容又是随着社会的变化而变化的，因此在不同的社会历史时期和不同的文化背景下，就会有不同的教育需求，就需要建立不同的教育制度。教育制度是随着时代和文化背景的变化而不断创新的。教育制度的创新是教育改革的一个重要内容，也是教育实践得以深化的一个重要条件。

4. 强制性

教育制度作为教育系统活动的规范是面向整个教育系统的。在某种意义上说，它独立于个体之外，对个体的行为具有一定的强制作用。只要是制度，在没有被废除之前，都不管个人的好恶，无条件地要求个体遵守，违反制度就要受到不同形式的惩罚。例如学校的考试制度规定，任何学生和教师在考试中不能有舞弊行为，否则，一经查实，就要给予适当的处分。考试制度对于学生和教师个人都有一种强制性。[①]

学习拓展

各国高考制度面面观

在我国，高考历来牵动众人心，不仅考生、家长、学校为此拼尽全力，全社会也对之投以极大关注。那么，在外国是否也是这般盛况呢？

美国：美国法律规定，教育是各州事务，联邦政府不能过分干预，因此美国既不存在全国统一的教育大纲，也不存在全国性的统考。本来美国的大学招生都是自己出题，后来发现这样做缺乏可供比较的标准，于是一种以测试学生能力为主的考试 SAT 应运而生，到今天已经成了事实上的

① 全国十二所重点师范大学联合编写.教育学基础[M].北京：教育科学出版社，2002：85.

高考。SAT考试分为两部分：一是综合部分，包括语文和数学，称为SATI；二是单科考试，如物理、化学、生物、外语等，称为SATII。SAT考试与高中教材没有直接关系，主要是考查学生的逻辑、分析、推理等方面的能力。SAT考试每年举办七次，参加的次数不限，以成绩最高的一次为准。也就是说，从进入高中起，学生就可以开始"高考"，直到自己满意为止。

法国：法国高等教育结构较为复杂，学位种类独特，高考制度也有别于其他许多国家。法国高中生进入大学深造的必要条件是首先得有学校统一颁发的高中毕业证书，然后再参加高中会考(BAC)。原则上说，所有通过高中会考的高中生，即获得BAC的人，均可申请进入大学接受高等教育，但是医学系、牙医系、药学系及技术学院等除外。由于名额有限，这些院校各专业一般采取淘汰制招收大学新生。为让各高校提前掌握生源情况，法国高校招生实行预注册，一般在每年三四月间进行，由于学生人数众多，法国绝大多数学校均采用电话电脑的登记方式。

英国：英国的教育制度可以说是世界上既最严谨又最灵活的教育系统之一，它有许多独具特色之处，其中之一就是英国的中学教育。英国的中小学教育多年来一直是免费的。中学生在初中毕业后就要参加一个重要的GCSE教育考试，即普通中学教育证书考试。通过GCSE考试后，标志着中学教育的结束。而希望继续进入大学深造的学生，则还必须继续在中学学习两年预科，专门为进入大学的高考做准备。这种教育在英国也叫做延续教育，延续教育的目的有二：一是为了上大学；二是为了就业。延续教育可在本中学继续读。高中一年级的教育称为AS，二年级的考试称为A-Level，即普通教育证书高级考试。考试课程有英语语言、文学、数学、生物、化学、经济等课程，进修课有古英语、音乐、历史、地理等，学生进修的科目也要考试。普通教育证书高级考试相当于中国的高考，只有在A-Level考试中取得优异的成绩，才能被一流大学录取，进行深造。

日本：日本社会是一个等级森严的社会，人要达到更高的层次，好的出身和哪个大学毕业十分重要。能否上大学，上什么样的大学，决定了一个人进入社会以后起跑线在哪里，要想出人头地，必须有一个好的起点。在日本，高考就是人的命运的转折点。与中国不同的是，日本的高考不是一槌子定音，国立、公立和部分私立大学，在每年的元月份都有一次全国统一考试，主要是基础学科。然后，从二月中旬至三月底，各校再根据自己的情况，进行第二次专门考试，学生可根据第一次考试成绩，参加各校符合自己志愿的考试。其他没有参加统一考试的私立大学均自行招生。日本的考生分三类：第一类是应届高中毕业生；第二类是历届落榜生；第三类是虽已升入大学，但认为所在的大学不理想，想再考一个好的大学的学生。日本的大学虽然很多，升学率每年都在百分之五十以上，但名牌大学如东京大学、早稻田大学、庆应大学等相当难考，所以考上了名牌大学无疑是鲤鱼跳龙门。

(摘自：毓龙.各国高考制度面面观[EB/OL].(2007-07-09).
http://wuhan.neworiental.org/publish/portal27/tab2835/info168987.htm.)

第二节 学校教育制度

现代教育制度的核心是学校教育制度。从17世纪到19世纪，各资本主义国家纷纷建立起近代学校教育制度。大致来说，严格意义上的学校教育制度在19世纪下半叶已经基本形成。

现场直击

欧美现代学制的形成

学制的产生是在学校产生之后，原始社会没有学校，也就没有学制。古代社会学校产生之后，才有了古代学制。由于古代学校只为统治阶级服务，学校被统治阶级把持，完全脱离社会生产劳动，从而使古代的学制既不系统，也不完善。古代学制鲜明的阶级性遮蔽了生产性和群众性。

现代学制是在人类社会进入现代文明之后，随着现代学校的产生和发展而逐步形成和发展起来的。欧洲文艺复兴之后，社会科学文化知识得到空前的发展，社会各个领域对文化知识的需求，刺激了现代学校的不断建立和发展。现代学校与古代学校最主要的区别在于现代学校具有为社会生产和生活服务的性质，这一性质使学校教育与社会生产和生活紧密结合起来，从而形成了集阶级性、生产性、群众性和普及性为一体的现代学制。

现代学制的阶级性与古代学制的阶级性在其表现上有所不同。古代学制的阶级性体现在“等级学校”上，即古代的学制具有严格的等级制度，而现代学制则以“阶级学校”代替了“等级学校”，这是现代学制的一种进步。现代学制的科学性体现在学校层次结构、组织管理、教学内容等方面的科学化水平上，随着资本主义的发展，现代科学知识被逐步纳入学校的教育教学中来，使学制逐步科学化。现代学制的生产性是现代工业文明发展的需要，这就使得学制的制定要充分考虑为社会生产服务的要求，学制便有了生产性的特点。现代学制的群众性与普及性是社会文明进步的必然结果，在现代社会，科学文化知识不再为少数统治者所垄断，劳动人民迫切需要掌握科学文化知识，社会的发展也需要全民族文化素质的提高，因此，学制就必须具有群众性和普及性。

现代学制最早出现在欧洲。我们知道，在人类社会发展史上，现代社会文明发源于欧洲。欧洲资本主义工业革命后，现代学校迅猛发展，一方面由古代的中世纪大学、古典文科中学发展转化而来；一方面又建立了从小学到中学（包括初级中学、高级中学和职业学校等）的新学校。学校的类型不断增加，规模不断扩大，体系不断完善，到 19 世纪末，现代学制逐步形成。

理论讲述

一、学校教育制度的内涵

学校教育制度简称学制，指一个国家各级各类学校的系统，它规定各级各类学校的性质、任务、入学条件、修业年限以及它们之间的关系。

教育制度是国家内部各种教育机构的系统，泛指有组织的教育和教学的机构体系，包括学前教育机构、各级各类学校教育机构、成人教育机构，以及各级教育行政组织机构等。学校教育制度是教育制度体系中最严密、最有效的基本制度，是国家实现教育目的的基本制度保证，对社会的政治、经济、文化等各个领域的发展具有重要影响。

学制是国家通过立法作出规定而建立起来的，从而保证一个国家学制的统一性、稳定性和完整性。

不同的历史时期和不同的国家有着不同的学校教育制度。当今世界上的学校已经形成一个复杂的系统。按教育程度划分，有幼儿教育、初等教育、中等教育、高等教育机构；按教育类型划分，有普通教育、专业教育等教育机构；按受教育的时间划分，有全日制、半日制、业余教育机构；按主要教育手段和场所划分，有函授、巡回、广播、电视等教育机构；按教育对象的年龄划分，有学龄期教育、成人教育机构；按办学单位划分，有地方政府、企事业、私人办的教育机构。它们共同组成了纵横交错的学校教育网。没有这些学校教育机构和相应的规章制度，教育就不能完成培养人才的任务，因此，学校教育制度是整个教育制度的主体。教育制度除包含上述各种学校外，还包括校外教育机构（如少年之家、少年科技站等）、成人文化教育机构（文化宫、俱乐部、图书馆等）和各级教育行政机构等。

二、学校教育制度建立的依据

（一）学校教育制度的建立取决于社会生产力的水平和科学技术发展的状况

学校产生的前提条件是社会生产力的发展，是社会剩余产品的出现，只有当社会剩余产品可以保证一部分人去从事脑力活动的时候，才能产生专门的教育机构。到了近代，随着机器生产的广泛采用，才可能出现各种职业学校、工艺学校和农业学校等。近三十年来，特别是近十年来，随着电子技术、生物工程、激光、空间技术等的飞速发展和广泛应用，对社会生产力产生巨大影响，世界各国都在注意研究教育与生产、教育与科技发展的关系，不断改革学校教育制度，培养高质量的人才，以迎接新技术革命的挑战。

（二）学校教育制度又受社会制度的制约，反映一个国家教育方针政策的要求

奴隶社会、封建社会的学校，都是根据奴隶主阶级、地主阶级的利益和要求设立的，其目的是为了把他们的子弟培养成为剥削阶级的继承者。在封建社会，学校等级森严，封建统治集团内部成员按照社会地位进入不同的学校。在资本主义社会，学制上的重大改革就是把封建地主阶级的“等级学校”变为资产阶级的“阶级学校”。他们提出了普及义务教育的口号，扩大了受教育的范围，应当说是一个历史的进步。但是，他们的学校教育制度并非是为整个社会服务的，受教育权实际上是不平等的，突出表现为学校教育系统的双轨制。社会主义国家各级各类学校的设立，则是为了提高全体社会成员的科学文化、思想道德、健康水平，发展社会生产力，为社会主义制度服务。

（三）学校教育制度的建立，还要考虑到人口状况

教育的对象是人，教育事业的投资、规模，教育发展规划的制订，教育结构的调整，同人口问题是分不开的。学校教育制度的建立、改革，同样要考虑人口状况。人口的分布，人口在产业部门和地域间流动的趋向，人口的增长率、年龄结构，都对学校教育制度的建立、改革有着直接或间接的影响。例如，我国人口众多，具有丰富的劳动力资源，但生产效率却很低，这主要是因为我国的从业人员文化素质较低。所以，要充分发挥我国劳动力资源丰富的巨大优势，就必须提高人口素质。但在我国目前的经济条件下，要想很快地发展教育事业，仅仅依靠全日制的学校教育是不够的。必须充分利用面授、函授、夜校、广播电视、自考等多种手段，发动各方面的力量，开展多种形式的教育。

（四）学校教育制度的建立，还要根据青少年儿童的年龄特征

确定入学年龄、修业年限、各级各类学校的分段，都要考虑受教育者身心发展的特点，切合他们智力和体力的发展水平。每一个人从出生直到成长为青年，经历了不同年龄的发展阶段，每一阶段都有其各自不同的年龄特征，学校教育制度要适应人的身心发展的这种客观规律。从人成长的自然规律来看，六七岁至十七八岁正是青少年儿童接受和存储科学文化知识与全面接受学校教育的最佳时期。正是由于这一特点，很多国家的学制虽历经改革，体系繁杂，类型多样，但构成中小学学制主要因素的儿童在学年龄都普遍固定在六七岁至十七八岁之间，同时又都根据人的身心发展的阶段性，把学校教育划分为小学、中学、大学等阶段，中学又大多分为初、高中阶段，并且规定了各自的性质和任务。这些事实都充分说明学校教育制度受青少年、儿童年龄特征的制约。

（五）学校教育制度的建立，要借鉴吸取原有学制和外国学制的经验

一个较好的学校教育制度总是吸取原有学制中合理的部分，不能脱离本国学制发展的历史沿革，因而学校教育制度具有继承性。每个国家的学校教育制度都有它的形成和发展的过程，既不能脱离本国学制发展的历史沿革，又不能忽视吸取其他国家改革学制的有益经验。在同一社会制度下，由于各国生产力发展水平、科学文化发展的状况不同，学制的历史沿革不一，其学制亦有不同。如英、美、法、日等国，虽都属于资本主义国家，但是其学制在许多方面都存在差别。在不同的社会制度下，在学制上也常有相同的形式。如入学年龄、普及教育的年限、学校阶段的划分以及办学形式等方面就具有相同之处。我们只有全面而辩证地认识和分析各国学制的特点和经验，并据此进行各方面的探索和试验，才有可能创建比较合理和完善的学校教育制度。

三、欧美现代学制的类型

（一）西欧双轨制

双轨制的代表以英国最为典型，法国、前西德等欧洲国家的学制都属这种学制。这种学制是古代等级特权在学制发展过程中遗留的结果。一轨为非群众性的特权阶层子女所占有，学校多从古代学校发展而来，各方面条件都比较优越，学术性很强，学生学习可升到大学以上，属学术性的一轨；另一轨是为劳动人民的子弟所开设的新学校，学生在经过一定的基础教育之后，便升入职业技术学校，学习从事劳动生产的技术，属生产性的一轨。两轨之间互不相通，互不衔接。这种学制显然不利于教育普及。在现代社会的发展过程中，随着特权阶层的削弱，较高的学术性一轨已逐渐向劳动人民子女开放，但普通劳动者子女入学的仍然不多，原因在于这类学校学费昂贵，非劳动人民子女所能承受。只有少数优秀的学生因免费或接受资助而得以入学。但这种学制的学术性一轨的学术水平较高，像牛津大学、剑桥大学等就培养出许多杰出的人才。

（二）美国的单轨制

美国的现代学制最初也是双轨制，但是，美国的历史发展与欧洲资本主义国家的历史发展不

同，没有像英国皇室等那样的特权阶层，在这样的历史传统下，学术性的一轨没有得到充分的发展，而群众性的新学校迅速发展起来，从而形成了从小学直至大学，形式上任何儿童都可以入学的单轨制。这种学制有利于教育的普及，其特点是教育参差不齐，同级学校教学质量相差较大，许多学校的水平不高。

（三）苏联型学制

沙皇俄国时代的学制属于欧洲的双轨制。列宁领导的十月革命胜利后，推翻了沙皇统治，建立了第一个社会主义国家，制定了苏联单轨制学制。这种学制又与美国的单轨制不同：首先，它是社会主义性质的学制；其次，它吸收了西欧双轨制中的一些积极因素，如职业技术学校单独设立；再次，这种学制既有上下级学校间的相互衔接，又有职业技术学校间横向的相互联系，形成了立体式的学制。这种学制既有利于教育的普及，又使学术性保持较高水平。但由于课时多、课程复杂，教学计划、大纲和教科书必须统一而使教学不够灵活。特别是地域性较强的课程得不到很好的发展。

四、现代学制的发展趋势

近几十年来，由于科技的巨大进步和社会发展，无论是发达国家，还是发展中国家，都在进行学校教育制度的改革，大致有以下一些新的趋势。

（一）重视幼儿教育，并将其纳入学制系统

幼儿教育是进入学校之前的教育，也称做学前教育。它是学校教育的基础，打好这一基础，可以使儿童顺利地从家庭进入学校和社会，以便早期在集体生活中获得适应社会生活需要和变化的能力，对他们未来的发展有着积极的意义。

各国大量的研究资料表明，儿童在四五岁以前是人的一生中智力发展最为迅速的关键时期，具有很大的潜力。美国本杰明·S.布鲁姆研究指出，每个人的智力发展尽管是多种多样的，但它的发展的一般形式是：与17岁所达到的普遍智力水平相比较，从4岁起就约占50%的智力，其余30%是在4～8岁获得的，最后的20%是在8～17岁获得的。20世纪50年代以来，各国的学前教育发展很快，都很重视学前教育，努力提高学前儿童的人园率，一些国家已将学前教育改为“前初等教育”纳入学制系统。例如法国、瑞士等国家的法律规定：5岁至6岁的儿童，必须全部进入幼儿学校接受学前教育。到1980年法国4岁的儿童100%进入幼儿学校；比利时3岁儿童入幼儿园的也在90%以上。日本文部省1917年制定了“发展幼儿教育总计划”，规定将4～5岁的幼儿，除要求月托者外，全部纳入幼儿园；朝鲜和英国要求更高，将5岁儿童接受学前教育规定为义务教育。其他国家也在逐步实施学前教育。

（二）加强学前教育及其与小学教育的衔接

早期智力开发是当前世界各国十分关注的问题。国际上普遍认为儿童一生智力的发展，在很大程度上取决于早期教育。3～6岁的幼儿期是智力发展的关键期。因此，各国都重视学前教育，同时重视学前儿童的入学准备。这种既不把幼儿教育小学化，又重视即将入学的儿童适应小学教育和教学的新起点，从生理、心理方面做好准备的做法，对我国也是有借鉴意义的。

（三）提早入学年龄，延长义务教育年限

以立法形式推行义务教育是现代教育制度的重要标志之一。19世纪下半期，德、美、英、法、日等国相继颁布义务教育法令。德国是最早颁布义务教育法令的国家,1763 年,普鲁士颁布普通学校规程,规定 5—12 岁儿童必须接受义务教育。1852 年,美国马萨诸塞州首先颁布了部分时间制的强迫教育法案,规定 8—12 岁儿童每年至少就学 12 周。1870 年,英国颁布《初等教育法》,规定 5—12 岁儿童必须入小学。1882 年,法国规定对 7—14 岁儿童实施初等义务教育,由于此计划脱离当时国力情况,1899 年又将义务教育年限统一规定为 4 年。十月革命后,苏联 1918 年 9 月通过俄罗斯联邦统一的劳动学校条例,规定 8—17 岁儿童可免费接受初等教育。由此可见,19 世纪末 20 世纪初,除德国和英国曾规定 5 岁儿童入学外,多数国家都规定 6—7 岁为入学年龄。

20 世纪 60 年代以来,随着各国经济的发展,逐步延长义务教育的年限,则是各国普遍的趋势。其中实施 4～5 年义务教育的国家有 13 个;6～7 年的国家有 45 个;8～9 年的国家有 65 个;10～12 年的国家有 45 个。这种延长义务教育年限的趋势仍在发展中。

(四) 普通教育和职业教育朝着综合统一的方向发展

随着经济和科学技术的发展,对劳动者文化素质的要求越来越高,单纯的职业技术教育已不能适应社会的要求。许多国家纷纷走职教与普教相结合的路子。重视普教与职教的相互渗透,在普通中学增加职业性课程,为普通中学毕业生做些就业准备,在职业技术教育中增加普通教育课程,使学生在未来的职业上具有更强的适应能力。这种职业教育普通化,普通教育职业化,使普通教育和职业教育正朝着综合统一的方向发展。欧洲、北美和不少发展中国家发展的综合中学,都兼有这两方面的特点。日本则提出:通过职业教育和普通教育的互相接近来缩小两者之间的差距。随着受教育机会的扩大,普通教育和职业教育的日趋接近和统一,将是各国教育内部的一个重要变革。

(五) 高等教育的类型日益多样化

由于科学技术的飞速发展,一方面,中等教育水平的劳动力,在发达国家已经不是理想的“知识型”的劳动力;另一方面,没有一批高级科技人才不断开辟新的科学研究领域,经济发展要走在世界的前列也是不可能的。因此,从 20 世纪 60 年代起,各国高等教育结构进行了调整,单一类型的高等学校已不能适应社会发展的需要,高等教育的结构和类型发生了较大变化。具体表现在以下四个方面。

1. 层次增多

不仅有两年制的短期大学、四年制的本科,而且有两至三年的研究生院,还有在一般研究生院之上设立的高级研究生院,给已经获得博士学位的人进行“博士后教育”,以培养更尖端的人才。

2. 短期大学迅速发展

这类学校美国叫社区学院,联邦德国叫高等专科学校,日本叫短期大学或高等专门学校,英国叫多科技术学院。这类学校的特点之一是学制短,开设的课程比较实际,培养的毕业生成为教育与经济紧密联系的枢纽。据美国《教育中心统计》,美国短期高等教育机构 1986 年占高等院校总数的二分之一以上。

3. 开放性的招生政策和严格的选拔考试相结合，不拘一格培养人才

随着高等学校的多样化，招生政策也在发生变化，高校不仅向持有普通中学毕业证的学生招生，而且向技术学校毕业的学生招生。开放性招生使高等学校的学生成分发生了变化，入学人数有了显著的增长。但名牌大学为了“保持大学最高的教育水平”，仍保留严格的选拔性考试。为了使高校入学考试科学化，标准化考试日益成为学业、智力与才能选拔的手段。一些发达国家已经并继续实行高考制度的改革。

4. 加强大学与新兴工业的联系，建立起多种形式的教学、科研、生产联合体

随着新技术的开发与应用，新兴产业的建立与发展，经济发达国家都把大学作为主要依托，以大学为中心建立起各种教学、科研、生产联合体。如在美国的旧金山形成了以斯坦福大学为中心的无线电电工工业和半导体工业区；在洛杉矶形成了以加州工学院为中心的航空、宇航工业区。这种联合体既促进了教育，又发展了经济；既培养了人才，又做出了科研成果；既推动了教学，又提高了生产，发展非常迅速。

(六) 终身教育受到普遍重视

终身教育是指人的一生应该是一个不断学习的过程，永远和接受教育联系在一起。现代教育正越出单纯的学校教育范围，成为一个复杂的社会系统。正如《学会生存》报告中所指出的“教育正在越出历史悠久的传统教育所规定的界限，它正逐渐在时间上和空间上扩展到它的真正领域——整个人的各个方面”，教育在时间上和空间上的大大延伸，要求“全面改革教育系统，使之按照终身教育的原则，把各种教育层次和形式都结合和连接起来”。由于科学知识更新速度加快，完全依靠“一次教育”，科技人员的知识就会落后于经济和社会发展的需要。提倡终身教育，可以有效地解决这一问题，以保持技术和知识的活力。因此，终身教育越来越为各国所重视。①

学习拓展

非制度化教育思潮

人类学校教育演变到现代，形成“制度化教育”，既显示出它的成熟，也暴露出它的弊端，甚至连学校本身的存在也成为争议的问题。任何制度与规范之所以具有普遍适用性，在于它本身具有相当程度的抽象性，即假设这种制度与规范适合各种具体的教育情境和教育对象，而这种制度与规范又是社会意志的表现，学校和教师不能不执行社会意志。当它们机械地执行社会意志时，他们的工作就有脱离学校实际、学生实际的可能，他们同自己教育对象之间的关系有可能更加疏远化。

对学校教育异化的警惕与抨击，并非从今天才开始。早在半个世纪前，伊里奇就针对美国当时的教育状况，对学校教育提出猛烈的抨击。

① 王汉澜，王道俊.教育学[M].北京：人民教育出版社，1989：135.

伊里奇认为学校教育是对教育本质的反动。因为学校的运转靠的是隐蔽结构，它体现的是社会某一阶级的意识，本身就制造着不平等；而且，今天的学校越来越成为一个庞大的官僚机构，它倚仗自己的垄断地位哄抬高价；人们总是把学校与教育、文凭与知识等同起来。所以，今天的学校教育所从事的已经不是教育，它与教育的实质和本真相去越来越远。

正因为如此，学校教育才越来越不像教育，越来越与人的发展和社会的进步相冲突。正如伊里奇所说，在学校中，“只有这些才是重要的：学生在学校中经由消费的等第评定过程所获得的教育是有价值的；个人在社会中享受到的成功程度视他所消费的学习量而定；与‘世界有关的学习’比‘从世界中去学习’来的有价值”。“在舒适的软垫教室中，放任纵容的教师很容易应付他们的学生，一旦学生走出校园，他们就无法有效地拯救这些学生”。“无论每一个世代花多少心力在学校上，结果大多数的人都不能适应这种启蒙过程，而必然因为没有替人造的世界生活做好准备而遭摒弃”。

在此基础上，伊里奇喊出了“废除学校”的口号，提出建立“非学校化社会”的主张。“非学校化”就是要废除学校，废除类似学校的一切价值机构。它不是政治革命，而是一场渐进的意识革命和文化革命。

伊里奇的“非学校化”思想是一种极具批判性、颠覆性的思想。虽然这一思想具有认识上的片面和方法上的极端等缺陷，但它以一种反传统的姿态发出振聋发聩的声音，并激起了世界性的冲击波，诚如有学者指出的，“荒诞”背后是有深层的理性基础的。

（摘自：陈卓.学校教育的异化、废除与改进——伊里奇“非学校化”思想对我国中小学教育改革的启示[J].天津市教科院学报，2005(6).）

第三节　我国的教育制度

要提高民族素质，教育是关键，只有良好的教育体制才能保证教育的高效率产出，培养出符合社会发展需要的高质量人才。

现场直击

校本多元互通学制简介

上海市徐汇区自20世纪90年代开始试办“综合高中班”，至今已有十多年的历史。在董恒甫职业技术学校和徐汇职业高级中学始终不渝的努力下，克服了许多困难，逐步形成了一种新的教育模式。

这项改革的难点是学制问题，我国现行的学制是普通教育和职业技术教育由相应的学校分类实施，互不相通。我国还没有建立真正意义上的“综合高中”学校体系。面对这样的情况，如果创立“综合高中”学校，我们当时还没有条件，因此，作为学制上的过渡类型，在时任教育局局长李骏修同志的领导下，徐汇区因地制宜地展开了中等职业学校附设“综合高中班”的教改实验研究。

徐汇区当时还面临着另一个突出问题：普通初中或多或少有一些学业困难的学生，他们文化基础较差，学习积极性不高，上课基本听不懂。如果在普通中学继续学习，很可能由于学业的原因而逐步成为“双差生”，家长和孩子都希望能学得一技之长，将来自立于社会。我们因地制宜地将这些孩子集中起来，在田林中学和龙苑中学创办了附设“初职班”，展开教改实验研究。

这两种教育模式，其实实行的都是同一种学制形态——校本多元互通学制。学制的变革，带来了培养目标、课程、教学、德育、管理等一系列的改革。

（摘自：沈韬.校本多元互通学制教育实验研究[M].上海：上海科技教育出版社，2009.）

理论讲述

一、我国学校教育制度的演变

我国建立现代学校教育制度是从清末开始的。1840年鸦片战争后，我国开始沦为半殖民地半封建的社会。帝国主义列强的疯狂侵略和国内资本主义势力的兴起，迫使清朝政府不得不对延续几千年的封建教育进行改革，采取了“废科举、兴学校”的措施。具有完整体系的学制是以现代学制的出现为标志。我国现代学制建立比欧美现代学制的建立晚，到清朝末年才出现。

1902年，由清政府管学大臣张百熙主持，首次制定了现代学制《钦定学堂章程》，史称“壬寅学制”。虽然该学制未能实行，但从此形成了旧中国现代学制。

1903年，清政府颁布了由张之洞、张百熙、荣庆等人制定的《奏定学堂章程》，史称“癸卯学制”。这个学制体现的是张之洞“中学为体，西学为用”的思想，吸收了日本明治维新时期的学制形式，也保留了一定的封建科举制度的残余，该学制的最大特点是修业年限长，从小学堂至大学堂要21年，至通儒院要26年。癸卯学制系统图见图15-1。

辛亥革命后，蔡元培任教育总长时，于1912年对学制进行修订，称为“壬子癸丑学制”。次年又陆续颁布了一些学校令，综合起来就构成了壬子癸丑学制。该学制对旧学制的改动不大。

1922年，由当时留美派主持的教育联合会，参照美国的“六·三·三制”，制定颁布了“壬戌学制”，又称“新学制”。这个学制从小学到大学比癸卯学制缩短了5年，为16年，并在小学实行四二分段。这一改革对当时的社会发展十分有利，后虽几经修改，但都没有重大变动，一直沿用到建国初期。

新中国诞生前，在革命根据地和解放区，中国共产党为了适应革命战争的需要，建立了各种不同程度、不同类型的学校，对培养造就大批优秀干部，提高根据地和解放区人民群众的思想觉悟和文化水平，保障根据地和解放区广大学龄儿童受教育的机会，争取革命的胜利起了重大的作用。当时在学校类型、入学资格和学习年限等方面都是从实际出发，因地制宜，以适应革命斗争形势和生产需要。其基本经验，如学制的建立要适应当时革命和生产的需要，全党关心教育事业的发展，从

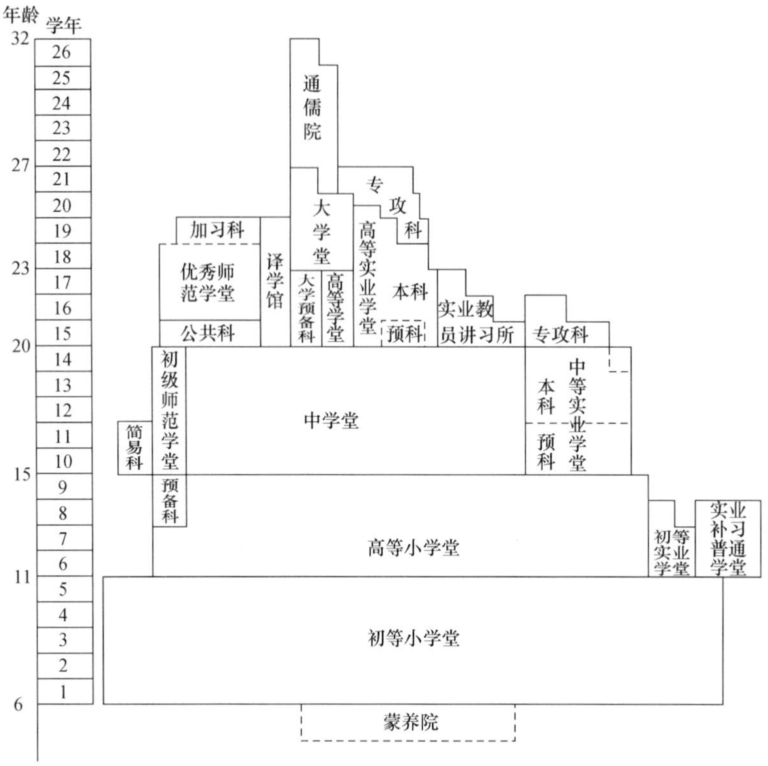

图15-1　癸卯学制系统图

实际出发，依靠群众，多种形式办学等，对新中国学校教育制度的建立都有重要的影响。

1949年中华人民共和国成立以后，随着革命秩序的稳定和国民经济的恢复和发展，迫切要求教育事业能够适应我国政治、经济的需要，改革学制就势在必行了。

依据中国人民政治协商会议颁布的《共同纲领》中的文教政策，结合我国当时的实际情况，政务院于1951年10月1日颁布了《关于改革学制的决定》。新学制的系统包括：幼儿教育：实施机构为幼儿园，招收3—7岁的幼儿，使他们的身心在入学前获得健康发展。初等教育：实施学校为小学，给儿童以全面发展的基础教育；对青年和成年人实施初等教育的学校为工农速成初等学校、业余初等学校和识字学校，实施相当于小学程度的教育。中等教育：实施学校为中学、工农速成中学、业余中学和中等专业学校。前三者给学生以全面的普通文化知识教育，后者按国家建设需要，实施各类中等专业教育。高等教育：实施学校为大学、专门院校和专科学校。在全面的普通文化知识教育的基础上给学生以高级的专门教育。各级的政治学校和政治训练班，实施革命的政治教育。此外，还有其他一些学校类型，如补习学校、函授学校等。这个新学制从1952年开始，在全国各地有计划有重点地逐步推行，促进了我国教育事业的发展，培养了大批的各级各类人才。这个学制后来又进行了修改和补充。

1958年9月19日发布《关于教育工作的指示》，指出现行的学制是需要积极地妥当地加以改革。各省（市、自治区）的政府有权对新学制积极地进行典型试验，并报告中央教育部。经过典型试验取得充分经验之后，应当规定全国通告的新学制。1958年以后，许多地区开展了学制改革的试验，如提早入学年龄，进行了6岁儿童入学的试验；为了缩短年限，进行了中小学十年一贯制的试验；为了提高程度，进行了教材和教学方法的改革；为了贯彻“两条腿走路”的办学方针，采取了多种形式办学，创办了农业中学、半工半读学校，进一步发展了业余学校。1958年“大跃进”运动伴之而来的盲目发展，不仅使学制改革的试验不可能在正常的教学秩序下进行，而且一大批新创办的各级各类学校，由于师资、设备跟不上，也难以维持。1961年开始贯彻“调整、巩固、充实、提高”的方针，特别是制定了大、中、小学工作条例，在肯定一些积极成果的同时，纠正了当时各种“左”的表现。1964年，试行了两种教育制度，反映了国民经济发展对教育制度的客观要求，教育又获得了一段时期稳定的发展。长达十年之久的“文化大革命”，使我国的教育制度遭到严重破坏。改革开放以后，我国开始了社会主义现代化建设的伟大事业，要求学校教育制度进一步改革，以适应社会经济的发展需要。但我国的学制，基本上仍是沿用1951年政务院颁布的学制。

二、我国现行教育制度构成

我国现行教育是个纵横交错的复杂网络(见图15-2)。要完整全面地把握中国教育，则需对纷繁多样的教育实践进行高度的抽象概括，才能渐渐明晰学制的纵横结构。

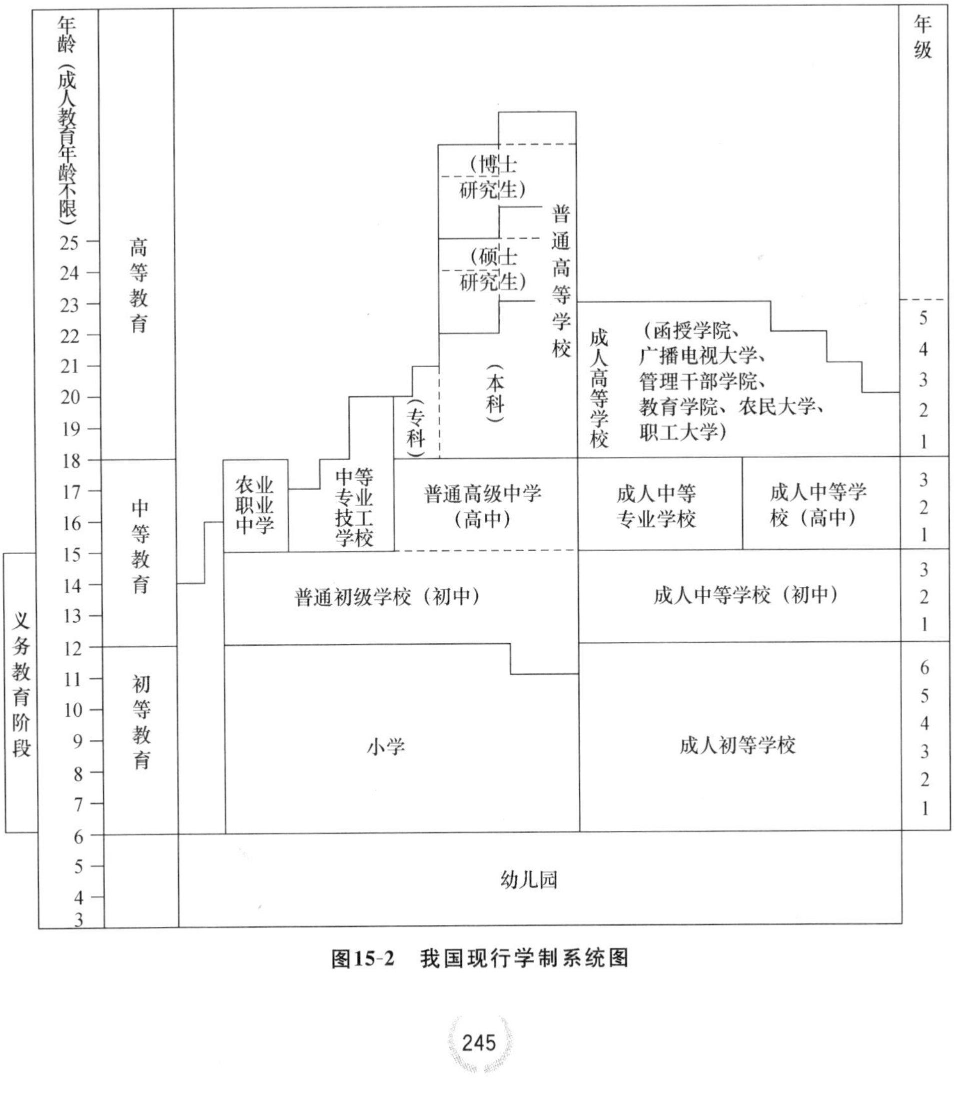

图15-2 我国现行学制系统图

(一) 教育阶段构成：学前教育、学龄教育、继续教育

1. 学前教育

学前教育即幼儿教育，它是根据一定的培养目标和幼儿的身心特点，对入小学前的幼儿所进行的有计划、有组织的教育。学前教育是教育结构系统的重要组成部分，是学校教育的基础。

2. 学龄教育

学龄教育指在学龄期所接受的学校教育。它包括初等教育、中等教育、高等教育。

初等教育即小学教育。初等教育是使儿童打下文化知识基础和作好初步生活准备的教育，通常是指一个国家学制中第一阶段的教育，对象一般为6—12岁儿童。这种教育对提高国家民族文化水平极为重要。在我国，小学教育是各类教育的基础，任务是培养国家新生后代，为他们以后接受中等教育打下基础。

中等教育，即在初等教育基础上继续实施的中等普通教育和专业教育。这种教育在整个学龄教育中有承上启下的作用。当前我国中等教育包括：① 全日制普通中学，修业年限五至六年，三·三分段、四·二分段、三·二分段或二·三分段。它担负着为国家建设培养劳动后备力量以及为高一级学校培养合格新生的双重任务。② 中等专业学校，包括中等技术学校和中等师范学校。招收初中或高中毕业生，修业年限为3～4年。它的任务是培养中级专门的建设人才和熟练的技术工人。③ 职业中学、农业中学或半工(农)半读中学。招收初中毕业生，修业年限为3年。它的任务是为国家培养劳动后备力量，为城市、农村培养各种急需人才。

各类中等教育的办学情况，直接关系着国家建设和劳动力的培养质量，影响着国家各方面的发展和巩固。60年来，我国中等教育有了很大的发展，特别是职业技术教育事业，在原有薄弱基础上有了较大发展，扭转了中等教育结构单一化的倾向。

高等教育是学龄教育的高级阶段，是建立在中等教育基础之上的各种专业教育。程度上一般分为专修科、本科和研究生院(班)。我国现行高等教育的学制，本科修业年限多数为4年，医学院和少数理工科院校为5年或6年，高等专科学校的修业年限为2～3年，研究生分攻读硕士和博士学位两个阶段，修业年限各为2～3年。高等教育担负着培养各种高级专业人才和发展先进科学技术的任务。目前，我国高等教育的发展方针是，坚持走内涵发展的道路，努力提高办学效益。

3. 继续教育

继续教育是正规学龄期教育的延伸和发展，指通过业余、脱产或半脱产的途径，使那些已经受过大专学校的学历教育，并已在工程和技术工作岗位上工作的科技人员、管理人员和领导者继续接受知识和技术更新的教育。近年来，我国继续教育实施体系有了很大的发展，逐渐显示出针对性和效益性，促进了社会经济的发展。

(二) 教育形式构成：全日制学校、半日制学校和业余制学校

全日制学校包括全日制大、中、小学和中等专业学校，是我国学校的主体。它有完备的课程，以教学为主，学生一周五天全日在校学习。

半日制学校，又称半工半读学校或半农半读学校，学生一面参加劳动，一面接受学校教育，教学与生产劳动时间安排比较灵活，可通过不同方式进行，一般是教学与劳动并重。

业余制学校是指学生接受学校教育完全在业余时间进行。此类学校学习年限一般较长，课程设置和教学方式都很灵活。

（三）受教育方式构成：面授教育、函授教育、远距离教育、自学考试

1. 面授教育

面授教育是教育者按照确定的教学计划，在一定的时间内，按照一定的进度，对受教育者直接进行的教育。它是目前我国教育形式结构中一种最主要、最普遍的方式。小学、中学、全日制大学，全脱产的成人教育，如管理干部学院和教育学院脱产班、广播电视大学的辅导班，以及各级各类的半工半读学校、业余学校，都是以面授教育为主。

2. 函授教育

函授教育是运用通信方式进行的教育。其实施机构是函授学校或全日制高等、中等专业学校的函授部。学员利用业余时间，以自学函授教材为主，由函授学校给予辅导和考核，并在一定时间进行短期的集中面授辅导。

3. 远距离教育

远距离教育是凭借广播电视等多种媒体，在较远的距离范围进行教学的一种开放型教育形式。

远距离教育的前身是19世纪中叶发展起来的函授教育。进入20世纪以来，现代电子信息技术迅速发展，大量电教媒体的涌现，为远距离教育发展创造了条件。随着20世纪30年代有声电影和录音教育的发展，50年代电视、程序教学机、电子计算机等的问世，70年代以来录像电视系统、卫星传播教学系统的广泛应用，远距离教育相继在各国开办。

4. 自学考试

自学是人们根据主观的需要，在自我计划、自我制约下，有目标、有系统地进行的学习活动。自学，尤其是在团体或专人指导下的自学，在任何教育体系中都具有无可替代的价值。

在我国，自学活动发展得越来越普遍，特别是1981年高等教育自学考试制度的建立，使无组织的自学活动发展成为有组织、有领导的自学，得到国家的承认，并把自学作为一种接受教育的方式纳入教育结构之中。高等教育自学考试制度是通过群众自学高等学校一定专业的有关课程，然后经国家考试，借以选拔专门人才的办法。它是个人自学、社会助学和国家考试相结合的一种教育形式。

实行自学考试制度，是实现宪法规定“鼓励自学成才”的重要措施，是教育结构的进一步完善，在当今成人教育中具有特别重要的价值和意义。现在这一制度已向全国推广。

三、我国的教育制度改革

（一）教育体制改革的目的和任务

1985年5月，中共中央作出了《关于教育体制改革的决定》，在全国范围内进行全面的教育体制改革。

1. 教育体制改革的目的

《关于教育体制改革的决定》明确提出，教育体制改革的根本目的是提高民族素质，多出人才，出好人才。

2. 教育体制改革的任务

继《关于教育体制改革的决定》之后，1993 年中共中央和国务院又颁发了《中国教育改革和发展纲要》，指出为实现教育体制改革的目的，教育体制改革要完成的任务是：

第一，改革管理体制。在加强宏观管理的同时，坚决实行简政放权，扩大学校自主权。

第二，调整教育结构，改革办学体制，加强社会力量办学的各方面建设，包括立法工作。逐步形成以政府办学为主，社会各界共同参与的办学体制及公办学校和民办学校共同发展的格局，优化教育结构。

第三，改革学校内部管理体制，提高学校办学效率。

第四，改革招生、收费和毕业就业制度。为了保证边远地区及工作环境较艰苦的行业能分配到一定数量的毕业生，可按比例实行定向招生和用人单位委托招生，同时，还可以在国家计划外招收少数自费生。毕业分配实行国家政策指导下选报自愿，学校推荐，用人单位择优录用的就业制度。

第五，转变教育思想，促进教学改革。克服学校教育不同程度存在的脱离经济建设和社会发展实际的现象，走向素质教育发展的道路，促进学生的全面发展。

1999 年 6 月，改革开放以来的第三次全国教育工作会议召开，颁布了《中共中央、国务院关于深化教育改革，全面推进素质教育的决定》。第一次明确提出“终身教育”的理念，提出“形成社会化、开放式的教育网络，为适应多层次、多形式的教育开辟更为广阔的途径，逐渐完善终身学习体系”的内容。国家对教育事业跨世纪的战略部署，首先使减轻学生课业负担的工作取得大面积、阶段性成果，课程设置、教学内容、升学机制、考试制度等项改革逐步展开，整个教育战线实施素质教育的步伐明显加快。

2001 年 6 月，《国务院关于基础教育改革与发展的决定》颁布，就基础教育方面的若干问题作出规定，提出“深化教育教学改革，扎实推进素质教育”，进一步明确了“加快构建符合素质教育要求的基础教育课程体系”的任务。

（二）教育体制改革的内容

1. 积极实现普及九年制义务教育

所谓义务教育，就是以法律的形式规定的，适龄儿童和青少年必须接受的，国家、社会、学校和家庭必须予以保证的国民教育。这是一种普遍的、全民的教育。义务教育具有两方面的含义：第一，义务教育具有强迫性。义务教育作为国民基础教育，是每个社会成员都必须接受的。法律规定适龄儿童和青少年，无论是否愿意，都必须接受义务教育，否则国家法律机关将强制执行。第二，义务教育具有免费性。义务教育是国家、社会、学校和家庭必须予以保证的教育。国家对接受义务教育的学生免收学费，动员社会力量捐资助学，学校应积极改善办学条件，为接受义务教育的学生提供良好的学习条件，父母和监护人负有保证子女接受义务教育的责任。

义务教育是国民的基础教育，普及教育必须走义务教育之路。实现义务教育才能达到教育的普及，从而提高整个民族素质，推进社会的发展。因此，世界各国都十分重视义务教育。

2. 调整中等教育结构，适当发展职业技术教育

中等教育结构主要由普通教育和职业技术教育两部分组成。普通教育以传授基础知识和基本技能为主，为学生将来升学或就业做准备。

职业技术教育则属于专业教育，包括各种专业学校、技工学校、职业中学以及在职职工的各

种技术培训，是对学生进行从事某种职业所必备的知识和技能的教育。

普通教育与职业教育应保持的比例，从国外的发展情况看，两者的比例大致有三种情况：第一种是在中等教育尚未普及、经济还不发达的情况下，普通教育所占的比例大于职业技术教育；第二种是中等教育接近于普及、高等教育还没有达到高度发达、经济发展较快的阶段，职业技术教育则呈上升趋势；第三种是中等教育普及后，高等教育已达到大众化时，职业教育比普通教育所占比例小。二者相互渗透，逐步向综合化、多样化方向发展。

从我国目前教育发展情况看，调整中等教育结构、发展职业技术教育的具体措施有以下几个方面：第一，青少年从中学阶段开始分流，初中毕业生一部分升入高中，一部分接受职业技术教育；第二，充分挖掘中等专业学校潜力，并有计划地把部分普通高中改为职业中学或增设职业班；第三，改革中等专业学校，发展高等职业技术学院，对口招生，逐步形成从初级到高级、与普通教育相沟通的职业教育体系；第四，中等职业技术教育要同经济和社会发展的需要紧密结合，拓宽训练范围，城乡各有侧重；第五，在办学方面要充分调动企事业单位和业务部门的积极性，并鼓励集体、个人和其他社会力量办学；第六，建立职业技术师范院校、大专院校、科研机构等来承担培训师资任务，以聘请兼职教师等方式解决职业技术教育师资问题。

3. 适度扩大高等教育规模，优化结构，进一步提高教育质量和办学效益

提高人才培养质量。牢固确立人才培养在高校工作中的中心地位，着力培养信念执著、品德优良、知识丰富、本领过硬的高素质专门人才和拔尖创新人才。

大力推进研究生培养机制改革。建立以科学研究为主导的导师责任制和导师项目资助制，推行产学研联合培养研究生的“双导师制”。实施研究生教育创新计划。

增强社会服务能力。高校要牢固树立主动为社会服务的意识，全方位开展服务，推进产学研用结合。

优化结构，办出特色。适应国家和区域经济社会发展需要，建立动态调整机制，不断优化高等教育结构。优化学科专业和层次、类型结构，重点扩大应用型、复合型、技能型人才培养规模，加快发展专业学位研究生教育。优化区域布局结构，设立支持地方高等教育专项资金，加大对中西部地区高等教育的支持，实施中西部高等教育振兴计划。

加快建设一流大学和一流学科。以重点学科建设为基础，继续实施“985工程”和优势学科创新平台建设，继续实施“211工程”和启动特色重点学科项目。改进管理模式，引入竞争机制，实行绩效评估，进行动态管理。

4. 改革教育管理体制，扩大办学自主权，提高教育工作效率

教育管理体制是指各级教育领导的隶属关系、工作关系、工作范围、职责、权限管理方式以及实施措施。我国在实施教育体制改革前的教育管理体制是以纵向隶属关系为主，实行国家高度集中统一的领导。这种管理体制，对国家统一规划、统一管理十分有利，但权力过分集中，政权职责不分，国家又统得过死，管得太多，容易压抑学校领导和广大师生的积极性，使学校丧失办学活力。

教育管理体制改革的核心是简政放权，扩大学校办学自主权。实行简政放权就是要正确划分中央和地方之间、教育行政部门和其他业务部门之间对学校管理的权限。国家通过统筹规划、方针政策、信息引导、督导评估、经费拨付等手段实行宏观管理，使地方和学校通过责权的划分，拥有办学自主权。学校内部管理体制的改革则实行校长负责制。这是学校领导体制上的重大改

革,使学校管理有了责权分明的行政指挥系统,提高了学校工作效率。但校长负责制,要防止特权和滥用职权现象的发生,必须以教职工民主管理为基础,保证行政指挥的正确性。

学习拓展

终身教育思潮与教育制度创新

1965 年,联合国教科文组织成人教育局局长、法国大教育家保尔·朗格朗的终身教育提案经联合国教科文组织成人教育促进委员会讨论通过后,终身教育思想得到广泛传播。朗格朗认为,“数百年来把人生分成两半,前半生用于受教育,后半生用于工作是毫无科学根据的。教育应当是一个人从生到死永不休止的事情。教育应当在每个人需要的时刻以最好的方式提供必要的知识和技能。”1972 年以埃德加·富尔为首的国际教育发展委员会提交的《学会生存》报告深刻分析了新的科学技术革命对人类社会生活的影响,认为人类正在走向学习型社会,每个人必须终身不断地学习才能适应科学技术的发展和社会的进步。

终身教育思想推动着现代教育事业的发展,成为各国教育改革的指导思想。国际 21 世纪教育委员会向联合国教科文组织提交的报告《学习——内在的财富》中强调指出:“终身教育概念看来是进入 21 世纪的一把钥匙”,“要把终身教育放在社会的中心位置上”。这是对终身教育概念最深刻的肯定,它很快发展成为一种国际教育思潮。

终身教育理论确立以来,受到各国的普遍重视。目前许多国家的政府都试图建立一个从幼儿园到老年大学、从家庭教育到企业教育的全面实施终身教育的终身教育大系统。

1. 制定终身教育的法规

不少国家通过立法,从法律上确立终身教育理论为本国当今和今后教育发展和改革的基本指导思想。如日本在 1988 年设立了终身学习局,并于 1990 年颁布并实施《终身学习振兴整备法》。美国则在联邦教育局内专设了终身教育局,并于 1976 年制定并颁布了《终身学习法》。

2. 把成人教育纳入终身教育的大体系中

1976 年内罗毕会议通过了《关于发展成人教育的建议》提出:成人教育是包含在终身教育总体中的一部分;教育决不仅限于学校阶段,而应扩大到人生的各个方面,扩大到各种技能和知识的各个领域。

3. 改变学校的封闭结构,向社会开放

日本在 1995 年召开了由社会各界知名人士组成的“终身学习审议会”,会中要求高等教育机构必须向社会敞开大门,广泛吸收在职成人进入高等教育机构学习。在美国,特别是 20 世纪 60 年代以后,以社区发展为目标的社区学院被大力发展起来,其对成人的开放性达到了几乎没有什么限制的地步。

4. 开发各种社会教育渠道

许多国家有意识地把文化组织、社区组织、职业协会和企事业单位部门纳入终身教育系统,充分利用社会各种具有教育力量和教育价值的资源和设施,使教育社会一体化。日本在 1988 年提出了“向终身教育体系过渡”的建议,发展社会教育团体,建立学习信息网,建立家庭、社会、学校教育一体化的终身教育体系,将文化会馆、图书馆、博物馆、活动中心等各种科学文化设施都纳入教育的范畴。

虽然,各国在终身教育这个领域都取得了一定的成绩,但总体来看,终身教育在世界各国都还处于实践阶段,现在还没有一个国家真正建立起完整的终身教育制度。

思考与实践

1. 学校教育制度的类型可分为单轨制和多轨制。请说明单轨制和多轨制的特点,并进一步分析其利弊得失。

2. 请结合实际及所学知识谈一谈我国现行学制存在什么局限,你认为什么类型的学制才能促进学生全面发展?(可以自行设计一种你认为是科学的、有现实意义的、有创新特征的学校教育制度)

3. 走访附近的学校和教育管理部门,了解当地普及九年义务教育的状况和存在的问题。

第十六章　班主任工作

班主任是班级发展到一定历史阶段的产物。在我国，班主任是指学校中全面负责班级学生的思想、学习、健康和生活等工作的教师。班主任是学生班集体的组织者、教育者和指导者，也是学校教育工作、学校思想品德教育工作的骨干和得力助手。正是在班主任的管理之下，使得班级由松散型、合作型向紧密型阶段发展，成为一个成熟的班集体。本章主要就班主任的功能、工作任务，班主任工作的内容和方法等进行说明。

第一节　班主任工作概述

班主任在班级管理中具有特殊的不可替代的地位。班主任是班级的组织者、领导者和教育者，是贯彻学校办学思想和全面负责一个班学生的思想、学习、生活等工作的教师。在班级管理中，班主任扮演着多重角色，担负着多种责任，发挥着特殊的作用，班主任工作的优劣直接影响到学生的成长。

现场直击

魏书生班级一日常规节选

1. 清晨入校，向校门口的值周老师问好，并虚心接受值周师生的检查指导。

2. 每节课(包括自习课)前三分钟要坐好，全身心投入课前一支歌的活动时坐直，目视黑板中缝的蹲点，意念想象中出现歌词描绘的画面。

3. 每堂语文课前，积极地、全心全意地投入口头作文的活动。口头作文时要解放自我，心无顾忌，声音洪亮，怎么想就怎么说。

4. 语文课一般要经过“定向、自学、讨论、答疑、自测、自结”六个步骤。

5. 每节课的课间按照学校规定，戴班标在走廊、操场活动，不违纪。积极参加“无声日”。

6. 第二节课后，除值日生外，都到操场活动10分钟后站队做课间操，做到快、静、齐，课间操必须按学校规定着装，有事必须向体育委员递交400字的请假条。

7. 上午第四节课课前，做眼保健操，要求放松，入静，全身心沉浸在保健操的音乐里，取穴位准确，节奏明快。

8. 中午放学路上，开展一个背单词的活动，不准边走边看书。不背英语，背其他学科知识点亦可，但决不许边骑自行车边看书。

9. 在开展“独来独往”的活动期间，路上自己约束自己，不与别人往来。

10. 下午第三节课为活动课，需在完成男5000米，女3000米的跑步任务之后，再自由进行各种文体活动。

11. 临放学前，服从体育委员指挥，认真做仰卧起坐和俯卧撑以磨炼意志，增强体质。

12. 每天写一篇日记，老师和日记负责人布置题目时，必须完成布置的题目，无统一布置时可自由选题。

13. 按要求完成量化作业：政治0.5页，语文1页，数学2页，英语2页，物理1页，化学1页，生物0.5页，史地每周各3页。学习尖子可不完成统一留的作业，而自选适合于自己的难题。语文作业均由每位同学根据实际情况确定。

【评析】

魏书生通过一日班级常规使得班级的每个同学都有目标和任务，正由于有这样详细的班规班纪，使得学生对班集体形成了很高的荣誉感和心理归属感，同时也使魏书生的教育达到了绝佳的效果。

理论讲述

一、班主任工作的历史发展

从班级授课制开始以来，许多国家实行了班主任工作制度，但不是所有采取班级教学的国家都设置班主任，只是一部分国家的做法，如中国、俄罗斯和日本等国。

1904年，清政府颁布执行的《奏定学堂章程》中规定，小学各学级设置本科正教员一人，通过教各科目，任教授学生之功课，且掌所属之职务。由一个教师负责担任一个学级的全部学科或主要学科的教学制度，称为级任担任制，简称级任制。负责一个学级全部或主要学科的教学工作和组织管理工作的教师为级任教师。到了民国时期，1932年才规定中学实行级任制。1938年又把中学的级任制改为导师制，负责班级组织教育工作的教师称为级任导师，这一角色相当于班主任。

20世纪30年代，在中国共产党领导的老解放区，当时办的小学、中学、师范学校和抗日军政大学等，每个班级中率先设有班主任。新中国成立后，继承老解放区的优良传统，汲取苏联的教育经验，在中小学里一律设置班主任。

1952年3月，教育部颁发《中学暂行规程(草案)》规定，班主任在教导主任、副主任的领导下，负责联系本班各科教员，指导学生的生活和学习。1958年，中共中央、国务院《关于教育工作的指示》中，明确指出："学校党委，应当配备党员去领导级和班的工作。"1963年和1978年的《全日制中学暂行工作条例(试行草案)》中也都指出："学校应当加强对班主任工作的领导，选派政治觉悟较高和较有教学经验的教师担任班主任。"1988年，原国家教委颁布了《中学班主任工作的暂行规定》(下称《规定》)明确指出："班级是学校进行教育、教学工作的基本单位。班主任是班集体的组织者、教育者和指导者，是学校领导者实施教育、教学工作计划的得力助手。"《规定》对中学班主任的地位、作用、任务、职责、原则、方法、条件、待遇、奖励和领导管理等，都作了明确的阐述和规定。

从老解放区的教育经验与新中国成立后六十多年的教育实践中，可以清晰地看到，我国中小学一直很重视班主任一职的设置，成为学校教育教学工作的基本单位。由于班主任是在班级授课制基础上借鉴苏联的班级管理经验而逐渐形成的，因而在初期缺乏自身的特色，随着教学实践的深入,以及对班级管理形式的不断研究,班主任工作将不断根据班级发展的现实情况,结合我国的现实条件转变职能,提升管理水平,增强管理的科学性。

二、班主任的功能

(一)班主任是学生健康和谐发展的直接责任者

这是把班主任工作提高到对学生健康和谐发展起直接作用的高度,表明班主任工作的重要意义。这也是由班主任工作的性质决定的。班主任负责学生成长的各个方面的工作,德、智、体、美以及对学生的其他方面的教育工作都要由班主任参加和实施,这是其他教师所不能取代的。这种作用发挥得愈充分,学生的健康和谐发展就愈完美。反之,班主任偏颇于某些方面,学生的健康和谐发展就会受到影响。在学校对学生的工作中,班主任又处于教育的有利地位。班主任是受学校委派负有对学生发展的全面责任,在工作中又与学生处在一种特别的关系中,使学生从心理上认定班主任是对自己进行全面教育培养的人。这样班主任实施教育工作,一般情况下比起其他教师的作用更大,工作内容更全面。

(二)班主任是学校工作展开的纽带和具体实施者

这有两方面的含义:一是班主任是学校工作的实施者。学校是以班级为基本单位的,学校工作便形成了以班级为单位的格局。不论是教学工作、学生品德教育工作、学校的其他各方面的管理工作等,都离不开班级;学校的整体运转也是由班级的各种活动推动的,肩负着学校"基本单位"的全权责任的班主任,自然就发挥着学校基本工作实施者的作用。没有这样"基础"的正常运行,学校工作就要受到制约,甚至不能正常运转。不要说整个学校班级工作出现混乱,会使学校工作不能正常进行,而且学校中的少数乱班,会对学校工作形成很大的制约,甚至会使学校工作整体上出现病态。二是整个学校工作是个立体的全方位的工程,这个立体的全方位工程的目标指向是学校的全体学生。学校的立体全方位的格局,不可能直接指向具体的学生,同时各个部门又需要沟通和连接,这些连接的纽带就是班主任。学校的教学工作、品德教育工作、文体工作、日常管理工作、课外活动的工作;学校的共青团、少先队及其他社团组织;学校的各个年级之间、各个部门之间……在各自的运行中,都要归结到班级中来,归结到班主任的连接和协调。假如没有班主任这根纽带,"立体工程"不能形成,"全方位"会变成各自行动,学校工作就势必混乱无序。

(三)班主任是沟通学校、社会和家庭的桥梁

学校教育在很大程度上受社会和家庭制约,学校教育离不开社会和家庭的影响。学生生活在社会中,不可能没有社会的烙印,社会的各种势力、各种思想、各种潮流、各种现象、各种稀奇古怪的东西等,都会对学生产生各种各样的影响。在这种情况下,只要求积极健康的社会因素起作用,要求消极低俗乃至反动的东西不起作用,是不实际的。所以班主任要去发扬积极因素,利用积极因素使学生受到积极的影响。要有针对性地使社会和学校一致,必须以学校为主与社会沟通,这项沟通工作又是很具体的,就每一个班级来讲,班主任就要做好这项沟通工作,发挥桥梁的作用。

学生来自不同的家庭,家庭的亲情关系,使孩子潜移默化地受到影响。同时,父母亲都希望孩子成为人才,但他们中的一些人并不明确用怎样的观念和方法教育孩子最为有效,可能产生与学校教育方式错位的地方。要全面沟通家长,有针对性地做好家长的工作,从不同的角度争取家

长与老师形成教育的合力，还得由班主任老师来实施、来落实。所以班主任又是沟通家长的具体实施者，是经常有针对性地联系家长的实践者，发挥着沟通学校与家长之间的桥梁作用。

(四) 班主任是社会精神文明建设的促进力量

在社会总人口中，学生所占的比例很大，我国在校学生数就有两亿多，这意味着整个社会的面貌，尤其是精神文明状态，与学生的关系极大。学生的文明表现、道德水平、仪表举止，都反映出整个社会精神文明的面貌。学生的精神文明表现，虽然受社会各方面的影响，不是完全由学校教育所决定的，但是学校教育，特别是学校的有力的德育工作，对他们精神文明状态起着重要的作用。而在学校里，在各个精神文明建设的渠道中，班主任无疑是重要的力量。尤其是班主任在与学生日常的广泛接触中，对他们的行为、仪表、文明礼貌的表现，有着较深的了解，这就更利于对学生进行行为养成教育。班主任又是带领学生参加社会活动的主要教师，在这其中更容易教育学生如何处理人际关系，遵守社会公共道德。所以说，班主任是精神文明的直接建设者，又是促进精神文明建设的主要力量，在社会精神文明建设中发挥着不可代替的作用。

(五) 班主任工作是教师自身完善的实践基础

班主任工作是实践性很强的工作，理论和实践的“结合”，是在大量的工作体验中逐步形成的。这就要求教师同样重视教学工作与班主任工作，努力学习，躬身实践，要改变那种认为教学工作是“专业”，班主任工作是“副业”，重视教学工作，不重视班主任工作的错误倾向。每个教师都要努力做到既是教学能手又是称职的班主任，这才是职业能力的完善，才是合格的教师。这就要求班主任老师去努力学习，把握做好班主任工作的要领。同时，在班主任工作实践中，要做有心人，要结合实践领悟班主任理论和积累班主任经验；每个教师都要达到能够胜任班主任工作的水平，要认识到班主任的实践能力是教师必须具备的基本素质，也是教师自我完善的必由之路。

三、班主任的工作任务

(一) 管理班级

班主任的一项重要任务是管理本班的学生。学生组成一个班级集体后，他们就是个有组织的群体，这个群体的主要管理者就是班主任老师。这里首先要明确管理班级的含义，管理班级绝不是把学生“看”住，让他们听话，守纪律。有一些班主任由于对管理的意义认识不清，常常把主要精力投入到这方面。管理班级首先是一个大目标下的多方面的活动。管理班级的实质是使班级在班主任组织领导下，成为一个团结向上、井然有序、运作正常的集体。班主任的任务就是通过教育工作、组织工作，通过规章制度和发挥学生的多方面的积极性、主动性，使班级按预期的目标运行。

(二) 指导班级活动

指导班级活动是班主任的另一项任务，班级学生是班主任工作的主要对象。班级活动随着学校教育功能的扩大也日益繁多。这些活动包括日常学习活动、指导团队活动、组织文化体育活动、组织社会实践活动、组织班会活动、组织公益活动、组织课外科技特长兴趣活动、组织参观访问调查活动、组织军事训练和旅游活动等。

班级活动内容广泛，又是教育培养学生不可缺少的，因此指导班级活动，就是班主任的又一重要任务。班主任要认真思考、精心计划、周密组织、切实领导这些活动。班级活动组织得好坏、对学生的健康成长、对学生的心理影响、对班级集体的凝聚力、对学生能否与班主任老师建立感情,都有很大影响。"活动"是教育人的最好手段,"活动"也是了解人的最好手段,"活动"还能促进班集体的面貌发生变化,"活动"也是促进学生成长、改变病态学生的有力手段。指导班级活动的好坏是班主任能否胜任工作的一个尺度,好的班主任都是指导班级活动的能手。

(三)教育影响学生

在所有班主任承担的任务中,教育影响学生是班主任的中心工作。应该说班主任所有工作的最终目的都是教育影响学生,使他们健康地成长。教育影响学生也是其他教师的任务,但对班主任更有其特殊的意义:首先,班主任教育影响学生比其他教师责任更重大,他肩负着班级学生的全面教育和培养的责任。其次,班主任能够通过多种教育渠道,采取多种教育活动方式,更直接、更广泛地对学生施加教育影响。再次,班主任能够有更长的时间教育影响学生,不仅平日接触学生时间更长,而且一般情况下带一个班的时间也较长。更具体地说,班主任带一个班就意味着对这个班的学生负有全面的责任,所以班主任比其他教师要更多地考虑如何教育学生,更主动地负起各方面的责任。从学生心理来讲,一般认为班主任是对自己影响更大的教师,他们出现什么问题,也自然会依靠班主任老师来解决,这也给班主任更多的教育学生的机会。

(四)协调同事

班主任只靠自己的力量还不能完全教育好学生,因而协调同事共同做好教育工作就十分重要。班级集体的组成除了班主任、学生之外,还应包括所有的科任教师。在学校内班集体的任何活动都应该是班主任、科任教师、学生共同去完成。班主任协调各科教师,首先在教学目的上来协调,大家都应该明确在教学中突出什么,达到什么目的,那么学生所受教育的目的性就能够得到强化。因此班主任要经常与任课教师协调教育目的的实现情况,以求达到更大的一致性。其次,班主任要在活动安排上协调。各科教师在教学活动中都共同面对一个班的学生,有时难免活动碰撞和相互冲突,班主任应该起到协调作用,使班级各种活动井然有序。再次,为了更好地把握学生的情况,班主任要协调各科教师对学生情况的反馈,互相通气,并主动向各科教师介绍学生的更全面的情况,以利于科任教师开展教育工作。最后,班主任要协调各科教师共同搞好班级工作,使每位教师都增加责任心,都对班级工作关心和出力,都从各自的角度与班主任共同做好班级工作。

除了协调各任课教师外,班主任还要协调校内有关部门,如图书馆、食堂、实验室、学生生活的负责人等。这些部门都是与学生在学校生活发生密切关系的地方,班主任要主动与他们联系,争取他们支持工作、教育学生、反馈情况。有的班主任不大注意这些部门,认为服务部门无足轻重。其实,学生在这些地方的表现很容易暴露出问题,也更需要受教育,而没有这些部门的配合,教育的机会和针对性肯定会差一些。

(五)沟通家长

家庭教育对孩子性格的形成,素质的好坏都有重要的作用。家庭教育可以成为学校教育的助力,也可以成为阻力。因此注重家庭教育,密切与家长的关系,加强与家长的联系是班主任又一重要任务。联系家长的主要目的是取得家长与学校教育的共识和一致;取得家长对学校教育的帮助和支持;了解学生在家庭、社会的表现,与家长研究共同帮助孩子的教育方法。

（六）联系社会

班主任联系社会主要是做三方面的工作：一是借助社会教育力量到学校来影响学生；二是把学生有组织、有目的地放到社会上去接受积极影响；三是学校与社会合作，形成有组织地来往，使其成为班级活动的一部分。

（七）服务学生

明确地说，为学生服务是班主任的职能，也是班主任的一项任务。提出为学生服务是基于以下认识：第一，教师的职责就是为学生服务，他们的一切活动都是为学生成长服务，为培养学生服务。离开为学生服务，教师就不存在了。广义地讲，以上叙述的班主任的六项任务都是为学生服务的。第二，具体地面对学生，班主任也要担负起各项服务的工作，班主任做好服务工作，是分内的职责，不是额外的负担。

四、班主任在班级管理中的地位与作用

（一）班主任是班级建设的设计者

班主任是班级建设的主帅，对教育对象个体来说，教师的职能可归结为“灵魂工程师”，但对教育对象群体来说，班主任更多的是班集体的缔造者、设计者。

班级建设的设计是指班主任根据学校的整体办学思想，在主客观条件许可的范围内所提出的相对理想的班级模式，包括班级建设的目标、实现目标的途径、具体方法和工作程序。其中，又以班级建设目标的制定最为重要。

班级目标是指在一定时期内班级所期望达到的境界。班级目标的设计，主要依据两方面的因素：一是国家的教育方针政策，学校的培养目标；二是班级群体的现实发展水平。班级目标对班级建设有非常重要的作用：有利于获得学生对班级发展的认同与支持；有利于引导班级发展方向，协调班级成员间的言行；有利于激发班级成员努力进取的行为动机；还可作为设计与选择班级活动的依据以及班级实施监督与考评的标准。

（二）班主任是班级组织的领导者

学校对学生进行教育教学工作是以班级为单位的，一个良好的班集体具有强大的教育功能。但良好的班集体不是自发形成的，它依赖于班主任的领导与组织，班主任的领导才能显得非常重要。

1. 班主任的领导影响力

班主任在班级管理中的领导影响力主要表现在两个方面：一是班主任的权威、地位、职权，这些构成了班主任的职权影响力；二是班主任的个性条件和人格魅力，构成了班主任的个性影响力。

班主任实施职权影响力要依据一定的组织法规和一定的群体规范，具体地说：一是国家的教育法令、学制、教育方针及学校的课程、教学计划、规章制度等；二是班级的目标、规范、舆论、纪律、班风等。班主任对班级的领导影响力必须在这一范围内施加，否则班主任的领导合法性与有效性就会受到置疑。

班主任的个性影响力取决于三个方面：一是班主任自身对教育工作的情感体验；二是对学生产生积极影响的能力；三是高度发展的控制自己的能力。

2. 班主任的领导方式

班主任的领导方式一般可以分为三种类型：权威型、民主型、放任型。采用权威型的领导方式的班主任侧重于在领导与服从的关系上实施影响，由教师自身对班级施行无条件的管理，严格监督学生执行教师所提出的要求的过程与结果。采用民主型的领导方式的班主任比较善于倾听学生的意见，在领导班级过程中，不是以直接的方式管理班级，而是以间接的方式引导学生。采用放任型的领导方式的班主任主张对班级管理不要过多地干预，以容忍的态度对待班级生活中的冲突，不主动组织班级活动。

在当前班级管理实践中，有两种领导方式运用得比较多：一是"教学中心"的领导方式；二是"集体中心"的领导方式。"教学中心"的领导方式是目前采用得比较多的一种领导方式，这与我国学校教育对班主任工作考评的标准不无关系，这种领导方式的最大弊端是对人的因素不够重视，班级工作只见教学不见学生，只看学生的分数不看学生的发展。"集体中心"的领导方式认为，学生对集体的喜爱、期望、归属感、团结性与作业水平及学习成绩相关，因此，主张信赖而不是怀疑集体，用集体领导的手段管理班级，将班级作为教育的对象，而不是一对一地去对待每个学生。

3. 班主任是协调班级人际关系的主导者

班级是存在于学校之中的一个特殊的社会组织，教育从本质上说就在于建立个人、集体与社会的实际联系，以保证个人的社会化。因此，研究班级中的交往行为，指导学生形成良好的人际关系，是班主任的重要使命之一。

交往是班级人际关系形成和发展的手段。班主任应悉心研究班级的人际关系，指导学生的交往活动。① 要把学生作为交往的主体，研究学生交往需要及能力的差异性，指导学生正确知觉周围的人，懂得如何避免和解决冲突，建立积极的交往环境。② 设计内容充实、频率较高的交往结构。即根据班级活动的目的、任务及学生的特点，形成一个相互渗透、交互作用的多渠道、多层次、多维度的交往网络。③ 要在与学生的交往中建立相互间充满信任的关系。

学习拓展

班级管理的内容

班级的一切事务都属于班级管理的内容，概括起来主要包括以下几个方面。

一、班级学习管理

教学是学校的中心工作，学习是学生的主要任务，因此对班级学习的管理是班级管理的一项主要内容。提高学生的学习质量是班级学习管理的根本目的，因此凡是对提高学习质量有益的因素，如学习制度、学习动机、学习环境、学习方法等都是班级学习管理应涉及的内容。班主任在实施班级学习管理时，也要积极争取任课教师和家长的支持和协调，努力为学生创造好的学习条件和环境，调动学生学习的积极性，以取得好的学习效果。

二、班级德育管理

班级德育管理是班级整体风貌的形成条件，是提高学生品德素质的重要途径。它涉及的内容广泛，主要包括班级德育目标管理、班级德育活动的管理、班级德育过程的管理和班级德育评价的管理。班主任在实施德育管理过程中，要以“人”为主来计划、组织、指导和调控，不能见事不见人，这样才能取得预期的德育效果，实现班级德育管理的价值。

三、班级文化管理

班级文化包括德、智、体、美、劳诸种教育内容，是促进学生整体素质提高的精神因素。班主任要充分重视班级文化管理，为学生综合素质的发展创造良好环境。建设班级文化是班级文化管理的实质性内容。班主任在班级文化管理中，要注重班级文化建设的教育影响作用，要努力营造班级文化环境，要扩展文化活动的渠道和范围，使班级文化形成特色、形成氛围、形成机制。

四、班级体育卫生管理

体育运动和卫生保健是学生成长的重要方面，是班级管理活动中不可缺少的内容。对班级体育活动的管理主要是使学生持之以恒地参加体育活动，如早操、课间操、眼保健操、体育竞赛等，班主任要进行组织监督。班级卫生保健管理主要是督促学生养成卫生保健习惯，防止疾病感染，保持个人卫生及环境卫生。对班级体育卫生的管理有利于学生的健康成长，班主任应将其列入工作日程内。

五、班级课外活动管理

课外活动同样有重要的教育意义，绝不能放任自流。课外活动与课内活动有密切的联系，是课堂教学活动的延伸与补充。课外活动能够给予学生充分的个性发展空间，促进学生各方面才能的发展，扩大学生的知识领域，并能愉悦身心。因此，“管”好课外活动是重要而且必要的。

第二节　班主任工作的内容和方法

班主任作为学生发展的引路人和学校工作的主力军，在学生成长和学校发展中起着重要的作用。作为未来的教师，应该了解班主任工作的内容，掌握班主任工作的方法，以备在未来能够成为一名合格的班主任。

现场直击

爱就是最好的教育

班里的某一男生是最令我头痛的一个学生。他对学习一点兴趣都没有，上课要么扰乱他人学习，要么情绪低落；下课胡乱打闹，同学们经常笑话他；老师不在身边，他能交空白卷，平时就更不必说了，不做作业，各门功课单元测试不及格……每天不是科任老师就是学生向我告状，真让我头痛。无论是苦口婆心的劝说还是声色俱厉的批评均无济于事，一副“死猪不怕开水烫”的样子。我一次次苦心策划的转化计划都宣告失败，实在是无计可施了，但又不忍放弃，放弃不等于宣判“不可救药”了吗？在一次偶然听到“成功教育”法之后，我想，何不试一试呢？于是，我在提高他的学习兴趣上下工夫，千方百计地创设机会让他获得成功，细心注意他哪怕是微小的进步，只要他的学习有一点进步时我就及时给予表扬、激励。他生病时我就给他买药，使他处处感到老师在关心他、信赖他。他也逐渐明白了做人的道理，明确了学习的目的，看到了自身的力量，获得了成功的喜悦与自信。

哲人说："使人前进的最大一种刺激物，是一种成功的感觉。做了一点事的人，无论事情大小，只要他尝着一点成功的快乐，便会渴望再次成功的光荣。"我终于高兴地看到他逐渐有好转的迹象了：学习兴趣浓一点了、纪律好一点了、作业书写进步了……总之，爱心＋细心＋耐心，尽管与其他同学还相差很远，这"孺子"居然可教了。这次期末考试居然有四门及格了。

（摘自：钱晓菊．爱就是最好的教育[EB/OL]．[2010-03-30]．http//www.nanhu.edu.net/show．有删改。）

理论讲述

班主任作为班级的精神核心，对班级的建设起着决定的作用，在建设班集体过程中，班主任要做好以下几方面的工作。

一、了解和研究学生

班主任要实现对本班级规范化、科学化的管理，提高工作质量和效率，首先要全面正确地了解和研究学生。俄国教育家乌申斯基说："如果教育家希望从一切方面去教育人，那么就必须首先从一切方面去了解人。"学生是班集体的主人，但学生的发展又存在着差异，班主任要教育好学生，就得先了解和研究学生，这是做好班级工作的先决条件。

了解和研究学生的内容主要有两个方面：一是了解和研究班集体，包括集体的基本情况，如总人数、性别结构、生源状况、年龄分布等；班级的基本情况，如学习好中差学生的比例、学生思想品德的表现、班级取得的成绩与存在的问题等；班级的其他方面，如学生生活社区环境、学生家庭条件、学生在校外的表现等。二是了解和研究学生个人，包括学生的基本情况，如姓名、性别、年龄、健康等；学生的家庭情况，如父母的文化水平、职业、经济状况、居住条件等；学生的思想品德和学习情况，如遵规守纪、文明礼貌、集体观念以及学习成绩、学习态度、兴趣特长等；学生的个性情况，如智力特点、情感意志特点、性格和气质的类型等。

二、组织和培养班集体

全国优秀班主任魏书生老师在《班主任工作漫谈》一书中写道："班级像一座长长的桥，通过它，人们跨向理想的彼岸；班级像一条挺长的船，乘着它，人们越过江河湖海，奔向可以施展自己才能的高山、平原、乡村、城镇；班级像一个大家庭，同学们如兄弟姐妹般互相关心着、帮助着，互相鼓舞着、照顾着，一起长大了，成熟了，便离开了这个家庭，走向了社会。"

以上对班集体生动形象的比喻，深刻说明了班集体对学生的成长和教育具有十分重要的作用。建设好班集体，是班主任的一项重要工作，也是班主任最基本的任务。那么，班集体是如何形成的，怎样组织和培养班集体呢？

（一）班集体的形成和发展

班集体不是自发形成的，它有一个发展过程。一般认为，刚组成的教学班，经过班主任长期系统的组织培养工作，由松散的学生群体转变成为紧密健全的班集体，大致要经过组建、初步形成和形成发展三个阶段。

1. 组建班集体阶段

在新组建的班级中，同学之间、师生之间相互陌生，学生心里还没有班级的概念，群体松散，班级吸引力差，共同目标和行为规范尚未形成。在这一阶段，班级活动都依赖班主任直接组织和指挥。实践表明，班主任在这一阶段如果教育引导不力，组织管理不严，班级很容易出现松弛、涣散现象。因此，有经验的班主任都十分重视从以下方面进行新班的组建工作：首先，抓紧时间全面了解学生，尽快熟悉班级和学生的整体情况，注意发现、选择和培养积极分子；其次，建立班级规章制度，对学生的学习、生活提出切实可行的要求；再次，组织和开展班级活动，促进同学之间的交流，增进了解，提高班级的吸引力。

2. 班集体初步形成阶段

在班主任的引导和培养下，班集体出现了许多新特点，如同学间彼此有了一定了解，友谊加深；班级积极分子已涌现出来，集体有了骨干力量，班级核心初步形成。但是，这时的班集体还十分脆弱，集中表现在班级行为规范尚未成为学生的共同需要，集体舆论还没有形成，班级目标还没有转变为全班同学共同自觉追求和行动的动力。针对这种情况，班主任应把握时机，积极向全班同学推荐班干部人选，及时组建班委会，并通过精心指导和培养，逐步放手让学生干部自己组织开展班队工作，锻炼学生干部组织活动和独立工作的能力。同时，还应注意继续扩大积极分子队伍，增强班级的凝聚力和号召力。另外，班主任还要重视班级规章制度的贯彻执行，培养学生自觉遵守班级行为规范的习惯，为良好班风形成打下基础。

3. 班集体形成发展阶段

在前两个阶段工作的基础上，班级群体已形成为班集体，其主要标志是，班集体有了一个较稳定的、团结的领导核心，班干部能独立开展各项工作；班级目标已成为学生个体的奋斗目标，是非观念增强，正确的集体舆论和班风已形成。不过，班集体形成并不等于班主任工作结束，班集体还需要进一步巩固和不断发展，班主任要根据班级情况提出更高层次的奋斗目标，争创优秀班集体。还要针对班内学生不同特点，充分发挥学生个性特长，从整体上提高全班学生的素质。

(二) 组织和培养班集体的要求及方法

良好班集体的组织培养，虽然会因学校、教师、学生等条件不同而方法上各异，但是，班集体的形成和发展仍有一定规律可循。因此，组织和培养班集体的要求和方法也有许多共同之处。

1. 确立目标

班集体的奋斗目标是指全班同学共同具有的期望和追求，是班级各项活动所要达到的预期目的的总概括。确立班集体奋斗目标，就是要让班级全体学生明确班集体的发展前景，知道共同的努力方向，并为实现目标统一行动。班集体的奋斗目标是班集体形成的条件和发展的动力，与学生一起制订班级目标是班主任创建班集体的首要工作。

班集体目标可分为远期、中期、近期三种。远期目标就是指全班同学经过较长时间的共同努力而达到的目标，它是中期、近期目标提出和设计的重要依据；中期目标是指阶段性的或者专项性的奋斗目标，是实现远期目标的条件和保证；近期目标是指向于当前的奋斗目标，它是远期、中期目标的具体化。三种目标构成了一个完整的教育目标系统，它们之间相互衔接、相互影响。

由于目标具有很强的导向和激励作用，因此，确立班集体目标有以下基本要求：第一，体现时代精神。班集体目标既要符合教育方针和教育的培养目标要求,体现社会发展的时代特征,又要符合班集体两个基础文明建设的需要以及新时期社会主义现代化建设人才素质的新要求。第二,有明确的指向性,班级目标是全班同学共同奋斗所要达到的最终目的,具有很强的导向性,目标必须明确具体。第三,注意目标的层次性。一般来说,远期目标要“高而可攀,望而可及”,有鼓动性和号召力;中期目标既要反映阶段性或者专题性的要求,又要发挥承上启下、远近衔接的作用;近期目标则既要明确具体,又要与长、中期目标保持一致。第四,有可行性。目标价值能否得以体现,关键还取决于既能照顾学生年龄特点和接受水平,又要掌握好目标水平高于现实水平的差距,合理适当的差距才有吸引力,才能激发学生奋发向上的斗志,挖掘学生发展的潜能。

2. 建立班委会

班委会是班主任做好各项工作的有力助手。建立一个勤奋学习、团结友爱的班集体,必须组建好班级的领导核心,挑选能团结同学、办事认真、关心集体、乐意为班级服务的积极分子来参与班级管理工作。

建立班委会,应遵循以下四个原则:① 民主性原则。无论是班委候选人的物色还是班委人选的最后确定,班主任应广泛听取学生意见,充分发扬民主,真正由被大多数学生所信赖的人员组成班委会。② 用其所长原则。就是根据学生的兴趣爱好和优势潜能差异,充分利用学生所长来为班级服务。③ 教育与锻炼相兼的原则。班干部培养也是教育学生的一个重要途径,班主任应以班委组建为契机,强化服务意识和学习锻炼意识的教育。特别是小学生,参与积极性较强,许多班主任抓住这个心理特点,采用班委轮换制,充分利用学生的积极性,让更多学生参与班级管理,从中得到管理体验,受到锻炼。④ 关心爱护与严格要求相结合的原则。学生干部在学习之外要承担一定的班级管理工作,负担较一般同学重,班主任应给予更多的关心和支持。对待学生干部,班主任要帮助他们处理好学习与工作的关系,要树立学生干部的威信,但对他们的缺点、错误,既不迁就也不简单指责批评,注意工作方法指导,让他们摆正自己与同学之间的关系,戒骄戒躁,以自己的模范行动去取得全班同学的信任。

班干部产生形式和方法多种多样。如“选举制”,由学生直接进行民主选举;“委任制”,在广泛征求同学意见,在全面了解的基础上,由班主任直接任命;“竞争制”,在自鉴基础上,通过公平竞争选举干部。用以上方法产生学生干部,各有优缺点,班主任要注意优势互补,扬长避短。

3. 培养正确的舆论和良好的班风

正确舆论,就是根据是非标准所作出的符合客观事实的意愿和态度。它是衡量集体觉悟水平的重要标准。形成正确的班集体舆论,有利于促进团结、鼓舞学生的上进心、发扬正气,有利于班级良好人际关系的建设和组织机构的完善与健全。正确的集体舆论是学生自我教育的重要手段,也是班集体形成的重要标志。

班风是班级成员的思想、言行、风格、习惯等方面表现出来的班集体特有的一种精神面貌,是班级“个性特征”的体现。良好班风有很强的制约功能和教育功能,并主要以舆论或规范的形式体现。良好班风是班集体构成要素长期相互作用,不断发展的结果,是班集体形成的综合标志。

正确舆论和良好班风是相互联系的。良好班风的形成,需要正确舆论的支持,而良好班风一旦建立,又会促成良好的集体舆论。班主任培养正确的集体舆论和良好班风,需要做好以下几项工作。

第一,加强思想政治教育,提高认识。正确的集体舆论和良好班风,首先要使学生掌握正确的价值观念和判断标准，树立起正确的是非观、荣辱观和美丑观。班主任应认真组织学生学习学生守则和行为规范，明确要求，教育学生逐步养成正确的道德观念。

第二，抓好常规训练，严格行为规范。集体舆论和班风形成是一个渐进的、不断发展和巩固的过程，班主任应从大处着眼，小处入手，从日常的学习、生活开始，严格要求，严格训练，教育学生从自我做起、从身边做起、从小事做起，加强行为习惯的训练和培养。

第三，培养集体荣誉感和责任感。正确舆论和良好班风的形成，要求每一个班级成员认识到集体的价值和作用，只有这样学生才会自觉去维护集体的荣誉，明确自己的责任。集体荣誉感在集体活动中是一种巨大的心理动力，也是责任感形成的心理基础。班主任要利用一切教育时机，将学生的一言一行与整个班集体联系起来，教育每个学生明确自己对集体应担负的责任和义务。

第四，奖惩强化。要形成正确舆论和良好班风，严明的纪律是保证。班主任要及时对好行为给予表扬和奖励，对不规范行为要批评和抵制，努力营造以遵规守纪为荣、爱班如爱家的风气。奖惩不宜太泛太滥，奖励要以表扬和精神鼓励为主，惩罚要以批评教育为目的，不能损伤学生的自尊心，更不能搞体罚和变相体罚，不能用经济惩罚简单地代替思想教育。

4. 组织开展班级活动

一个良好班集体的建设必须通过各种活动来实现。这是因为集体活动可以产生凝聚力，能使每个学生的主体积极性得以发挥，能使师生关系不断密切。集体活动也是学生个体实现全面发展的一个重要途径，有利于培养学生良好的思想品德，特别是有利于小学生道德内化，促进其道德认识转化为道德观念；集体活动也有利于拓宽学生的视野。丰富多彩的班级活动是班级建设的必要条件，是班级目标实现的保证，是全面育人的途径。班级活动范围广、形式多，其中最主要的、经常开展的班级活动有教学活动、主题性活动、少先队活动和社会公益活动，等等。

三、做好个别教育工作

苏联教育家苏霍姆林斯基曾经说过，每一个学生都各自是一个完全特殊的、独一无二的世界。要让不同的学生都有所提高、有所发展，班主任必须根据学生的个体差异，采用不同的方法去做好学生的个别教育。这里着重从类别上分析对优秀生和后进生两类学生的教育工作。

（一）优秀生的教育工作

优秀生一般指在班级中德、智、体、美诸方面发展比较好的学生。这类学生在班集体中是骨干，是班主任和教师的得力助手，在同学中有威信、有影响。因此，优秀生的培养和教育对班集体建设关系重大。

1. 加强理想教育

优秀生一般都具有言行一致的健康人格，有积极向上的生活态度，有强烈的求知欲和创新精神。但是，班主任仍不能忽视对他们进行学习目的的教育，使他们端正学习动机，树立为祖国、为人民发奋学习的志向，不断向他们提出新要求，引导他们向更高的目标奋斗。

2. 客观评价

优秀生不是完人，也需要一分为二地看待。班主任要看到他们优秀的主流，肯定成绩，创造条件扬其所长。同时，对优秀生的缺点及不良倾向，班主任也不能袒护、迁就，应及时教育引导。特别是优秀生优越感强，容易产生骄傲自满，处理不好与一般学生的关系。班主任要经常教育他们在成绩面前看到不足，在表扬中看到差距，能够正确地评价自己和他人，搞好同学间的人际关系。

（二）后进生的转化教育工作

后进生通常是指那些智力发育正常，有品德不良行为或学习成绩差的学生。按类型划分，后进生主要有四类：学习成绩差的后进生；纪律差的后进生；学习成绩和纪律都差的“双差”后进生；学习或纪律时好时差的准后进生。后进生人数虽少，但对班级的消极影响大，如果不做好后进生的转化工作，班级正常教学秩序以及日常生活常规就会受到影响。

转化后进生，首先要了解后进生。后进生的形成原因十分复杂，从外因看，主要有家庭和社会的不良影响，有学校教育的失误。从内因看，中小学生社会阅历浅，知识经验少，是非能力差，意志薄弱等，这些都很容易成为后进生接受消极影响的内部动因。针对这一点，班主任做好后进生的转化教育工作要注意以下三点。

第一，以爱动其心。无数转化后进生的教育经验表明，教师只有用一颗热爱学生的赤诚之心去对待后进生，与其建立起融洽的关系，才能感化后进生。后进生在自己的成长过程中，受排斥、被讽刺、遭冷眼的体验较多，他们内心更需要温暖，需要爱。班主任从思想上、学习上、生活上去关心和爱护他们，让他们感悟到教师的爱心和期待，从而点燃希望之火，自觉将教师的爱转化为积极向上的内部动力。

第二，以理服其人。后进生除了具有一般学生的特点外，还有许多特殊之处，如自尊心特别强，思想、行为的情绪性色彩明显，意志和毅力薄弱，是非观念模糊，学习态度不端正等。作为后进生，他们自己也知道存在的缺点和不足，但他们不一定都清楚地意识到这些问题的性质和危害，更难独自找到摆脱这种处境的方法。班主任做后进生的转化教育工作，决不能一概地因事论事作简单处理，要针对问题引导学生去明察问题，分析根源，清楚性质，明白危害，改过自新。

第三，以智导其行。后进生形成原因错综复杂，可以说，后进生的转化教育工作是集科学性和艺术性为一体的工作，它要求班主任既要注重科学性，又要注重艺术性。后进生的转化教育是一个渐进的教育过程，其中难免会有反复和冲突。对此，班主任在转化教育过程中，要利用教育机智，善于捕捉后进生身上的闪光点，及时给予表扬鼓励；对过错反复现象，要耐心说明，持之以恒，善于在反复中抓教育，帮助他们总结经验教训，增强与诱因作斗争的抵抗力。

四、营造优雅的班级环境

班集体是学生在学校生活中的“小社会”，是社会影响学生、帮助学生进入社会的通道之一。在依靠集体、通过集体教育学生的诸因素里，班级环境建设仍然是一个重要的育人因素。班主任作为班集体的总设计师和管理者，如何创造性地构建富有个性的、生动活泼的班级环境，是其一项重要工作。

有特色的班级环境，对学生具有潜移默化的教育影响和感染力，而且这种作用是深层次的，它可能使学生终生受益，也可能让学生终生缺憾。苏霍姆林斯基说：“无论是种植花草树木，还是悬挂图片标语，或是利用墙报，我们都将从审美的高度深入规划，以便挖掘其潜移默化的育人功能，并最终实现连学校的墙壁也在说话的远大目标。”建设良好的班级环境，可从以下几方面着手：首先，要从教室布置开始。教室是班集体学习生活的主要场所，布置要考虑学生的年龄特点和学习特点，一般来说要简洁高雅，不宜花哨杂乱。班训、班徽或者治学格言可悬挂在教室的醒目之处，精选的名人画像、名言警句、奖状奖旗可安排在教室两侧。这种环境时时刻刻发挥着提醒学生、教育学生和鞭策学生的作用。其次，要办好班报。班报是班级重要的传媒，在班集体建设中既有以正压邪的舆论宣传作用，又有交流思想、交流学习经验的沟通作用。在办班报的过程中，学生的主人翁意识和创造力、想象力都会得到培养。再次，是建好图书角、生态角。图书角就是班级“小图书室”，班主任可动员和鼓励学生将自己喜爱的书报拿到集体来与同学交流共享，这是培养奉献精神、进行集体主义教育、调动学习积极性的有效途径。建设生态角是教室的绿化工程，班主任要组织学生利用教室空闲地或者窗台栽种少量适宜室内生长的花草，用以调节教室空气，美化学习环境。生态角的建设，除有利于学生身心健康的调适外，还有利于强化学生的环境意识、现代生态道德意识。

五、做好班主任工作计划和总结

班主任工作计划的制订和总结，是班级工作不可缺少的环节，是班主任工作达到预定目的的重要保证。

班主任工作计划的制订，要根据教育方针、中小学培养目标、教育政策和法规，要与学校工作计划和本班实际相联系。计划要全面，目的要明确，条理要清楚，阐述要简练，操作要可行。计划一般分为学期和月(周)计划。学期计划的内容包括班级学生基本情况分析，班级工作的指导思想和班级共同奋斗的目标，教育工作的内容、主要措施及时间安排等。月(周)计划是学期计划的细化，主要包括具体活动的内容、基本要求、组织措施和完成期限等。

班主任工作总结是班级工作过程的最后一个环节，它既是对工作计划执行情况的检查，也是对工作质量的全面评估，以便总结经验教训，不断改进工作方法，提高工作效率。要使总结客观真实，班主任应注意日常班级管理和活动资料的积累。总结也不是平时工作的简单复述，要有事实、有分析，善于把感性经验上升为理论，不断探索班级教育的规律，为今后进一步做好班主任工作打下良好基础。

学习拓展

“惜粮与爱国”的主题班会设计与实施

构思：

学校食堂时有泼洒菜、汤和馒头就地滚的现象。这说明许多学生丢掉了中华民族“勤俭节约”的传统美德，缺乏对劳动人民的思想感情。为此，我决定召开“惜粮与爱国”主题班会，尽快纠正他们这种不良行为。

准备：

1. 邀请学生家长2～3人，并请其做好发言准备。
2. 排练小品《饭堂》，编唱《珍惜粮食歌》，录制《苦菜花》插曲。
3. 号召全班学生温习、理解《悯农》诗，做好发言准备。
4. 从饭堂捡回馒头若干。
5. 班委推选主持人、发言人。

纪实：

主持人甲：“惜粮与爱国”主题班会现在开始。首先让我们对家长代表表示欢迎。

主持人乙：请同学们共同背诵唐朝李绅的《悯农》诗。

全班同学（背诵）："锄禾日当午，汗滴禾下土。谁知盘中餐，粒粒皆辛苦"。

主持人甲：下面请两位同学谈谈对这首诗的体会。

田伟：我们碗里的菜、手里的馒头，都凝聚着劳动人民的辛勤劳动……

李东升：它说明我们的美好生活来之不易。看到农民面朝黄土背朝天、汗流满面地在田间干活，我心里很不是滋味。

主持人甲：这两位同学谈得很好，可我们中的部分同学又是如何做的呢？请看小品《饭堂》：

台上出现若干同学，分别为A、B、C、D……围在卖饭窗口。A怀中抱五个馒头，被B无意中碰掉了一个，旁者想拾，A用脚一踢，雪白的馒头如皮球一般在地上滚动起来。C买了一碗菜，端着看了看说："我不爱吃豆腐、粉条。"说着把满碗菜泼了个精光。

主持人乙：接下来让我们听听家长的心声吧！

家长A（李大伯）：我平时光觉得孩子们费粮能吃，可不知是这样的吃法啊！你们真是生在福中不知福，嘴里含糖不知甜。我给大家说一说我的苦难童年。我13岁那年，家乡遭了灾荒，到青黄不接的三月，家里已经揭不开锅。母亲领着我挖野菜，刨草根，野菜、糠皮成了全家人的救命粮……

（录音机里放着低沉悲哀的《苦菜花》插曲，整个会场气氛严肃。同学们眼里都泪汪汪的，有的抽噎起来。）

家长B（刘爷爷）：同学们，旧社会艰辛的生活何止他一家啊，那个时候的情景，留在我记忆里最大的感受就是一片饥荒……

主持人乙：同学们，我们万万不可小看一个馒头、一口汤啊！如果每人一天浪费半斤粮食，全国一天就浪费近三亿公斤粮食。这是一个多么惊人的数字呀！

主持人甲：爱惜粮食、勤俭节约，是中华民族兴旺发达的传家宝，过去需要，今天也需要。我国还有8000万人尚未解决温饱问题。浪费粮食，是有良心的中国人不能容忍的。我们扔掉馒头，其实是扔掉了我们中华民族勤俭节约的传统美德，扔掉了我们对劳动人民的一片真挚的情感。

王志林：今天的班会，对我震动很大。"爱人民、爱祖国"。我经常喊，可从没有深思过应如何爱，如何联系实际，从何做起。现在我深刻认识到：爱国不能纸上谈兵，背规范，念条条，而应认清当前社会状况和我国基本国情，增强爱国情感，把爱国落实到我们的日常行为上。一个不珍惜粮食、不珍惜劳动人民血汗的人，对祖国、对人民的爱，是残缺不全的。

主持人乙：王志林同学的发言太棒了！我相信，经过今天的班会，同学们一定会积极行动起来，把爱国落到实处。

这时，文艺委员带领全班同学唱起《珍惜粮食歌》，班会在歌声中结束。

思考与实践

1. 阅读材料并进行讨论。

学生给班主任的一封信

尊敬的班主任：

我有许多的困惑：我想帮助别人，可常常被人嘲笑为出风头；我想告诉您班上的一些事，可常常被人诬为奸细；我想对坏人坏事批评，可常常被人讽为假正经；我想竞选班干部，可常常又为自己的成绩苦恼；我想跟您说说心里话，可常常又担心别人说我“拍马屁”……

班主任，我苦恼极了，我该怎么办呢？

爱您的学生××

假如你是这位学生的班主任，你会怎样帮助这位学生走出困境？由这则案例你又发现了哪些班级管理工作中存在的问题，应如何解决？

2. 一位男生，成绩中等，表现平平，学习不刻苦，但是有潜力。老师给他的操行评语这样写道：“你挺聪明的，虽然你不如班里的尖子生，但你并不比他们笨，只是你没有像他们那样努力，只要你努力，你会比他们考得更好。我希望你超过他们。加油吧！告诉自己：我能行！等着你的好消息。”当这位同学拿到这样一则充满期望与激励的评语时，怎么会不信心百倍努力上进呢？读后你有什么感想，请就此写一篇小论文。

参考文献

一、著作类

[1] 伊·阿·凯洛夫.教育学[M]. 朱智贤,等译.北京：人民教育出版社,1957.

[2] 盛群力,李志强.现代教学设计论[M].杭州：浙江教育出版社,1998.

[3] 王道俊,王汉澜.教育学[M].北京：人民教育出版社,1999.

[4] (日)大河内一男.教育学的理论问题[M].曲程,等译.北京：教育科学出版社,1984.

[5] 施良方.课程理论——课程的基础、原理与问题[M].北京：教育科学出版社,2005.

[6] 中华人民共和国教育委员会电化教育司.教学媒体与教学设计[M].北京：高等教育出版社,1990.

[7] 周谷平.近代西方教育理论在中国的传播[M].广州：广东教育出版社,1997.

[8] 黄济.教育哲学[M].北京：北京师范大学出版社,1985.

[9] 黄济,王策三.现代教育论[M].北京：人民教育出版社,1996.

[10] 邵宗杰,等.教育学[M].上海：华东师范大学出版社,2006.

[11] (日)筑波大学教育学研究会.现代教育学基础[M].钟启泉,译.上海：上海教育出版社,1986.

[12] (美)A.C.奥恩斯坦.美国教育学基础[M].北京：人民教育出版社,1984.

[13] 乌美娜.教学设计[M].北京：高等教育出版社,1994.

[14] 南国农,李运林.电化教育学[M].北京：高等教育出版社,1998.

[15] 李龙.教学过程设计[M].呼和浩特：内蒙古人民出版社,2000.

[16] 张祖忻,等.教学设计——基本原理与方法[M].上海：上海外语教育出版社,1992.

[17] 王策三.教学论稿[M].北京：人民教育出版社,1985.

[18] 李秉德.教学论[M].北京：人民教育出版社,1992.

[19] 十二所重点师范大学联合编写.教育学基础[M].北京：教育科学出版社,2002.

[20] 劳凯声.中国教育法制评论(第1辑)[M].北京：教育科学出版社,2002.

[21] 劳凯声.教育法论[M].南京：江苏教育出版社,1993.

[22] 施良方,崔允漷.教学理论——课堂教学的原理、策略与研究[M].上海：华东师范大学出版社,1999.

[23] 耿涓涓.教育信念：一位初中女教师的叙事探究[A].丁钢.中国教育研究与评论(第2辑).北京：教育科学出版社,1999.

[24] 黄甫全,王本陆.现代教学论学程[M].北京：教育科学出版社,1998.

[25] 钟启泉,崔允漷,张华.为了中华民族的复兴,为了每位学生的发展[M].上海：华东师范大学出版社,2001.

[26] 李晓燕.教育法学[M].北京：高等教育出版社,2006.

[27] 南京师范大学教育系.教育学[M].北京：人民教育出版社,1984.

[28] 叶澜.新编教育学教程[M].上海：华东师范大学出版社,1991.

[29] 袁振国.当代教育学[M].北京：教育科学出版社,2004.

[30] 陈桂生.教育原理[M].上海：华东师范大学出版社,1993.

[31] 叶澜.教育概论[M].北京：人民教育出版社,1991.

[32] 成有信.教育学原理[M].郑州：河南教育出版社,1993.

[33] 孙喜亭.教育原理[M].北京：北京师范大学出版社，1993.
[34] 胡德海.教育学原理[M].兰州：甘肃教育出版社，1998.
[35] 郑金洲.教育通论[M].上海：华东师范大学出版社，2000.
[36] 石中英.教育学的文化性格[M].太原：山西教育出版社，2005.
[37] 项贤明.泛教育论——广义教育学的初步探索[M].太原：山西教育出版社，2004.
[38] 瞿葆奎.元教育学研究[M].杭州：浙江教育出版社，1999.
[39] 吴康宁.教育社会学[M].北京：人民教育出版社，1999.
[40] 金一鸣.教育社会学[M].南京：江苏教育出版社，1992.
[41] (美)R. Gagné，等.教学设计原理[M].皮连生，等译，上海：华东师范大学出版社，1999.
[42] 张祖忻.教学设计——基本原理与方法[M].上海：上海外语教育出版社，1992.
[43] 陈向明.质的研究方法与社会科学研究[M].北京：教育科学出版社，2000.
[44] 张乐天.教育学[M].北京：高等教育出版社，2007.
[45] 钱理群.我的教师梦[M].上海：华东师范大学出版社，2008.
[46] 经柏龙.教师专业化背景下的教育理论与实践[M].沈阳：辽宁人民出版社，2005.
[47] (美)Ralph Fessler，Judith C. Christensen.教师职业生涯周期——教师专业发展指导[M].董丽敏，高耀明，等译.北京：中国轻工业出版社，2005.
[48] 石中英.知识转型与教育改革[M].北京：教育科学出版社，2001.
[49] 刘旭东.课程的价值取向研究[M].兰州：甘肃教育出版社，2002.
[50] 李文阁.回归现实生活世界[M].北京：中国社会科学出版社，2003.
[51] 李秉德，李定仁.教学论[M].北京：人民教育出版社，1998.
[52] (法)爱弥尔·涂尔干.道德教育[M].陈光金，等译.上海：上海人民出版社，2001.
[53] (美)杜威.道德教育原理[M].王承绪，译.杭州：浙江教育出版社，2003.
[54] (英)威尔逊.道德教育新论[M].蒋一之，译.杭州：浙江教育出版社，2003.
[55] (德)恩斯特·卡西尔.人论[M].甘阳，译.上海：上海译文出版社，2003.
[56] 瞿葆奎.教育学文集·德育[M].北京：人民教育出版社，1989.
[57] 朱小蔓.道德教育论丛(第1卷)[M].南京：南京师范大学出版社，2000.
[58] 朱小蔓.道德教育论丛(第2卷)[M].南京：南京师范大学出版社，2002.
[59] 鲁洁，王逢贤.德育新论[M].南京：江苏教育出版社，1994.
[60] 班华.德育新论(第二版)[M].合肥：安徽人民出版社，2005.
[61] 胡守棻.德育原理[M].北京：北京师范大学出版社，1989.
[62] 戚万学.冲突与整合——20世纪西方道德教育理论[M].济南：山东教育出版社，1995.
[63] 章志光.学生思想品德形成初探[M].北京：北京师范大学出版社，1993.
[64] 檀传宝.学校道德教育原理[M].北京：教育科学出版社，2000.
[65] 钟启泉，黄志成.西方德育原理[M].西安：陕西人民教育出版社，1998.
[66] 吴铎，罗国振.道德教育展望[M].上海：华东师范大学出版社，2002.
[67] 戚万学，唐汉卫.现代道德教育专题研究[M].北京：教育科学出版社，2005.
[68] 冯增俊.当代西方学校道德教育[M].广州：广东教育出版社，1993.
[69] 袁桂林.当代西方道德教育理论[M].福州：福建教育出版社，1995.

二、期刊类

[1] 唐莹，瞿葆奎.教育科学分类：问题与框架[J].华东师范大学学报(教育科学版)，1993(2).
[2] 冯建军.西方教育科学取向的历史考察[J].教育理论与实践，1995(2).

[3] 陈卓.学校教育的异化、废除与改进——伊里奇“非学校化”思想对我国中小学教育改革的启示[J].天津市教科院学报,2005(6).
[4] 劳凯声.我国教育法制建设的回顾与展望[J].中小学管理,2000(1).
[5] 瞿葆奎.关于教育学“中国化”问题[J].华东师范大学学报(人文科学版),1957(4).
[6] 余文森.论个体知识的课程论意义[J].教育研究,2008(12).
[7] 崔允漷,王贤泽.基础教育课程改革的意义、进展及问题[J].全球教育展望,2006(1).
[8] 周晓静.教师：穿梭在角色人与自然人之间[J].教育研究与实验,2006(3).
[9] 曾继耘.学生个体差异：研究方法与基本结构[J].课程·教材·教法,2006(3).
[10] 孙喜亭.中国教育学近 50 年来的发展概述[J].教育研究,1998(9).

北京大学出版社

教育出版中心 精品图书

大学之道丛书

哈佛：谁说了算 [美] 理查德·布瑞德利 著 48元
麻省理工学院如何追求卓越 [美] 查尔斯·维斯特 著 35元
大学与市场的悖论 [美] 罗杰·盖格 著 48元
现代大学及其图新 [美] 谢尔顿·罗斯布莱特 著 60元
美国文理学院的兴衰——凯尼恩学院纪实 [美] P. F.克鲁格 著 42元
教育的终结：大学何以放弃了对人生意义的追求 [美] 安东尼·T.克龙曼 著 35元
大学的逻辑（第三版） 张维迎 著 38元
我的科大十年（续集） 孔宪铎 著 35元
高等教育理念 [英] 罗纳德·巴尼特 著 45元
美国现代大学的崛起 [美] 劳伦斯·维赛 著 66元
美国大学时代的学术自由 [美] 沃特·梅兹格 著 39元
美国高等教育通史 [美] 亚瑟·科恩 著 59元
哈佛通识教育红皮书 哈佛委员会撰 38元
高等教育何以为"高"——牛津导师制教学反思 [英] 大卫·帕尔菲曼 著 39元
印度理工学院的精英们 [印度] 桑迪潘·德布 著 39元
知识社会中的大学 [英] 杰勒德·德兰迪 著 32元
高等教育的未来：浮言、现实与市场风险 [美] 弗兰克·纽曼等 著 39元
后现代大学来临？ [英] 安东尼·史密斯等 主编 32元
美国大学之魂 [美] 乔治·M.马斯登 著 58元
大学理念重审：与纽曼对话 [美] 雅罗斯拉夫·帕利坎 著 35元
学术部落及其领地——知识探索与学科文化 [英] 托尼·比彻 保罗·特罗勒尔 著 33元
德国古典大学观及其对中国大学的影响 陈洪捷 著 22元
大学校长遴选：理念与实务 黄俊杰 主编 28元
转变中的大学：传统、议题与前景 郭为藩 著 23元
学术资本主义：政治、政策和创业型大学 [美] 希拉·斯劳特 拉里·莱斯利 著 36元
什么是世界一流大学 丁学良 著 23元
21世纪的大学 [美] 詹姆斯·杜德斯达 著 38元
公司文化中的大学 [美] 埃里克·古尔德 著 23元
美国公立大学的未来 [美] 詹姆斯·杜德斯达 弗瑞斯·沃马克 著 30元
高等教育公司：营利性大学的崛起 [美] 理查德·鲁克 著 24元
东西象牙塔 孔宪铎 著 32元

21世纪引进版精品教材·学术道德与学术规范系列

如何为学术刊物撰稿：写作技能与规范（英文影印版） [英] 罗薇娜·莫 编著 26元
如何撰写和发表科技论文（英文影印版） [美] 罗伯特·戴 等著 28元
如何撰写与发表社会科学论文：国际刊物指南 蔡今忠 著 25元
如何查找文献 [英] 萨莉拉·姆齐 著 25元
给研究生的学术建议 [英] 戈登·鲁格 等著 26元
学术道德学生读本 [英] 保罗·奥利弗 著 17元
科技论文写作快速入门 [瑞典] 比约·古斯塔维 著 19元
社会科学研究的基本规则 [英] 朱迪斯·贝尔 著 18元
做好社会研究的10个关键 [英] 马丁·丹斯考姆 著 20元
阅读、写作和推理：学生指导手册 [英] 加文·费尔贝恩 著 25元
如何写好科研项目申请书 [美] 安德鲁·弗里德兰德 等著 25元

21世纪引进版精品教材·研究方法系列

教育研究方法：实用指南 [美] 乔伊斯·高尔 等著 78元
高等教育研究：进展与方法 [英] 马尔科姆·泰特 著 25元
社会研究：问题方法与过程（第三版） [英] 迪姆·梅 著 32元
比较教育中的话语形成 [德] 于尔根·施瑞尔 著 58元
比较教育研究：路经与方法 贝磊·鲍勃·梅森 50元

大学教师通识教育读本（教学之道丛书）

如何成为卓越的大学教师 肯·贝恩 著 24元
给大学新教员的建议 罗伯特·博伊斯 著 28元
理解教与学：高校教学策略 [英] 迈克尔·普洛瑟 等著 26元
规则与潜规则：学术界的生存智慧 [美] 约翰·达利 等主编 28元
给研究生导师的建议（第2版） [英] 萨拉·德拉蒙特 等著 30元
教师的道与德 爱德华·希尔斯 著 30元

北大开放教育文丛

教育：让人成为人——西方大思想家谈人文和科学教育 杨自伍 编译 30元
教育究竟是什么?100位思想家论教育 [英] 乔伊·帕尔默 主编 45元
人文主义教育经典文选 C.W.凯林道夫 40元
雄辩家与哲学家：博雅教育观念史 布鲁斯·金博尔 45元

21世纪教育科学系列教材

教育学学程——模块化理念的教师行动与体验（第二版） 闫 祯 主编 45元
现代教育技术——信息技术走进新课堂 冯玲玉 主编 39元
发展心理学 李晓东 主编 29元
心理与教育研究中实验设计与SPSS数据处理 杜晓新 著 39元
教师教育技术——从理论到实践 王以宁 主编 36元
教师教育概论 李 进 主编 75元
基础教育哲学 陈建华 著 35元
当代教育行政原理 龚怡祖 编著 37元
教育心理学 李晓东 主编 34元
教育计量学 岳昌君 著 26元
教育经济学 刘志民 著 39元
现代教学论基础 徐继存 赵昌木 主编 35元
现代教育评价教程 吴 钢 著 32元
心理与教育测量 顾海根 主编 28元
高等教育的社会经济学 金子元久 著 32元
信息技术在学科教学中的应用 陈 勇 等编著 33元
课程理念与实践 张永明 主编 39元
小学教育学基础 张永明 曾 碧 主编 42元

教师资格认定及师范类毕业生上岗考试辅导教材

教育学 余文森 王 晞 主编 26元
教育心理学概论 连 榕 罗丽芳 主编 35元

21世纪教师教育系列教材·学科教学论系列

新理念化学教学论 王后雄 主编 38元
新理念科学教学论（第二版） 崔 鸿 张海珠 主编 36元
新理念生物教学论 崔 鸿 郑晓慧 主编 36元
新理念地理教学论 李家清 主编 37元
新理念历史教学论 杜 芳 主编 29元
新理念思想政治（品德）教学论 胡田庚 主编 32元
新理念信息技术教学论 吴军其 主编 30元

王后雄教师教育系列教材

教育考试的理论与方法 王后雄 主编 35元
化学教育测量与评价 王后雄 主编 45元
中学化学实验教学研究 王后雄 主编 32元

国外教育科学基本文献讲读丛书

国外教学论基本文献讲读 陈晓端 主编 49元
国外学前教育学基本文献讲读 姜 勇 主编 45元
国外高等教育学基本文献讲读 陈洪捷 等主编 42元
国外教育政策研究基本文献讲读 刘复兴 主编 42元
国外特殊教育学基本文献讲读 邓 猛 主编 48元

西方心理学名著译丛

拓扑心理学原理 [德] 库尔德·勒温 32元
系统心理学：绪论 [美] 爱德华·铁钦纳 30元
社会心理学导论 [美] 威廉·麦独孤 36元
思维与语言 [俄] 列夫·维果茨基 30元
人类的学习 [美] 爱德华·桑代克 30元
基础与应用心理学 [德] 雨果·闵斯特伯格 36元
格式塔心理学原理 [美] 库尔特·考夫卡 75元
动物和人的目的性行为 [美] 爱德华·托尔曼 44元
西方心理学史大纲 唐钺 42元

心理学视野中的文学丛书

围城内外——西方经典爱情小说的进化心理学透视 熊哲宏 32元
我爱故我在——西方文学大师的爱情与爱情心理学 熊哲宏 32元

21世纪教学活动设计案例精选丛书（禹明 主编）

初中语文教学活动设计案例精选 23元
初中数学教学活动设计案例精选 24元
初中科学教学活动设计案例精选 22元
初中历史与社会教学活动设计案例精选 26元
初中英语教学活动设计案例精选 19元
初中思想品德教学活动设计案例精选 20元
中小学音乐教学活动设计案例精选 22元
中小学体育（体育与健康）教学活动设计案例精选 20元
中小学美术教学活动设计案例精选 29元
中小学综合实践活动教学活动设计案例精选 22元
小学语文教学活动设计案例精选 25元
小学数学教学活动设计案例精选 33元
小学科学教学活动设计案例精选 23元
小学英语教学活动设计案例精选 18元
小学品德与生活（社会）教学活动设计案例精选 24元
幼儿教育教学活动设计案例精选 36元

21世纪教育技术学精品教材（张景中 主编）

教育技术学导论 李 芒 金 林 编著 26元
远程教育原理与技术 王继新 张 屹 编著 41元
教学系统设计理论与实践 杨九民 梁林梅 编著 29元
信息技术教学论 雷体南 叶良明 主编 29元
网络教育资源设计与开发 刘清堂 主编 30元
学与教的理论与方式 刘雍潜 32元
信息技术与课程整合 赵呈领 杨琳 刘清堂 32元
教育技术研究方法 张屹 黄磊 38元
教育技术项目实践 潘克明 32元

21世纪信息传播实验系列教材（徐福荫 黄慕雄 主编）

多媒体软件设计与开发 32元
电视照明·电视音乐音响 26元
播音主持 26元
广告策划与创意 26元
传播学研究方法与实践 26元
摄影 25元
数字动画基础与制作 24元
报刊新闻电子编辑 24元
广播电视摄录编 25元